신용화폐론

**An Enquiry into the Nature and Effects
of the Paper Credit of Great Britain**
by Henry Thornton

Published by Acanet, Korea, 2014

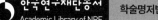
한국연구재단총서
Academic Library of NRF   학술명저번역   565

신용화폐론

An Enquiry into the Nature and Effects
of the Paper Credit of Great Britain

헨리 손턴 지음 | 프리드리히 하이에크 엮음 | 박상수 옮김

아카넷

차례

| **세부 차례** |

| 책머리에 |

이 책에 재인쇄되어 실린 자료의 성격이 다양하여 그 자료를 어쩔 수 없이 새로운 형태로 재구성했으며, 그에 따라 원래 페이지를 유지하는 것이 불가능했다. 그렇지만 원래의 철자법은 유지했으며, 발행자는 원본의 충실한 재현을 위하여 최선의 노력을 다했다. 책의 말미에 있는 찾아보기는 고(H. P. H. Gough, 경제학 학사)가 편집했다.

발행자는 또한 호프너(J. Hoppner)가 그린 헨리 손턴의 초상화를 이 책의 속표지로 사용하도록 허용한 손턴(P. M. Thornton) 부인께 감사드리며, 그리고 런던대학 골드스미스(Goldsmiths) 도서관에 소장된 킹 경(Lord King)의 『영란은행 규제의 영향에 관한 견해』 초고에 대한 헨리 손턴의 주석을 재인쇄하도록 허락해 준 골드스미스 도서관 사서에게 감사의 인사를 표한다.

하이에크 서문

136년이 지난 현재(1939년) 재인쇄된 헨리 손턴의 이 저술은 그의 동시대인 대부분에게는 그의 명성에 대한 주요 조건으로 간주되지 않는다. 손턴이 성공한 은행가이면서 금융 전문가였다는 사실은 그가 동시대인들에게 위대한 자선가이면서 모든 훌륭한 명분의 유능한 지도자로서의 명성을 얻는 데서는 불가결하지만 아마 비교적 사소한 배경으로 여겨질 수 있을 것이다. 의심할 여지 없이 그 사실로 인해, 적극적이면서 영향력 있는 복음주의자 그룹은 손턴의 안락한 클래펌(Clapham) 주택을 회합 장소로 제공받을 수 있었으며, 그리고 그 그룹은, 그들이 자신의 시대에 수행한 대단한 역할은 완전히 별도로 치더라도, 아마 19세기 영국의 중상위 계층의 전형적인 사고방식과 특성을 퍼뜨리는 데 가장 심대한 영향력을 미쳤을 것이다.[1] 헨리 손턴의 인생 전체를 파악하는 것은 흥미로우면서도 유익한 과업이지만, 그와 윌버포스(William Wilberforce)가 중심인물이던 그 그룹의 여러 사소한 모습들이 그의 일대기에 어떻게 그런 영광을 부여하는지를 검토하게 되면,[2] 그 과업이 결코 성취된 적이 없었다는 것은 의외의 일이다.[3] 그렇지만 18세기 말과 19세기 초의 역사학자들은 자신들의 젊은 시절을 대부분 그늘지게 만든 엄격한 인생관에 대해 전반적으로 호의적이지 않았으며, 그들은 아마 헨리 손턴에게서 그 세계관의 완벽한 구현을 발견했을 것이다. 장래의 더욱 공정한 역사학자는 손턴을 그 모범으로 간주한 "성자(聖者)의 모임"이 그 영향력 면에서 적어도 당시의 잘 알려진 철학적 급진파에 필적한다고 인식할 것이다. 그러나 헨리 손턴에 관한 그처럼 완성된 일대기는 아마도 19세기를 지배한 사회적·경제적 견해, 즉 경제사상을 이해하는 데 상당한 도움이 될 것 같지만, 그런 일대기를 여기서 확실하게 시도할 수는 없다. 이 논문에서는 『신용화폐론(*Paper Credit*)』이 쓰이게 된 환경 그리고 헨리 손턴의 견해가 동시대의 사상에 미친 영향 등을 이해할 수 있게 하는 그의 삶을 개관할 수 있을 뿐이다.

헨리 손턴은 상류사회 일원이 되려는 야심을 가진 그의 형제들에 대한 자신의 비평에서 "우리 모두 런던 시민이고, 상인들과 연결되어 있으며, 모든 면에서 단지 상인일 뿐이다"라고 언급했다.[4] 런던 손턴 가문의 공통

∵

1) 이런 관점에서의 클래펌 교파(Clapham Sect)의 영향은 E. Halévy, *History of the English People in 1815*에 잘 나와 있다.
2) 이 서문의 말미에 있는 참고문헌 목록을 참고하라.
3) 윌버포스가 한때 그의 친구 손턴의 일대기를 저술하려고 시도했지만, 결코 완성하지는 못했다. 그의 아들이 저술한 *Life of Wilberforce*, vol. ii, p. 329, 그의 아들이 편집한 *Correspondence of William Wilberforce*(London, 1840), vol. ii, p. 422, 그리고 헨리 손턴의 *Family Prayers*에 실린 잉글리스(R. H. Inglis)의 서문 등을 참고하라.
4) *MS. Recollections of Marianne Thornton*(1857).

조상인 존 손턴(John Thornton)은 요크셔 성직자 가문을 계승했다고는 하지만, 17세기 말과 18세기 초 헐(Hull) 지방의 상인이었다.[5] 그의 두 아들, 고드프리(Godfrey)와 헨리의 조부인 로버트(Robert)는 런던으로 이주했으며, 러시아와 발트해 연안 국가들과의 무역에 종사한 것으로 알려졌다. 둘 모두 영란은행(Bank of England)의 이사였으며, 그리고 고드프리의 아들인 작은 고드프리(younger Godfrey)도 영란은행의 이사였다. 그의 사촌의 아들, 본 전기의 주인공인 헨리는 그의 집무실에서 도제 생활을 했으며, "주로 수취된 어음을 가져오거나 세관에서 대마, 아마 등의 물건을 인수하는 업무에 종사했다."[6] 로버트의 아들, 즉 헨리의 아버지인 다른 존(John)도 마찬가지로 '손턴 콘월 앤드 컴퍼니'(Thornton, Cornwall & Co)에서 "러시아 무역에 종사하는 상인"이었다. 그는 시인 윌리엄 쿠퍼(William Cowper)[7]의 친구이자 후원자로 그리고 복음주의자 제1세대로 알려져 있다. 국교회 내에 잔류한 웨슬리파인 그들은 19세기 영국 사회에 청교도의 인상을 각인하는 데 아마 비국교도들보다는 더 많은 일을 했을 것이다. 그의 아버지 로버트는 당시에 수많은 도시 귀족의 시골 거주지이던 클래펌에 이미 정착했으며, 그리고 손턴 가문의 이 지파(支派)는 여기서 다시 4세대 동안 거주했다. 1750년대에 존 손턴을 복음주의 사상으로 인도한 사람은 아마 당시

∴

5) Sir J. Bernard Burke, *The Genealogical and Heraldic History of the Landed Gentry*; P. M. Thornton, *Some Things We Remember*.

6) *MS. Diary of Henry Thornton*(이 서문의 말미에 있는 참고문헌 목록을 참조). 여기서 필자는 본 자료와 다른 자료들을 빌려주고 또한 그 자료들을 인용하도록 허락하여준 데에 대해서 헨리 손턴의 세 후손 P. M. 손턴(P. M. Thornton), 디마리스트(D. Demarest) 및 포스터(E. M. Forster)에게 감사의 인사를 전한다.

7) 쿠퍼와의 관계는 존 손턴이 후원한 여러 목사 중 한 사람인 존 뉴턴(John Newton)을 통해서 드러났다. 뉴턴은 젊었을 적에는 노예무역에 종사했지만, 나중에 올니(Olney)의 교구 목사가 되었으며, 그리고 그가 그의 집으로 쿠퍼를 데려왔을 때, 손턴은 시인을 후원하는 추가적인 후

클래펌의 부목사이던 헨리 벤(Henry Venn)일 것이다. 그렇지만 여러 해가 지나서 그들의 아들인 존 벤(John Venn)과 헨리 손턴이 클래펌에 살게 되었을 때, 비로소 그들 그룹이 '클래펌 교파'로 알려지게 되었다.[8]

"위대하고 선량한 사람"으로 불리던 존 손턴은 엄청난 자선 행위로 찬양받았으며, 일생 동안 총 10만 파운드 혹은 많게는 15만 파운드를 자선 사업에 지출한 것으로 알려져 있다.[9] 그의 자선과 깊은 신앙심은 아들에게 완전히 상속되었으니, 1790년 그의 사망에 즈음하여 쿠퍼가 존 손턴을 기리면서 쓴 조사(弔詞)의 다음 두 구절은 아버지와 쿠퍼의 우정을 계승한 헨리에 대해서도 진실이었다.

••

원금을 그에게 제공했다. T. Wright(ed.), *Correspondence of W. Cowper* ; T. Wright, *The Life of William Cowper*; Rev. Josiah Bull(ed.)(Bull의 손자이며 문학 석사), *Memorials of the Rev. William Bull of Newport Pagnell*[1783~1814년에 교환된 불(Bull) 자신과 그의 친구 뉴턴, 쿠퍼, 손턴의 서신(London, 1864)을 참조].

8) "클래펌 교파"라는 용어는 *Edinburgh Review*에 실린 논문에서 시드니 스미스(Sydney Smith)가 처음 사용한 것 같다.

9) 각각 존 뉴턴(John Newton)과 헨리 벤(Henry Venn)의 견해를 따랐다. Telford, *Sect That Moved the World*, p. 71 ; 클래펌 교파에 관한 루돌프(R. de M. Rudolf)의 논문, *Clapham and the Clapham Sect* ; Henry Venn, *The Love of Christ the Source of Genuine Philanthropy*(존 손턴 님의 사망에 즈음하여 그의 성격과 원칙에 관한 발언을 포함하는 고린도 후서 5장 14, 15절에 관한 설교)(London, 1791); Thos. Scott, *Discourses Occasioned by the Death of John Thornton, Esq.*(London, 1791)을 참조. 또한 존 손턴은 1775년에 영어를 사용할 목적으로 보가츠키(C. H. von Bogatzky)의 *Güldenes Schatzkästlein der Kinder Gottes*를 *Golden Treasury Interleaved*로 개작했으며, 그리고 "그는 엄청난 수량의 성경, 기도서 및 기타 유용한 출판물들을 모든 사업 장소로 운반하는 데에 그의 방대한 사업을 잘 활용했다. 그는 그 목적을 위해서 자신의 비용으로 엄청난 수량을 인쇄했다. 우리에게 알려진 세계 중에서, 그런 도서들이 소개되었으면서 이런 개인의 훌륭한 영향을 받지 않은 세계는 확실히 거의 존재하지 않는다"[뉴턴 자신에 의해 기록되었고 나중에 세실(R. Cecil)에 의해 추가된 *Life of John Newton*, Edinburgh, N. D.]라고 기록되어 있다.

당신은 자선을 행하는 데 열성적이었으며,

양식을 위해서 열심히 일하고 땀을 흘리는 사람처럼 휴식할 줄 몰랐다.

그러나 다른 관점에서는 단순하면서, 정력적이며 그리고 때로는 폭력적이기까지 한 그 노인은, 광신과 탐욕을 중대한 죄악으로 간주하던, 매우 지성적이면서 절제된 그의 아들과는 기묘한 대조를 이룬다. 또한 기품 있는 막대한 기부에도 불구하고 자녀들에게 많은 것을 물려준 존은 상속받은 상당한 재산을 증식했지만,[10] 더욱 엄격한 그 아들은 아버지를 결코 성공하지 못한 만물박사로 여겼으며, 그가 자선할 때 약간은 너무 충동적이며 비조직적이라고 생각했다.

존의 세 아들[11] 중 장남인 새뮤얼(1754~1839)은 그 아버지처럼 "러시아 무역에 종사하는 상인"이 되었으며, 헐의 의회 의원, 나중에는 서리(Surrey)의 의회 의원이 되었다. 새뮤얼은 영란은행의 이사로서, 그리고 1799년부터 1801년까지는 영란은행의 총재로서 그 도시에서 대단히 중요한 인물이었다.[12] 그는 막내 동생 헨리보다 18년 더 오래 살았으며, 동생 사망 이후 1819년 하원 위원회에서 금본위 복귀를 두고 통화문제에 관한 중요한 증언을 제공했던 만큼, 1820년대와 1830년대의 경제학자들에게 상당히 익숙했던 것 같다. 헨리 손턴을 언급한 모든 사람이 실제로 반복한 이

∴

10) *Gentleman's Magazine*(November 1790)의 사망기사에서 명백히 과장된 표현에 따르면, "그는 1만 파운드를 가지고 세상을 시작했고, 60만 파운드를 남기고 세상을 떠났다. 상인으로서의 그의 수익금은 엄청났다. 그는 호프(Hope) 씨를 제외하면 유럽에서 가장 부자인 암스테르담의 상인이었으며, 그리고 일반적으로 그의 이윤의 반은 가난한 이들에게 기부되었다."

11) 두 딸 중 제인(Jane)은 나중에 레븐(Leven) 백작이 된 밸고니(Balgonie) 경과 결혼했으며, 그리고 다른 딸은 어릴 적에 사망했다.

12) *Book of Yearly Recollections of Samuel Thornton, Esq.*를 참조

야기, 즉 헨리가 영란은행의 이사였고 총재였다는 이야기를 매컬로크(J. R. MacCulloch)가 시작한 것도 사실은 새뮤얼을 헨리와 혼동한 데서 비롯했을 것이다.[13]

콜체스터(Colchester)의 의회 의원이면서 한때 동인도회사의 사장이기도 한 둘째 아들 로버트(Robert)는 주거지로는 클래펌 서클의 구성원이지만, 나머지 가족들과는 상당히 상이했던 것처럼 보인다. 그는 방대한 분량의 서적을 수집했으며, "클래펌에 있는 집은 아름다운 정원과 온실로 유명했으며", 그곳에서 "왕족과 다른 많은 사람을 지나치게 환대했고", 그 결과 재산을 다 날렸으며, 그것을 보상하기 위하여 펀드에 투기를 감행했고, 그 결과 실패했으며, 결국에는 미국에서 사망했다.[14]

막내인 헨리는 1760년 3월 10일에 태어났다. 확실히 양친은 교육에 대해 상당히 유별났으며, 교육에는 비용을 아끼지 않은 것처럼 보인다. 장남을 독일 작센 지방 할레(Halle)의 왕립학교 교사에게 3년 동안 보내기도 했

..

13) 매컬로크는 확실히 헨리 손턴이 궁극적으로 영란은행에 대해서 부당하게 편파적이었다고 언급했다[J. R. MacCulloch, *The Literature of Political Economy*(1845), p. 169]. 심지어 그런 오류는 *D. N. B.*에 수록된 헨리 손턴에 관한 레슬리 스티븐(Leslie Stephen)의 논문에서도 등장하며, 그리고 그 후 계속 반복적으로, 특히 에인절(J. W. Angell), *The Theory of International Prices*(Cambridge, 126), p. 46에 의해, 손턴 측의 편의(偏倚)에 대한 이유 없는 비난의 근거를 만들었다. 헨리 손턴이 영란은행의 이사인 적이 결코 없었다는 사실은 에이커스(W. M. Acres), *The Bank of England from Within*, 1694~1900(London, 1931), vol. ii, pp. 613~630에 의해 제시된 이사진 명단에서 분명히 확인되며, 그리고 영란은행의 비서실에 대한 질의에 의해서도 확인되었다. 그렇지만 그 진술의 허위는 확고히 확립된 전통에 따라 은행가(단어의 엄격한 의미에서 "상인-은행가"와는 구분된다.)는 영란은행의 이사가 될 수 없다는 사실을 보면 명백하다.

14) R. de Rudolf, *Clapham and the Clapham Sect*, p. 107; Colquhoun, *Wilberforce*, p. 270; W. G. Black, *Notes and Queries*, 5th Series, vol. vii, January 6, 1877, p. 6; 그리고 MS. *Recollections of Marianne Thornton*을 참조.

다.[15] 하지만 헨리의 경우에는 약간 불운한 길을 채택했다. 그는 완즈워스(Wandsworth)에 소재하고 데비스(Devis) 씨가 운영하는 대단히 훌륭한 학교에서 5세 때 라틴어를 배우기 시작하여 8년 동안 교육을 받은 후, 포인트플레전트(Point Pleasant)의 로버츠(Roberts) 씨에게 보내졌다.

로버츠 씨는 다른 학교와는 차별화된 학교를 만들겠다고 주장했으나, 자기 혼자서 모든 것을 가르치는 정황은 일종의 불가사의처럼 보였다. 그는 라틴어, 그리스어, 프랑스어, 수사학, 미술, 산수, 읽기, 쓰기, 말하기, 지리, 예절, 워킹, 펜싱 등을 가르쳤다. 그는 또한 우리에게 히브리어와 수학도 약간씩 가르쳤다.[16]

헨리는 13세부터 성년인 19세까지 이 학교에 머물렀지만, 라틴어와 그리스어에 대한 과거의 탁월한 지식 때문에 이 기간에 게으름을 피웠다. 그는 전혀 배울 것이 없는 학교에 남겨진 것에 대해, 그리고 영어, 역사, 수학, 자연철학, 순수문학 및 정치학을 거의 배우지 못한 것에 대해 나중에 불만을 터트렸다.

그의 학업은 두 학교 사이의 공백 기간에 이루어진 가족의 프랑스 방문으로 잠시 중단되었으며, 그들은 그곳 파리에서 1773년 몇 주 동안 쿠퍼의 친구인 언윈 목사(Rev. Unwin)의 사교 모임에 나갔다.

1778년 봄부터 1780년 봄까지 2년 동안 헨리는 백부인 고드프리 손턴

••

15) *Book of Yearly Recollections of Samuel Thornton*, p. 1. 할레대학은 당시 독일 경건파의 중심이었으며, 어떤 관점에서는 영국 복음주의 부흥 운동의 선구였다.
16) *MS. Diary of Henry Thornton*.

의 회사에서 지냈으며, 그 후 그의 다음 설명대로 부친의 회계사무소에 입사했다.

부친은 '손턴 콘월 앤드 컴퍼니'의 사업과는 별도로 자신의 이름으로 회계사무소를 운영했다. '만물박사는 결코 성공 못한다'는 속담이 있다. 이 속담은 부친의 경우에 의해 입증되었다. 그는 개인 능력 면에서는 평범한 상인이었다. 즉 어쩌다 좋아하게 된 물품에 특별히 자주 대규모 투자를 감행했다. 내가 파트너이던 2~3년 동안 부친은 밀에 대규모 투자를 했으며, 그 결과 2000~3000파운드를 잃었다. 담배에 대한 투자에서도, 서인도제도에 보낸 영국 물품의 판매에서도 돈을 잃었다.

부친과의 합작 사업에서 금전적 이득이 거의 기대되지 않는다는 것을 발견하여 실망하고 있는 상태에서, 현재 나의 사업 파트너인 다운(Down) 씨와 은행 사업을 함께 하자는 제안을 우드퍼드(Woodford)의 풀(Poole) 씨가 제시했을 때 귀가 솔깃했다. 부친은 반대했으며, 모친도 마찬가지였다. 그렇지만 나는 부모님의 판단에 크게 괘념하지 않았으며, 그분들 또한 내가 은행가가 되는 것을 막지 않았다. 내가 예상한 것처럼, 부친은 내가 은행가가 됨으로써 부적절한 친구와 사귀게 되는 특별한 유혹에 빠지는 것은 아닌지를 주로 걱정했지만, 그것은 오류였다. 모친은 잘못된 편견으로 인하여, 은행가가 되기 위해 상인이 되기를 포기하는 것이 삶의 쇠락을 가져오는 것은 아닌지 걱정했다. 모친은 《스펙테이터(Spectator)》를 상당히 즐겨 읽었으며, 앤드루 프리포트(Andrew Freeport) 경이 세계에서 가장 훌륭한 인물 중 하나라고 생각했다.[17]

••

17) *MS. Diary of Henry Thornton*, January 1802.

1784년 헨리는 '다운 손턴 앤드 프리(Down, Thornton and Free)'로 상호를 즉각 변경한 '다운 앤드 프리(Down and Free)'[18]의 은행 사무실에 합류했으며, 그리고 죽을 때까지 의욕적인 파트너로 남았다. 그러나 합류 2년 전에 헨리는 하원에 입성했으며, 그리고 바로 이 사실이 풀 씨가 자신의 파트너에게 그를 천거하게 된 부분적 이유였다고 스스로 기록한다. 사실 그는 일찍이 21세가 되기 전에 의회에 입성하려고 시도했다. 그렇게 어린 나이에 정치에 입문하는 일이 당시에는 결코 특별한 것은 아니었다. 1780년 선거에서 두 친구, 윌리엄 피트(William Pitt)와 윌리엄 윌버포스 모두 21세의 나이에 당선되었다. 윌버포스는 헨리 손턴의 육촌이다.[19] 헨리 손턴이 살던 헐에서 윌버포스의 부친과 존 손턴 부인의 부친 둘 다 유명한 상인이었다. 1년 후 헐의 둘째 의석이 공석이 되었을 때, 헨리의 야심 많은 모친은 그로 하여금 의원 후보가 될 것을 종용했다. 그러나 약간의 선거운동 이후에 헨리는 일반적으로 모든 투표자에게 금화 2기니를 나누어주어야 한다는 것을 발견했으며, 그는 이런 관습을 기꺼이 수용하지도 수용할 수도 없었으며, 결국 사퇴했다. 그러나 1782년 가을 서더크(Southwark)에서 의원의 사망으로 다른 공석이 생기자, 또다시 모친은 선거에 나가도록

⁙

18) 1773년에 '말러 라셀레스 펠 앤드 다운(Marlor, Lascelles, Pell and Down)'이란 사명으로 설립되었다.

19) 여기서 거론되는 훨씬 유명한 윌리엄 윌버포스 3세의 조부인 윌리엄 윌버포스 1세는 헨리 손턴의 조부인 로버트의 누이 세라 손턴(Sarah Thornton)과 결혼했다. 다음 세대에서 로버트 손턴(Robert Thornton)의 딸이면서 헨리 부친의 의붓누이인 해나 손턴(Hannah Thornton)이 그녀의 사촌인 윌리엄 윌버포스 2세, 즉 윌리엄 윌버포스 3세의 숙부와 결혼했다. 윌리엄 윌버포스 3세는 소년 시절의 일부를 숙모 집에서 보냈으며, 그곳에서 처음으로 복음주의의 영향을 받았다. 그의 소년 시절의 대부분은 헐 근처의 웨스트 엘라(West Ella)에 있는 조지프 사이크스(Joseph Sykes) 씨 집에서 보냈는데, 그곳에서 그는 그 가정의 여러 자녀들과 함께 자랐으며, 그중 하나가 미래에 헨리 손턴의 부인이 되었다.

그를 재촉했고, 자신과 연고가 있던 비국교도 그룹을 통해서 의원의 길을 터주었다. 헨리는 부친에 대해 다음과 같이 기록한다.

부친은 모친의 제안에 전혀 반대하는 것 같지 않았으며, 그리고 서더크에서 유일하게 알고 지내는 엘리스(Ellis) 씨에게서 추천서를 받아주기도 했다. 그러나 그의 견해에 따르면 의회에 입성하는 정당하면서도 유일한 방식은 선거가 진행되는 동안 클래펌 의회에 입성한 존 바너드(John Barnard) 경의 방식, 즉 유권자들을 매수하기보다는 유권자들의 간청에 의해 의회에 입성하는 방식이었다. 만약 이런 종류의 원칙이 나에게 적용된다면, 나 자신의 경우 성공 가능성이 전혀 없다는 것을 너무나 명백히 인식했으며, 그 결과 부친의 반론이 지나치다는 생각이 들자, 비록 서더크에는 없었지만 금화 2기니의 악덕은 다른 악덕에 비하면 아무것도 아니라고 생각했으며, 나의 당선을 위해 자발적으로 꾸려진 대규모 위원회에 출사표를 제출했다. 매우 유능한 법률가 사전트 어데어(Serjeant Adair) 씨가 나의 적수였다. 이때 나와 존슨 박사와 저녁 식사를 같이 한 집주인 스레일(Thrale) 부인이 나를 지지했다.[20] 비국교도들은 일반적으로 나에게 호의적이었다. 미국독립전쟁에서 노스(North) 경을 지지한 스레일 정파(政派) 대부분이 나를 지지했으며,[21] 그리고 대중의 분위기는 법률가보다는 상인에게 호의적이었다. 더욱이 신앙심이 깊은 일부 사람

••

20) 1782년 12월 2일 파니 버니(Fanny Burney)가 언급한 다음의 주석을 참조하라. "스레일 부인은 대규모 정파의 지도자이다.…… 그 밖의 사람들로…… 선거구의 새로운 의회 의원이며, 최근 상당한 원기(元氣)와 무관심을 결합한 장로회 혈통을 가졌으며, 그리고 나에게는 매우 불쾌하지만 그 스스로에게는 대단히 하찮은 호기심, 즉 일종의 성가시면서 무의미한 호기심을 가진 채 나를 기꺼이 추종하던 손턴 씨……." *Diary and Letters of Madame D'Arblay*, ed. by C. Barret, Preface and Notes by Austin Dobson(1904), vol. ii, p. 130.

21) 헨리 스레일(Henry Thrale)은 1768년부터 1780년까지 서더크의 의회 의원이었다.

들은 나의 부친 때문에 나의 편이 되었으며, 그리고 부친의 잘 알려진 대규모 기부행위는 추가적인 추천서 역할을 했다. 나는 선거에서 대다수의 지지를 획득했다······.[22]

그는 약간 나중의 일기에서 다음과 같이 적고 있다.

내가 의회에서 한 첫 투표는 미국과의 평화조약에 찬성하는 것이었다. 나는 즉각적으로 어느 정도까지는 피트 씨의 친구 명단에 그리고 연합당의 반대자 명단에 오르게 되었다. 나는 폭스(Fox) 씨의 인도채권법안(1783년 11월)에 반란표를 던졌으며, 그리고 몇몇 경우를 제외하면 권력에 복귀한 피트 씨를 또다시 지지했다.

이 기간의 논쟁에서 손턴이 적극적으로 참여한 것은 주로 과세문제, 특히 수입관세 및 영업세에 관한 논의에 한정되었던 것 같다. 그가 언급하는 것처럼 당시에도 피트에 대한 신의는 결코 절대적이지는 않았고, 그리고 이 기간에 영향력이 거의 없는 무소속 의원 그룹인 '기독교당'이 점진적으

∴

---

22) *MS. Diary of Henry Thornton.* 일기에 인용된 문장은 다음과 같이 계속된다. "이 경우에 선거인 매수를 금지하는 법률을 내가 어겼다는 것에는 의심의 여지가 전혀 없는데, 이 문제는 나의 부친과 모친이 검토하지 않은 문제였다. 선거 후보 사퇴를 하면서 행한 연설에서, 어데어 씨는 나를 고소함으로써 나의 당선을 무효화하려 했다면 그렇게 할 수도 있었다는 것을 암시했다. 나는 그가 하원에 청원하는 문제를 검토했으리라고 믿고 있지만, 부분적으로는 그 정도는 덜할 수는 있어도 그의 정파 역시 매수 행위를 했다는 것을 근거로, 그리고 부분적으로는 나의 당선이 이런 불법적인 행위에 기인했다고 말할 수 없을 정도로 내가 압도적인 다수의 지지를 획득했다는 것을 근거로 삼아 그가 자신의 목적을 포기했다고 믿는다. 의원 자격을 얻기 전 당선된 지 얼마 되지 않아, 나는 친구 집에서 피트 씨와 사적으로 저녁 식사에 초대받았으며, 그렇게 대단한 사람에게 소개된다는 생각에 매우 기분이 좋았다."

로 형성되었는데, 손턴과 윌버포스가 여러 해 동안 그 당의 지도자가 되어야 했다.

복음주의 사상으로 최종 전향한 후 1785~1786년 겨울 윌버포스는 존 손턴의 집에서 피정 장소를 발견했으며, 거기서 두 젊은이는 가까이 접하게 되었고, 그들 주위에서 '클래펌 교파'가 형성되기 시작했다. 여러 해가 경과한 뒤 과거를 회상하면서,[23] 손턴은 다음과 같이 적고 있다.

존경할 만한 훌륭한 친구들을 두었다는 점에서 나만큼 축복받은 사람은 거의 없을 것이다. 윌버포스 씨는 나의 젊은 시절 친구인 만큼 이들 중에서 맨 앞자리에 있다. 나는 배움이 짧았기 때문에 인생의 첫 무대에 등장한 이후 줄곧 모든 점에서 그에게 신세를 많이 졌으며, 그의 넓은 포용력, 다정다감한 성격, 이해심 많은 행동, 매우 돈독한 신앙심은 내가 올바른 길에 서고 나아갈 수 있도록 적절하게 많은 도움을 주었다. 나는 주로 그에게서 다른 많은 훌륭한 동료들을 소개받았는데, 나의 친구 배빙턴(Thomas Babington)[24] 및 기즈번(Thomas Gisborne)[25]과 그들의 가족, 틴머스(Teignmouth)[26] 경과 그의 가족, 해나 모어(Hannah More) 부인[27]과 그녀의 자매, 스티븐(James Stephen)[28]과 존경스러운 여러 의회 의원들이다. 윌버포스 씨 다음가는 친구는 추측하건대 현재로서는 그랜트(Charles Grant)[29] 씨 가족일 것이다.

••

23) *MS. Diary of Henry Thornton.*
24) 1758~1838. 레스터셔(Leicestershire)에 있는 로슬리 템플(Rothley Temple)의 지주이며, 1800년 이래로 레스터(Leicester) 의회 의원이고, 윌버포스의 '박애주의 내각'의 구성원이었으며, 유명한 노예 폐지론자 및 교육에 관한 저술가이기도 했다. 배빙턴과 아래에 언급되는 다른 사람들에 관해서는 커훈(Colquhoun), *Wilberforce and his Friends*에 수록된 설명을 참조.

손턴과 가까운 동료 명단을 완성하기 위해서는 초기 몇 년 동안은 토머스 클라크슨(Thomas Clarkson)[30]과 그랜빌 샤프(Granville Sharp),[31] 약간 나중에는 재커리 매콜리(Zachary Macaulay),[32] 존 벤(John Venn),[33] 윌리엄 스미스(William Smith)[34] 및 존 바우들러(John Bowdler)[35] 등이 포함되어야 한다. 그 명단은 정말로 유명한 사람들의 그룹을 이루고 있다. 이들은 가족 간

∵

25) 1758~1846. 스태퍼드셔(Staffordshire)의 바턴언더니드우드(Barton-under-Needwood)의 부목사이며, 요크샬 로지(Yoxall Lodge)에 살았는데, 이 집은 로슬리 템플에 있는 그의 친구 배빙턴의 집과 마찬가지로 윌버포스와 그 그룹의 다른 구성원들에게 시골 피정 장소로 종종 제공되었다. 그는 *Principles of Moral Philosophy*(1789)와 *An Enquiry into the Duties of Men in the Higher Ranks and Middle Classes*(1794)의 저자이다.

26) 존 쇼(John Shore, 1751~1834). 나중에 턴머스 경의 작위를 수여받았다. 워런 헤이스팅스(Warren Hastings) 총독하에서 인도에 처음 부임하고 1793~1798년에 근무한 이후, 1802년 은퇴하여 클래펌에 정착했으며, 바이블 소사이어티(Bible Society)의 초대 회장이다.

27) 1745~1833. 여류작가이면서 극작가이며, 개릭(Garrick), 존슨(Johnson) 박사 및 호러스 월폴(Horace Walpole)의 친구로서 런던 문학 서클에서 젊은 시절을 보낸 이후에, 가장 영향력 있는 종교 작가 및 대중 교육의 가장 열한한 지지자 중 한 사람이 되었다.

28) 1758~1832. 대법관이고, 1808년 이래로 트랠리(Tralee) 의회 의원, 그리고 1812년 이후로는 이스트 그린스테드(East Grinstead)의 의회 의원이다. 그는 서인도 제도에서 법정 변호사의 경험을 쌓으면서 노예 폐지 사상에 흥미를 가지게 되었으며, 그리고 여러 해가 지난 나중에는 윌버포스의 가장 가까운 협력자 중 한 사람이 되었다.

29) 1746~1823. 동인도회사의 가장 영향력 있는 이사 중 한 사람으로 그리고 한때는 동인도회사의 이사장으로 인도에서의 오랜 생활 이후에 클래펌에서 살았다. 그는 식민지 장관인 글레넬그(Glenelg) 경과 뭄바이 총독인 로버트 그랜트(Robert Grant) 경의 부친이다.

30) 1760~1846. 그랜빌 샤프 및 윌버포스와 더불어 노예 폐지 운동의 지도적인 인물이다.

31) 1735~1813. 노예제 반대 운동의 원조이다.

32) 1768~1838. 헨리 손턴에 의해 시에라리온 회사의 이사장으로 지명되고 자메이카에서 재산 관리 피고용지로 있었던 경험 때문에 반노예제 운동에 참여하게 되었으며, 귀국한 뒤에는 여러 해 동안 《크리스천 업저버(*Christian Observer*)》의 편집인으로 지냈다. T. B. 매콜리의 부친이다.

33) 1759~1813. 헨리 벤(Henry Venn)의 아들로서 1772년 이후 클래펌의 목사이며, "클래펌 교파의 독특한 신학에 관한 믿을 만한 해설"인 *Complete Duty of Man*의 저자이다.

34) 1756~1835. 상인이면서 주식 브로커였고, 1784년부터 연속하여 서드베리(Sudbury), 카멜퍼

의 수많은 상호 혼인에 의해 더욱 친밀한 관계가 되었으며,[36] 오늘날까지도 유명한 후손들의 유별나게 긴 명단에 의해 자신들의 타고난 재능의 저력을 보여준다.[37]

1792년 초에 헨리 손턴은 은행가 러벅(Lubbock) 소유의 클래펌 공유지에 있는 배터시 라이즈 주택을 구입했으며,[38] 윌버포스는 "비용 지불에 상당 부분을 기여했다." 이 둘은 결혼 전 5년 동안 그것을 공유했다. 손턴이 취득한 글레넬그(Glenelg)와 브룸필드(Broomfield)에 소재하는 다른 두 주택은 두 친구 찰스 그랜트(Charles Grant)와 에드워드 엘리엇(Edward Eliot.

••

드(Camelford) 및 노리치(Norwich)의 의회 의원을 지냈으며, 유명한 자연 애호가 및 예술 후원자였고, 클래펌에 살았다.

35) 1783~1815. 변호사이자 시인이었고, "패밀리 셰익스피어(Family Shakespeare)"라는 명성을 가진 토머스 바우들러(Thomas Bowdler)의 사촌이다. 존 바우들러의 저작에는 헨리 손턴이 "소프론(Sophron)"이라는 이름으로 등장한다.

36) 기즈번은 배빙턴의 누이와 결혼했고, 배빙턴 매콜리의 누이도 그 그룹의 실질적인 구성원은 아니지만 해나 모어의 누이의 애제자와 혼인했다. 제임스 스티븐은 헨리 손턴의 육촌 누이인 윌버포스의 누이를 둘째 부인으로 맞아들였다. 클래펌 교파에 관한 논문의 저자인 제임스 스티븐의 아들(부친과 동일한 이름을 가짐)은 존 벤의 손녀와 혼인했고, 이들의 아들 헨리는 헨리 손턴 부인의 질녀 마사 사이크스(Martha Sykes)와 결혼했다.

37) 이들 중 가장 유명한 인물은 물론 T. B. 매콜리이며, 그리고 원래 흑인 어린이를 위해서 만들어졌지만 그 후에 클래펌 소년들을 위해서 운영되던 학교에 다닌 제임스 스티븐 2세, 새뮤얼 윌버포스, "소피 샘(Soapy Sam)"이라 불리는 주교 및 로드 틴머스(Lord Teignmouth) 2세 등이 그의 동시대인들이다. 제3세대로는 윌리엄 스미스(William Smith)의 손녀 플로렌스 나이팅게일(Florence Nightingale)이 있으며, 추가로 제임스 피츠제임스(James Fitzjames), 레슬리 스티븐(Leslie Stephen), 트리벨리언(G. O. Trevelyan), 다이시(A. V. Dicey), 그리고 논리학자 존 벤(John Venn) 등이 유명한 지식인으로 거론될 수 있다. 생존해 있는 저술가들 중에는 스티븐 가문의 후손으로 버지니아 울프(Virginia Woolf) 그리고 헨리 손턴의 직계 후손으로는 포스터(E. M. Forster)의 이름이 추가될 수 있다.

38) Battersea Rise. 1907년에 소실되었다. 이 주택의 매력은 헨리 손턴의 다른 후손 도로시 핌(Dorothy Pym) 양의 저서 Battersea Rise(London, 1934)에서 그녀 자신의 회상에 의해 묘사되었다. 유명한 서재 사진은 Clapham and the Clapham Sect, p. 109와 텔퍼드(J. Telford), A Sect that Moved World, p. 116에서 볼 수 있을 것이다.

피트의 처남)에게 빌려주었다. 1797년 엘리엇이 사망한 이후 윌버포스가 브룸필드의 주택을 인수했다. 손턴은 자신의 주택을 증축했으며, 그리고 피트가 그의 처남을 방문했을 때 배터시 라이즈의 타원형 서재를 설계했다고 전해지는데, 이 서재가 그 그룹의 유명한 회합 장소가 되었다. 바로 여기서 노예 폐지 운동이 기획되고 지시되었으며, 복음주의 교파의 다른 수많은 활동이 논의되었다.

클래펌 교파가 주도하고 헨리 손턴이 지도자 역할을 한 중요한 운동을 이 정도로 대략 묘사하는 것 이상을 시도하는 것은 전혀 불가능하다. 그들의 주요 업적은 물론 노예무역 폐지이며,[39] 그리고 손턴과 윌버포스가 협력하기 시작하고 1807년 법률(the Act of 1807)[40]이 통과될 때까지 그들은 정력의 많은 부분을 이런 주요 목표에 집중했다. 윌버포스가 열정적인 정신을 가졌다고 한다면, 손턴은 윌버포스가 절대적으로 의존한 현명하면서도 실천적인 의논 상대였다. 1791년 해방된 수많은 노예를 세인트조지스베이(St. George's Bay)에 정착시키면서 아프리카 최초의 공인 회사인 '시에라리온 컴퍼니'(Sierra Leone Company)가 설립되었을 때, 헨리 손턴은 그

∴

39) F. J. Klingberg, *The Anti-Slavery Movement in England*(New Haven and London, 1926), 그리고 R. Coupland, *The British Anti-Slavery Movement*(London: Home University Library, 1933)을 참조.

40) 다음의 비화는 그 법안을 위해서 투쟁한 장황한 이야기의 마지막 구절과 관련되며, 또한 헨리 손턴의 성격과 윌버포스와의 관계를 상당히 특징짓는 내용을 담고 있다. 표결 이후에 "의원들이 기립하고 (윌버포스에게) 축하 인사를 건넨 다음에, 상당히 많은 사람이 경내로 모여들었다. 복도에는 존 손턴(John Thornton)과 허버(Herber), 샤프(Sharp), 매컬리(Macaulay), 그랜트(Grant)와 로버트 그랜트(Robert Grant), 로버트 버드(Robert Bird)와 윌리엄 스미스(William Smith) 등이 있었다. '잘됐어, 헨리' 하면서 윌버포스 씨가 손턴 씨에게 '우리 다음에 무엇을 폐지하지?'라고 농담조로 물었다. 그의 엄격한 친구는 '내 생각으론 복권'이라고 근엄하게 대답했다."(*Life of Wilberforce*, vol. iii, p. 298)

회사의 사장이 되었고, 시에라리온이 1808년 영국 직할 식민지로 접수될 때까지 전 과정에 걸쳐서 그 사장직을 유지했으며, 그 회사의 사업에 그리고 그 사업상의 문제가 야기하는 의회의 많은 논쟁에 시간의 상당 부분을 할애했다.[41] 또한 1798년 노예무역 폐지론자들이 성공 가능성에 대해 거의 절망적이었을 때, 헨리 손턴은 하원에서 아프리카 해안의 일부 지역을 노예무역에서 배제하는 법안을 성공적으로 통과시킴으로써(비록 상원에서 통과시키는 데는 궁극적으로 실패했지만) 그들의 희망을 되살렸다.[42]

이것이 클래펌 그룹의 가장 잘 알려진 업적이라고 한다면, 상당히 중요한 다른 것들도 있다. 헨리 손턴은 대중 교육과 안식일 엄수에 대한 신념에 따라 1785년에 주일학교협회를 창립하였고, 초대 회장이 되었다.[43] 그는 가난한 사람들을 위한 학교 운영자금을 해나 모어에게 25년 동안 제공했다.[44] 그리고 1795년에 그 오랜 친구[45]는 몇몇 논문을 저술하는 것 외에도 염가 서적 발간에 착수했다.[46]

∴

41) 시에라리온 컴퍼니의 역사에 관해서는 버트 톰슨(F. W. Butt Thompson), *Sierra Leone in History and Tradition*(1926)을 참조.

42) 헨리 손턴이 그 법안의 최초 제안자였다는 것은 문헌상으로는 통상적으로 수긍되지만, *Parliamentary Debates*로부터는 분명하지 않다. 그러나 *Annual Register*(vol. 40, 1798, p. 237)에 따르면 헨리 손턴은 1798년 5월 4일 "아프리카 북부 해안에서 노예무역을 금지하는 법안을 제출하기 위하여 그가 동의한 위원회를 하원이 해산하는 것"에 동의했다. 또한 *Journals of the House of Commons*, vol. liii(1797~1798), p. 540을 참조.

43) M. G. Jones, *The Charity School Movement*(Cambridge, 1938), p. 152.

44) Roberts, *Memoirs of H. More*, vol. iii, p. 451.

45) 헤스케스(Hesketh) 부인은 둘 간의 우정을 "그와 해나 모어는 오누이 혹은 엄마와 아들 같았다"라고 묘사했다.[*Letters of Lady Hesketh to the Rev. John Johnson*, ed. by C. B. Johnson (1901), p. 89]

46) 그의 일기에 따르면 그는 해나 모어의 몇몇 논문, 특히 *Shepherd of Salisbury Plain*과 *Lancashire Collier Girl*을 그녀를 위해서 수정한 것 외에도 스스로 적어도 논문 세 편을 1795년에 쓴 것 같은데, 그중 하나는 토론을 포함하며 다른 하나는 *Religious Advantages of the Inhabitants of Great*

손턴 씨와 다른 두세 사람이 상인들의 거래 비밀을 알기 위하여 그들과의 대화에 상당한 시간을 소비했다. 그 결과 우리는 다음 달에 동일한 논문의 두 개의 상이한 판, 즉 부자들을 위해서는 산뜻한 모양의 책자를, 조악한 종이로는 다른 책자를 인쇄하기로 결심했는데, 그 가격은 상인들 자신의 이익을 완전히 충족할 만큼 도매가로는 굉장히 저렴했다.[47]

그런 조언에 힘입어 클래펌 그룹은 염가 서적을 그 첫 해 동안 200만 부 정도 판매하는 데 성공했다. 이로 인하여 1799년 종교서적협회가 등장했다.[48] 그해에 교회선교사협회,[49] 1804년에는 영국 및 해외 성경협회[50]가 클래펌 그룹에 의해 창립되었으며, 그리고 이 세 조직에서 헨리 손턴은 재무 담당자로 봉사했다. 클래펌 교파의 자선사업은 한 측면에서는 영국인, 다른 측면에서는 이교도에 한정되지도 않았다. 나폴레옹전쟁 기간에 독일에서 끔찍한 궁핍 소식이 들려올 때면, 구호 기금을 갹출하기 위한 공적 회합과 공적 기부를 조직한 것은 또다시 헨리 손턴과 재커리 매콜리였다.[51]

그러나 우리는 헨리 손턴이 클래펌 그룹의 리더로서 주로 참여한 활동에서 벗어나 그의 인생의 주요 사건들, 그리고 의회에서 그가 보여준 더욱 개인적 견해와 활동으로 관심을 돌려야겠다. 그는 10년 동안의 대변영

∴

Britain이다.

47) 매콜리에게 보낸 해나 모어의 1806년 1월 6일 서신(*Life and Correspondence*, ed. by Roberts, vol. ii, p. 460).

48) *Notes and Queries*(3rd series, vol. vi, pp. 241~246)에 수록된 모건(A. de Morgan)의 논문을 참조.

49) E. Stock, *The History of the Church Missionary Society*(London, 1899), vol. I, p. 69.

50) W. Canton, *History of the British and Foreign Bible Society*(1904), vol. i.

51) Lady Knutsford, *Z. Macaulay*, p. 130.

기와 영국 신용 시스템의 급격한 팽창기의 시작 시점에 은행 사업에 뛰어들었다. 헨리는 비교적 작은 규모의 은행 건물을 지을 재력밖에 없었지만, 1790년대 그의 부친이 사망하자 엄청난 금액을 상속받았다. 그는 그 상속 덕분에 그 도시에서 가장 큰 건물 중 하나를 지을 수 있었다. 그는 오래된 동업자 셋 가운데 둘에 대해서 다음과 같이 말한다.

그 둘은 나에게 매우 친절했다. 그러나 두 사람 모두 내가 이따금 설파한 종교적 주장에는 전혀 귀를 기울이려 하지 않았다.[52]

두 동업자는 19세기 초반에 사망했으며, 병약했던 세 번째 동업자는 그 사업에서 그를 주도적인 인물로 만들었다. 그는 자신의 은행가 경력을 회상하면서 1809년에 다음과 같이 기술한다.

은행 업무는 나에게 매우 큰 돈을 벌어다주었다. 내가 참여하기 전에는 영업이익이 매우 적었다. 지분(持分)의 반이 다운 씨에게 귀속되는 전체 사업에서 그 이득은 아마 연간 1500 또는 2000파운드에 불과했을 것이다. 나의 이름과 프리(Free) 씨의 이름이 그 기업에 추가되었을 때, 그 사업은 점진적으로 확장되었다. 우리는 친구들의 호의에 많은 신세를 졌으며, 또한 당시에 지방은행들이 많이 설립되고 있던 환경의 덕을 보기도 했는데, 우리는 현명하게도 지방은행들과의 관계를 돈독히 유지했다. 대단히 극심한 불경기가 도래한 1793년에 이자 소득을 목적으로 매우 유력한 몇몇 은행에 예치한 대규모 자금이 갑자기 감소해 우리는 대부분의 다른 은행가들보다는 더 큰 어려움을

••

52) *MS. Diary of Henry Thornton.*, March 21, 1803.

겪었다. 이런 곤경은 부분적으로 불충분한 자본에서 기인했다. 다운 씨는 당시에 매우 큰 부자는 아니었으며, 나의 저축도 별로 크지 않았다.

그렇게 신뢰받고 또한 그렇게 화려한 사업을 수행하는 은행은 자신의 사업과 어떤 비율을 유지하는 자금을 자신의 수중에 갖고 있거나 혹은 즉각 동원할 수 있다고 세상 사람들은 자연스럽게 기대한다. 그리고 신용에 비례적 근거를 두지 않으면서 거의 무한대의 신용을 요구하는 경우에는, 지금 나의 생각으로는, 정직의 결핍과 같은 어떤 것이 존재하는 것 같다. 은행업은 대단히 매력적인 사업이다. 그것은 나의 허약한 건강에도 상당히 적절하며, 신의 가장 자비로운 섭리로 인하여 나의 직업을 나의 환경에 적응시킬 수 있었다. 나의 장남은 이 직업에서 나의 직위를 받아들이기에 천성적으로 잘 맞는 것처럼 보인다. 약간 훌륭한 분별력, 변함없는 봉사정신, 관대한 정신과 친절 그리고 완전한 정직성 등은 사치와 비굴로 퇴보하지만 않는다면 고려되어야 하는 주요 핵심 사항이다.

은행의 좋은 잠재 고객인 모든 사람에 대해서 **친밀한 안면**을 유지할 필요는 전혀 없다. 그들 중 많은 사람은 친구가 되기에는 매우 부적절할 수 있다. 반면에 은행과 훌륭한 관계를 가진 소수의 사람들과 우정을 돈독히 하는 것은 편리할 수 있으며, 그리고 이들 중 어느 사람이 개인적 관점에서 사무실의 고객으로서 혹은 가문의 친구로서 가장 바람직한 사람인지를 발견하는 일은 그리 어렵지 않을 것이다…….

신의 은총으로 나의 소득은 지난 20년 동안 상당히 많이 증가했다. 그렇지만 거액의 재산을 축적하지 않는 것이 규칙이다. 부친의 생존 당시 6000파운드의 상당한 금액을 증여받았으며, 부친이 돌아가셨을 때에는 대략 4만 파운드를 상속받았다. 나의 소득은 연간 8000파운드, 1만 파운드, 많게는 1만 1000파운드 혹은 1만 2000파운드로 증가했으며, 그리고 나의 지출로는 그중 4000파운드 혹은 5000파운드로도 충분했으며, 나머지 대략 2000파운드 혹은 3000파운드는 자선을 위해 기부했다. 결혼하기 전까지는 나의 기부금이 더욱 컸고, 그 기부금은 지금이나 당시나 사치 수준에 아마 근접할 것이다. 몇몇 아이는 나의 허약한 체질을 물려받았으므로, 현재 여덟 명인 아이들과 나의 허약한 건강 때문에 나는 통상적인 지출보다는 더 많은 지출의 가능성을 함께 고려하면서 매년 2000파운드 혹은 3000파운드를 저축하고 있다. 왜냐하면 가난한 이를 긍휼히 여기는 가운데서도 '자신의 가정을 부양하지 않는 사람은 믿음이 없는 자보다 더 나쁘다'라는 아리스토텔레스의 명언을 언제나 기억하기를 열망하기 때문이다.

1796년 결혼까지 손턴은 소득의 7분의 6을 자선기금으로 제공하는 것을 자신의 규칙으로 정했다고 기록하고 있다.[53] 은행 사무실에서 그의 근무 시간은 그리 길지는 않아 보인다. 만약 그의 일기를 신뢰한다면, 오전 열한 시부터 오후 세 시까지 사무실에 규칙적으로 출근하는 일은 성취하기가 쉽지 않은 대단한 의지인 것처럼 보인다. 그렇다고 하더라도 우리는 종종 다음과 같이 삽입된 글귀를 발견한다. "나는 금욕에 관한 설교를 교정한

••

53) 이것은 헨리 손턴에 관한 문헌에서 종종 제시되는 진술이다. *The Guardian*(June 19, 1807, p. 1023)에 보낸 서신에서 "헨리 손턴의 손녀"는 1790년부터 4년 동안 헨리 손턴의 회계장부에서 발췌된 다음의 초록을 제공했다.

·:

자선 기부금	2,260파운드	다른 모든 비용	1,543파운드
〃	3,960파운드	〃	1,817파운드
〃	7,508파운드	〃	1,616파운드
〃	6,680파운드	〃	1,988파운드

그리고 다음 연도인 1794년에 손턴은 *MS. Diary*에서 다음과 같이 언급한다. "내가 벌어들인 것보다 1300파운드 정도 더 많이 올해 지출했으며 그리고 특히 이전에는 내가 자금 대출에서 경솔했음을 알았다.

수선비 560 외에 소비지출 2,200	약 2,800
클래펌 주택과 가구 임차료	600
자선 기부금 3,750과 오래된 악성 부채의 대손 처리	약 5,300
	8,700

이 금액은 내가 벌어들인 것보다 1300파운드 정도 더 많은 금액이지만, 나는 오히려 경솔했으며 그리고 이것이 나의 성격상의 결점임을 알았다."

손턴이 사망하고 얼마 후에 로버트 해리 잉글리스(Robert Harry Inglis)에 의해 확실히 저술된 *MS. letter*(Egerton Collection, 1966; 대영박물관 소장)에서 그에 대해 다음과 같이 언급된다. "그에게는 관대함이 몸에 배어 있다. 그의 자선 기부는 그의 사망 이후 현재 우리가 알고 있는 어떤 사례도 뛰어넘을 정도로 엄청나다. 손턴의 기부 행위를 알 수 있는 개인적 소통수단을 가진 평범한 친구에게서 들은 바에 따르면, 그는 신앙심이 깊은 사람들의 교육을 위해서 교회에 매년 1400파운드를 기부했다. 결혼 전까지 그의 자선 기부는 매년 1만 파운드였으며, 그리고 이중에서 가장 특별한 것은 조사해보지 않고서는 아무것도 기부하지 않는다는 것이다. [그의 양심을 충족하는 다른 사람에 대한 구조(救助)에 대해서는 그 금액이 그리 대규모가 아니었다.] 그는 자신이 일반 빈곤층을 위해서 재산의 상당 부분을 따로 떼어놓는 재산관리인이라고 생각했고, 또한 그 재산의 상세한 분배에도 관여하는 재산관리인이라고 느꼈다. 그가 그 재산을 자신을 위해서 소비하지 않았지만, 다른 사람을 위해서 쓸 때에도 가능한 한 그렇게 되도록 하는 것만으로도 충분하지 않았다. 따라서 마치 은행 사무실 업무에 대한 그의 전념이 더욱더 많은 이윤을 실현케 했고 또한 더욱더 많은 손실을 회피할 수 있게 만든 것처럼, 그는 돈뿐 아니라 시간(매콜리 씨의 말로는 그가 연간 5000파운드 이상의 희생도 과도한 것이라고 생각하지 않았다.)까지 모두 제공했다. 만약 그가 매우 많은 재산을 남겼다면, 그렇게 막대한 자선 기부의 대부분은 여전히 그의 남아도는 재산일 것이라고 말할 수도 있을 것이다. 그러나 그의 소득은 생활 수단을 위해서 주로 사용되었고 그의 재산은 비교적 거의 무시할 만하다. 그는 자신의 시간을 다른 곳에 사용했을 때 남길 수 있는 것보다 더 값어치 있는 것을 제외하면 어제 은행 사무실에서 거의 아무것도 하지 않았다."[54]

손턴의 사업 성향에 대한 일화가 둘 전하는데, 그중 하나는 1810년의 공황 동안 발생했으며, 위에서 말한 것과 유사한 자금 압박에 대한 것이다. 그해 가을에

그는 가족과 함께 스코틀랜드로 여행을 가는 중이었다. 그때는 은행과 사업 관계로 상당한 어려움에 처해 있었다. 전쟁으로 곤경에 처하고, 나폴레옹의 통상 금지로 무역이 방해받고 있었으므로, 오랫동안 안전하다고 생각된 많은 상점이 파산했다. 다른 상점들은 은행에 어음을 융통함으로써 살아남을 수 있었다. 손턴 씨의 은행은 자금 압박을 감지했으며, 그리고 그 은행의 가장 유력한 동업자가 런던을 떠나 영국 북부로 여행을 떠난 바로 그 순간에 그것을 더욱 심각하게 감지했다. 만약 얼마나 절박한지를 알았다면, 손턴 씨는 떠나지 않았을 것이다. 그는 스코틀랜드로 가는 도중에 그 소식을 접했고 약간 당황했다. 그가 여행 가는 것을 사람들이 알고 있는 상황에서 복귀하면, 악성 풍문이 퍼질 수 있었으며, 그에 따라 정말 무서운 위기가 초래될 수 있었다. 따라서 이런 경로는 생각할 수 없었다. 그는 여행을 계속하기로 결정했지만, 절친한 친구에게 자신의 비밀을 털어놓고, 수천 파운드가 은행 동업자의 의향대로 처분 가능한 요구불예금으로 예치되기를 희망한다고 언급했다. 그 암시를 받자마자 곧 충분한 지원이 이루어졌다. 자금들이 여러 방

∴

이름과 더욱 고귀한 모범 사례를 자신의 아이들에게 물려주었다."

54) *MS. Diary*, January 23, 1795. 얼마 지나지 않아서 1795년 2월 15일에 다음의 글귀가 등장한다. "시에라리온 컴퍼니에 출근했고, 그리고 한 시간 반 동안 무역위원회에 참석했다.(나의 참석이 유용했다고 생각한다.) 그것은 확실히 금욕이었으며, 그리고 나의 금욕적인 행동이 얼마나 기쁜 것인지를 일부 사람들이 아직도 생각하고 있을 것이다. 그렇게 나는 신의 은총을 받았다."

면에서 쏟아져 들어왔다. 대단히 열성적인 윌버포스가 서둘러서 모범을 보였고, 돈이 홍수처럼 그렇게 밀려 들어왔으며, 그 결과 그의 은행은 좌초된 모래 위에서 부양되어 풍부한 자원을 가진 깊은 물속으로 항해하는 배처럼 보였다.[55]

제임스 스티븐 2세는 구체적인 날짜 없이 다른 일화를 소개한다.

　가까운 친족의 파산 소식으로 인해 그는 당장 어떤 조사(그의 재산을 믿고서 그렇게 한 것이기는 하지만 독단적으로 그의 친족에게 신용을 제공한 사람들을 어느 정도까지 면책시켜야 하는지)에 착수하게 되었으며, 그리고 그 은행가의 금고는 교활한 궤변가들에 의해 또다시 열리게 되었다. 그도 모르는 사이에 그의 은행에서 엄청난 규모의 자본을 무작정 끌어간 무역회사(그 폭로가 어떤 한 사람에게 상처를 주거나 혹은 영향을 미친 이래로 여러 해가 흘렀다.)는 아주 절망적인 재정난에 빠졌으며, 그 결과 그의 입장에서 그 은행의 가장 치명적인 재앙을 회피하는 유일한 기회는 그 투자자들을 파산시키는 것이었다. 부당한 신용을 채무자에게 경솔하게 제공한 사람들은 최종 손실을 다른 사람과 분담하도록 다른 사람에게 요구할 권리를 전혀 갖지 않는다는 근거에서, 그는 그 제안을 거부했다. 마지막까지 그는 지급 불능자의 부채를 해결했으며, 그 비용은 그 자신의 몫에서 2만 파운드를 초과했다. 그럼에도 9명의 어린아이의 아버지인 그는 당시 건강이 점점 나빠지고 있었다.[56]

••

55) Colquhoun, *Wilberforce*, p. 248.
56) J. Stephen, *Essays*, p. 191. 인용구의 마지막 문장에서, 그 사건이 1809년과 1815년 사이에 발생했으리라고 생각할 수 있다. 첫 문장은 그의 형 로버트의 파산을 언급하는 것처럼 보인다.

이 논문의 둘째 부분에서 더 완전하게 보게 되는 것처럼, 손턴이 신용문제에 집중하게 된 것은 아마 1793년 공황의 경험 때문인 것 같다. 그리고 영란은행의 금태환 중지에 대한 조사가 하원 및 상원에서 별도로 진행되던 1797년에, 그는 이미 자신의 사상이 구체화되었음을 보여주는 생각의 가장 명료한 개요를 두 위원회의 증언에 앞서 준비하고 있었다. 그의 사상은 즉각적으로 광범위한 주의를 이끌어냈으며, 이런 문제들에 관한 한 최고의 권위를 가졌다는 명성을 확립했다.[57] 그러나 그의 활동에서 이 측면은 다음 부분에서 다루어질 것이며, 우리는 이제 그의 삶에 관한 일반적인 설명에 더 가까이 가야겠다.

1796년 헨리 손턴은 그의 어머니처럼 헐의 '러시아 무역에 종사하는 상인'의 딸인 메리앤 사이크스(Marianne Sykes)와 결혼했다. 그녀는 상당한 지성을 갖추고 많은 교육을 받은 여성인 것처럼 보이지만, 남편과 같이 허약한 체질이었던 것 같다. 그럼에도 배터시 라이즈는 곧 아홉 명의 아이들로 북적거렸고, 아이들 모두는 부모보다 더 오래 살았다. 헨리 손턴은 아이들의 교육에 많은 관심을 가졌고, "아이들이 어린 나이에 정치학, 그리고 통화문제에까지 흥미를 갖게끔 노력했다"고 전한다. 그는 《크리스천 업저버》에 이런 경험을 옹호하는 논문을 쓰기도 했다.[58]

그러나 바쁜 아버지에게 배터시 라이즈의 시골집은 런던과 의회에서의 노동으로부터 피난처 역할을 했으며, 헨리 손턴은 클래펌에 거주한 몇 달

..

57) 1797년 5월 15일 영란은행에 관한 상원의 토론에서, 이미 오클랜드(Auckland) 경이 "적절한 존경의 말로는 언급하기 어려운 헨리 손턴 씨와 그의 증언"을 언급한다. *Parliamentary History*, vol. xxiii(1897~1898), p. 534.

58) *D. N. B.* 및 *Manuscript Recollections of Marianne Thornton*에 실린 헨리 손턴에 관한 레슬리 스티븐(Leslie Stephen)의 논문.

동안은 말을 타고 매일 도시로 출근했다. 그는 바살로뮤레인(Bartholomew Lane)에 있는 그의 은행 소재지 근처 콜먼 스트리트(Coleman Street)의 킹스 암스 야드(King's Arms Yard)에 있는 주택에서 대부분의 시간을 보냈으며, 나중에 의회에 대한 의무가 점진적으로 증대함에 따라 웨스트민스터에 주거하는 것이 바람직했을 때에는, 윌버포스에게서 넘겨받은 올드 팰리스 야드(Old Palace Yard)에 있는 주택에서 살았다. 1797년 증언이 그의 명성을 확립한 이래로, 의회에서 그의 활동과 영향, 그리고 동시에 그의 정치적 독립성은 꾸준히 증가하고 있었다. 바로 그해에 그는 의회를 개혁해야 한다는 그레이(Grey)의 발의를 지지했으며, 선거의 악습과 한직(閑職)의 전반적 폐지에 관한 문제에서 종종 정부와 의견이 일치하지 않음을 발견했다. 그의 개혁적 정열은 초기 단계에 있는 가톨릭교도 해방을 지지하게 했으며(1805년) 그리고 채무자 구제와 교도소 개혁과 같은 문제에 정말로 흥미를 갖게 만들었다. 그는 프랑스와의 전쟁 기간에 왕정복고에 모든 노력을 집중했으며, 나중에는 평화의 유지에 관심을 집중했다. 그는 코펜하겐 습격과 같은 문제들에 대해 정부와도 견해를 달리했고, 그룹의 가장 가까운 구성원들인 그의 형들, 윌버포스, 배빙턴 및 그랜트와도 의견을 달리했다. 그는 피트의 소득세에 관한 토론에서도 소득의 성격에 따른 세율의 등급화를 강력히 옹호했고, 자신의 주장이 관철되지 못했을 때 그 주장에 해당하는 자신의 조세 납부액을 조용히 인상했다.[59] 그렇지만 19세기에 들어서면서 그의 의회 활동은 통화 및 은행 문제에 점점 더 관련되어

••

59) 변동소득과 고정소득 간의 구분에 관하여 1798년 12월 22일 그의 발언을 기록한 한사드 (Hansard) 보고서에는 짤막한 언급만 있지만, 약간의 추가적인 정보는 스티븐(J. Stephen), *Essays*, p.190, *D. N. B.*에 있는 스티븐(L. Stephen)의 논문; *Contemporary Review*, vol. lxviii, October 1895에 수록된 웨지우드(J. Wedgwood) 양의 논문에서 찾을 수 있다.

갔다. 그는 아일랜드 거래소 관련 1804년 위원회의 위원이었고,[60] 1807년 2월 "몇몇 공공 지출에 관련된 지부를 조사하고 통제하기 위한" 21인 위원회의 위원으로 선출되었으며, 그리고 "국가 재정에서 연간 24만 파운드를 절감하는 은행문제에 관한 그 위원회의 보고서에서 상당히 주도적 역할"을 수행했다. "나는 이 경우에 나의 가족과 나의 시(市)의 견해에 반대해야만 했다."[61] 1810년에는 나중에 더 자세히 언급해야 할 지금위원회(Bullion Committee)의 연구에서 결국 주도적 역할을 수행했으며, 또한 같은 해의 조금 나중에 퍼시벌(Perceval) 정부에 의해 지명된 상업신용 사태에 관한 위원회의 연구에서도 주도적 역할을 수행했다. 그는 의회에서 적극적 활동을 충분히 오랫동안 지속하면서, "대영제국의 곡물 무역을 조사하기 위한" 1813년 위원회의 위원이기도 했으며, 또한 1814년 6월 곡물법에 대한 대토론회에 연사로 참석하기도 했다. 대체로 이것이 의회에서 그가 마지막으로 한 연설이었다. 그해 같은 달의 약간 나중에 런던 교도소법안에 관한 단 한 번의 연설이 있었다.

19세기에 들어서서 헨리가 살았던 14년 동안, 의회에서의 연구와 저술 활동은 그의 거의 모든 시간을 점유했을 것이다. 1802년, 1806년, 1807년 및 1812년에 거듭해서 치러진 이 기간의 선거에서 그는 점진적으로 작아지는 득표 차이로 인하여 자신의 의원직을 유지하는 일이 점점 더 어려워지는 것을 발견했다. 그는 대중적 인기에 호소하는 인물이 아니었으며, 널리 존경받고 있어서 사망 때까지 의원직을 유지할 수는 있었지만, 그의 일기에 따르면 하락하는 지지율을 대단히 걱정했다. 그러나 그는 격렬한 당

∙∙

60) *Journals of the House of Commons*, vol. lix(1803~1804), pp. 129~130 참조.
61) *MS. Diary*, 1809.

파 싸움과 만연한 정치 부패 속에서, 어느 파당에도 전폭적인 충성을 거부했고 또한 그 지지자들이 다음과 같은 엉터리 시로 그를 탐욕스러운 대중에게 추천했다. 그런 사람이 의원직을 유지하기가 어렵다는 것은 전혀 놀라운 일도 아니다.

> 자신과 친척을 위해서
> 그는 관직도 지위도 결코 가지려고 하지 않았다.
> 손턴의 재선은
> 재무성에 무거운 짐을 지우지 않을 것이다.[62]

헨리 손턴의 찬미자 중 한 사람은 그가 "자손들에게까지 영향을 미칠 것 같지 않은" 많은 것을 저술했다고 언급했다.[63] 손턴이 발간한 유일한 저서 『신용화폐론』[64]이 예외일 수 있다는 것은 이런 진술을 한 저자에게는 아마 결코 떠오르지 않았을 것이다. 그는 사실상 분량이 많고 신앙적이면서 더욱 대중적인 헨리 손턴의 저술을 분명히 염두에 두었다. 경제학 서지 전문가는 헌책방의 서가를 열심히 뒤져서 뽑아낸 방대한 분량의 『헨리 손턴 의원의 전집(Collected Works of Henry Thornton, Esq.)』에서 산상수훈과 모세오경에 관한 가족의 기도서와 회고록이 포함된 것을 발견할 것이다. 헨리 손턴의 이와 같이 엄격한 종교적 저술은 그의 사망 이후 잉글리스의 원고 정리를 통해서 발행되었다. 그러나 추가적으로 그는 설립에 도

••

62) *MS. Recollections of Marianne Thornton*과 Colquhoun, *Wilberforce*, p. 283.
63) M. Seeley, *Later Evangelical Fathers*(London, 1879), p. 36.
64) 이 서문의 말미에 있는 참고문헌 주해를 참조.

움을 주었고 여러 해 동안 재커리 매콜리에 의해 편집된 클래펌 교파의 기관지 《크리스천 업저버》에 상당히 많은 글을 기고했다. 이 저널이 창간된 1802년부터 사망할 때까지 손턴은 다양한 주제에 관한 글 82편을 기고했다고 전해진다.

1803년, 1806년, 1810년 및 1813년의 어려운 시기의 공적인 문제와 정당 문제의 개요, 의사 진행 절차에 관한 난제, 미들섹스(Middlesex) 선거, 신중하면서도 공평한 역사관으로 저술된 피트와 폭스(Fox)의 일대기, 《에든버러 리뷰》·저서·종교단체의 성격에 대한 논평 등은 애디슨(Addison)의 진솔하면서도 건전한 충고처럼 현명한 조언이 혼재되어 있다.[65]

생애의 후반기 동안 손턴의 접촉 범위와 영향은 클래펌 교파의 좁은 영역을 크게 벗어났을 것이다. 1800년 초반에 원형 교도소 계획과 관련하여 제러미 벤담(Jeremy Bentham)이 그에게 서신을 보낸 사실이 밝혀졌다.[66] 그리고 아마 종교적 견해 차이가 더욱 긴밀한 접촉을 방해했을 수도 있으나, 그는 철학적 급진파 진영에서도 잘 알려진 존경받는 인물이었다. 브로엄(Brougham) 경은 그를 잘 아는 것 같았으며,[67] 1812년 리카도(Ricardo)는 손턴과 함께하는 저녁 식사에 맬서스(Malthus)를 초대했는데 그 저녁 식사

••

65) Colquhoun, *Wilberforce*, p. 303.
66) 유니버시티 칼리지(University College) 도서관에 소장된 자료로 테일러 밀른(A. Taylor Milne)이 편찬한 *Catalogue of the Manuscripts of Jeremy Bentham*(University College London, 1937), pp. 41, 141.
67) 버들(R. H. M. Buddle)과 잭슨(G. A. Jackson)에 의해 수집·편집되었고, 개인적으로 1908년에 인쇄된 *Brougham and His Early Friends*, Letters to James Loch, 1798−1809, vol. ii, letters of December 14 and 22, 1804 참조.

는 바쁜 손턴의 요청에 의해 그의 집에서 하게 된 것으로 밝혀졌다.[68]

이런 모든 활동이 삶의 거의 대부분을 통틀어서 매우 허약한 건강 상태에 있던 한 사람에게서 나왔다는 것은 경이롭다. 그러나 그의 건강 때문에 강요되던 벅스턴(Buxton) 혹은 배스(Bath), 브라이턴(Brighton) 혹은 아일오브와이트(Isle of Wight) 등으로의 특별한 여행을 별도로 하면, 어떤 휴식도 스스로 취하지 않았다. 이런 연례적 여행에는 종종 모어(More) 자매와 다른 친구들 방문까지 포함하기도 하지만, 전적으로 여가에 전념하지는 않았다. 1806년 9월에 벅스턴에서 찰스 그랜트에게 보낸 서신에서 헨리 손턴은 다음과 같이 기술한다.

친구들이 친절하게 걱정해주는 것에 부분적으로나마 보답하기 위해 건강 검진을 했을 때, 러벌(Lovell) 박사는 벅스턴 워터스(Buxton Waters)를 추천했다. 우리는 만머스셔(Monmouthshire), 특히 내가 결코 잊지 못할 그곳의 몇몇 아름다운 풍광을 감상한 후에 벅스턴 워터스까지 천천히 이동했다. 우리는 회색 조랑말을 샀으며, 나의 어린 딸[69]은 이 조랑말을 타고 여러 작은 역들을 거치면서 천천히 달렸다. 그 전에 비해서 딸과 더 친숙하게 된 것에 조랑말에게 감사해야겠다. 또한 우리는 다양한 공장들을 함께 보면서 지나갔으며, 그리고 광산에서 광물을 캐내고, 채석장에서 고생하고, 염전에서 땀 흘리고, 용광로를 바라보느라고 시력을 잃어가고 있거나 혹은 핀의 머리를 붙이거나 혹은 도자기 조각 위에 반복적으로 동일한 모양을 그리면서 아침·정오·저녁 시간 전부를 한정된 작업장에서 보내는 사람들을 동정하는 것을 배

68) James Bonar (ed.), *Letters of David Ricardo to Thomas Robert Malthus*, 1810−23(Oxford, 1887), pp. 25, 26, December 17, 1812.
69) 헨리 손턴의 첫째 아이인 메리앤이며, 당시 9세였다.

워가고 있었다. 교육의 덜 유쾌한 부분이 경시되고 있는 것은 아닌지 걱정이다. 그러나 세상을 이런 관점에서 바라보는 것은 매우 유용하리라고 믿는다. 그것이 또한 집사람을 적지 않게 즐겁게 했으며, 그리고 나는 우리 동료인 피조물을 바라보는 그 시각이 우리 자신의 조건의 세속적이면서도 종교적인 우월성에 대해서 감사하는 마음을 고취하게 만든다고 믿는다.[70]

그러나 헨리 손턴의 친구들의 걱정은 너무나 잘 현실로 나타났으며 외견상 폐병인 그의 지병은 점차 나빠져갔다. 1814년 가을 그의 몸은 결국 무너졌으며, 오랫동안 병석에 있다가 1815년 1월 16일 55세를 일기로 세상을 떴다.[71]

《젠틀맨스 매거진(Gentleman's Magazine)》의 부고 담당 기자는 "정직하면서 독립적이고 진정으로 고결한 사람은 의회의 장식품이 결코 아니었다"라고 적고 있다.[72] 그의 됨됨이를 그려내려는 다양한 시도들은 그를 세

∵

70) 찰스 그랜트 씨(MS. Charles Grant)에게 보내는 헨리 손턴의 편지: Buxton September 17, 1806(Mr. E. M. Forster 소장).

71) 손턴이 사망한 날 젊은 매콜리(T. B. Macaulay)가 해나 모어 부인에게 보내는 서신이 발견되었다. "클래펌, 1815년 1월 16일. 친애하는 부인, 헨리 손턴 씨의 병세에 상상했던 좋은 변화가 발생했다는 것을 저희 엄마가 당신에게 마침 알리려고 하고 있었습니다. 그를 치료하는 의사들은 아직도 희망을 가지고 있지만, 의학에 의해서가 아니라 상식에 의해 그의 병을 관찰한 그의 친구들의 희망은 점점 사라져가고 있습니다. 온욕이 처방되었습니다. 그리고 그를 알고 있는 모든 사람은 그렇게 유능하고 훌륭한 인물이 건강해지기를 희망하고 기도하고 있습니다."[A. Roberts(ed.), Letters of Hannah More to Zachary Macaulay(London, 1860), p. 68]. 헨리 손턴 부인은 몇 달 후에 남편의 뒤를 따랐고, 고아가 된 아이들은 R. H. 잉글리스 부부(나중에 로버트 잉글리스 경 그리고 옥스퍼드의 의회 의원)의 돌봄을 받았으며, 그리고 이들 부부는 배터시 라이즈로 이사했고 그곳을 인도주의와 지적 활동의 중심으로 보존하는 데 성공했다. 헨리 손턴의 마지막 병석에서 임종을 지켜본 약사 페닝턴(Pennington)은 아마도 경제학자 제임스 페닝턴(James Pennington)의 형제일 것이다.

72) Gentleman's Magazine, February 1815, vol. lxxxv, Part I, p. 182.

상에서 거의 보기 힘든 선량함을 지닌 사람으로 묘사한다. 손턴의 친구 중한 사람이 자신의 부인에게 보내는 서신에서 "그는 사실상 매우 절제되고 훈육된 마음을 가졌으며, 매우 독실하고 자아에서 벗어났으며, 또한 신의 영광을 찬송하는 데 매우 적극적이었다. 그리고 그를 가까이 접한 사람들은 대부분 겸손의 가르침을 지도받는다"고 적고 있다.[73] 제임스 스티븐[74]과 커훈(J. C. Colquhoun)[75]은 그의 성향이 현저하게 공정하며 "기본적으로 철학적"이라고 묘사한다. 그러나 만약 거의 끊임없는 당연한 칭찬에서 벗어나서 다소 비판적인 글을 하나둘 인용한다면, 우리는 아마 더욱더 생생한 그 사람의 모습을 보게 될 것이다. 헨리 브로엄은 그를 윌버포스의 작은 그룹에서 "모든 관점에서 가장 뛰어난 인물"로 묘사한다.

강력한 이해력, 강력한 추리력 및 연구 능력을 가진 인물이며, 정확하면서도 호기심 많은 관찰자이지만, 결코 언변이 뛰어나지도 않고 세련된 교육도 받지 않았으며 도덕적·정치학적·신학적 학습과 관련된 주제를 넘어서서는 독서를 확장하지도 않은 인물이다. 은행가의 업무는 상당히 많은 시간을 빼앗았으며, 그리고 의회와 언론에 관련된 힘든 일들은 그의 잘 알려진 연구가 선도적 역할을 하는 유명한 통화논쟁에, 그리고 노예무역을 아프리카 일부 지역으로 제한하는 법안(반복된 실패로 인해서 노예 폐지론자들이 녹초가 되었고 그 위대한 조치를 실행하려는 모든 희망을 거의 포기했을 때, 그가 제안한 법안)에

••

73) Morris, *The Life of Charles Grant*(London, 1904), p. 177. 찰스 그랜트가 자신의 부인에게 보내는 1794년 9월의 서신.
74) *Essays*, p. 189.
75) *Wilberforce*, p. 271.

주로 한정되었다.[76]

그리고 일찍이 유명해진 클래펌 교파 관련 논문에서 제임스 스티븐은 손턴에 관한 묘사 말미에서 그를 다음과 같이 설명한다.

열정은 없으나 인정은 많았으며(창조적인 상상력은 부족하지만, 세련되면서도 사실상 까탈스러운 취향을 가졌으며) 위험과 투쟁하여 승리할 수 있는 용기보다는, 오히려 재난을 인내할 수 있는 용기를 부여받았으며(인류를 사랑하지만, 우리의 평범한 박애주의 사상에는 열광하지 않는 사람이었고) 그런 차분하면서도 총명한 기질이 환상에 의해서는 결코 휘둘리지 않았으며, 또한 영웅적 성격에 의해 자각되는 저항할 수 없는 충동에 의해서도 결코 변경되지 않았다. 그는 다른 사람들의 모든 노력을 올바른 방향과 영원한 구제로 이끄는 데 아주 탁월했지만, 신중하면서도 현명하여 요행을 바라는 열정적 기질은 다른 사람들에게서 빌려와야 했다.[77]

헨리 손턴의 은행이 어떤 결말을 맺었는지에 대해 아마 한마디 추가할 수 있을 것이다. 그의 사망 이후, 그 은행은 '폴 손턴 프리 다운 앤드 스콧(Pole, Thornton, Free, Down & Scott)'으로 변경되었으며, 유력한 동업자는 피터 폴(Peter Pole) 경이었다. 손턴 사망 때 겨우 15세였으나 이제는 청년이 된 장남 헨리 사이크스 손턴(Henry Sykes Thornton)이 1825년 초에 적극적으

••

76) Henry Brougham, *Historical Sketches of Statesmen who Flourished in the Time of George III*(London, 1855), vol. i, 윌버포스에 관한 논문, p. 346.
77) *Essays*, p. 193.

042

로 그 사업에 동업자로 참여했다. 그 은행은 크게 번영한 것 같다. 1818년부터 1824년까지 연간 4만 파운드의 수익을 올렸다고 전해지며,[78] "런던에서 가장 오래되고 영업 영역이 넓은 은행 중 하나"[79]로 간주되었다. 그렇지만 동시대의 몇몇 문헌에는 동업자들의 재력은 팽창하는 사업에 비해 상당히 부족한 것으로, 그리고 그들은 "타산적으로 투자하다 보니까 오히려 현금화가 상당히 어려운 증권에 많이 투자한 것으로 언급되었다."[80] 이것이 아무리 그렇다손 치더라도, 1825년 늦가을에 화폐시장에서 심각한 자금 압박이 발생하고 수많은 주요 지방은행이 파산했을 때, 광범위한 연결 고리 때문에 런던에서의 과도한 자금 유출에 특히 영향을 받던 그 은행에 대해 의혹이 제기되었다. 잠시 동안 그 은행은 꾸준히 증가하는 자금 수요에 대처할 수 있었지만, 12월 3일 토요일 저녁에 영란은행 부총재[81]에게 '폴 앤드 컴퍼니(Pole & Co.)'가 자금 지원을 요청한다는 정보가 접수되었다. 일

••

78) J. Francis, *History of the Bank of England*(1845), vol. ii, p. 9.

79) T. Joplin, *Analysis and History of the Currency Question*(1832), p. 206.

80) (하원에 의해) 인쇄하도록 지시된 *Report from the Committee of Secrecy on the Bank of England Charter*, June 17, 1833. Q. 607에 있는 파머(J. H. Palmer)의 진술 참조. 익명의 저자의 소책자에서 헨리 손턴은 그의 사망 이후 10년 만에 발생한 그 기업의 파산에 대해서 책임이 있는 것으로 비난받았다. "폴 손턴 앤드 컴퍼니(Pole, Thornton & Co.)의 파산은 어떻든 그들의 지방 거래처 탓으로 돌릴 것이 아니라, 더 이상 말할 필요도 없이 인정 많고 우호적이면서 선량한 손턴의 성향, 즉 다운 손턴 앤드 컴퍼니의 사업을 복잡한 상태로 만들어버린 그의 성향 탓으로 보아야 한다. 그리고 그 회사의 안전과 번영을 보장하기 위하여 순수한 은행 경영 원리를 가장 엄격하게 고수하도록 요구하는 환경에서, 손턴 씨의 사망 이후에 그 사업에 참여했으며 그리고 투기를 위해서 그 원리로부터 이탈할 정도로 상당히 유약한 피터 폴 경도 일말의 책임은 있다." 북부 잉글랜드의 제조업자, *A Letter to the Earl of Liverpool, on the Erroneous Information that His Majesty's Ministers have adopted regarding the Country Banks and the Currency in the Manufacturing Districts*(London, 1826), p. 11.

81) 코넬리우스 불러(Cornelius Buller) 총재가 혼인에 의해 그리고 "다른 사실적 친족 관계"에 의해 폴 앤드 컴퍼니와 연계된 것으로 보고되고 있다.

요일 아침 출근 가능한 이사들의 긴급 회의는 많은 증권을 담보로 월요일에 총합계 30만 파운드를 그 은행에 지원하기로 결정했다.[82] 그리고 아주 나중에 출간된 보고서가 신뢰 가능하다면, "금융위기의 범위가 알려질 리도 없었으며, 영란은행의 예하 은행들이 그런 처지에 빠지기 전에, 영란은행의 총재와 부총재는 금고 속에서 망각된 금을 스스로 꺼내서 양도했다"[83]라고 한다. 그러나 이것은 단지 1주일 동안 파산을 연기했을 뿐이며 다음 주 월요일에 그 은행은 지불을 정지했고,[84] 그 결과 신용 경색을 최고조로 끌어올렸으며 그 다음 날 대략 비슷한 규모의 '윌리엄스 버지스 앤드 윌리엄스(Williams, Burgess & Williams)'를 포함하여 다른 몇몇 은행의 문을 닫게 만들었다. '폴 앤드 컴퍼니'는 궁극적으로 지급 능력이 완전한 것으로 확인되었고 그뿐 아니라 그 부채를 초과하는 상당한 잉여 자산이 있는 것으로 판명되었지만, 다시는 문을 열지 않았다. 사실상 그것은 '윌리엄스 앤드 컴퍼니(Williams & Co.)'에 합병되었고, 1826년 초에 '윌리엄스 디컨 앤드 컴퍼니(Williams, Deacon & Co.)'[85]로 다시 문을 열었으며, 그리고 이 은행에서 헨리 손턴 2세는 1881년 사망할 때까지 55년 동안 성공적인 은행가의 삶을 또 한 번 살았다. 은행가로 활약했고 그의 학급 친구였으며 클래펌 교파 구성원의 다른 유명한 아들인 매콜리 경과의 관계는 트리벨리

∵

82) *Report on the Bank Charter*, 1833, Q. 5006.

83) J. Wedgwood, *Contemporary Review*, vol. lxviii, October, 1895, p. 525.

84) 조플린(T. Joplin)은 이 금융위기를 논의하면서(*Analysis and History*, p. 235) 그 위기가 영란은행의 태환권 발행 축소에 의해 야기되었다는 점에서 1793년의 금융위기와 유사하다고 올바르게 지적하고 있다. 그리고 그는 "은행가 손턴 씨(이 경우 거론하는 것이 묘하지만, 파산한 은행의 동업자)는 그 주제에 특히 관심을 집중했으며, 그리고 공적 신용에 대한 그의 연구의 상당 부분은 공황기에는 영란은행이 태환권의 발행을 축소하기보다는 오히려 확대하는 방향으로 기울어져야 한다는 것을 보이려고 주력했다"고 부언한다.

언(G. O. Trevelyan)의 『매콜리의 인생(*Life of Macaulay*)』의 여러 독자에게는 익숙할 것이다.

II

1802년 『신용화폐론』의 등장이 화폐이론의 발전에서 새로운 기원의 시작이라고 언급하는 것은 크게 지나친 것은 아니다. 손턴의 업적은 더 유명한 리카도에 의해 가리었지만, 화폐 분야에서 고전학파 시기의 주요한 업적이 손턴에서 비롯했으며, 더욱 잘 알려진 후계자들이 하는 손턴 이론의 수정조차도 언제나 개선은 아니었다고 인식해야 할 때가 되었다.[86] 오랜 침묵 뒤에 통화문제가 다시 한 번 일반의 흥미를 갖는 주제가 되자마자 거의 즉각적으로, 손턴은 새로운 학설의 주요 부분을 제시할 준비가 되어 있었으며, 그 학설은 모든 통화논쟁 중에서 가장 탁월한 것으로 간주될 분석틀을 이후 15년 동안 제공했고 또한 통화논쟁에 가장 중요하면서도 독특하게 기여했다.

18세기 중엽 캉티용(Cantillon), 갈리아니(Galiani), 흄(D. Hume)이 기여

∴

85) 이것은 1825년 12월 31일 날짜가 찍히고 또한 로버트 윌리엄스(Robt. Williams)와 C. M. 윌리엄스에 의해 서명된 안내장에 따른 것이며, 그리고 그 안내장의 사본은 윌리엄스 디컨스 뱅크 리미티드(Williams, Deacon's Bank Ltd.)의 경영자에 의해 필자에게 기꺼이 제공되었다. 같은 시점에 은행에 참여한 존 디컨(John Deacon) 씨는 나중에 메시즈 베링 브라더스 앤드 컴퍼니(Messrs. Baring Brothers & Co.)의 동업자로 묘사되고 있으며, 또한 같은 시점에 동업자가 된 존 손턴 멜빌(John Thornton Melville)은 새뮤얼 손턴(Samuel Thornton)의 사위이면서 이전의 동업자였으며, 그리고 다른 방식으로 손턴의 가문과 분명히 연관된다.
86) 현대에 이르러 손턴의 업적에 대한 더욱 올바른 평가는 제이컵 바이너(Jacob Viner) 교수의 *Canada's Balance of International Indebtedness*(1924)에서 주로 기인한다.

한 이래로 화폐이론에서는 거의 진보가 이루어지지 않았다. 화폐에 관한 최초의 체계적 영어 논문 중 하나이면서 1757~1758년 발간된 조지프 해리스(Joseph Harris)의 「화폐와 주화에 관한 논문(Essay on Money and Coins)」은 18세기 말의 기존 지식 상태를 대변하는 것으로 간주될 수 있다. 제임스 스튜어트(James Stewart)의 『정치경제학(*Political Economy*)』에서 화폐에 관한 시사적이면서 흥미롭지만 기본적으로 제목이 잘못 붙은 장들은 광범위한 영향력을 전혀 갖지 못했다. 18세기 마지막 25년 동안 화폐문제에 관한 여론을 지배한 『국부론』에서 화폐이론에는 상대적으로 이론적 흥밋거리가 거의 없었다.[87] 그러나 『국부론』의 사실 묘사적인 부분도 18세기 말에는 더 이상 적절하지 않았다. 영국 신용제도의 구조는 그 저서의 출간 이후 20년 동안 점진적이면서 근본적인 변화를 경험했다. 지방은행의 급격한 증가, 런던 은행가의 은행권 발행의 폐지, 수표 사용의 급격한 신장, 런던결제소(London Clearing House)의 설립 등이 모두 이 시기에 시작되었

∴

87) 이 시기의 문헌에 대해서는 홀랜더(J. H. Hollander), "The Development of the Theory of Money from Adam Smith to David Ricardo," *Quarterly Journal of Economics*, vol. xxv, May 1911 참조. 여기서 필자는 영국의 논쟁에서 현실적으로 전혀 영향력을 갖지 않은 것처럼 보이는 당시의 더욱 흥미로운 일부 프랑스 학자들을 무시한다.[아마 튀르고(Turgot)는 예외일 것이다.] 동일한 이유로, 거의 완전히 주목받지 못하고 있는 헨리 로이드(Henry Lloyd)의 흥미로운 *Essay on the Theory of Money*(1771) 역시 무시한다.

　　헨리 손턴은 초기 문헌에는 전혀 익숙하지 못한 것 같다. 헨리 손턴의 사망 후 20년 만에 접근할 수 있었던 배터시 라이즈의 "서재에 있는 모든 장서의 필사본 목록"은 그가 소유한 대부분의 경제학 서적들을 포함하고 있고, 또한 매우 적절하게도 트리머(Trimmer)의 *Economy of Charity*로부터 시작되며, 그리고 그 목록은 초기 경제학 서적 중에서는 다음의 서적들을 포함한다. *Wealth of Nations*, 몽테스키외(Montesquieu)의 *Spirit of Laws*, 로크(J. Locke)의 저술, 앤더슨(A. Anderson), *Origin of Commerce*, 그리고 포슬리웨이트(M. Postlethwayt), *Universal Dictionary of Trade and Commerce*. 만약 (그렇게 독실한 가정에서는 아마 수용하지 못했을) 흄의 논문을 추가한다면, 이 목록은 『신용화폐론』에서 인용된 목록과 실제로 유사한 저서들이다.

다. 그리고 바로 그 기간에 영란은행은 은행의 은행, 즉 프랜시스 베링 경이 1797년에 묘사한 것처럼 **최후의 보루,**[88] 환언하면 긴급한 때에는 모든 은행가가 즉각적으로 화폐를 얻을 수 있다고 기대하는 최후의 의지처가 되었다.

애덤 스미스가 비교적 거의 관심을 두지 않은 또 하나의 현상은 1763년, 1772년, 1783년, 1793년에 놀랍게도 규칙적으로 발생하는 경제공황이었다. 영란은행의 지위가 달라진 결과, 이 공황 때 새로운 문제가 발생했다. 영란은행은 1783년의 공황 때 처음으로 신용의 축소를 통해 금 유출에 의도적이며 성공적으로 대처했다. 이것이 새로운 발견이든 아니든, 영란은행이 10년 후 약간 상이한 상황에서 이 방법을 오히려 가혹하게 적용했다는 데는 의심의 여지가 거의 없다.

1792~1793년 공황 이전의 시기는 대단한 호황이었으며, 공황 직전 12개월은 인플레이션적 붐의 특성을 나타냈다. 그렇지만 흐름은 1792년의 마지막 몇 달에 이르러서 이미 바뀌었으며, 프랑스와의 전쟁 발발은 1793년 2월의 금융공황을 발생시켰는데, 이 공황은 런던의 잘 알려진 은행의 최초 파산, 그 다음으로 뉴캐슬 대형 은행가의 파산, 최종적으로는 잉글랜드 전반에 걸친 수많은 지방은행의 파산으로 유발되었다. 전반적인 경제 불안과 그에 따른 지방은행권에 대한 불신은 금화와 영란은행권에 대한 광범위하면서도 지속적인 수요를 불러왔다. 과거 6개월 동안 단기성 채무는 증가하고 현금 준비는 감소하는 것을 목격한 영란은행 이사들은 결국에는 허둥대기 시작했으며, 갑자기 추가 자금 공여를 거절함으로써 "불쌍한 대

..

88) Francis Baring, *Observations on the Establishment of the Bank of England*(1797), 2nd ed. pp. 22, 47.

중들로 하여금 자활하도록"[89] 방임했다. 결과적으로 전대미문의 금융공황은 격화했으며, 전반적인 파산 위험은 커졌다. 영란은행의 태도를 완화하려는 정부 압력이 아무런 성과도 얻지 못한 후에, 급조된 하원 위원회[90]는 상인들에게 현금을 조달하는 수단을 제공하기 위하여 (그 목적을 위해 지명된 위원회의 지시 하에) 500만 파운드에 이르는 재무성 증권을 발행하도록 권고했다. 이런 조치가 취해진다는 단순한 선언만으로도 공황을 진정시킬 수 있었으며, 위임받은 재무성 증권 중 극히 일부만의 발행으로도 사실상 상황은 정상적으로 회복되었다.

환율이 영국에 유리해지고 금이 사실상 소량 수입되고 있을 무렵, 영란은행에서 재원 고갈이 발생했다. 그것은 '외부적' 고갈과는 구분되는 '내부적' 고갈로 나중에 알려지게 된 고전적 사례였다. 그러나 영란은행이 내부적 고갈에 대처하는 방법이 신용의 자유로운 공여라는 것을 알게 되는 데에는 몇 년이 더 걸렸으며, 그 다음에 이런 교훈을 알고 나서 영란은행은 외부적인 고갈의 경우에는 정확히 그 반대의 조치가 요구된다는 것을 망각했다.

프랑스와의 전쟁 발발 후 2년간은 주요 금융혼란에서 자유로웠지만, 점진적으로 영란은행에 상당히 어려운 상황을 조성했다. 한편으로는, 대륙에 주둔한 영국군에 대한 지출, 동맹국 보조금, 영국의 부진한 곡물 작황, 프랑스의 금본위 복귀 등이 영국으로부터의 점증하는 금 유출을 유도했다. 다른 한편으로는, 정부의 반복적이면서 끈질긴 자금 대출 요구가 영란은행권 유통의 축소를 불가능하게 했고 실제로 상당한 팽창을 유발했

∵

89) *A letter to the R. H. William Pitt on the Conduct of the Bank Directors*(1796), p. 11.
90) *Report of the Committee on the State of Commercial Credit*(1793) 참조.

다. 1795년 말에 이르러, 최종적으로 외환이 급격히 감소하기 시작했고, 금 수출이 경고 수준을 넘은 것으로 나타났으며, 그리고 정부에 대한 반복적 항의가 정부의 자금 수요를 감소시키지 못했을 때, (고리대 규제법에 의해 5퍼센트를 초과하는 이자 부과를 여전히 금지당하고 있던) 영란은행은 그해의 마지막 날에 앞으로 나음과 같이 하겠다고 놀라운 선언을 했다.

할인을 받기 위해 제출된 어음들이 그날 할인하기로 결정된 금액을 초과했을 때에는, 어음을 제출한 당사자의 사회적 지위나 혹은 어음 자체의 신용도를 고려하지 않은 채, 그렇지 않았다면 거절되지 않았을 경우의 각 어음에 비례하는 비율의 어음들이 그 소지자들에게 반송될 것이다.[91]

이처럼 신용 할당(rationing of credit)으로의 회귀는 1796년 봄 화폐시장에서 다시 새로운 신용 경색을 유발했으며, 그리고 런던 시 당국으로부터 강력한 항의를 받게 되었다. 상인 및 은행가들의 위원회는 영란은행의 경쟁 조직이면서 현금 부족을 경감할 수 있는 새로운 '신용이사회' 계획을 제안하기까지 했다.

이 기간에 나타난 지속적인 화폐 부족에 대한 불만은 높은 물가에 대한 끈질긴 불만과 손쉽게 조화되지 못했고, 또한 지속적인 불리한 환율과도 마찬가지였다. 그러나 사건의 정확한 경로에 관한 실질적으로 만족스러운 설명은 상당한 연구가 진행되고 나서야 제시될 수 있으며, 반면에 1797년 영란은행의 최종적인 금태환 중지의 즉각적 원인은 확실히 내부적 고갈의 재발이었다. 1796년 후반기에 이르러 국가 전반에 걸쳐 상인기업과 은

••

91) T. Tooke, *History of Prices*, vol. I(1838). p. 200 참조.

행의 새로운 파산의 파고가 닥쳐왔다. 프랑스의 침략에 대한 우려는 불안 감을 고조시켰으며, 1797년 2월 프랑스 프리깃함이 단독으로 웨일스의 피시가드(Fishguard)에 1200명을 실제로 상륙시켰을 때, 영란은행 예금 인출 사태가 시작되었으며, 이미 상당히 감소한 지불준비금은 며칠이 지나면서 2분의 1 정도 더 줄어들었다.

영란은행이 할 수 있는 한 계속 현금으로 지불한다면, 현금 준비금이 고갈되기 전에 영란은행이 금융 경색을 진정시킬 수 있을 것인가를 오늘날 추측하는 일은 쓸데없는 짓이다.[92] 1797년 2월 26일 일요일 영란은행의 대표단에게서 사태의 심각성을 알게 된 피트는 실제 그 날짜 내각의 칙령으로 다음을 금지시켰다.

이처럼 중요한 비상사태에 유통수단을 유지하고 그리고 대영제국의 공적·상업적 신용을 유지하기 위하여, 그 주제에 관한 의회의 의견이 형성되고 그에 대한 적절한 조치가 취해질 수 있을 때까지, 현금 태환을 집행하는 것.[93]

다음 날 내각의 이런 칙령의 내용은 왕의 특별한 메시지 형태로 하원에 전달되었으며, 그에 대해 하원은 "영란은행의 미결제 수요 총액과 그것을 결제하는 데 필요한 자금의 총액을 조사하고 결정할" 위원회를 만들 것을 즉각 결의했다. 그에 따라 15인으로 구성된 비밀위원회가 3월

∴

92) 나중에 리카도가 영란은행이 할 수 있었을 것이라고 생각한 것처럼. 매컬로크가 편집한 *Works*에 수록된 *Proposals for a Secure and Economical Currency*를 참조.
93) 영란은행 규제에 연관된 다양한 서류들의 원본은 앨러디스(A. Allardyce)(*An Address to the Proprietors of the Bank of England*, 3rd ed. with additions, 1798)에 의해 다행스럽게도 전부 수집되었다.

1일 투표에 의해 꾸려졌고, 그 임무는 즉각 실행에 옮겨졌다. 또한 특별위원회가 다음 날 상원에서도 구성되었으며, 3월 7일 15인 비밀위원회는 특별위원회를 대신하여 "지난 2월 26일 내각의 칙령을 발생시킨 원인을 조사하게" 되었다.

두 위원회는, 3월과 4월에 하원 위원회가 증인 19명을 소환하고 상원 위원회가 증인 16명을 소환하는 등 광범위한 증거를 수집했다. 두 위원회는 대개 동일한 사람들을 소환했는데, 주로 영란은행의 대표자들, 상인, 지방은행협회의 간사, 그리고 런던 은행가 중 유일한 대표자로 간주된 헨리 손턴 등이다. 손턴이 선택된 이유는 그가 하원 의원이라는 것 외에도 그의 은행이 지방은행들과 특별히 광범위하게 연계되었다는 점이다. 손턴의 은행의 지방 거래처가 소재한 장소와 관련하여 그가 1797년 증언 과정에서 제공한 목록은 우리가 처음으로 완전하게 재현할 수 있었던 1800년의 목록과 거의 비슷하다. 그해에 '다운 손턴 앤드 프리'는 전체 23개 지방 거래처를 두고 있었다. 그 거래처들은 남서부 소수를 제외하면 주로 중부, 북부, 스코틀랜드에 있었다.[94]

∴

94) 1800년부터 1825년까지 다운 손턴 앤드 프리의 지방 거래처 그리고 나중에는 폴 앤드 컴퍼니의 지방 거래처에 대한 완전한 목록은 섀넌(H. A. Shannon) 씨로부터 도움을 받았다. 증언에서 언급된 지방에 추가하여, 1800년에 그들은 애버딘(Aberdeen), 브레콘(Brecon)(웨일스), 셰필드(Sheffield) 및 스태퍼드(Stafford)에 거래처를 두었다. 그리고 (1793년에 언급된 지방의 은행가들이 단순한 '교류처'가 아니라 '거래처'라고 가정하는 경우) 증언에서 언급된 도시와 관련해서 그들은 1800년에는 브리스틀(Bristol)과 에든버러(Edinburgh)에 거래처 두 곳을 두었으며, 그리고 애슈버턴(Ashburton)과 슬리퍼드(Sleaford)에는 더 이상 거래처를 확실히 가지지 않았다. 그 숫자가 1800년에 23개에서 1813년에는 최대 49개로 증가했으며, 그리고 이 은행이 업계에서 사라질 때인 1825년에도 여전히 41개였다. 그해에 그들의 거래처 중 14개 거래처는 파산하거나 혹은 영업을 중단한 것 같으며, 8개 거래처는 윌리엄스 디컨 앤드 컴퍼니(Williams, Deacon & Co)에 양도되었으며, 그리고 나머지 거래처는 런던의 다른 은행들에 양도된 것 같다.

그러나 손턴은 지방 전반에 걸쳐 광범위한 거래를 하는 은행가의 바로 그런 지식과 경험 외에도 제공할 수 있는 정보를 더 많이 가지고 있었다. 손턴의 증언에서 분명한 것은 그가 이미 신용문제에 관해 심도 있게 생각하고 있었다는 점이다. 『신용화폐론』의 서문에 그 반대의 인상을 풍기는 진술이 있음에도, 사실상 손턴이 당시에 그 주제에 관한 연구에 이미 착수했을 것이라고 믿을 만한 몇 가지 이유가 있다. 적어도 이것은 검토해볼 만한 수단을 더는 갖고 있지 않은 다음의 진술에서 추정된다.

어느 선거 기간에 서더크의 거리를 열심히 돌아다니면서 뜨거운 선거 유세전에 하루 종일 전념하고 있는 와중에도, 그는 저녁에 신용화폐에 대한 연구를 수행할 두어 시간을 확보했다고 그의 부인에게 편지를 썼다.[95]

저서가 출간되고 몇 달 후 1802년 선거가 있었으므로, 이 진술은 1796년 선거를 확실히 지칭하고 있으며, 따라서 손턴은 6년 동안 그 저서를 준비했을 것이다.[96]

이것이 진실이든 아니든, 이 책의 부록 I에 완전히 재인쇄되어 실린 손턴의 증언은 1797의 금융공황의 원인들을 논의하는 과정에서 화폐유통의 상이한 부분들 간의 연관성과, 상이한 유통수단에 대한 수요를 결정하는 요인의 상이한 부분들 간의 연관성에 관한 조심스러운 분석을 제시한다. 우연히 그는 또한 '은행권을 보유하려는 성향'에 영향을 미치는 요인,

••

---

95) J. C. Colquhoun, *Wilberforce and His Friends*, p. 283.
96) 그 진술은 그것보다 더 이른 시기를 지칭할 수는 없다. 왜냐하면 손턴은 1796년 3월까지는 결혼하지 않았기 때문이며, 그리고 더욱이 1795년에 이런 종류의 문제에 전념했다는 어떤 암시도 그의 일기에 존재하지 않기 때문이다.

즉 이자율의 역할, 특히 민간 은행가의 위상과 영란은행의 위상 간의 차이와 같은 문제에 대해 상당히 훌륭한 견해를 제시했다. 그때까지는 그가 통화가치의 하락문제와 환율에 영향을 미치는 요인을 다루지 않았지만, 이 문제들은 다가올 시대의 주요 논의 주제이며, 1802년의 저서가 기여한 주요 주제이기도 하다.

사실 이 시기 이전에도 불리한 환율에 대해 상당한 관심이 있었으며, 이것이 은행권의 과다 발행에서 비롯할 수 있다는 주장도 나왔다.[97] 당시 프랑스 아시냐 지폐의 가치 폭락이 오늘날처럼 영국 대중에게 익숙한 인플레이션 현상을 만들었다는 것을 망각하지 말아야 하며, 지폐 증가가 그 가치의 하락을 유발한다는 것을 인식하는 데 매우 심원한 지식을 요구하지 않는다는 점도 잊지 말아야 한다. 그러나 1797년 공황 때 환율은 원상으로 회복했고, 2년 넘게 상당한 호조 상태를 유지했으며, 영란은행은 상당히 고갈된 금 준비를 다시 보충할 수도 있었다. 그러나 잠정적인 방책으로 정당화될 수 있던 금태환의 제한은 반복적으로 갱신되었으며, 도합 24년 동안 효력을 발휘했다.

1799년 말까지 뚜렷한 인플레이션 징후는 거의 존재하지 않았다고 할 수 있다. 정부 채권에 대한 수요는 상당히 제한된 범위 내에서만 유지되었고 전반적인 경기 불황은 민간의 신용 수요를 낮게 유지시켰으므로, 영란은행은 신용을 확대할 유인을 거의 갖지 못했다. 그러나 1800년 초에 이르면서 그 상황은 바뀌었다. 전쟁 비용 증가와 세수 부족은 영란은행으로부터 대규모 정부 차입을 재개하게 했으며, 1799년 중반부터 환율이 하락

---

97) [앤더슨(W. Anderson)?], *The iniquity of banking; or banknotes proved to be an injury to the public, and the real cause of the present exorbitant prices of provisions*(London, 1797).

하고 물가가 상승하기 시작했다. 관심은 대부분 지금(地金)가격의 상승에 쏠리게 되었으며, 1800년 가을 지금에 10퍼센트의 프리미엄이 붙었다. 이 것은 많은 소책자에서 영란은행에 대한 비난을 유발했다. 가장 이목을 끈 것은 월터 보이드(Walter Boyd)의 소책자인데, 그는 1797년의 조치에 관한 논쟁에서 주목할 만한 역할을 했으며, 은행권 발행 제도의 경쟁 체제 제안 자 중 한 사람으로 알려지게 되었다.[98] 보이드는 [은행권 발행의] 정당성에 다소 의문을 품고 자신은 다음을 예상했다고 공언했다.

지폐 발행의 권한을 부여받았고 태환 요구가 있으면 태환이 가능하다고 주장하지만 사실상 그것을 발행했으면서도 태환해줄 의무가 없는 그런 위대 한 영란은행이, 거의 모든 재화에서, 지난 2~3년 안에 경험한(그리고 화폐와 가장 빈번하게 거래되는 곡물에서는 가장 빠르고 가장 민감하게 느껴지는) 일반 물 가 상승의 원인으로 간주되는 것.[99]

∴

98) Walter Boyd, *A Letter to the Right Honourable William Pitt on the Influence of the Stoppage of Specie at the Bank of England on the Prices of Provisions and Other Commodities*(London, 1801). 또한 더 일찍 발행된 소책자, *The Cause of the Present Threatened Famine Traced to its Real Source, viz. an Actual Depreciation of our Circulation, Occasioned by the Paper Currency, etc., etc., by Common Sense*(London, 1800) 그리고 *Thoughts on the Present Prices of Provisions, their Causes and Remedies, by an Independent Gentleman*[J. Symons?](London, 1800). 그리고 조금 더 나중에 출 간된 것으로는 *Profusion of Paper Money, not Deficiency in Harvests; Taxation, not Speculation, the Principal Causes of the Sufferings of the People, containing……and an important inference from Mr. H. Thornton's speech in Parliament on March 26th*, by a Banker(London, 1802).(사실상 참고문헌은 아래에서 인용된 1801년 3월 23일 손턴의 연설에 서 찾아냈다.)

99) Walter Boyd(1801), p. 60.

『피트에게 보내는 서신(*Letter to Pitt*)』이 인쇄되기 전에 하원의 요구에 따라 제출되었으며, 지폐의 유통량이 금태환 제한 날짜로부터 1800년 12월 6일까지 860만 파운드에서 1550만 파운드로 증가했음을 보여주는 영란은행의 보고서에서, 보이드는 자신의 주장이 명백히 확증되었음을 알고 만족했다. 그 뒤에 이루어진 하원의 논쟁에서 헨리 손턴은 다음에 동의했다.

영란은행권의 발행 증가가 식량 가격 상승의 원인이라는 주장에 대해, 그것이 약간의 근거가 있다는 점을 손턴이 부정하지 않지만, 주장되는 것처럼 그 효과가 그렇게 크지 않다고 주장한다. 그리고 우리나라에 불리한 환율에서 발생하는 영란은행권의 가치 하락과 관련하여, 하락폭은 현재 단지 12퍼센트에 불과하며, 영란은행의 잘못된 관리 때문이 아니라 생필품의 특별한 수입 때문에 금 수출이 금 수입을 초과하는, 금 수입과 수출의 차이에 의해 발생했다.[100]

헨리 손턴의 연설에 관한 이런 축약된 보고서가 그의 주장을 정당하게 잘 표현하고 있는지에 대해서는 의심할 여지가 있다. 손턴을 영란은행의 변호인으로 생각하는 것은 확실히 부당하며, 그 선입견에 입각한 너무 잦은 반복적 비난은, 그가 영란은행의 이사라거나 더 나아가 영란은행의 총재였다는 근거를 기초로 했을 때, 특히 근거가 없다. 그럼에도 확실히 그

---

100) 디브렛(J. Debrett)을 위해서 인쇄된 *The Parliamentary Register; or, History of the Proceedings and Debates of the Houses of Lords and Commons*, First Session, First Parliament of the United Kingdom and Ireland, vol. vix, vol. 76 of series(1801), p. 556을 참조하라. 이 보고서는 한사드보다는 더 완전하다. 당시의 참고문헌으로 판단하면, 더 완전한 보고서는 필자가 추적할 수 없는 *Woodfall's Parliamentary Debates*로 명명된 다른 출판물에 포함된 것 같다.

는 모든 어려움을 단순히 과다 발행으로 몰고 가는 보이드와 다른 사람들의 견해가 부당하게 단순화되고 잘못되었다고 생각했다. 그는 최근에서야 감지되던 통화의 엄청난 부족을 여전히 심각하게 인식했으며, 그리고 실제 일어난 사건들은 사실상 인플레이션이 확실하다고 할 정도로 상당한 크기로 진행되기 전에 파운드의 가치가 적어도 부분적으로 회복했음을 입증했다.

적어도 『신용화폐론』이 궁극적으로 발간된 형태로 본다면, 그것은 부분적으로 보이드에 대한 응답으로 의도된 것 같다. 응답을 시도한 다른 사람들은 특별히 성공하지 못했으며,[101] 12개월 넘게 보이드의 주장은 그 분야를 장악한 것처럼 보인다. 그러나 1802년 2월 혹은 3월에 손턴의 저서가 등장했을 때, 그것은 당장 제1의 지위를 차지했으며 모든 추가 논의가 진행되는 기초를 제공했다.

이 서문은 그 저서의 주장을 요약하거나 그것의 모든 장점을 지적하려고 시도할 수도 없다. 손턴의 논점 가운데 초창기 논쟁에서 중요한 진전을 구성하는 관점에 있는 모든 사항을 단지 언급하는 것만으로도 상당한 지면이 필요할 것이기에, 특별히 주목받을 가치가 있는 몇몇 구절을 지적하는 것만으로도 충분할 것이다. 종종 주장되는 것처럼, 그의 설명이 학문적 체계를 결여하고 있으며 오히려 모호하다는 것도 진실일 수 있지만, 정말 많은 것이 이런 결점에서 만들어질 수도 있다. 그리고 그 설명을 통해서 펼쳐지는 통찰력과 균형된 사고에 감명받지 않을 사람은 거의 없을 것이다. 손턴의 업적은 특별한 순간의 상황에 대한 그의 진단보다는 오히려

••

101) 특히 프랜시스 베링 경(Sir Francis Baring), *Observations on the Publication of Walter Boyd*(London, 1801)을 참조.

일반 이론에 대한 그의 기여에서 더 많이 찾을 수 있다. 만약 경우에 따라선 그 순간의 상황에 대한 그의 판단과 예측이 더욱 엉성한 추리를 사용한 동시대의 몇몇 사람의 그것보다 덜 옳았다고 하더라도, 이것이 그의 저작의 영구적 가치를 손상하지는 않는다. 우리는 당시의 문제에 대한 논쟁의 여지를 갖는 소책자로서 그 저서를 판단할 것이 아니라, 그 순간의 문제가 저자로 하여금 근본적인 문제로 내려가도록 유도했으며 그것들의 일반적인 중요성을 위해서 그 근본적인 것들을 다루도록 만든 저서들 중 하나로서 그 저서를 판단해야 한다.

전반적으로 『신용화폐론』의 목차는 저자의 사상이 발전한 순서를 따르는 것 같다. 짧은 서론에 해당하는 두 개의 장 이후에, 첫 부분은 은행권 발행의 과도한 축소의 위험과 소위 "내부 고갈"의 원인을 지적하는 데 주로 전념한다.[102] 바로 이런 맥락에서 손턴은 상이한 종류의 유통수단에 대한 상대적 수요를 결정하는 요인, 즉 화폐 "보유동기"에 관한 중요한 견해와 "유통속도"의 변화 효과에 관한 상당히 정교한 이론 등을 전개한다.[103] 그는 다소간 손쉽게 화폐로 전환될 수 있는 자산 혹은 화폐를 보유함으로써 "비상사태에 대비할" 의향에 대한 "신용상태"의 영향을 논의하며, 한참 뒤에 나오는 구절에서 "화폐를 보유함으로써 입게 되는 손실"과 화폐 증가가 이자율에 미치는 효과 등을 설명한다.[104] 바로 이런 논의에서 그는 소위 신용 이론, 즉 "유동성 선호"라는 제목하에 아주 최근에 다시 주목을 끌기 시작하는 화폐이론의 한 분과에 주요한 기여를 하고 있다. 또한 대개

..

102) 제4장.
103) pp. 114, 267.
104) pp. 97, 108, 114, 267, 270~271.

바로 이 맥락에서 그는 우연하게도 영국의 화폐 및 은행 조직에 관한 묘사적 정보를 많이 제공한다. 아직도 언급되어야 하는 프랜시스 호너(Francis Hornor)의 비평 논문에서 그런 묘사적 정보가 체계적 형태로 요약된 것을 발견했을 때, 우리는 손턴의 묘사가 얼마나 완전한지를 알 수 있었다. 이런 관점에서, "소위 현금 지급 대부분이 은행가 장부에서 부채 이전을 통해서 실행되는" 방법에 관한 설명과 은행권과 은행예금의 기본적 유사성에 관한 함축적 인식, 이 두 가지는 특히 흥미롭다.[105]

이 앞의 장들에는, 임금의 상대적 경직성에 관한 지적[106] 그리고 경기변동문제에 관한 경이적 통찰을 보여주는 상품 재고의 움직임에 관한 언급[107]과 같은 짤막한 내용이 몇몇 더 있다. 그러나 손턴의 가장 잘 알려진 업적은 나중에 외환에 관련된 문제를 다루게 될 때 비로소 드러난다. 외부 유출의 효과, 즉 주로 무역수지의 역조로 인해서 유발되는 금 유출의 효과를 거론하는 제5장에서, 그는 이 주제를 처음으로 다룬다.[108] 이것은 1797년 금본위제도의 폐지 전과 폐지 후에 즉각적으로 존재한다고 그가 올바르게 생각한 상황이다. 그는 은행권의 상대적 과잉이 "지폐의 과다한 발행 외의 다른 원인에서 비롯할 수 있으며,"[109] 그 상황에서 "만약 영란은행이 금 유출을 방지하려고 한다면, 영란은행이 지폐를 늘리지 말아야 할 뿐 아니라 어쩌면 지폐를 매우 크게 줄여야 했을 것이다"[110]라는 점을 완전히 인지하고 있었다. 그런 디플레이션 정책에 관한 그의 매우 현대적인

∵

105) pp. 119, 156n.
106) pp. 139~140, 219~220.
107) p. 140n.
108) p. 175n.
109) p. 259.
110) p. 177.

의구심(즉 그가 부분적으로 정당화하려고 시도하던 영란은행의 정책에 대한 의구심)은, "영란은행이 현재의 영국과 같은 환경에 처한 국가에서 이런 매우 낮은 물가를 유도하고자 상거래와 제조업 생산을 그렇게 과도하게 위축시킴으로써, …… 우리의 국제수지 회복을 위해 주로 의존해야 하는 부(富) 회복의 원천들을 손상하고 그 결과 주요 목적을 좌절시키지는 않을 것인가"[111] 하는 점이다.

통화량의 절대적 증가의 효과에 관한 문제는 손턴의 경험에서 그것이 마지막이었던 것처럼 그의 저서에서도 마지막으로 다루어진다. 여기서 가장 인상적인 것은 논증의 방법론적 발전이다. 그는 관계되는 두 나라에서의 상대가격 변화 메커니즘에 관한 훌륭한 설명에서 시작하는데, 이 설명은 120년 후에 구매력평가설로 '재발견'된 학설을 사실상 이미 전부 포함하고 있다.[112] 그 다음으로 그는 어떤 한 나라의 특정한 지역에서 지역적인 가격 변화가 그 나라의 다른 지역에 대한 판매 감소와 그 지역에서의 구매 증가에 의해 즉각적으로 어떻게 교정될 것인지를 보여준 후에,[113] 동일한 논증을 상이한 두 나라 사이의 관계에 계속해서 적용한다.

물론 이 모든 것은 금의 국제적 이동에 관한 이론이며, 나중에는 리카도와 존 스튜어트 밀의 이름과 관련된 외환 이론이다. 밀[그리고 나중의 타우시그(Taussig) 교수]의 견해가 리카도와 다르고 그리고 리카도의 견해를 개량했다는 점에서 그들은 현재 시점에 손턴의 견해를 정말로 부활시킨 것 같다. 리카도는 과다한 통화량이 무역역조의 원인이면서 결과일 수 있

· ·
· ·

111) p. 177.
112) pp. 228~230.
113) pp. 240~244.

다는 것을 받아들이기 싫어했고, 그런 성향 때문에 리카도는 손턴의 주장을 상당히 자세하게 비판하게 되었으며,[114] 그 결과 이 이론은 처음에 손턴의 손에서 만들어진 것에 비해 더 경직적이면서 불만족스러운 형태로 상당히 오랫동안 남게 되었다.

이런 업적이 너무나 훌륭했으므로 손턴의 지적인 힘은 끝에서 둘째 장에서 여러 독자에게 최고조에 이른 것처럼 보이며, 그 장에서 그는 계속해서 다양한 반론들에 대처하고, 특히 "은행권에 대해 제공되는 담보물의 성격에 단순히 주목하는 것만으로도 은행권의 적절한 제한이 충분히 확보될 수 있다"[115]라는 잘못된 주장을 반박한다. 바로 여기서 그는 앞의 핵심들을 요약하면서 가장 적절한 이론들을 종종 발견하며, 또한 신용팽창의 효과를 더 상세하게 설명하려는 시도에 전적으로 새로이 착수한다. 그는 신용팽창이 처음에는 "이전에 실직한 사람들"의 고용을 유도할 것이라는 점을 발견했지만, 이 사람들의 숫자가 제한됨에 따라 증가된 은행권 발행은 "노동자들에게 일자리를 제공하겠지만, 이들 중 일부는 그나마 괜찮은 다른 직장으로부터 이동하게 될 것"[116]이라고 덧붙인다. 이로 인해 그는 ("바로 화폐 취득과 가격 상승 사이의 중간 위치에서만, 금과 은의 증가가 생산에 유리하게 작용한다"는 흄의 주장을 약간 혹평한 후에) "강제저축"으로 알려지게 된 학설의 가장 초기의 설명 중 하나로 나아가게 된다. 과다한 지폐 발행에서 야기되는 "물자의 증가"는 다음의 사실, 즉 노동자가 "동일한 노동을 하지

••

114) McCulloch(ed.), *The High Price of Bullion*(1810), *Works*, pp. 268~269. 손턴의 견해에 대한 리카도의 추가적인 비판에 대해서는 리카도의 저서, *Minor Papers on the Currency Question, 1809~1823*[Jacob H. Hollander(ed.)(Baltimore, 1932)]에 재인쇄, 수록된 손턴의 저서에 대한 리카도의 주석을 참조.
115) p. 281.
116) p. 272.

만 더 적은 물품을 소비하도록 필연적으로 강요당할 수 있으며", "이런 저축"이 "비생산적인 사회 구성원들의 수입을 몰수함으로써 유사하게"[117] 보충될 수 있다는 사실에서 비롯한다. 그리고 손턴은 생산물의 증가가 화폐 수량의 증가에 결코 비례하지 않으며, 그에 따라 가격들의 일반적 상승이 불가피하다는 것을 조심스럽게 덧붙이고 있다.[118]

은행권 발행의 적절한 한계에 관한 논쟁은 이 장에서 두 번째로 중요한 핵심, 즉 이자율의 역할에 관한 논의로 이어진다. 손턴의 언급에 따르면, 영란은행이 부과할 수 있는 이자율의 법적 한계는 다음의 효과, 즉 때때로 이런 이자율이 상업이윤율보다 훨씬 더 낮을 것이며, 그 결과 영란은행이 신용 규모를 낮추기 위한 다른 조치를 취하지 않는 한 이 낮은 이자율은 바람직하지 않은 신용팽창을 유발하는 효과가 있다.[119] 이것은 크누트 빅셀(Knut Wicksell)의 저작 이래로 이와 같은 문제에 관한 논쟁에서 중요한 역할을 수행하던 시장이자율과 '자연' 혹은 '균형'이자율 간의 구분을 훌륭하게 예견했다. 손턴은 이 개념 및 강제저축 개념 등 두 가지 핵심 요소를 처음으로 보유하는데, 빅셀은 거의 100년이 지난 후에 두 가지 주요 요소를 성공적으로 결합하여 신용 이론과 경기변동 이론에 가장 혁혁한 기여를 했다.[120]

우리가 언급한 핵심들은 가장 중요하기는 하지만, 지식에 대한 손턴의 기여를 결코 전부 언급하지는 못한다. 그러나 그 핵심들은 통화논쟁을 새

∶∶

117) p. 275.
118) p. 275 이하 참조.
119) pp. 290~294.
120) 이 문제에 관한 손턴의 견해의 중요성과 이 이론들의 추가적인 발전에 관해서는 필자의 저서 *Prices and Production*(2nd ed., 1935)과 필자의 논문 "A Note on the Development of the Doctrine of 'Forced Saving'", *Quarterly Journal of Economics*, November 1932 참조.

로운 지평으로 올려놓았으며, 그 결과 그의 저술의 특성을 돋보이게 하는 데 도움을 주었을 것이다. 『신용화폐론』의 두드러진 업적은 즉각 인식되었다. 1802년 6월 28일 뒤몽(Dumont)에게 보내는 제러미 벤담의 서신이 발견되었다.

이것은 대단한 업적의 저서이다. 그와의 토론은 실질적으로 도움이 될 것이다. 그것은 시대의 풍조는 아니었기 때문에, 그리고 나의 주의를 다른 데로 돌릴 것이라는 공포 때문에, 나의 작업 능력을 수고롭게 빼앗을 것이라는 공포 때문에, 나는 그 저서를 엉클어뜨리려 했지만 매우 불완전했다. 그렇지만 가까운 시일에 나는 어쩌면 그와 토론을 벌일 수 있을 것이다. 감사하는 마음으로 그의 모든 사실을 받아들이지만(거의 모든 결론에 대해서 그의 견해에 동의하지만 아직까지 내가 관찰한 바로는) 그의 가장 중요한 결론처럼 보이는 것, 즉 지폐는 좋은 것보다는 해가 더 많다는 것에 대해서 그와 토론할 것이다. 만약 프랑스인이 충분히 현명하여 이 책을 번역한다면 이것은 실질적으로 도움이 될 것이다. 문장은 명쾌하고 간결하며 꾸밈이나 허식 또한 없으며, 추론은 주도면밀하다.[121]

손턴 사상의 급격한 확산에서 굉장히 중요한 사실은 프랜시스 호너가 새로운 《에든버러 리뷰》의 첫 호에 30페이지 분량의 훌륭한 논문을 기고했다는 것이며, 거기서 호너는 손턴의 분석의 더욱 세밀한 몇몇 핵심을 간과했을 수도 있지만, 원전보다는 상당히 더 체계적이면서 일관된 양식으

••

121) J. Bentham, *Works*(ed. by J. Bowring), vol. x, p. 389.

로 그 저서의 주요 논증들을 개진했다.[122] 그는 약간은 비판적이기는 했지만, 『신용화폐론』에 대해서 "영란은행 규제라는 중대한 사건이 탄생시킨 모든 발간물 중에서 확실히 가장 가치 있는 저서"라는 응당한 찬사를 아끼지 않았다. 특히 무역수지와 외환에 대한 가격의 영향과 연관된 가장 중요한 구절 중 하나를 그가 **축어적으로** 재현한 것은 어쩌면 그 저서 자체만큼의 상당한 영향력을 발휘했을 것이다.

『신용화폐론』 발간 이후 시간이 지남에 따라, 화폐의 과다 발행이 환율과 지금가격에 미치는 영향에 거의 전적으로 초점을 맞추는 추가적 논쟁이 나타났다. 재개된 논쟁의 즉각적 원인은 잉글랜드의 상황보다는 오히려 아일랜드에서의 사태 진전이었다. 현금태환의 제한은 (단순히 동등 차원에서, 그리고 환율이 더블린에 유리하다는 사실에도 불구하고) 아일랜드 은행에까지 확대되었다. 아일랜드 은행은 새로운 상황을 매우 신속하게 이용하는 것처럼 보였으며, 첫 6년 동안 은행권 유통량을 네 배로 증가시켰다. 결과적으로 1803년 런던에서 아일랜드 은행권의 환율은 20퍼센트 정도 하락했다. 이것이 잘못된 은행권 발행에서 비롯한다는 사실은 특히 이 경우에 확실하다. 왜냐하면 대부분 금화와 지방은행권으로 구성된 은행권의 환율은 벨파스트(Belfast)에서는 액면가를 유지했으며, 더블린의 환율 또한 런던처럼 벨파스트에 대해서도 유사한 가치 하락을 보여주었기 때문이다.

그러나 『신용화폐론』 출간 이후 얼마 지나지 않아서, 헨리 손턴은 어

---

122) *The Edinburgh Review*, vol. i, No.1, October 1802, pp. 172~201. 한때는 프랜시스 호너의 논문을 이 책에 재인쇄, 수록하려는 계획도 있었지만, 이 계획은 지금보고서에 대한 손턴의 연설을 포함하기로 하면서 폐기되어야 했다. 그러나 이 논문만이 아니라 호너가 *The Edinburgh Review*에 기고한 경제문제에 관한 매우 흥미로운 다른 몇몇 논문이 언젠가는 재인쇄되기를 희망한다.

느 의회 토론에서 아일랜드의 사태 진전에 대해서 관심을 이미 표명했다. 1802년 4월 26일 '아일랜드 은행 규제법안'의 두 번째 독회에서

헨리 손턴 씨는 이 법안이 영란은행에 대한 규제와 동등한 규제를 추가하기 위해 도입되었다고 진술했다. 영란은행에 대한 규제와 관련해서는 어떤 위험도 그 법안에서 비롯할 수 없었다. 영란은행은 극단적으로 독립된 법인체이며, 그들은 지폐 유통을 자신들의 의지대로 충분히 억제할 수 있었고, 또한 런던 권역에서 지폐 발행을 독점했으므로, 원하는 경우 한 국가의 화폐 유통량을 적절한 범위 내로 제한할 수도 있었다. 아일랜드 은행과 관련해서는 그 경우가 달랐다. 아일랜드 은행이 소재하는 동일한 장소에서 다른 은행들이 지폐를 발행했으며, 그에 따라 아일랜드 은행에 대한 규제는 효과가 없었을 것이다. 그러나 의회가 염두에 두어야 할 중요한 사항은, 그런 너무 많은 지폐 증발이 상품가격을 인상함으로써 상품수출을 억제했고 또한 그에 따라 환율을 우리에게 불리하게 만들었으므로, 그런 화폐 증발이 영란은행을 지속적으로 규제할 수 있는 근거를 제시했다는 것이다. 아일랜드는 이런 종류의 위험에 극단적으로 취약한 것처럼 보였다. 그러나 영란은행에 대한 규제 중단이 논의 중이었을 때, 아일랜드에 불리하게 전개되는 환율 움직임은 그런 규제 중단에 대한 반대 이유로서 작용하지 말아야 했으며, 그 상황에서는 영국처럼 아일랜드에서도 그 지폐에 대해서 현금을 준비했어야만 한다.[123]

그러나 시간이 경과함에 따라, 영란은행 역시 지폐 유통량을 안전한 범

123) *Parliamentary Register*(Second Session of First Parliament of United Kingdom and Ireland, vol. xviii), vol. 80 of series, p. 95.

위 내로 유지하지 못하고 있음이 점점 더 분명하게 드러났다. 1804년 4월 손턴은 (킹 경의 『영란은행 규제의 영향에 관한 견해』라는 원고와 관련하여 한 친구를 위해서 분명하게 언급한 몇몇 주석에서)[124] 아일랜드 은행과 비교해서 "영란은행 이사들이 어떻든 실수를 저지른다면 단지 사소한 실수만을 저지른다"라고 생각하고 있지만, "지폐 제한이 환율을 개선한다는 것을 충분히 인식할 수 없는 영란은행" 이사들에 대한 우려를 이미 표명했다. 그러나 동시에 그는 다음을 인정한다.

만약 현재 운영 중인 아일랜드 통화문제에 관련된 위원회가 하원에 제출한 보고서에서 은행권 감축이 환율을 개선시키는 경향이 틀림없이 있다고 결연한 어조로 언급한다면, 영란은행과 아일랜드 은행에 필수적으로 적용되는 이런 조언은 모두 바람직한 효과가 있을 것이다.

손턴은 여기서 언급되는 아일랜드 통화문제에 관련된 위원회 위원으로 연초에 지명되었다. 그는 가장 영향력이 있으면서 가장 활동적인 위원인

..

124) 아래 p. 369에 있는 부록 II를 참조하라. 여기에 원고 형태의 이 주석들이 재인쇄, 수록되었으며, 그리고 원본에 있는 모든 내용이 망라되어 있다. 헨리 손턴은 킹 경의 저서에 대한 주석 원고를 친구인 스콧 몬크리프(Scott Moncrieff) 씨(그의 이름은 손턴의 일기에 등장한다.)에게 주었으며, 그리고 그는 그것을 또다시 애덤 스미스의 글래스고 강의의 원고 주석을 소유하고 있는[애덤 스미스의 *Lectures on Justice, Police, Revenue and Arms*(Oxford 1896), p. xvi를 편집한 에드윈 캐넌(Edwin Cannan)의 서문을 보라.] J. A. 매커너키[분명히 동일인이라고 할 수 있는 오크니(Orkney)의 변호사이면서 주(州) 장관인 제임스 앨런 매커너키(James Allan Maconochi)]에게 보냈다. 위에서 인용된 구절은 소책자의 29페이지와 126페이지에 등장하는데, 아래의 375 및 380~381페이지를 참조하라. 도서관에 있는 저서의 주석을 재인쇄하도록 허락해주신 런던대학의 골드스미스 도서관 사서에게 감사드린다.

것 같았으며,[125] 그리고 영란은행에 그런 조언을 제공하는 명백한 의도를 고려한다면, 거의 모든 중요한 관점에서 더 유명한 지금(地金)보고서를 예견한 것으로 정당하게 찬양받고 있는 이 위원회의 보고서는 그 의미가 여전히 더 추가될 수 있다. 그렇지만 헨리 손턴이 그 보고서를 작성하는 과정에서 어떤 역할을 수행했는지는 알려져 있지 않으며, 그 위원회가 통화에 관한 다른 유능한 저술가, 특히 같은 해에 역시 아일랜드 통화에 관한 소책자[126]를 발간한 헨리 파넬(Henry Parnell)을 위원으로 포함했다는 사실을 본다면, 우리는 더 이상 추측을 감행할 수 없다.

이후 6년 동안 손턴의 견해의 발전에 관해서는 우리는 아무것도 알지 못한다. 이 서문은 당시의 화폐이론의 발전 역사를 저술하는 자리도 아니고 또한 이런 화폐이론이 제기하는 추가적 논쟁을 저술하는 자리도 아니다. 이것은 다른 사람들이 더 잘 저술했다. 1810년 물가의 계속적 상승과 환율의 계속적 하락은 그 견해에 대한 이해력의 제고와 확산을 가져왔으며, 궁극적으로는 1810년 2월 19일 프랜시스 호너의 동의에 의거하여 정선된 위원회가 "지금가격이 높은 원인을 조사하고 유통수단의 상태와 영국과 외국 간의 환율 상태를 검토하기 위하여 만들어졌다"라고 언급하는 것만으로도 충분하다.

∵

125) 엘리너 랭먼(Eleanor Langman) 부인이 소유하고 있는 프랜시스 호너의 서신 중에는 아마 1804년 4월에 썼지만 날짜를 알 수 없으며 형 레너드(Leonard)에게 보내는 미발간된 서신이 있는데, 그 서신에서 그는 아일랜드 위원회에 관해서 다음과 같이 쓰고 있다. "이 위원회의 조사는 우리에게 유익하면서 특이한 여러 사실을 제공할 것이다. 손턴은 이 조사에 꾸준히 참석했다. 그리고 그는 런던에 있는 다른 어떤 사람보다 이 문제들을 더 잘 이해했다." 이 인용을 위해서 필자는 프랜시스 호너의 미발간 서신을 조사할 기회를 가졌던 페터(F. W. Fetter) 교수에게 신세를 졌다.

126) H. Parnell, *Observations upon the State of Currency in Ireland and upon the Course of Exchange between Dublin and London*(Dublin, 1804).

이 유명한 지금위원회의 심의와 그 보고서의 작성과 관련하여 각 위원들의 정확한 책임에 대해서도 역시 거의 알지 못한다. 프랜시스 호너는 의장으로 선출되어 그 위원회가 증거를 조사한 22일 동안(2월 22일부터 3월 26일까지) 자신의 자리를 대부분 지켰으나, 그의 자리를 허스키슨(Huskisson)이 때때로 대행했고, 헨리 손턴은 세 번 대행했다.

보고서 작성과 관련하여, 여기에 포함할 가치가 있는 프랜시스 호너의 발간된 서신 중에서 자주 인용되는 구절이 있다.

그 보고서는 다루는 주제와 관련하여 매우 오래된 학설들만 언급하고 또한 그전에 종종 등장한 것보다도 더 불완전한 형태로 그 학설들을 설명하고 있으므로, 정말로 매우 서투르면서 매우 지루하게 작성되었다. 그것은 허스키슨, 손턴 및 나 자신에 의한 잡다한 혼합이다. 왜냐하면 각자는 작성한 일부분에 대해 통일된 문체 혹은 정확한 연결 관계를 부여하려는 어떤 생각도 없이 제멋대로 썼기 때문이다. 그러나 그 보고서는 대단한 업적 하나는 갖고 있다. 즉 그것은 매우 평범하면서도 예리한 용어로 진정한 학설을 밝혔으며, 그 학설을 무시하는 경우 나타나는 굉장한 해악의 존재도 분명히 했다. 내가 의도하는 논쟁을 계속 유지함으로써, 그리고 의회의 관심을 억지로 이끌어냄으로써, 우리는 조만간 오래되고 유일하게 안전한 시스템을 성공적으로 복귀시킬 것이다.(나는 그렇게 믿는다.)[127]

∴

127) 1810년 6월 26일 머리(J. A. Murray)에게 보낸 프랜시스 호너의 편지. L. Horner (ed.), *Memoirs and Correspondence of Francis Horner*(London, 1843), vol. ii, p. 47에 재인쇄, 수록됨.

커훈도 "호너와 헨리 손턴이 정부 견해에 대한 반대 동의안을 11대 4로 통과시킨 지금위원회의 오랜 심의"[128]에 대해 약간 모호하면서도 부정확하게 진술한다. 위원회가 표결한 동의안에 대해서는 아무것도 알려져 있지 않지만, 그 위원회 위원이 총 22명이므로, 부재자 숫자를 허용할 경우 이 진술은 표면상 터무니없는 것은 아니다.

그 보고서는 의회가 정회하기 전인 그날(6월 8일) 저녁까지 하원에 제출되지 않았다. 그러나 다음과 같이 전해진다.

보고서의 골자는 신문에 즉각적으로 유포되었으며, 그리고 어음 할인 때문에 영란은행의 눈치를 보아야 하는 은행가와 상인들 사이에서 그 보고서에 의해 야기된 불안감은 일부 지방은행뿐 아니라 런던의 많은 상점들의 부도를 유발했다.[129]

그 보고서의 발간은 수많은 소책자에서 제기되던 문제들에 대한 격렬한 논쟁을 유발했지만, 그 보고서가 제출된 회기에 그것을 논의하기에는 너무 늦었으므로, 하원에서 그것이 채택되기까지는 약간의 시차가 있었다. 사실상 1811년 5월 6일이 되어서야 비로소 프랜시스 호너는 그 보고서의 검토를 위해 하원 위원회를 개최했다. 나흘 동안 벌어진 논쟁에는 손턴, 호너, 허스키슨, 캐닝(Canning) 그리고 지금위원회의 수많은 다른 위원

128) Colquhoun, *Wilberforce*, p. 301.
129) T. H. B. Oldfield, *Representative History of Great Britain and Ireland*(London, 1816), vol. ii, p. 345. 언급된 공황은 9월에 발생했다. 그 공황은 우리가 본 것처럼 헨리 손턴의 은행이 어려움을 겪던 공황과 유사하며, 또한 여기서 추가로 제시될 수 있는 것처럼 그의 큰형 새뮤얼의 기업이 큰 곤경을 겪던 공황과도 유사하다. W. Smart, *Economic Annals of the Nineteenth Century, 1801~1820*(London, 1910), p. 255도 참고하라.

이 참여했다. 둘째 날에 손턴이 세심하게 준비해서 행한 연설은 1주일 후에 다른 것과 함께 소책자 형태로 발간되었다. 이 논쟁의 첫 부분은 호너가 제안한 16개 결의안을 중심으로 이루어졌으며, 그중에서 제일 마지막의 가장 중요한 결의안은 다음과 같다.

점진적으로 이런 안전장치로 복귀하고 잠시 동안 영란은행권과 다른 모든 지방은행권의 적정한 한계를 강제하기 위하여, 금태환 중지의 지속 기간을 최종 평화조약 비준 이후의 6개월에서 현재 시점의 2년 후로 변경하도록 영란은행의 금태환 중지 조례를 수정하는 것이 편리하다.

바로 이 시점에, 손턴은 기본적 관점에서 그의 이론적 견해를 변경하지는 않았지만, 은행권 발권 관리의 오류와 일반적인 유통량 초과의 가공(可恐)할 위험을 철저하게 확신하게 되었으며, 엄청난 통화감축정책을 실시하는 것에 대해 더 이상 두려워하지 않게 되었다. 실질적으로 지폐통화의 위험에 관한 강연이었던 그의 연설은 이자율에 좀 더 많은 중요성을 부여했다는 점에서 특히 흥미롭다. 그는 높은 이자율이 금을 국내로 끌어들이는 힘을 가졌다는 것을 강조했고,[130] 또한 "이자율에 관한 주제"를 전부 "매우 훌륭한 전환점"으로 묘사했다.[131] 상업이윤율보다 낮은 이자율이 무한한 신용팽창을 어떻게 유발하는가에 관한 그의 이론은 『신용화폐론』에서 제시하는 것처럼 상승하는 가격이 이자율에 미치는 효과에 관한 논의에 의해 보완되고 있으며, 그리고 그 이론은 모든 중요한 관점에서 실질

••

130) p. 393.
131) p. 399.

이자율과 명목이자율 간의 관계에 관한 어빙 피셔(Irving Fisher) 교수의 잘 알려진 이론을 예견한다.[132]

그 후에 치러진 투표에서 호너의 결의안은 전부 부결되었으며, (그의 권고의 이론적 기초를 구체적으로 표현한) 열다섯 번째 결의안은 151대 75, 마지막 결정적인 결의안은 180대 45로 각각 부결되었다. 그리고 승리를 확정짓기 위하여 정부 측에서는 밴시터트(Vansittart)가 5월 13일에 17개의 역결의안을 제안했으며, 그 역결의안은 사실상 지폐와 금화 사이에 가치 차이가 전혀 없고 또한 높은 지금가격이 지폐의 과다한 발행에 비롯하지 않는다고 주장했다. 이 결의안들은 추가적인 논쟁을 이끌어냈으며, 그 논쟁 과정에서 손턴은 수많은 반대에 응답할 수 있는 기회를 잡았다. 이 두 번째 연설의 가장 흥미로운 특징은 손턴이 "그 스스로 한 번 저지른 오류", 즉 통화 유통량의 증가가 생산을 자극함으로써 환율을 교정하는 데 도움을 줄 수 있다는 생각을 명백하게 철회했다는 것이다.[133]

화폐이론에 대한 손턴의 잘 알려진 기여는 이 두 연설로서 마지막에 이른다. 그는 남은 생애의 3년 동안 계속된 논쟁에서 어떤 적극적인 역할을 했겠지만, 인쇄물로는 보존된 것이 전혀 없다. 의회에서 손턴의 견해는 대체적으로 고도의 정치적 전략 때문에 부결되었지만, 그는 자신의 견해가 널리 수용되는 것을 볼 수 있을 정도로 충분히 오래 살았다. 그리고 이런 문제에 흥미를 보인 동시대인들의 견해 중에서 새로운 사상은 주로 그의 창작품이라는 것에는 의심의 여지가 거의 없다. 밀러(Miller) 박사와 같

---

132) pp. 399~401. 또한 "손턴이 어떤 순간의 자연이자율보다 더 낮은 이자율"에 대해서 언급하고 있는 p. 405, 그리고 pp. 410~412를 보라.
133) p. 427.

은 문외한조차도 『역사철학』(1816)에서 손턴의 저서를 "그것이 소속된 과학의 역사에서 신기원을 형성하는 것"[134]으로 묘사할 정도로 그의 기여를 정확히 평가한다. 만약 일부 동료 경제학자들과 특히 리카도가 그를 완전히 신뢰한 것처럼 보이지 않고 또한 오직 비판하기 위하여 그를 언급한 것처럼 보이지 않는다면, 이런 평가는 그들의 저술 활동의 대상이 되는 대중들이 손턴의 저작에 완전히 익숙해 있었다는 사실에서 확실히 기인한다. 그러나 시간이 흘러감에 따라 결국 그의 명성은 퇴색했으며, 그에 따라 정치경제학의 훨씬 더 많은 부분에 대한 기여를 포괄하는 그 사람의 명성도 후계자에게 돌아갔고 분명히 그의 것이라고 할 수 있는 뚜렷한 기여조차도 그의 후계자들에게 돌아가기 시작했다. 오랜 시간이 흐른 뒤에, 1848년 『정치경제학원리』를 저술한 밀(J. S. Mill)은 헨리 손턴에 대한 정당한 평가를 한 최후의 학자였으며, 『신용화폐론』을 그의 시대에 "상업 세계에서 신용이 제공되고 수취되는 모형에 대한 영어로 씌어진 설명으로서 내가 알고 있는 것 중 가장 명석한 설명"[135]으로 묘사했다. 그럼에도 밀은 국제적인 금 이동 메커니즘에 관해 설명하면서 자신이 리카도보다는 손턴을 더 많이 추종했다는 것을 잘 알고 있는 것 같지는 않다. 미국의 많은 경제학자들(특히 홀랜더 교수와 바이너 교수)이 영국의 통화정책과 화폐학설사에서 보인 커다란 관심과 더불어, 그의 중요성이 또다시 완전히 인식된 것은 특히 제2차 세계대전이 끝난 직후였다.[136]

..

134) George Miller, *Lectures on the Philosophy of Modern History*(Dublin, 1816).
135) J. S. Mill, *Principles of Political Economy*, Ashley's edition, p. 515n.
136) 이 서문 말미에 있는 참고문헌 목록 D를 보라.

III
참고문헌 목록

A. 헨리 손턴의 저작

*An Enquiry into the Nature and Effects of the Paper Credit of Great Britain*은 1802년 2월 혹은 3월[137]에 런던 피커딜리(Piccadilly)의 해처드 (J. Hatchard)에 의해 320페이지(I~XII 및 13~320)의 8절판, 하드보드 7실 링 가격으로 발간되었다. 미국판은 1807년에 272페이지 분량으로 인쇄되 었으며, 그것은 J. R. 매컬로크에 의해 *A Select Collection of Scare and Valuable Tracts on Paper Currency and Banking*(London, 1857), pp. 137~340에 재인쇄되었다. 프랑스어 번역이 벤담의 제안(앞의 p. 62)으로 P. E. L. 뒤몽에 의해 실행되었으며, 이 번역의 6개 발췌문이 *Bibliothèque Britannique ou Receuil*, vol. xxi, pp. 408~499, vol. xxii, pp. 25~75, 145~216, 301~332, 413~464 그리고 vol. xxiii, pp. 3~31에 실렸다. 그 다음에 이 번역이 *Recherchez sur la nature et les effets du credit du papier*, etc.(Geneva, 1803)라는 제목으로 도서 형태로 발간되었으며, 그리고 이 번 역본은 현재 찾아보기 힘들 정도로 대단히 희소한 것 같다. 독일어 번역판 은 야코프(L. H. Jakob)에 의해, 주석 및 부록과 함께, *Der Papier Credit von Grossbrittannien*(Halle, 1803)이라는 제목으로 출간되었다.

*The Substance of two Speeches of Henry Thornton, Esq.*는 1811년 5월

••

---

137) 1802년 2월 1일에 발간된 *The Christian Observer*, No. 1, p. 3을 참조하라. "의회 의원 헨 리 손턴 경의 신용화폐에 관한 논문이 며칠 내로 출간될 것으로 기대된다."

7일과 14일 하원의 지급위원회 보고서에 대한 토론 내용이며, 이것은 또한 J. 해처드에 의해 vii+79페이지의 8절판 소책자로 발간되었다.

대영박물관 도서관 색인 목록과 *Dictionary of National Biography*는 익명의 소책자 *On the Probable Effects of the Peace, with Respect to the Commercial Interest of Great Britain*[London(Hatchard), 1802]의 원저자가 헨리 손턴이라고 생각한다. 그러나 이런 추론에 대한 근거는 전혀 없는 것처럼 보이며, 그리고 이 소책자가 헨리 손턴이 흥미를 갖지 않을 것 같은 특별한 상품에 대한 평화의 효과를 대부분 다루고 있다는 내재적 증거에 따르면 이 소책자의 원작자가 헨리 손턴이어야 한다는 것이 더욱 불가능해진다. 그러나 그 저자는 손턴 가문의 상인들 중 하나일 가능성이 매우 높다.

소책자 *Cheap Repository*와 *Christian Observer*에 한 (서명되지 않고 또한 대부분 미확인된)[138] 기고를 별도로 한다면, 헨리 손턴은 그 외에 아무것도 발간하지 않은 것 같다. 그러나 그의 사망 후에 다음의 종교적 저술들은 그 자녀들의 후견인인 R. H. 잉글리스에 의해 편집되었다.

의회 의원인 고 헨리 손턴 경의 *Family Prayers*는 1834년 런던에서 R. H. 잉글리스에 의해 편집되었다(xii+164페이지). 이 서적은 1854년에 서른한 번째 인쇄되었으며, 그리고 "그 서적의 활용은 사실상 진정한 복음주의의 뚜렷한 징후였다"[G. W. E. Russell, *The Household of Faith*(London, 1902)]고 언급되었다.

Family Commentary upon the Sermon of the Mount(London, 1835).

*Family Commentary on Portions of the Pentateuch*는 주제에 적합한

••

138) 그러나 바로 위의 문장을 참조하라.

기도문을 포함하는 헨리 손턴의 강연이며, 1837년 런던에서 잉글리스에 의해 편집되었다.

*Works of the late Henry Thornton, Esq., M. P.*라는 제목의 전집은 마지막으로 거명된 세 저작의 재인쇄물(856페이지)이고, 연속적으로 페이지가 부여되었으며, 12부만 발행되었다.

*Lectures on the Ten Commandments*는 *Commentary on the Pentateuch*에 포함되어 있고, 원래 해나 모어의 *Cheap Repository*를 위해서 썼으며, 또한 나중에 1843년 런던에서 잉글리스에 의해 기도문과는 별도로 재인쇄되었다.

최종적으로, 헨리 손턴이 *Christian Observer*에 기고한 일련의 논문 일곱 편은 *Three Female Characters*라는 제목하에 런던에서 재발간되었다.

*Christian Observer*에 기고된 것만이 아니라 헨리 손턴의 모든 저작은 최초의 첫 서적상이고 상호와 이름을 같이 쓰는 "클래펌의 거주자이며 정통 복음주의자"인 존 해처드에 의해 발간되었다.

B. 헨리 손턴의 일기 필사본과 다른 가족 서신

헨리 손턴의 삶에 대해 지금 작성한 개요의 주요 원천은 필자가 사용할 특권을 갖고 있는 원고, 즉 가족 구성원들에 의해 보존되고 있는 다양한 원고들이다. 이런 원고들 중에는 헨리 손턴이 작성한 일기가 있는데, 1795년 1월부터 1796년 2월(즉 그의 결혼 날짜)까지 첫 6개월 동안은 거의 매일 썼으며, 그리고 나중 기간에는 약간 더 불규칙한 메모 형태였는데, 1802년, 1803년, 1810년, 1812년, 1814년에는 약간씩 추가되었다.

원본은 포스터 씨의 소유인 이 일기에서 헨리 손턴은 1803년에 자식들을 위해서 쓴 자신의 다양한 인생사를 언급한다. 이 일기의 원본은 보존된 것처럼 보이지 않지만, 디마리스트 부인의 소유로 되어 있는 진본 일기의 사본의 서문에 그것의 사본이라고 제목이 붙어 있다. 서문은 1802년과 1809년 사이에 쓴 것이며, 이것의 장문의 인용문 대부분은 그 다양한 인생사로부터 발췌되었다. 그러나 그 사본이 두 개의 상이한 문서의 사본을 포함하고 있다는 것이 발견되기 전까지는 사용된 모든 인용문은 이 사본으로부터 발췌되었으므로, 참고문헌은 처음부터 끝까지 "*MS. Diary of Henry Thornton*"을 따랐다. 초기의 저술가들, 특히 자신의 부친의 삶(*The Life of Wilberforce*)을 저술한 윌버포스의 아들들과 그 저서를 사용한 제임스 스티븐은 그 사본을 "헨리 손턴의 개인적인 대화체의 비망록"이라고 언급한다.

필자는 또한 1857년에 쓰인 헨리 손턴의 딸, 메리앤 손턴(Marianne Thornton)의 *MS. Recollections*와 포스터 씨의 소유로 되어 있는 몇몇 가족 서신을 사용할 수 있었다.

C. 헨리 손턴과 클래펌 교파에 관한 인쇄물 출처

헨리 손턴의 삶에 관한 주요 인쇄물 출처는, 1842년 *Edinburgh Review*, vol. 80에 처음 발표되었고 *Essays in Ecclesiastical Biography*(이 저서의 페이지 참조는 Silver Library Edition, 1907, vol. ii에 따랐다.)에 여러 번 재인쇄된, 클래펌 교파에 관한 제임스 스티븐의 논문과 J. C. 커훈의 *Wilberforce and his Friends*이다. 존 텔퍼드의 *A Sect that Moved the World*(London, 1907), 클래펌 고서협회(Clapham Antiquarian Society)를 위해서 에드먼드 볼윈(Edmund Balwin)이 발간한 기획물 *Clapham* *and the Clapham Sect.*(Clapham, 1927), 그리고 실리(M. Seeley)의 *Later Evangelical Fathers*(1879) 등은 대부분 초기 인쇄물 출처로서 클래펌 교파에 관한 유용한 정보 수집처이다. 폭스 본(H. R. Fox Bourne)의 *London Merchants*(1869 ; 2nd ed. 1876)에 있는 헨리 손턴에 관한 장은 신빙성이 없다. 헨리 손턴에 관한 약간의 정보는 그 가족의 다른 구성원의 회고록 두 편, 즉 가족들의 회람을 위해서 새뮤얼 손턴의 손자인 존 손턴이 머리말과 서문을 작성한 *The Book of Yearly Recollections of Samuel Thornton, Esq.*(W. Clowes & Sons, Ltd., 1891) 그리고 P. M. 손턴의 *Some Things we have Remembered: Samuel Thornton, Admiral 1797-1859, and Percy Melville Thornton 1841-1911*(London, 1912)에서 찾아 볼 수 있다.

헨리 손턴의 친구들에 관한 전기들 중에서 가장 값진 정보를 포함하는 전기들은 다음과 같다. 아들들인 R. I. 윌버포스와 S. 윌버포스가 저술한 *The Life of William Wilberforce*(5 vols., London, 1838), 동일한 두 아들이 편집한 *The Correspondence of William Wilberforce* (London, 1840), 그리고 A. M. 윌버포스가 편집한 *The Private Papers of William Wilberforce*(London, 1897) ; 손녀인 너츠퍼드(Knutsford) 자작 부인이 저술한 *The Life and Letters of Zachary Macaulay*(London, 1901) ; 톰슨(H. Thompson)이 저술한 *Memoirs of the Life and Correspondence of Hannah More*(3rd ed., London, 1835)와 로버츠(W. Roberts)가 저술한 *Life of Hannah More*(London. 1838).

윌버포스에 관한 현대의 몇몇 전기가 있으며, 그중에서 커플랜드(R. Coupland)가 1923년에 저술한 것은 언급할 만하다. *A Life of* (the elder) *James Stephen*(Victoria, 1875)은 조지 스티븐(George Stephen)이 저술했으

며, 그리고 그의 삶에 대한 개요는 1906년 C. E. 스티븐이 저술한 동명(同
名)인 아들(제임스 스티븐)의 전기 서문, 1895년 레슬리 스티븐이 저술한 손
턴의 손자 제임스 피츠제임스 스티븐의 전기 서문, 1906년 메이틀랜드(F.
W. Maitland)가 저술한 레슬리 스티븐의 전기의 서문에서 각각 발견될 것
이다. 또한 1854년과 1936년 엘머스(J. Elmes)와 그리그스(E. L. Griggs)가
각각 저술한 클라크슨(T. Clarkson)의 전기, 1820년과 1929년 프린스 호
어(Prince Hoare)와 E. C. P. 라셀레스가 각각 저술한 그랜빌 샤프의 전기,
1904년 모리스(H. Morris)가 저술한 찰스 그랜트의 전기, 1843년 아들이
저술한 존 쇼(틴머스 경)의 전기도 찾아볼 만하다. 'Life of John Venn'이라
는 제목이 붙은 그의 설교 모음집, 그리고 'Memoir of John Bowdler'라는
제목이 붙은 그의 전집(1857)도 찾아볼 만하다.

D. 화폐 역사에 관한 저술과 은행 규제 기간에 관한 문헌

1. 역사

통화, 은행 및 경기변동의 역사에 관련하여 투크(T. Tooke), 매클라
우드(H. D. Macleod), 비숍(R. Bischop), 안드레디스(A. Andreades), 보
우니아티안(M. Bouniatian) 및 피버이어(A. E. Feaveryear)의 잘 알려
진 저술에 추가하여, 특히 다음이 언급할 만하다. *The Paper Pound
1797-1821*(*Bullion Report*의 재인쇄, 2nd ed., London, 1925)에 대한 캐
넌(E. Cannan)의 서문 ; R. G. Hawtrey, *Currency and Credit*(3rd ed.,
London, 1928)의 18장 ; W. Smart, *Economic Annals of the Nineteenth
Century 1801−1820*(London, 1910) ; N. J. Silberling, "British Financial
Experience, 1790−1830", *The Review of Economic Statistics*, prel. vol. i,

1919, "British Prices and Business Cycles", *The Review of Economic Statistics*, prel. vol. v, 1923, "Financial and Monetary Experience of Great Britain during the Napoleonic Wars", *Quarterly Journal of Economics*, vol. 38, 1924 ; A. Cunningham, *British Credit in the last Napoleonic War*(Cambridge, 1910) ; A. W. Acworth, *Financial Reconstruction in England 1815-22*(London, 1925) ; G. O'Brien, "The Last Years of the Irish Currency", *Economic History*(*Economic Journal* 의 부록), vol. i, No. 2, 1927 ; L. Wolowski, *Un chapitre de l'histoire financiere de l'Angleterre, La suspension des payments de la Banque et le Bullion Report*(Paris, 1865) ; M. Phillips, *The Token Money of the Bank of England 1797-1816*(London, 1900) ; P. Aretz, *Die Entwicklung der Diskontpolitik der Bank von England, 1780-1850*(Berlin, 1916) ; E. Kellenberger, "Die Aufhebung der Barzahlung in England 1797 und ihre Folgen", *Fahrbücher für Nationalökonomie und Statistik*, III. F. vol. 51, 1916 ; J. Wolter, *Das staatliche Geldwesen Englands zu Zeit der Bankrestriktion*(Strassburg, 1917) ; A. M. de Jong, "De Engelsche Bank Restriction van 1797", *De Economist*, 72nd year, Feb.−Apr. 1923.

2. 화폐이론의 발전

J. H. Hollander, "The Development of the Theory of Money from Adam Smith to David Ricardo", *Quarterly Journal of Economics*, vol. 25, May 1911 ; J. Viner, *Canada's Balance of International Indebtedness, 1900−1911*(Cambridge, 1924), *Studies in the Theory of International Trade*(London, 1937) ; J. W. Angell, *The Theory of International Prices*(Cambridge, 1926) ; C. Rist, *Histoire des Doctrines relatives au Crédit er la Monnaie*(Paris, 1938) ; A. Loria, *Studi sulla valore della moneta*(Turin, 1891) ; G. Krügel, *Der Bullion Bericht*(Rostock, 1930) ; H. Leoroi-Fürst, "Die Entwicklung der Lehr von der Zahlungsbilanz im 19. Jahrhundert bis 1873", *Archiv für Sozialwissenschaften und Sozialpolitik*, vol. 56, 1926 ; E. Fossati, "Ricardo und die Entstehung des Bullion Reports", *Zeitschrift für Nationalökonomie*, vols. iv and v, 1933-4.

신용화폐론

(1802년)

서문

    나의 첫째 의도는 영란은행(Bank of England)의 금태환 중지와 생필품 가격에 대한 지폐 통화의 영향에 주로 관련된 몇몇 대중적 오류를 밝히는 것이다. 그렇지만 그 목적을 추구하는 과정에서 많은 문제가 등장했는데, 그 문제들은 부분적으로는 고려되는 주제와의 관련성 때문에, 부분적으로는 일반적으로 중요하다는 생각 때문에 논의할 필요성이 있었으며, 그리고 신용화폐를 다루던 영국 학자들에 의해 설명되지 않은 상태로 방치되었거나 혹은 부정확하게 언급되던 문제들이다. 따라서 이 책은 어느 정도까지는 일반적인 논문의 성격을 띠고 있다.

    첫째 장은 상업신용에 관한 약간 예비적인 주장들을 포함한다. 그 다음 두 장의 목적은 여러 종류의 신용화폐를 명료하게 묘사하고, 신용화폐와 관련된 일반적 원리를 제시하며, 특히 상이한 종류의 유통수단의 순환 과정이나 상이한 시기의 동일한 유통수단의 순환 과정에서 상이한 유통속도로부터 비롯하는 중요한 결과를 지적하는 것이다.

영란은행제도의 본질은 그때 설명된다. 영란은행의 현금이 아무리 커다랗게 변동한다고 해도, 영란은행권은 적정한 혹은 거의 적정한 수량을 유지할 필요성이 강조된다. 또한 영란은행의 금태환 중지가 현금 재원의 부족에서 비롯하지도 않았고, 정부에 대한 영란은행의 너무 과다한 대출에서도 비롯하지 않았으며, 영란은행 이사들의 성급함이나 경솔에서도 비롯한 것이 아니라, 그들이 거의 통제할 수 없는 환경에서 비롯했다는 것을 보여준다. 이런 사건은 영국이 처한 상황에서는 영란은행과 같은 국가기관이 불가피하게도 구속당할 수밖에 없는 사건인 것이다.

불리한 무역역조가 환율에 불리하게 영향을 미치고, 그런 불리한 환율로 인하여 금의 시장가격이 금의 주조가격을 상회하게 하는 방식은 그 다음 장의 주제이다.

또한 지방은행의 숫자를 증가시키게 한 상황, 그리고 그 은행들의 몇몇 이점과 결점 등이 완전히 언급된다.

이 책의 전반부는 과도하면서도 갑작스러운 유통수단 감소의 해악을 보여주려고 하는 반면에, 후반부의 몇몇 장은 과도한 유통수단 증가의 결과를 지적하는 데 활용된다. 영란은행권의 수량 규제는 영국의 유통지폐의 수량을 규제하고, 영국의 상품가격 상승을 억제하며, 그리고 그에 따라서 우리의 수출을 확대하고 수입을 억제하며 환율을 더 유리하게 하는 수단이라는 것을 보여준다. 또한 영란은행권의 제한에 대한 일부 반대 견해가 유사하게 언급되고 답변된다.

마지막 장은 신용화폐가 모든 생활필수품의 가격에 미치는 영향을 다룬다. 그 주제의 어려운 점은 앞의 논의에 의해 어느 정도는 제거된다.

이 연구의 진행 과정에서, 스미스(A. Smith) 박사의 『국부론』의 몇몇 구절이 비판을 받으며, 마찬가지로 로크(Locke)와 몽테스키외(Montesquieu)

의 저술에 있는 몇몇 주장과 더불어 흄(Hume) 씨의 화폐와 무역수지에 관한 논문과 제임스 스튜어트(James Stewart) 경의 『정치경제학』에 있는 몇몇 주장이 비판을 받는다.

그런 학자들이 금화, 신용화폐, 무역수지 및 외환에 관한 주제(상호 간에 밀접하게 연관된 주제다)를 다루는 방식은 더욱 초기의 환경적 여건에 의해 제시되었으며, 어느 정도까지는 필연적으로 이론적이거나 혹은 특별한 진리를 확립할 목적으로 쓰인 논문에서 우연적 주장들이 정당하지 않았거나 혹은 더욱이 몇몇 주요 원리가 상당히 경솔한 용어로 제시되었다면, 그것은 별로 놀라운 일이 아닐 것이다.

언급된 권위자들과는 상이한 견해를 주장하면서도 신용화폐라는 중요한 주제에 관해서 대중의 여론을 교정하려는 사람은, 과거의 오류를 제거하려고 노력하면서도 새로운 오류를 확산시키지 않으려면 분명히 매우 신중해야 한다. 성숙된 생각을 가져야 한다는 의무감은 이 책의 발간을 약간 지체하게 만들었다. 나는 주요 학설들이 정당하다고 확신한다. 이 책이 불완전할 수 있으며 더 주의하면 바로잡을 수 있다는 것도 의심하지 않는다. 그러나 실제로 상업 세계에서 사업을 하는 사람이 자신이 비평한 글보다는 덜 정교하고 많은 관점에서 더 불완전한 글을 대중들에게 제시하더라도, 대중은 그를 너그러이 용서할 것이라고 믿는다. 미래의 연구는 내가 상당한 정도로 불신하던 몇몇 특별한 주제를 유익하게 다룰 수 있을 것이다.

논의 중인 몇몇 주제에 대한 정보를 자신의 삶에서 획득한 사람이 이 책을 썼으니 최근 사건들에서 제시된 선배 저자들의 오류를 교정하는 수단을 잘 활용했다고 주장하는 것은 부적당하거나 부적절하지는 않을 것이다.

제1장

상업신용. 상업신용에서 근원하는 신용화폐. 상업자본

　　상업신용은 상업과 관련하여 상인들 간에 존재하는 신뢰감으로 정의할
수 있다. 이런 신뢰감은 여러 방식으로 작용한다. 그것은 그들로 하여금
서로에게 돈을 꾸어주게 하고, 환어음의 인수와 보증에 의해 스스로 다양
한 금전적 채무를 지게 하며, 또한 여러 연속된 기간에 걸쳐서 약정된 금
액을 감안하면서 재화를 판매하고 인도하게 한다. 환어음이나 화폐가 전
혀 알려지지 않은 초창기의 원시사회에서도 상업 활동이 있게 된다면, 어
느 정도의 상업신용 역시 존재할 것이라고 단정할 수 있다. 이를테면 농부
와 제조업자 간의 상품 교환에서, 농부가 자신의 노동의 열매를 소유하게
될 것이고 수확이 끝났을 때 농부 쪽에서 그 계약을 충족시키도록 농지법
에 의해 강요되거나 혹은 정의감에 의해 그렇게 유도될 것이라는 신뢰감
속에서, 제조업자는 아마 자라고 있는 곡식을 담보로 농부에게 재화를 종
종 인도할 것이다. 다른 다양한 사례로서, 어떤 사람이 돌려받기로 동의한
동등한 가치를 현장에서 당장 수령하지 않으면서도 그 이웃에게 재산을

인도하는 것은 하물며 원시사회에서도 틀림없이 발생할 것이다. 그와 같이 다른 사람의 편리한 형편을 기다리는 것이 종종 특정한 당사자에게 이익이 된다. 즉 신뢰감을 부여한 그 사람은 위험과 지연에 의해 부담되는 불리한 점에 대한 적절한 보상을 그 대가로 수령하기 때문이다. 물론 법과 도덕적 의무감이 미약하고 그에 따라 재산이 불안전하게 되는 사회에서는 신뢰감이 거의 존재하지 않으며 상업 활동도 거의 존재하지 않는다.

이런 상업신용은 **신용화폐**의 기초이다. 신용화폐는 마음속에 존재하는 그런 신뢰감을 표현하고 지급할 채무의 서명을 단순화하는 데 도움을 주는 문서이다. 그렇지 않을 경우 그것은 단순히 문자에 불과할 수 있다. 이하에서는 신용화폐가 금이라는 비싼 물품의 사용을 어떤 방식으로 얼마나 다양한 정도로 절감하고 있는지를 설명할 것이며, 그리고 그 화폐와는 다소간 독립적으로 존재하며 그리고 그 화폐가 폐지된다고 할지라도 어느 정도까지는 남아 있을 수 있는 신뢰감을 확대하고, 확증하며 그리고 확산하는 데 그 화폐의 확대 보급이 어떻게 기여하는지를 설명할 것이다.

만약 상품 교환이 적었던 초기 사회에서 신용의 제공이 편리할 수 있다면, 재화가 폭발적으로 증가하기 시작하고 또한 부가 더 다양하게 분배된 진보한 사회에서도 동일한 이유로 신용의 제공은 적어도 편리할 수 있다.

영국 상인이 상당히 많은 재화를 구매하고 가지러 가는 데 적합한 날짜는 그 대가를 지급하는 데 편리하다고 생각하는 날짜와 다를 수 있다. 만일 그 대가를 현금으로 당장 제공해야 한다면, 그는 상당히 많은 현금을 호주머니에 항상 준비하고 있어야 하며, 그리고 이 기금의 유지 비용(주로 이자의 상실로 구성되는 비용)에 대한 보상을 자신이 취급하는 상품의 가치로 변제받아야 한다. 신용으로 구입함으로써, 즉 그 재화에 대해 돈을 지급하는 것이 아니라 미래의 특정 날짜에 돈을 제공할 것을 기약하는 약속어음을 인도(引渡)함으로써, 그는 이런 비용을 회피할 수 있으며, 또한 금전적 걱정거리를 준비하고 조정할 시간을 벌 수 있다. 따라서 그는 자신의 사업에서 한층 더 자유로워질 수 있다. 즉 사거나 사지 않을 혹은 팔거나 팔지 않을 재산에 관한 그의 판단과, 그중 어느 하나를 할 시기에 관한 그의 판단은 더 자유로워질 수 있다.

상이한 거래에서 통상적인 신용의 기간이 스스로 조정되는 일반 원리는 분명히 상호 이익과 상호 편의의 일반 원리이다. 예컨대, 만일 내수용(內需用) 특정 물품의 수입상들이 보편적으로 부유하고 그리고 소매상들이 보통 가난하다고(즉 소매 행위에 필요한 재화의 종류와 수량을 유지하는 데 자본이 불충분하다고) 가정한다면, 수입상들이 통상적으로 제공하고 소매상들이 수취하는 신용의 기간은 자연히 길어진다. 달리 말하면, 대부금에 의해 공여되는 이득에 비례하는 가격의 이점을 고려하면서, 자신의 자본 일부를 소매상들에게 대출하는 것은 수입상들의 관습이다. 동일한 거래에서 신용 기간과 관련하여 둘 혹은 그 이상의 관습이 종종 적용되며, 그리고 각 관습에 대해서는 개별적인 예외가 존재한다. 규칙으로부터의 이탈은 그 규칙 자체가 근거한 상호 이익과 상호 편의의 일반 원리로부터 명백하게 발생한다.

더 길거나 짧은 신용으로 구매 및 판매할 수 있는 선택권의 부여는 구매 및 판매할 수 있는 사람들의 숫자를 증가시키므로 자유경쟁을 촉진하며, 그에 따라 물품의 가격을 낮추는 데 기여한다. 공여되는 다양한 신용 기간은 더 가난한 몇몇 상인에게 더 많은 구매력을 더욱 특별하게 제공하는 경향을 보이며, 그리고 더 낮은 가격에 가장 적합한 아주 특별한 종류의 경쟁, 즉 매우 적절한 수익률에 만족하는 상인들 간의 경쟁을 낳는다. 적은 자본을 소유하면서 기간이 긴 신용을 수취하는 상인들이 진입하여 상거래의 이윤을 축소한다는 바로 이런 이유 때문에, 부유한 상인들은 불만이 많다.

그러나 기간이 긴 신용을 수취 및 제공하는 관습에는 이점만 있는 게 아니라 불리한 점도 있다. 그것은 상거래 과정에서 초래되는 악성 채무의 양을 증가시킨다. 따라서 손실에 대한 불안감은 신용을 공여하는 관습에 대한 제약 요인으로서 대부자의 심리에 계속적으로 영향을 미치며, 반면에 그가 공급한 자본의 사용으로부터 수취하는 보상은 그 관행에 자극 요인으로 작용한다. 현재의 신용 상태는 일반적으로 신용의 공여 및 수취로부터 나타나는 이득과 불리에 대한 차입자와 대부자 양자의 비교로부터 비롯한다.

그렇지만 상업적 신뢰감은 합리적 근거가 있는 비율에 맞추어서 항상 공평하게 제공되는 것은 아니다. 어떤 시기에는 그것이 아주 부당한 높이까지 치솟았으며, 그리고 대단히 엄청나면서도 유해한 투기를 야기했다. 이런 사례 중에는 에어 은행(Ayr Bank) 사건[1]과 남해 기획 사건[2]이 있다. 그러나 이

∵

1) (옮긴이) 스코틀랜드 남서부 항구도시 에어(Ayr)에 본사를 둔 더글러스 헤런 앤드 컴퍼니(Douglas, Heron & Company)는 1769년에 설립되었고, 통상 에어 은행으로 알려졌다. 이사회의 구성원들은 상당수가 귀족들이었으며, 은행가들은 전혀 참여하지 않았다. 처음부터 이 은행은 스스로 감당할 수 있는 것 이상으로 과도한 대출을 귀족 고객들에게 했으며, 그리고 이런 자유로운 신용팽창 정책은 실물 자산과 런던 주식시장의 투기를 야기했다. 1772년 6월에 100만 파운드를 초과하는 부채로 인하여 파산했고, 1773년 사원총회에서 청산 절차를 밟기로 했으며, 총 225명의 출자 사원의 총손실은 66만 파운드를 넘는 것으로 알려졌다. 스코틀랜드 전역에 충격을 주었고 은행의 자유 영업의 대표적인 실패 사례로 꼽힌 에어 은행의 파산은 궁극적으로 꺼지는 투기적 거품을 은행권 팽창이 얼마나 손쉽게 유발하는지를 보여주었다.

2) (옮긴이) 남해회사(South Sea Company)는 당시의 정권 실세인 옥스퍼드 백작 할리(Harley)가 1711년에 설립한 주식회사이다. 잉글랜드 정부는 스페인의 왕위 계승 전쟁(1701~1713) 동안 전쟁 자금을 조달하기 위하여 스페인이 통치하고 있는 남아메리카 식민지에서의 독점 무역권을 남해회사에게 주기로 약속했고, 그리고 그 독점에 대한 대가로 남해회사는 잉글랜드가 전쟁 기간에 부담하게 되는 국가 부채를 떠맡기로 했다. 특히 잉글랜드의 제조업자들이 멕시코와 페루에 상품을 싣고 간다면, 그곳 주민들이 상품에 대한 대가로 100배 이상의 가치를 갖는 금과

런 종류의 해악은 저절로 교정되는 경향이 있다. 상업 지식과 경험을 풍부하게 소유한 나라에서는 신뢰감이 대부분의 경우 잘못되지는 않을 것이다.

신용으로 구매하는 관행이 더 많이 진행되고 그 결과 훨씬 더 많은 개별 거래를 상대적으로 재산이 적은 사람들이 하게 될 때, 일부 사람들은 국가의 상거래가 적절한 자본에 의해 뒷받침되지 못하는 것으로 생각하며, 그리고 국가의 외양적인 부(富)가 무엇이든, 그런 환경에서 한 국가의 부(富)는 그릇된 모습만 내보인다고 생각한다.

그러나 국내 상거래에서 신용으로 구매하는 관행은 또한 신용으로 판매하는 관행의 병존을 전제로 하며 그리고 전반적으로 정확히 동일한 정도로 그런 관습의 광범위한 보급을 전제로 한다. 한 국가의 해외거래에 관련된 신용거래 관행은 일반적으로 수취하는 신용이 제공되는 신용보다 기간이 더 긴가 혹은 짧은가에 따라서 그 나라가 가난한지 부자인지를 알려준다. 신용으로 소비자에게 판매하는 상인들의 관행은 상업 세계에서 부(富)의 크기를 알려준다. 즉 소비자들이 부담하는 부채 크기에 정확히 비례하는 만큼, 상인들은 자신의 소유이든 혹은 차입한 것이든 간에 충분한 부를 소유해야 한다. 따라서 널리 보급된 신용에 의한 상거래 관행은, 상인과 상인 간에 그 관행이 존재하는 한, 상인 집단에서는 부유 혹은 가난의 징후가 아니다. 그 관행이 외국과의 상거래에 관련되는 한, 그것은 영국 상인들에게 귀속되는 특별한 부의 징후이며, 그리고 그 관행이 소매상과 소비자 간의 상거래에 관련되는 한, 그것은 소비자들의 부의 부족을 함축하며 그리고 상인들 간에는 부의 비례적 잉여를 함축한다. 기존의 관행은 전반적

••

은을 지불할 것이라고 기대했고 또한 그런 소문이 확산되었다. 그 결과 회사 주식에 대한 투기는 1720년에 남해회사 거품(South Sea Bubble)이라고 알려진 엄청난 경제 거품을 야기했다.

으로 상인들 간에 상당히 풍부한 부가 존재한다는 것을 함축한다.

상업자본이 무엇을 의미하는지를 여기서 정의하는 것은 다음의 논의에서 오류를 방지하는 데 도움을 줄 수 있다. 첫째로, 그것은 제조업자와 상인들의 수중에 있으면서 최종적으로는 소비 가능한 재화 형태(그 일부는 제조 과정 중에 있을 수 있다.)로 존재한다. 일반 지출이 상당히 많은가 혹은 적은가에 비례해서, 또한 상품들이 상당히 빠르게 혹은 느리게 소비자들의 수중으로 이전하는가에 비례해서, 이런 재화들의 수량은 필연적으로 더 많거나 혹은 더 적다. 게다가 그것은 제조업과 상업을 운영할 목적으로 유지되는 선박, 건물, 기계 및 다른 사장(死藏) 재고 형태로 존재하며, 그리고 전체 금액에서 언제나 매우 작은 품목을 구성하지만 상업 목적에 꼭 필요한 금이 이런 제목하에 포함될 수 있다. 그것은 또한 신용으로 판매되고 인도된 재화에서 비롯한 거래자의 채권(이 채권은 그 대가로 제공되는 물품의 가치에 의해 최종적으로 변제된다.)도 포함한다.

상업자본은 지폐 형태로 존재하지 않으며 또한 이런 지급수단의 증가에 의해 증식하지도 않는다. 사실, 어떤 관점에서는 상업자본이 지폐에 의해 증가할 수도 있다. 즉 기존 재화들의 명목가치는 모든 재산의 측정 표준이 되는 지폐 가치의 감소를 통해서 증식할 수도 있다는 것이다. 지폐 그 자체는 그 추계의 어떤 부분도 구성하지 않는다.

상업에 이용되는 국가 자본의 양을 계산하는 방식은 각 상인이 자신의 재산 가치를 추계하는 방식과 근본적으로 동일하다. 지폐가 몇몇 사람의 장부에서 대변에 있는 항목을 구성한다는 것은 진실이지만, 그것이 정확히 다른 사람들의 장부에서 차변에 있는 동일한 항목을 형성한다는 것도 진실이다. 따라서 지폐는 대체적으로 채무를 구성하지도 않고 또한 채권을 구성하지도 않는다. 2만 파운드의 은행권을 발행하고 그 결과 상인들에 의해 수락되는 환어음을 담보로 그들에게 2만 파운드를 대부한 은행가는 자신의 장부에 문제의 금액에 해당하는 정도까지 은행권의 여러 소유자에게는 스스로 채무자라고 천명하며, 그리고 그와 동일한 액수만큼을 소유하고 있는 환어음의 수락인(受諾人)들에게는 스스로 채권자라고 천명한다. 따라서 환어음이나 은행권이 어떤 실체도 가지지 않는 것처럼, 은행가의 재산에 대한 그 자신의 평가도 마찬가지이다. 다른 각도에서 한번 살펴보자. 상인들은 자신의 재산을 추계할 때 은행가가 인수하고 자신이 지불할 환어음을 자신의 재산에서 공제하고, 그들 자신이 인수자가 되는 은행가의 은행권을 자신의 재산에 추가하며, 그 결과 상인들의 자본에 대한 평가는 지폐가 어떤 존재 가치도 없는 것과 마찬가지가 된다. 따라서 지폐의 사용은 개개인에 의해 이루어지는 재산의 추계에 어떤 망상의 원리도 도입하지 않는다. 반면에 어느 누구도 자신에게 빚을 지우지 않는 금의 경우는, 그 금의 소유자가 신용을 획득하는 한, 지폐의 경우와는 사뭇 다르다. 상인들의 몇몇 상업자본은, 그들의 장부에서 추계되는 것처럼 만약 그들의 다른 재산으로부터 동시에 공제되고 추가된다면, 이미 언급된 몇몇 제목하에서 계산되는 영국의 주식의 일반적인 추계와 확실히 금액상으로 대응한다.

영국의 공채에서 자신들의 몫을 추계할 때, 어떤 **개인**도 자신의 재산 평가에서 공제하지 않는 공채를 자신의 재산 추계에 추가한다는 것은 진실이다. 국가가 채무자라는 것은 손쉽게 인지될 수 있다. 그러나 지금까지 묘사된 상업자본은 공채 형태의 자본과는 독립적으로 존재한다. 상인은 상거래에 쓰이는 재산을 가진다. 만일 그가 주식을 재산으로 보유한다면, 그는 그것에 추가하여 상거래에 쓰이는 재산을 보유한다. 따라서 국가의 것이든 개인의 것이든 상업자본을 언급할 때에는, 그것의 일부가 영국의 신용화폐나 주식으로 구성된다는 사고방식이 전적으로 배제되어야 한다.

제2장

물물교환. 화폐. 환어음과 약속어음. 할인 가능한 물품으로서의 환어음과 약속어음. 의제적 (擬制的) 어음 혹은 융통어음

원시사회는 오로지 물물교환에 의해 거래를 수행한다. 가장 발전한 사회도 여전히 동일한 원리에 따라 상업을 수행한다. 왜냐하면 금화와 은화, 은행가들의 지폐 그리고 환어음 등은 단순히 교환을 가능케 할 목적으로 채택된 도구로 간주되기 때문이다. 그 목적은 한 재화의 일정 수량을, 모든 조건하에서 적절한 등가라고 생각되는, 다른 재화의 일정 수량과 교환하는 것이다.[1]

∴

1) 적절한 등가라는 용어는 엄격한 형평의 원칙에 따라 결정을 내리는 불편부당한 재판관이 명령할 수 있는 등가를 의미하지는 않는다. 물물교환 방식으로 거래함으로써 얻는 등가는 정확히 이런 종류는 아니다. 왜냐하면 희소하면서 필요한 상품의 소유자가 그것의 소비자에 대해서 가지게 되는 지배력은 언제나 소비자들이 그것의 생산에 소요될 수 있는 비용보다는 훨씬 더 높은 가격을 요구하도록 유도하기 때문이다.

예컨대 물물교환이 지배적인 아프리카에서 쌀 가격은 특정 시점에 1톤당 약 2파운드이며, 그리고 다른 시점에는 약 16파운드이다. 상이한 계절의 수확량 변동이 이런 가격 변동과 어떤 비례 관계가 있다고 가정할 수도 없다. 독점 역시 거래가 발생함에 따라 나타나는 악덕이다. 그것은 사실상 초기 상업 단계에 특히 더 존재하기 쉽다.

물물교환은 즉각 불편하다고 느껴지므로, 귀금속이 휴대가 가능한 동시에 가격이 안정적이며 또한 분할이 가능하다면, 그것은 가치의 척도로서 호소력이 있다. 국가는 귀금속의 무게와 순도를 보증하기 위하여 그 위에 각인을 찍는다.

주화가 되지 않았을 때[혹은 지금(地金) 상태일 때] 귀금속은 그 자체가 상품이지만, 화폐로 전환되었을 때 그것은 다른 물품의 가치척도로 간주된다. 실제로 주화는 상품으로 전환될 수 있으며, 이런 전환이 가능하다는 것은 용도 면에서 주화의 장점 중 하나다.

신용화폐가 제일 먼저 존재할 것이라고 추정되는 가장 단순한 몇몇 형태로 이제 관심을 돌려보자.

우선 환어음에 대해서 언급해보자.

가치척도가 될 수 있는 다른 물품에 비해 금이 아무리 휴대가 편리하다고 해도, 상당한 양의 금을 꽤 먼 거리까지 운반하는 것은 분명히 불편한 것으로 드러난다. 요크 상인 10명에게 특정 상품을 판매하는 제조업자 10명이 런던에 있다고 가정하고, 런던 상인 10명에게 다른 상품을 판매하는 제조업자 10명이 요크에 있다고 가정하자. 런던 상인 10명이 매년 그렇게 많은 금화를 요크로 보낼 이유가 전혀 없다. 요크의 제조업자들은 문제의 돈을 자기 집 현관에서 각 상인에게서 수취하기만 하면 된다.(왜냐하면 우리는 충분한 화폐량이 평소에 그곳에서 유통된다고 가정하기 때문이다.) 요크에서처럼 동일한 방식으로 런던의 채무를 상쇄하기 위하여, 요크 제조업자들이 문제의 돈의 수취를 인정하고 런던의 채무자들에 의해 마련된 돈이 런던의 상인들에게로 지급되도록 전환시키는 답변 문서를 수용하면 모든 문제가 해결된다. 모든 현금 이전비용과 위험이 그렇게 절감되며, 그리고 물론 문제의 상인들은 전반적으로 그렇지 않은 경우에 자신들이 요구하였을 것보다 더 낮은 가격에 자신들의 물품을 판매할 수 있다. 채무 이전을 명령하는 문서는 오늘날의 언어로 환어음이라고 불린다. 그 환어음은 한 사람의 채무가 다른 사람의 채무와 교환되는 어음이며, 한곳에서 발생한 채무가 형편에 따라서는 다른 곳에서 발생한 채무와 교환되는 어음이기도 하다.

다음으로 **약속어음**에 대해서 살펴보자.

연속 기간에 걸쳐서 수취되는 금액을 고려하면서 재화가 인도될 때, 지급 날짜와 총금액을 명확히 기록하기 위하여 이런 각각의 명세 항목을 표현하는 약속어음이 제공되어야 한다는 것은 바람직하다. 모든 환어음과 마찬가지로 "수취금액"이라는 용어가 약속어음에 도입되며, 환어음이나 약속어음이 구속력을 갖게 하기 위하여 그런 표현이 법률상 필요한 것 같다.

지금까지 환어음과 약속어음은 원래 발행될 때의 단순한 목적만을 위해서 그리고 발행하는 데 항상 사용되는 형식에 의해 표명되는 단순한 목적만을 위해서 창조된 것으로 생각했다. 이런 문서 두 종류는 모두 현재 추가적 성격, 즉 **할인 가능한 물품** 혹은 언제든지 현금으로 전환할 수 있는 기회가 존재하는 물품의 성격을 보유하는 것으로 언급되어야 한다. 환어음 혹은 약속어음의 액면가에서 그런 할인 혹은 공제는 전환할 때 지급되는 금액으로 본다면 액면가에 대한 그 지속 기간의 이자에 해당한다. 런던을 지급지로 하고 요크에서 발행되며 그리고 채무를 이전하는 데 활용되는 환어음은 어느 날짜에 지급되든 그 목적을 충족할 것이다. 그러나 거의 모든 어음은 관례적으로 약간 먼 시점에 지급이 이루어지도록 한다. 이를테면, 지방은행가 그리고 이런 관점에서 은행가로 종종 행동하는 상인들은 어음 발행으로부터 발생하는 사고와 비용을 수수료로 보상받는 것이 아니라, 어음이 지급되는 시점의 연장에 의해 스스로 보상받는다. 그렇게 형편에 따라서 한 달 혹은 그 이상 존속되면서 일정 기간 할인 가능한 물품으로 활용될 수 있는 신용화폐가 창조된다.

약속어음은 예전에 재화를 판매할 때에만 발행되며, 상당히 먼 시점에 지급되도록 만들어진 것으로 언급되었다. 그것에 대해 더욱 정밀하게 검토해보면, 신용화폐를 증가시키려는 유사한 성향이 존재하는 것을 발견한다.

영국 상인이 신용으로 재화를 판매할 때, 약속어음(혹은 동일한 의미로 인수된 환어음)을 수취하는 유일한 목적이 채무의 정확한 크기와 지급 시점의 확인이라면, 구매자로부터 약속어음을 수령하는 것이 상황에 따라서는 그에게는 그렇게 중요하지 않다. 약속어음에 의해 제시되는 채무의 변제에 대해 법률은 정말로 우월한 편의를 제공한다. 그럼에도 그 금액이 적고 당사자의 신용이 높다면, 현재의 높은 신뢰 상태에서 이런 모든 이점은 많은 경우에 지폐 관인의 사소한 비용조차도 거의 보상하지 못하는 것으로 생각될 것이다. 만일 어음이 전혀 받아들여지지 않는다면, 부채는 장부상의 부채이며 그 자체만으로도 충분히 안전할 수 있다.

따라서 판매 및 인도되는 재화에 대해서도 약속어음은 판매자가 소유함으로써 발견하게 되는 다른 종류의 편의를 위해서 제공된다고 생각해야 한다. 방금 언급된 환어음과 유사하게 약속어음도 할인 가능한 물품이다. 그것은 상황에 따라서는 현금으로 전환될 수 있거나, 또는 동일한 목적을 충족하는 은행권으로 전환될 수도 있다. 약속어음이나 환어음을 현금으로 전환하는 것은 경우에 따라서는 전적으로 의도된 것은 아니다. 오히려 그것은 우발적인 사건에 대한 대비책으로서 받아들여졌다. 보유자에게는 현금 수령 실패에 대한 안전망을 제공한다. 바로 이런 방식에 의해 그의 신용은 강화되며, 그리고 그는 자신의 금전적 채무의 지급 기일을 충족할 수 있다. 왜냐하면 은행권을 금화로 혹은 금화를 은(銀)으로 전환할 수 있는 것처럼 신용 있는 소지자가 거의 자신만만하게 공통 할인율로 현금화할 수 있는 많은 종류의 환어음과 약속어음이 존재하기 때문이다.

많은 약속어음과 환어음을 항상 보유하는 상인들이 얻게 되는 이득은 결국 그런 어음의 엄청난 증가를 자연스럽게 유발하며, 그리고 판매된 재화에 대해서 제공되는 약속어음 혹은 정상적인 환어음의 증가뿐 아니라, 수많은 다른 약속어음과 환어음의 창조로 귀결한다. 이런 것들 중에 몇몇은 융통 약속어음과 융통 환어음으로 명명되며, 가끔 의제적(擬制的)이라는 용어가 이런 어음에 붙기도 한다. 그 용어는 특히 그것을 묘사하는 데 유용하다.

여기서 진성어음이라고 불리는 것, 즉 재화의 실질적 판매의 결과로 발행되는 어음을 창조하는 주요 동기는 현금으로 전환하는 수단을 보유하려는 희망이었다. 따라서 판매된 재화에 대해 약속어음을 보유하려는 판매자는 재화 가치와 동일한 금액의 할인 가능한 어음을 구매자에게서 수취하는 편리한 조건을, 그 기회에 판매 거래에 결합하려고 할 수 있다. 의제적 어음 혹은 융통어음은 실제 재화 판매의 결과로 발행되는 조건에 의해 승인되지는 않았지만, 할인된다는 동일한 목적을 위해서 발행된 어음이다. 정말로 다양한 종류의 융통어음이 존재한다. 그것은 다음의 묘사 하나만으로도 충분할 것이다.

100파운드가 필요한 A는 어음 겉면에 B가 지급할 의무가 있는 2개월 만기로 발행된 약속어음 혹은 환어음을 B가 인수하도록 요구한다. 그렇지만 A는 스스로 그 어음을 변제하는 데 혹은 그 어음을 변제할 수단을 B에게 제공하는 데 관심을 가질 것이다. A는 두 당사자의 연대 신용에 의해 그 어음의 대가로 현금을 확보한다. 만기가 도래했을 때 A는 그 어음을 변제할 약속을 완수하며, 그에 따라 그 거래를 완결한다. 그러나 B에 의해 A에게 제공되는 이런 서비스에 대해서 A는 B의 편의를 위해서 발행 및 할인되는 어음을 유사하게 인수함으로써 다소 긴 기간에 걸쳐서 보상할 것이다.

이제 그런 어음과 진성어음을 비교해보자. 어떤 점에서 다르거나 다른 것 같은지, 그리고 어떤 점에서 그것들이 동일한지를 검토해보자.

각각은 할인 가능한 품목이고, 또한 할인될 목적으로 창조되었으며, 상황에 따라서는 실제로 할인된다는 점에서 똑같다. 따라서 각각은 상인에게 투기수단을 제공한다는 데에서 동일하게 기여한다. 더욱이 환어음과 약속어음이 소위 영국의 유통수단 혹은 지폐 통화(여기서는 예견되지 않던 주제)를 구성하고 또한 금화의 사용을 감소시키는 한, 의제적 어음과 진성어음은 동등한 위치에 놓인다. 그리고 만약 상품가격이 지폐의 수량에 비례하여 상승한다면, 그 어음은 지폐와 동일한 방식으로 그 상승에 정확히 기여한다.

그것의 다른 점을 다루기 전에, 보통은 유사하지 않다고 생각되지만, 늘 혹은 반드시 다르다고는 말할 수 없는 한 가지에 관심을 돌려보자.

사람들은 종종 다음과 같이 말한다. "진성어음은 실제 재산을 대변한다." "모든 진성어음에 대응하는 실제 재화가 존재한다." "재화 판매의 결과로 발행되지 않은 어음들은 국가 전체가 사기를 당하고 있는 일종의 거짓 부이다." "이것들은 단지 가상적 자본만 공급하며, 다른 어음들은 실질적 자본을 표시한다."

이런 주장에 대한 응답으로, 첫째, 재화의 실질적 판매의 결과로 제공되는 어음은 다음의 이유 때문에 실제 재산을 **확실히** 대변하는 것으로 생각할 수 없다. A가 6개월간 외상으로 B에게 100파운드 가치의 재화를 판매하고 그 대가로 6개월 만기의 어음을 수취하고, 그 후 한 달 내에 B가 비슷한 외상 형태로 C에게 그 재화를 판매하고 어음을 수령하며, 그리고 또다시 C가 한 달 후에 D에게 그 재화를 판매하고 어음을 수령하는 등의 과정이 진행된다고 가정하자. 6개월 뒤에는, 각각 100파운드의 어음 여섯 개가 동일한 시점에 존재할 수 있으며, 이 어음 각각은 어쩌면 할인되었을 수도 있다. 그때 이 모든 어음 중 오직 하나만이 실제 재산을 대변한다.

둘째, 재화 판매의 결과로 제공되었지만 재산을 대변하지 않는 어음들의 숫자는 재화 판매의 대가로 제공되는 신용의 기간 연장을 통해서 확실히 손쉽게 증가한다. 가령, 제공되는 신용이 6개월 대신 12개월이라면, 600파운드 대신 1200파운드가 재화 판매의 필요성에 의해 발행되는 어음의 총금액이 되며, 그리고 1100파운드는 재산을 전혀 대변하지 않는 어음이 된다.

(소위) 진성어음이 실제 재산을 대변한다는 주장을 정당화하기 위해서는, 어음에 의해 대표되는 재산이 문제의 어음을 변제하는 목적 외의 다른 목적으로 전용되는 것을 방지할 수 있는 약간의 권한이 그 어음 소지자에게 부과되어야 한다. 그런 권한은 당연히 존재하지 않는다. 더욱이 진성어음을 소지한 사람이나 그것을 할인한 사람 어느 누구도 어음의 원천인 특정한 재화 형태의 어떤 재산도 전혀 보유하지 못한다. 즉 의제적 어음의 소지자가 그러듯이 진성어음의 소지자도 어음 제공자의 일반적 변제 능력에 의존한다. 많은 경우 의제적 어음은 잘 알려진 대규모 자본을 보유한 사람에 의해 제시되는 어음이며, 그때 그 자본의 일부는 의제적 어음에 상응한다고 말할 수 있다. 따라서 진성어음이 재산에 상응하고 의제적 어음이 그렇지 않다는 주장은 이런 종류의 어음 중 어느 하나에 대해서는 평가를 더 정확하게 내리고, 반면에 다른 어음에 대해서는 평가를 덜 정확하게

내리는 주장이 된다.

다음으로 상이한 몇 가지 사항을 살펴보자.

첫째로, 의제적 어음 혹은 융통어음은 실체가 없다는 반론에 취약하다. 그러나 이 반론은 단지 의제적 어음이 실질적인 것으로 인정되느냐에 의존한다. 충분히 확실한 것은 많은 경우 그 어음이 실체가 있다는 것이다. 둘째로, 의제적 어음은 결제할 때 진성어음에 비해서 지급 기일을 보편적으로 덜 엄수하는 것 같다. 신중한 사람들은 의제적 어음을 잘 취급하려 하지 않으므로, 그 어음의 인수자는 일반적으로 더 모험적인 투기자라고 추측된다. 셋째로, 덜 안전하다는 것을 제외하면 의제적 어음은 결과적으로 그 수량에서 제약을 덜 받는다. 한 사람의 실제 판매액은 진성어음의 금액에 제한을 가한다. 그리고 신용이 규칙적이면서 적절한 비율로 모든 사람에게 배분되는 것은 상행위에서 대단히 바람직하므로, 실제 판매로 인해 발행된 어음의 출현에 의해 보증되는 특정인의 실제 판매액이라는 척도는 많은 관점에서 매우 불완전한 규칙이기는 하지만, 그 경우 좋은 규칙이 된다.

의제적 어음 혹은 융통어음은 본질적으로 보편적 약속어음과 분명히 유사하다. 그러나 약속어음은 안전장치가 오직 하나인 반면에 융통어음은 둘이라는 점에서 융통어음이 더 좋은 어음이다. 상인들로 하여금 자금조달 수단을 지나치게 활용하지 않도록 하기 위한 상당히 많은 경계심이 존재하며, 그 결과 파산한 사람들에 의해 제공되고 또한 제공될 수 있는 유일한 어음, 즉 그 일반적인 성격상 진성어음과 유사한 그 어음은 상인에게서 나오면 신용을 어느 정도 떨어뜨리는 것으로 생각된다. 그리고 상인의 수중에 있을 때 그 어음은 재화 판매로 양도되는 진성어음을 반드시 모방하기 때문에, '의제적'이라는 별칭이 그것에 붙는다. 그 별칭은 혼동을 불러오면서 잘못된 개념, 즉 영국의 어음과 명목 부(富), 두 측면에서 거짓되고 허황된 어떤 것이 존재한다는 개념을 묵인하는 것처럼 보인다.

환어음은 영국만이 아니라 세계의 모든 지역에서 런던 상인 앞으로 상당히 많이 발행되고 있으며, 그 어음이 발행되는 근거는 상당한 정도까지 이목의 집중에서 교묘히 벗어나고 있다. 대다수의 어음은 확실히 융통어음의 성격을 어느 정도 공유한다. 그러나 그 형태가 무엇이든, 보편적으로 그 어음들은 널리 알려진 형태, 즉 할인 가능한 형태를 취한다. 앞의 주장이 보여주는 것처럼, 약간의 실질적인 상거래와 그와 동시에 발생하는 다수의 유사한 상거래를 그런 어음의 발행 근거로 그리고 그런 어음의 증가 수단으로 만드는 것은 그리 어렵지 않다.

어음의 발행과 재발행으로 신용화폐를 창조하는 관행은 애덤 스미스 박사에 의해 특별히 묘사되었으며, 그는 그 관행이 그것에 의존하는 당사자에게는 대단히 파멸적인 경향을 보인다고 언급했다.[2] 그러나 이 관행에 참여하는 사람들 사이에서는 스미스 박사가 상상한 것보다는 훨씬 적은 비용으로 이런 관행이 종종 실행된다. 예컨대 런던의 A는 암스테르담의 B를 지급인으로 하는 2개월 만기의 어음을 발행하며, 그리고 그 어음에 대해 즉각 현금을 수취한다. 원래 어음의 만기가 가까워졌을 때, B는 A가 매도하거나 혹은 할인한 동일한 액수의 2개월 만기의 새로운 어음을 A를 지급인으로 하여 발행함으로써 원래 어음의 지급 기일에 스스로 대처할 수 있으며, A는 B를 지급인으로 하는 2개월 만기 어음을 다시 발행함으로

2) (옮긴이) A. Smith(1776), *An Inquiry into the Nature and Causes of the Wealth of Nations*, ed. by R. H. Campbell and A. S. Skinner(Clarendon Press, 1976), pp. 309~310.

써 지급수단을 또다시 확보한다. 그 거래는 마치 A와 B가 6개월 동안 문제의 금액을 연대보증에 의해 차입하는 것과 본질적으로 명백하게 유사하다. 이런 종류의 거래가 애덤 스미스 박사에 의해 파멸적이라고 언급된 근거는 이런 방식으로 현금을 조달한 사람이 모든 발행 어음에 대해서 과중한 수수료 비용을 부담한다는 것이다. 예컨대 만약 0.5퍼센트가 수수료이고, 2개월 만기로 어음들이 발행되며, 그리고 연간 5퍼센트의 할인이자가 지급된다면, 그 현금은 8퍼센트의 이자율로 조달된다. 그렇지만 두 당사자 각각의 편의를 위해서 그런 거래들이 종종 교대로 이루어진다. 즉 어느 한 시점에는 B에게 수수료를 지급하는 A의 계정에서 거래가 있게 되며, 다른 시점에는 A에게 수수료를 지급하는 B의 계정에서 그 거래가 있게 된다. 따라서 각 당사자는 전반적으로 그런 수수료 형태로 지급하는 크기만큼의 이득을 얻으며, 다른 어떤 어음에 대해서와 마찬가지로 어음을 현금으로 전환할 때 발생하는 할인은 결과적으로 부담되는 전체 비용으로 간주될 수 있다. 화폐는 단지 5퍼센트의 이자로 이런 방식에 의해 조달될 수 있다. 최근 제시된 사례에 따르면, 어음의 발행과 재발행은 런던의 A와 암스테르담의 B 사이에서만 있을 수 있는 것으로 생각되었다. 그러나 셋 혹은 그 이상의 많은 장소에서 셋 혹은 그 이상의 당사자들 사이에서 어음들이 발행되는 관행이 종종 실행된다. 그 경우 기존의 교환과정에 따르면 환어음의 발행이 최선의 해답이던 장소에서 그런 어음이 발행된다. 부분적으로는 현금을 조달하려는 목적에서 그리고 부분적으로는 정도가 덜한 환어음의 회전에 의해서도 이윤을 획득하려는 목적에서 이런 종류의 거래가 분명히 실행될 수 있다. 반면에 현재 이미 현금을 확보한 사람들은 이런 거래에 반대되는 거래에 참여한다. 환어음의 거래에서 송금이 유리한 것처럼 보인다면, 그들은 송금하고 송금의 결과에 대해서 어음을 발행한다. 어떤 어음이 의제적인 것인가 혹은 융통어음인가 그리고 어떤 어음이 진성어음인가를 결정하는 것은 종종 매우 어려운 핵심 사항이다. 그 어음들이 한 종류의 어음으로 혹은 다른 종류의 어음으로 더 적절히 간주되어야 하는지에 대해서는 심지어 어음 발행인과 송금인들조차도 종종 스스로 알지 못하거나 알려고 노력하지도 않는다. 그리고 그 어음을 수취한 개인 할인업자 혹은 은행가는 그 어음을 할인할 것인가를 판단할 때 추종하는 유일한 규칙이 어음의 신용도라는 것을 여전히 더 자주 발견하게 된다.

제3장

유통 지폐. 은행권. 유통 지폐로서의 환어음. 상이한 종류의 유통수단의 상이한 유통속도와 상이한 시점에 동일한 유통수단의 상이한 유통속도. A. 스미스 박사의 오류. 유통속도의 차이에서 비롯하는 한 국가의 지불액에 필요한 화폐량의 차이. 1793년 사건에서 경험한 이런 차이의 입증 자료. 신용화폐의 폐기가 가능하다는 주장에 내포된 오류

다음으로 유통되는 지폐에 대해서, 그리고 공적 은행에 의해 발행되든 혹은 개인 은행가에 의해 발행되든, **소지인의 요구대로 태환되는 은행권**에 대해서 우선 언급해보자.

한 국가에서 신뢰감이 상당히 높이 상승했을 때, 은행권 발행으로 이윤을 획득할 수 있다는 생각이 일부 사람들에게서 떠오르게 된다. 이때 은행권은 현금과 교환 가능하도록 만들어지고, 알려진 은행권 교환 기관을 통해서 화폐 대신에 유통될 수 있으며, 그 은행권에 의해 대체되는 화폐의 단지 일부만이 현재의 지급을 위한 준비로 금고에 비축된다. 그 나머지에 대해서는 이자가 취득되며, 이런 이자는 은행권 발행자의 이윤을 구성한다. 영향력 있는 몇몇 공인된 회사는 아마 이런 종류의 지폐의 첫 발행자가 될 것이며, 그 회사의 수많은 소유자는 기대되는 배당금을 목적으로 새로운 신용화폐를 통용시키는 데 영향력을 행사할 것이다. 거대한 공적 은행의 설립은 개인 은행의 설립을 촉진하는 경향이 있다. 지급을 위한 화폐를 대

개 스스로 공급할 의무를 갖는 공적 은행은 금 저장고가 되며, 개인 은행들은 그들의 몇몇 필수품을 비축하기 위해서 큰 곤경이나 비용 혹은 지연 없이 그 금 저장고에 도움을 요청할 수 있다.

스미스 박사는 「신용화폐」란 장에서, 처음에는 건설하고 그 후에는 유지하는 데 지출을 필요로 하는 기계나 상업 도구와 동일한 관점에서, 국가 전체의 화폐량을 검토한다. 그리고 이어서 금화와 은화를 대신하는 지폐는 매우 비싼 상업 도구를 상당히 저렴하면서도 종종 편리한 상업 도구로 대체하는 데 기여한다고 주장한다.[1] 이어서 그는 "따라서 은행가는 현재의 지급을 위해서 수중에 2만 파운드의 금과 은을 유지하면서 10만 파운드의 지폐를 발행하며, 그에 따라 2만 파운드의 금과 은이 그렇지 않았다면 10만 파운드가 달리 수행했을 모든 기능을 수행하게 된다. 그 결과 8만 파운드의 금과 은은 절감될 수 있고, 외국 재화와 교환하는 데 실패하지 않으며, 영국에 이윤을 발생시키는 새로운 상업의 새로운 기금이 된다"[2][3]

••

1) (옮긴이) A. Smith(1776), *An Inquiry into the Nature and Causes of the Wealth of Nations*, ed. by R. H. Campbell and A. S. Skinner(Clarendon Press, 1976), p. 292.

2) 이것에 대한 확증으로서 스미스 박사는 자신이 단언하는 것처럼 그 효과가 정확히 자신이 묘사한 그 효과라는 것을 지적하면서, 자신이 저술한 시기보다 25년 내지 30년 앞선 시기에 거의 대부분의 큰 도시와 심지어 시골 마을에까지 새로운 은행을 설립함으로써 스코틀랜드가 어떻게 그렇게 부유하게 되었는지를 언급한다. 그는 글래스고에 은행이 처음 세워지고 나서 대략 15년 내에 글래스고의 무역이 두 배가 되었다고 언급했으며, 그리고 최초의 공적 은행 두 개가 처음 설립된 이래로 스코틀랜드의 무역이 네 배 이상이 된 것으로 생각된다고 언급한다. 은행들이 스코틀랜드의 무역과 산업의 성장에 핵심적으로 기여했다는 것은 명백하다고 생각하지만, 그는 정말로 이런 효과가 너무 훌륭하므로 그 원인 하나만으로는 설명이 불가능하다고 생각한다. 그는 (잉글랜드와 스코틀랜드의) 연합 이전에 유통되고 있는 스코틀랜드의 금과 은이 정확히 100만 파운드에 이르는 것으로, 연합 이후에는 그 수량이 50만 파운드보다 더 적은 것으로, 그리고 연합 이후 스코틀랜드에서 유통되고 있는 지폐는 대략 150만 파운드에 이르는 것으로 추계했다.

3) (옮긴이) A. Smith(1776), 앞의 책, pp. 292~293.

고 주장한다.

스미스 박사는 지폐 유통에 관한 주제를 상당히 자세하게 논의했지만, 은행권의 사용을 절감하는 환어음의 추세 혹은 많은 경우에 은행권을 대신하려는 환어음의 기능을 전혀 언급하지 않았다.

앞 장에서 환어음은 표면적으로는 한 사람의 부채를 다른 사람의 부채와 교환하려는 목적에서 발행되었지만, 실제로는 오히려 할인 가능한 물품으로 기능하고 돌발 사태에 대비하기 위하여 창조되었다는 것이 밝혀졌으며, 그리고 그것은 어떤 시점에도 현금(즉 화폐 혹은 은행권)으로 전환 가능하므로 금고에 보관할 필요가 있는 현금의 공급을 훨씬 더 절감한다는 것도 밝혀졌다.

그렇지만 그 어음은 현금의 사용을 절감하고, 또한 화폐의 자리를 차지하기도 한다. 이웃에 있는 식료품 가게 주인에게 10파운드의 채무를 변제해야 하는 시골 농부를 상상해보자. 그는 런던에서 판매된 곡물에 대해 런던의 곡물 도매상 앞으로 발행된 10파운드의 어음을 이웃 식료품 가게 주인에게 제공할 것이며, 그리고 식료품 가게 주인은 유사한 채무의 변제를 위해서 빵 가게 주인에게 이미 배서한 어음을 건넬 것이고, 빵 가게 주인은 외항에 정박 중인 서인도제도 상인에게 또다시 배서된 어음을 보낼 것이며, 서인도제도 상인은 자신이 살고 있는 시골 은행가에게 그 어음을 인도하며, 그 은행가는 또다시 배서하고 그 어음을 유통시킨다. 이 경우 어음은 마치 소지자의 요구에 따라 태환 가능한 10파운드의 은행권처럼 정확하게 다섯 번 지불을 완수한다. 그러나 그 어음은 주로 어음 수취인 각각에 의해 부여된 신뢰감과, 자신의 거래 상대방인 마지막 어음 배서인에 대한 신뢰감 때문에 유통된다. 반면에 은행권은 오히려 보편적인 신용을 제공할 정도로 그렇게 잘 알려진 발행자의 이름 덕택에 유통된다. 묘사된 방식대로 상인들은 수많은 어음을 주고받는다. 분명히 그 어음들은 가장 엄격한 의미에서 영국의 유통수단의 일부를 구성한다.[4]

그러나 어음, 특히 거액으로 발행되는 어음은 금이나 은행권보다는 일반적으로 더 천천히 유통되는데, 그 이유를 설명하는 것이 중요하다. 은행권은 그 발행자에게 이자를 낳게 하지만, 그 은행권을 소지한 사람에게는 아무것도 발생시키지 않는다. 그 은행권은 금은화처럼 소지자에게 비생산적이다. 따라서 은행권의 소지자는 그것과 서둘러서 결별하려고 한다. 반면에 환어음의 소지자는 가치를 항상 조금씩 증식시키는 어음을 보유한다. 처음 발행되었을 때, 환어음은 상당히 먼 시점까지는 만기가 도래하지 않기 때문에 은행권보다는 더 적은 가치를 가지며, 그리고 그 어음의 최초 소지자는 그 어음을 구입할 때 교환되는 물품의 가격에서 그 가치 하락에 대한 보상을 이미 수취했다고 가정할 수 있다. 그 어음과 분리되었을 때 그는 그 어음의 만기가 도래할 때까지 경과해야 하는 시간에 비례하는 유사한 보상을 다음의 어음 수취자에게 제공하는 것으로 생각할 수 있다. 따라서 어음의 각 소지자는 그 보유로부터 이자를 획득한다.

∴

4) 영란은행문제에 관련하여 피트(Pitt) 씨에게 보낸 서간집에서 보이드(Boyd) 씨는 다른 많은 사람이 빠져든 유사한 오류, 즉 어음을 영국의 유통수단으로 전혀 간주하지 않는다는 오류를 전파한다. 그는 "유통수단을 구성하지 않는 **환어음**, 해군 공채, 재무성 증권 또는 다른 유통어음과는 달리, 본인은 '유통수단', '유통의 매개물' 및 '통화'(이 서간문에서는 동의어로 쓰이고 있다.)를 당장 쓸 수 있는 현금(은행권으로 구성되든 정화(正貨)로 구성되든)으로 항상 이해한다. 전자는 유통자(流通者)이고, 후자는 그저 "유통의 객체"라고 언급한다.…… 피트 씨에게 보내는 보이드 씨의 서간문 첫째 쪽의 각주를 보라.

이 책의 논의가 진행되는 과정에서, 몇몇 종류의 신용화폐에 대해 충분히 익숙하지 못함으로써 발생하는 많은 혼동을 해소하고 또한 특히 어음의 본질에 관한 기존의 오류들을 상당히 세밀하게 제거할 필요가 있다. 그때 비로소 우리는 신용화폐의 영향을 적절히 추론할 수 있을 것이다.

할인이라는 어떤 계산이나 규칙적 공제가 존재하지 않는데도, 정말로 어음은 일반적으로 영국 안에서 상인들 간에 통용된다. 왜냐하면 상인들의 관습에 따라 현재의 지급수단으로 용인되는 그 어음에는 만기까지 경과해야 하는 일반적으로 양해된 시간이 존재하기 때문이다. 만약 지급된 어떤 어음이 통상적으로 경과해야 하는 것보다 기간이 더 길다면, 그 어음을 수취한 사람은 그 어음을 제공한 사람에게 자신이 그만큼 많은 혜택을 부여한 것으로 간주한다. 그리고 그 혜택을 받은 사람은 아마 정확하게 계산된 유사한 종류의 보상에 의해서가 아니라, 두 당사자의 금전문제의 일반적 조정을 통해 이런 이점에 대해서 보상해야 할 것이다.

은행권을 대신하면서 또한 보유 기간에 **소지자**의 호주머니에 이자를 찔러 넣어주는 환어음의 이런 속성(그리고 그 속성은 이자를 지급하는 은행권 등에도 부여될 수 있다.)은 그 어음이 사용되는 데 크게 기여한다. 상업 세계 전체는 어음 사용을 장려하는 데 관심을 갖고 있는 것으로 생각된다. 어음은 보유하는 동안 일상적인 이자를 낳고, 가격 변동이 전혀 없으며, 상거래 관습에 의해 경우에 따라서는 지급수단으로 통용되기도 하고, 유사하게 약간의 할인이라는 희생하에서 현금으로 전환될 수 있는데, 바로 그런 물품을 소유하는 것은 상인의 훌륭한 방책이다. 재화는 그 보유에 의해 그 가치가 더 커지지 않으므로 이런 목적에 봉사하지 못한다. 주식 또한 마찬가지이다. 이자를 낳지만 영란은행의 회계장부에서만 오직 이전이 가능하다는 사실에서 오는 불편을 언급하지 않더라도, 주식은 가치가 크게 변동하며 또한 매도하는 경우 중개 비용이 발생하므로 더더욱 그렇다. 그러나 주식은 모든 경우에 판매 가능하고 또한 확실한 화폐 상품이라는 것 때문에, 어느 정도까지는 어음과 유사한 원리에 따라서 런던 사람들이 보유하고 있으며, 그에 따라 만약 주식이 할인 가능한 물품으로 간주된다면, 다소간 어음과 같이 은행권의 사용을 절약하는 데 기여한다. 재무성 증권은 그 목적을 완전히 충족하지 못한다. 주식 매도에 수수료가 부과되는 것처럼 판매에 수수료가 존재하며, 다른 안 좋은 결점도 많지만, 가격도 정도는 약간 덜하지만 어떻든 변동하기 때문이다.

어음은 상업 세계에서 주로 순환되므로, 대중들의 눈에는 거의 띄지 않는다. 현존하는 어음 총액은 아마 모든 은행권 총액과 유통되는 모든 금화의 총액보다도 여전히 항상 더 많을 것이다.[5]

몇몇 사람은 한 국가의 유통수단의 금액이 거래 및 지급액과 일정한 비례관계가 있다고 추정했다. 그러나 소지자에게 이자를 발생시키는 유통수단은 소지자에게 아무런 이자도 낳지 않는 유통수단보다는 그 금액에 비례했을 때 훨씬 더 적은 빈도로 지불하도록 만든다는 점이 밝혀졌다. 이를테면, 지방은행권 100파운드는 평균적으로 3일에 한 번 정도 지불에 이용되며, 반면에 100파운드의 어음은 그것을 보유하려는 각 소지자의 취향을 통해서 9일에 단지 한 번 정도만 지불에 이용된다.

내가 언급하고 있는 오류를 일깨우는 데 도움을 주는 구절, 즉 세밀하게 논평하는 데 유용할 수 있는 구절이 애덤 스미스 박사의 저서에 있다.

그는 "어떤 국가에서 **손쉽게** 유통할 수 있는 **모든 종류**의 전체 지폐는, 만약 그 지폐가 전혀 없다면, 그곳에 공급되었거나 혹은 (상업 활동이 동일하다고 가정될 경우) 그곳에서 유통했을 금과 은의 가치를 결코 초과할 수

..

5) 리버풀과 맨체스터에서는, 그 지역의 은행들에 의해 발행된 지방은행권이 아니라 런던을 지급지로 하여 발행된 1~2개월 만기의 어음이 그 지역의 상업적 지출을 더 많이 완결시킨다. 각 도시의 은행들에 의해 연간 발행되는 어음은 수백만 파운드에 이르고 있다. 은행들은 이 어음들에 대해서 상당히 적은 금액의 수수료를 챙긴다.

없다"라고 주장한다.[6]

스미스 박사의 "**손쉽게** 유통할 수 있는 **모든 종류**의 **전체** 지폐"라는 말 속에는 그 나라의 모든 환어음이 포함되어 있을까? 또한 그는 이자가 붙는 은행권, 재무성 증권 및 인도 공채, 그리고 환어음을 아주 많이 닮은 다른 물품들을 포함시키고 있을까? 그 장의 앞부분에서 이런 의견을 제시한다. "상이한 종류의 지폐들이 존재하지만, 은행과 은행가의 유통 중인 지폐는 가장 잘 알려져 있으면서 이 목적에 가장 적합한 것처럼 보이는 정화(正貨)이다."[7] 우리는 이 구절에 의해, 또한 앞에서 인용한 구절에 있는 "**모든 종류**의 지폐"라는 용어에 의해 환어음을 포함시키는 것이 그의 목적이라고 판단하게 된다. 반면에 만약 한 국가의 **모든** 환어음이 유통되는 은행권에 추가되어야 한다면, 그때 지폐가 존재하지 않을 경우 순환될 화폐량보다는 지폐 전체가 확실히 더 많을 것이라는 점이 그렇게 명백하므로, 우리는 그 견해의 오류가 스미스 박사 자신을 일깨우지 않았다는 점에서 경악을 금치 못한다. 그는 사실상 "손쉽게"라는 수식어를 덧붙였다. 즉 그는 "**손쉽게** 유통될 수 있는 **모든 종류**의 전체 지폐"를 언급한다. 그러나 내가 이해하는 바로는, 이 용어는 강제된 지폐 유통에 대비되는 손쉬운 지폐 유통만을 언급하는 말이다. 왜냐하면 그의 주장의 많은 부분에서 초점은 바로 강제된 유통에 관한 주제이기 때문이다. 반면 내가 강조하는 더욱 느린 유통과 더욱 빠른 유통의 구분, 즉 손쉬운 유통과 불편한 유통과는 전혀 다른 구분에 대해 그는 아무런 관심도 없는 것처럼 보인다. 간단히 말하면, 내가 언급한 상이한 두 부류의 지폐에 일반적으로 관계되는 유

··

6) (옮긴이) A. Smith(1776), 앞의 책, p. 300.
7) (옮긴이) A. Smith(1776), 앞의 책, p. 292.

통속도의 차이 그리고 상이한 시점에 동종의 지폐 및 동일한 금화의 유통에 유사하게 관계되는 유통속도의 차이 둘 모두에 의해, (그가 사용한 용어로 주장한다면) 그는 자신의 공리가 얼마나 거짓으로 묘사되는지를 전혀 생각하지 않은 것 같다.

그때 스미스 박사가 범하는 오류는 바로 이것이다. 금화가 전혀 없을 때 손쉽게 유통할 수 있는 전체 지폐는 지폐가 전혀 없는 경우에 유통되는 금화의 수량과 동일하다고 표현하고 있지만, 오히려 양자의 경우에 동일하다고 언급되어야 하는 것은 '유통되고 있는 것', 즉 유통 **가능한** 수량이 아니라 실제 유통되는 수량이다. 유통 지폐, 즉 유통 가능한 지폐의 수량은 엄청날 수 있으며, 그리고 실제 유통되는 지폐의 수량은 여전히 적을 수도 있다. 또는 그 역이 성립할 수도 있다. 동일한 은행권이 하루에 열 번 지급을 수행할 수 있거나 열흘에 한 번만 지급을 수행할 수도 있으며, 그 결과 어느 한 경우에는 은행권 하나로 일정한 크기의 지급을 실행할 수 있지만, 다른 경우에는 동일한 지급을 위하여 은행권 100장이 필요할지도 모른다.

나는 **상이한 종류**의 지폐의 상이한 유통속도에 대해서, 그리고 동일한 지급을 수행하기 위하여 요구되는 각 지폐의 수량이 결국 다르게 나타나는 것에 대해서 언급했다. 다음으로 나는 **상이한 시점**에 **동일한** 중개수단의 유통속도가 상이한 것에 대해서 언급할 것이며, 가장 먼저 은행권에 대해서 언급할 것이다.

은행권 유통속도의 변동을 유발하는 원인은 몇 가지가 있다. 높은 신용 상태는 일반적으로 은행권의 유통을 활성화하는 데 기여한다고 주장되며, 그리고 이 주장은 나중에 완전하게 설명할 원리에 근거한다. 은행권의 다소간 신속한 유통이라는 구절은 전체 은행권의 평균적으로 다소간 신속한 유통을 의미한다. 비상사태에 대비한 준비금으로 런던 은행가의 금고 속에 남아 있는 영란은행권을 증대시키는 것은 무엇이든 여기서 전체 은행권이 더욱 느리게 유통되는 데 기여한다. 현재의 높은 신용 상태는 사람들로 하여금 비상사태에 대한 대비를 덜 충분하게 하도록 만든다. 그런 시기에, 만약 현재로서는 의문스러운 우발적 지불에 대한 요구가 정말로 발생한다면, 사람들은 그 순간에 그 요구를 충족할 수 있다고 믿는다. 그리고 그런 준비금이 앞으로 요구될 시점 훨씬 이전에, 그들은 그 준비금을 충당하기 위하여 물품을 팔거나 혹은 어음을 할인하는 등의 비용을 부담하기를 싫어한다. 반면에 불신의 시기가 도래했을 때에는, 약간 뒤의 날짜에 은행권 보유에서 발생하는 이자소득의 상실은 무시되어야 한다는 신중론이 제시된다.

경제가 불안정한 시기에는 이 원리에 따라서 금화가 퇴장한다는 것은 잘 알려져 있다. 은행권은 동일한 정도까지 퇴장하지 않는다는 것도 진실이다. 왜냐하면 부분적으로는 어떤 일반적인 혼란 상태에서는 은행권이 금화의 가치와 동일한 가치를 회복한다고 생각하지 않기 때문이며, 부분적으로는 은행권을 소지한 계급은 다소 불안정하고 미미한 불안에는 덜 취약하기 때문이다. 그러나 공황 같은 힘든 시기에는 영란은행권을 퇴장시키려는 성향, 혹은 오히려 그 은행권을 충분히 공급받으려는 성향이 상황에 따라서는 무시하지 못할 정도로 지배적이게 된다.

이런 주장은 언제나 높은 신용도를 갖는 영란은행권에 적용된다. 그리고 이 주장은 아마 주로 영란은행권에 한정되어야 할 것이다. 영란은행권은 영국 전체를 위한 지불, 즉 런던의 엄청난 상업적 지불을 완결시키는 주화와 동일하다. 따라서 만일 환어음을 은행권으로 태환하는 데에 따른 어려움이 인식된다면, 그것이 은행가, 상인 및 장인에 미치는 효과는 영란은행권 혹은 은행가의 은행권을 금화로 태환하는 데에 따르는 어려움을 하층계급이 인식했을 때의 효과와 어느 정도 유사하다. 그런 어려움을 인식하면 사람들은 그렇지 않을 경우 내일 했을 일을 오늘 열성적으로 실행하게 된다.

영란은행권에 적용되는 이런 주장의 진실성과 그 주장을 고수하는 경우의 중요성은 여러 지방은행의 파산을 통해서 상당한 일반적 불신을 유발한 1793년 사건에 관심을 돌림으로써 명백하게 드러날 수 있다. 오랫동안 지속적으로 발생한 첫째 종류의 사례인 신용 불안은 극단적으로 대단했다. 당시 유통되던 영란은행권이 평상시보다 더 적어진 것 같지는 않다. 그렇지만 그런 불안한 시기의 화폐량이 런던 권역의 적절한 지급에 불충분했다는 것만은 확실하다. 그리고 방금 묘사된 신용 불안이 자연스럽게 수반됨에 따라, 그런 불충분이 어느 정도는 은행권 유통속도의 저하로부터 발생했다는 것에도 의심의 여지가 없다. 지급기일이 도래했을 때 은행권을 준비하려고 노심초사하는 모든 사람은 어느 정도 미리 은행권을 준비하려고 노력할 것이다. 자연스럽지만 유해한 소심성(小心性)이 있는 소수 상인들은 다른 시기에는 자신의 은행가에게 맡겼을 약간의 은행권을 수중에 넣어둘 것이다. 그리고 그 결과는 동일한 수량의 은행권이 더 적은 지불을 수행하거나, 혹은 달리 말하면 전체 은행권의 유통속도를 낮출 것이며, 그에 따라 필요한 은행권의 수량을 증대시킬 것이다. 또한 일부 영란은행권은 아마 유통이 위축되고 있는 지방은행권에 대한 대체재로서 사용될 것이다.

의회가 관장한 해결책이 성공한 것은 무엇이 악의 본질인지를 알려준다. 적절한 담보를 제공하는 여러 상인에게 재무성 증권이 대부되도록 방향이 결정되었다. 재무성 증권이 실제로 인도되는 시점이 아니라, 그 시점보다 훨씬 전에 파산이 크게 줄어들고 상업신용이 회복되기 시작했다는 것은 상당히 주의해볼 만한 사실이다. 자금 부족은 금화에 대한 특별한 수요에서 기인했지만 그 해결책을 완수하는 것이 금의 어떤 공급도 아니라는 것 또한 주목할 가치가 있다. 그 지방에서 금화를 획득할 수 없다는 공포심은 결국 런던에서 은행권에 대한 특별한 수요를 야기했으며, 런던의 은행권 부족은 그 후에 주요한 악의 씨앗이 되었다. 재무성 증권이 공급된다는 바로 그 기대, 즉 어떤 상인도 거의 획득할 수 있고, 그때 그것을 매각할 수 있으며, 그에 따라 은행권으로 전환할 수 있고 은행권으로 전환한 후에는 금화로 태환할 수 있는 물품이 공급된다는 바로 그 기대는 일반적 지급 능력이 향상되었다는 느낌을 창조했다. 이런 기대는 우선 런던 경제의 불안감을 치유하며, 그때 그 기대는 그 기대에 의해 유발되는 런던의 지급 기일의 준수와 그렇게 고무시키는 보편적 신뢰감을 통하여 영국 금화에 대한 수요를 완화했다. 재무성 증권으로 선불되도록 의회에 의해 허용된 총금액은 500만 파운드였으며, 그중 2분의 1은 인수되지 않았다. 인수된 금액 중에서 어떤 것도 부도가 발생하지 않았다. 반면에 정부의 신용 공여에 대해 정부에 지급되는 적은 보상 혹은 특별한 이자(정부가 선불한 것은 화폐나 은행권이 아니라 단순히 신용이었기 때문이다.)는 제반 비용을 부담시키는 데 필요한 것 이상에 이르렀으며, 약간의 잔여 이윤은 국가 재정에 보탬이 되었다. 이런 적절한 간섭으로 인하여, 즉 주로 입헌적인 경계심 때문에 당시 우선 잘 이해되지도 않았고 또한 반대하지도 않던 조치로 인하여, 영국의 제조업 및 상업의 이익은 확실히 의회와 정부에 상당한 신세를 지게 되었다.[8]

∴

8) 그 법으로 임명된 위원들은 자신들의 보고서에서 "대부(貸付)가 가능하다는 소식은 몇몇 사례에서는 그런 대부를 불필요하게 만드는 데 충분했다. 전체 신청 건수는 332건이며, 금액으로

불신 상태가 **금화**의 유통속도를 둔화시키고 또한 그런 시기에 동일한 화폐적 지급을 위해 더 많은 화폐량이 요구된다는 것은 입증이 거의 필요하지 않은 견해이다. 그러나 이 주제에 관한 몇몇 주장은 유용할 수도 있다. 특별한 불안이 발생하고 약간의 화폐가 소실되었을 때, 사람들은 통상적으로 금화가 퇴장된다고 언급한다. 이 주장은 어느 정도까지는 정말로 진실일 수 있다. 그렇지만 금의 희소성은 관습적으로 유지되는 금 비축량을 다소간 증가시키는 환경, 즉 상당히 다양한 일반인, 지방은행가, 소매상인 등이 처한 환경에서 주로 기인하는 것 같다. 그렇게 확대된 금 비축량은 그 소지자가 결코 감소시키려 하지 않는 기금이 아니라, 앞으로 감소시킬 기회가 있으면 그 기회에 그것을 대체시키려고 노력하는 기금이다. 그리하여 금화의 유통속도가 더 낮아지는 일이 발생하며, 그리고 유통속도가 더 낮아짐에 따라 동일한 화폐 지불을 위해 필요한 화폐량은 더 많아진다.

따라서 그때 스미스 박사가 독자들이 수용하도록 유도한 생각, 즉 "손쉽게 유통될 수 있으며"(혹은 유통을 **강제**하지 않고도 유통될 수 있으며) 그리고 금을 대신하면서 유통되도록 단호하게 허용해야 하는 일정한 지폐량(그 수량 역시 예견된 추론처럼 보인다.)이 모든 나라에 존재한다는 생각은 여

∵

는 3,855,624파운드에 달했다. 그중 2,202,000파운드의 금액에 이르는 238건이 승인되었고, 1,215,100파운드에 이르는 45건은 철회되었으며, 그리고 49건은 여러 가지 이유로 거부되었다. 대부로 선불된 전체 금액이 만기가 되기도 전에 상당 부분 상환되었으며, 나머지는 명백한 어려움이나 곤경 없이 약정된 기일에 규칙적으로 상환되었다"고 언급했다.

그들은 "이런 조치의 이점들은 상거래에서 급속한 신뢰 회복에 의해 입증되었으며, 그런 신뢰 회복은 런던만이 아니라 영국 전체에 걸쳐서 즉각적으로 감지되는 자금 조달 능력을 창출했다. 또한 그 법의 시행은, 사업들을 상당한 정도까지 중단했고 또한 그 사업들을 재개할 수 있었던 탁월한 능력의 다양한 제조업자들에게는 적지 않게 유익했으며, 그리고 그렇지 않았더라면 거리로 내몰렸을 수많은 노동자에게 일자리를 제공할 수 있게 되었다"고 주장했다.

러 관점에서 잘못된 것 같다. 대응하는 지폐의 퇴장이 전혀 없는 상황에서 은행가나 영란은행의 금고에 다양한 형태로 퇴장한 금의 존재는 그 둘 간의 정확한 비교 같은 것을 스스로 금지시킬 것이다. 추가적인 여러 사소한 조건(다양한 관점에서의 탁월한 편리성, 우편으로 보낼 수 있는 용이성, 금화처럼 사용되거나 혹은 환어음을 대신하고 또한 원거리 송금을 가능케 하는 기능 등)은 유통되는 은행권의 수량이 그 은행권이 없었으면 유통되었을 금 수량과 동일하지 못하도록 방해하는 원인이라고 할 수 있다.

스미스 박사의 동일한 주장에 대해 추가적인 반론이 존재한다. 그 주장에 따르면 무지한 사람들은, 만약 모든 종류의 은행권이 어떤 수단에 의해 소멸한다면, 한 국가의 상거래, 특히 현재와 같은 형편에 있는 영국의 상거래가 전부 금화에 의해 수행될 수 있다는 견해를 갖도록 유인될 것이다. 만약 은행권이 폐지된다면 그 대체재가 상당한 정도까지 환어음에서 발견될 것 같으며, 그리고 더 낮아진 유통속도 때문에 환어음이 그 경우에 대체된 은행권보다는 훨씬 더 많은 수량이어야 한다는 견해는 이미 등장했다. 그러나 추가적으로 만약 어음과 은행권이 사라진다면, 금이 아닌 다른 대체재가 확실히 발견될 것이다. 더 큰 규모의 모든 상거래에서 금화를 계산하고, 무게를 재고 또한 운반하는 과정에서 나타나는 곤경을 스스로 축소시킬 다양한 종류의 수단이 활용될 것이며, 그 결과 과거에 사용되던 금화의 수량은 사라진 어음이나 은행권의 수량과 전혀 대응하지 않을 것이다. 현존하는 종류의 은행이 추가적으로 설립되는 것이 아니라, 금과 연관된 곤경과 소유 중인 금 수량에 대한 이자 상실에 의해 부담되는 비용 두 가지 모두를 가장 잘 절감할 수 있는 은행들이 설립될 것이다. 은행가의 장부상에서 한 상인의 채무를 다른 상인의 채무로 단순히 이전함으로써, 상당히 많은 금액이 현재 시점에 은행권 사용 없이도 지불될 것이며,[9] 그리고 금화가 그 나라의 유일한 유통수단인 경우에는 훨씬 더 많은 금액이 그렇게 이전될 것이다. 신용, 즉 회계장부상의 신용, 입회인의 증언에 의존하거나 혹은 당사자의 단순한 구두 약속에 의존하는 신용 등은 여전히 존재할 것이다. 그것은 신용화폐는 아닐지라도, 여전히 금화의 사용을 다소간 절감하는 신용이다. 그것은 상이한 사람들의 공적(功績)에 비례해서 정확하게 배분되지 않으며, 그에 따라 몇몇 사례에서는 적어도 여전히 더 확대되고 있는 좋지 않은 종류의 신용일 수 있다. 그것은 지급기일과 계약의 적절한 이행에 덜 기여하는 신용일 수도 있으며, 무역의 이익과 물품의 가격 인하에 별로 도움이 안 되는 신용일 수도 있다. 또한 그것은 어쩌면 어떤 갑작스러운 불안이나 영국의 상업 전망과 환경의 급격한 변화가 발생할 때 매우 쉽게 중단될 수 있는 신용일 수 있다.

∴

9) 런던 시내에서 은행가들 간에 현재 통용되는 다음의 관습은 이런 주장을 예시하는 데 도움이 될 수 있으며, 그리고 은행권의 발행자가 아닌 사람들이 지폐와 금화 두 가지 모두의 사용을 절감하려는 성향이 어느 정도 강한가를 보여주는 데 도움이 될 수 있다. 약속된 오후 시간에 사용하도록 제공된 사무실에 은행원을 파견하는 것은 이런 은행가들 각자의 실제 관행이다. 그곳에서 각 은행원은 다른 은행가 앞으로 발행되고 자신의 사무실에서 수취한 지급 명령서를 자신의 사무실 앞으로 발행되고 다른 은행가의 사무실에서 수취된 지급 명령서와 교환한다. 몇몇 은행가의 잔고는 상세한 설명이 필요 없는 방식으로 동일한 사무실에서 한 은행가에게서 다른 은행가에게로 이전되며, 그리고 몇몇 잔고는 최종적으로 각 은행원들에 의해 한 잔고로 정리된다. 따라서 각 은행가가 다른 모든 도시 은행가들에게 지불해야 하는 전체 금액과 각 은행가가 다른 모든 도시로부터 수취해야 하는 전체 금액 간의 차이는 모두 은행권이나 화폐로 변제된다. 그 차이는 별개의 몇몇 차이보다는 그 금액에서 약간 더 적은 차이가 될 것이다. 은행권의 사용을 절감하는 데 기여하는 이런 장치는 금의 사용을 절감하려는 다양한 계책의 실천 가능성을 제시할 수 있으며, 그리고 만약 우리가 은행권의 폐지를 상정한다면 상호 간에 신뢰성을 갖춘 사람들이 자연스럽게 의존하게 될 장치이다.

제4장

영란은행에 관한 스미스 박사의 주장. 영란은행제도의 본질. 영란은행권을 결코 크게 감
소시키지 않은 이유. 금화를 고갈시키는 영란은행의 부채. 지폐의 과다 발행 혹은 과다 대
출에 기인하지 않은 영란은행의 금태환 중지. 의회 간섭의 적절성

방금 비판된 원리, 즉 "한 국가에서 손쉽게 유통될 수 있는 지폐 수량
은 지폐가 전혀 존재하지 않았다면 유통되었을 금과 은의 수량을 결코 초
과할 수 없다"는 주장을 진술한 후에, 연이어서 스미스 박사는 영란은행[1]
이 "금은과 교환하기 위하여 그 지폐의 초과분이 계속 되돌아오고 있는 상
황에서 지폐를 너무 많이 발행함으로써 수년에 걸쳐서 해마다 80만 파운

∴

[1] (옮긴이) 영란은행은 정부의 은행 및 부채 관리자로서의 역할을 위해 1694년 메리 및 윌리엄
3세 공동 치세 하에서 창립되었으며, 법적 지위는 주식회사 형태의 민간은행이었다. 그 이래
로 그 은행의 역할은 국가의 통화관리 그리고 영국 금융 제도의 중심적 지위에 초점을 맞추면
서 발전 및 진화해왔다. 영란은행은 정부 계정을 관리하고, 평화 시기와 전쟁 시기에 재정자금
의 부족을 메우기 위하여 정부에 대출하였으며, 그리고 상업은행으로서 예금을 수취하고 은행
권을 발행했다. 1797년 프랑스와의 전쟁으로 금준비가 고갈됨에 따라, 정부에 의해 영란은행
의 금태환이 중지되었고, 금태환 중지는 1821년까지 지속되었다. 1844년 은행법은 영란은행권
의 발행에 대해서 금준비를 연계시켰으며, 그에 따라 통화관리 체계가 제도화되면서 명실상부
한 중앙은행으로서의 지위를 갖게 되었다. 1931년 금본위제도가 폐지되었고, 1946년 국유화
되었다.

드에서 100만 파운드에 이르는 금화를 주조해야만 했다. 이렇게 많은 금화를 주조하기 위해서 영란은행은 온스당 4파운드에 지금을 자주 매입했고, 바로 그 뒤에 영란은행은 1온스로 3파운드 17실링 10.5페니의 금화를 주조했으며, 그 결과 주조 과정에서 2.5~3퍼센트의 금을 상실했다"[2]라고 주장한다. 스미스 박사는 그 숫자에 대해서 불만을 토로하던 은행권의 실제 수량의 비밀에 아마 익숙할 수 없었을 것이다. 따라서 그는 금 가격이 높고 금화가 많다는 근거에서 은행권이 과다하다고 명명한 것을 인정해야 한다. 그는 어떤 관점에서는 문제의 주장을 계속 옹호하려 하지도 않았고 한정하려 하지도 않았다. 그렇게 한정하지 않을 경우, 높은 금 가격으로 인해 은행이 과도한 금 수요에 부딪혔음을 스스로 발견했을 때에는, 독자는 언제나 이런 악의 원천이 유통되는 지폐의 과다이며 그 치유책은 은행권의 축소라고 단정하도록 유도될 수 있다. 또한 그 치유책이 실패로 드러난다면 그 감축이 충분히 크지 못했다는 단지 그 이유로 그것이 실패할 수 있다고 인식될 위험이 상존한다.

우리가 언급하고 있는 논지는 대단히 중요하며, 미래에 상당한 논란의 소지가 있는 주제가 될 것이다. 현재와 다음 장의 목적은, 스미스 박사의 원리가 적절히 제한되고 적절히 설명되었을 때 그 원리가 아무리 정당하다고 할지라도, 영란은행권 감축이 높은 지금가격에서 비롯하는 모든 금화 수요 증가 때 의존해야 하는 조치가 결코 아니며, 그런 감축이 영국의 경제 불안에 의해 야기되는 지금가격 상승을 악화시킬 수도 있음을 보이는 것이다.

•.
•

2) (옮긴이) A. Smith(1776), *An Inquiry into the Nature and Causes of the Wealth of Nations*, ed. by R. H. Campbell and A. S. Skinner(Clarendon Press, 1976), p. 302.

우선 영란은행제도의 본질과 대중과의 관련을 묘사하는 것이 적절할 것이다. 이런 상세한 분석에서는 최근 영란은행의 금태환 중지 사태를 특별히 주목할 것이다.

영국 각처에서 런던을 지급지로 하는 어음이 발행되고, 그 어음에 대응하는 금액이 런던으로 보내지며, 반면에 런던은 지방을 지급지로 하는 어음을 전혀 혹은 거의 발행하지 않는다. 이런 관점에서 영국 전체 섬에서 런던은 어느 정도까지는 도시의 중심부가 교외에 대해서 하는 역할과 같은 역할을 한다. 상인들은 교외에 거주할 수 있고, 또한 그곳에 많은 물건을 보관할 수 있으며, 다양한 지출을 집에서 이행할 수 있는 반면에, 그들의 주요한 현금 계좌는 다른 은행가들 중에서 거주지를 도시의 심장부에 정한 은행가들에게서 만들어진다. 또한 특히 최근 런던은 유럽의 무역 중심지이자 사실상 전 세계 무역의 중심지가 되었다. 우리의 외항과 다른 무역항에 살고 있으며 그곳에서 사업을 추진하는 상인들의 계좌에 있는 외국의 환어음도 거의 예외 없이 런던에서 지급 가능하도록 만들어진다. 더구나 그 도시의 상업 범위 및 그 거대한 부와 인구 때문에, 그 도시의 계좌에서는 엄청난 액수의 수입과 지출이 이루어진다. 그리고 런던이 환경 면에서 정부의 중심지가 되고 장소 면에서 국민소득 지급지가 된다는 것은 금전적인 거래를 증가시키는 데 도움을 준다. 지방에서 런던으로 지불을 이전하는 관행이 일단 한 번 시작되면, 그 관행은 사실상 저절로 확대되는 것 같다. 왜냐하면 특정 장소에서 지불 및 수취되는 액수와 횟수의 증가에 비례하여 필요한 금화는 더 적어지고 은행권도 비록 전반적으로는 증가하지만 필요분은 더 적어지는 만큼, 지불 및 수취하는 업무가 더 쉽고 저렴하게 처리되기 때문이다. 따라서 영국의 상업신용 전체는 가장 기본적으로 런던에서 실행되고 있는 엄격한 관습적 지불 방식에 의존한다. 런던의 더 많은 지불이 배타적으로 영란은행권을 통해서 이루어진다. 왜냐하면 영란은행의 신용이 그렇게 우월하기 때문이다. 이런 관점에서 다른 사람들의 관행을 거의 항상 지배하는 은행가들 간의 공통적인 동의에 의해 개인 상점의 어떤 지폐도 지불 제도로서 런던의 유통지폐로 통용될 수 없다.

영란은행은 거의 1200만 파운드에 근접하는 자본을 보유하며, 거의 400만 파운드에 가까운 유보이윤 혹은 저축을 그 자본에 추가한다. 즉 이 모든 자본과 저축이 상실되어야만 그때 채권자들도 손실을 입게 된다.

영란은행은 행정부와는 전적으로 독립되어 있다. 영란은행은 의심할 여지 없이 우리의 금융적 신용만이 아니라 상업적 신용의 유지에 관심을 가지며, 사적인 여러 개인들의 유사한 종류의 신용에 대해서도 관심을 가진다. 또한 관습적으로 영란은행은 다양한 종류의 정부증권을 담보로 풍부한 자금 중 상당히 많은 비율을 정부에 대출해주며, 반면에 할인이라는 방식으로 상인들에게 금액 자체만으로는 적지는 않지만 비교적 적은 비율의 자금을 대출해준다. 그 은행이 정부에 그렇게 많이 대출해주는 근거는 분명히 오래된 관습이기도 하지만 상호 편의이기도 하다. 영란은행은 영국에서 그처럼 대규모로 대출해주는 유일한 대출자이고, 정부는 동일하게 확대된 규모에서 유일한 차입자이다. 또한 하나는 동일한 물품의 유일한 대량 구매자이고 다른 하나는 그 물품의 유일한 대량 판매자인 도시의 두 도매상인인 것처럼, 두 당사자는 자연스럽게 서로 상대방과 많이 거래하며, 더욱 소규모 사업만 운영하는 사람들과는 거래관계를 비교적 적게 가진다. 더욱이 영란은행은 평화 기간에도 정부에 대출함으로써 상당한 이득을 수취한다. 따라서 자연스럽게 영란은행은 이전 모든 기간에 자금을 제공하는 데 활용되던 대출을 전쟁 기간에도 계속 유지한다. 그 은행은 때때로 '동인도회사'에 상당한 금액을 제공하기도 한다. 만약 그 은행이 사실상 전쟁 기간에 상인들에게 더 많이 그리고 정부에 더 적게 대출했다면, 그 차이는 아마 처음에 상상한 것처럼 그렇게 크지는 않을 것이다. 이를테면, 만약 영란은행이 재무성 증권에 대해 더 적은 금액을 공급한다면, 그 재무성 증권은 그때 그 가격이 떨어질 것으로 혹은 달리 말하면 더 높으면서 더 매력적인 이자를 발생시킬 것으로 상정될 수 있다. 그리고 그 경우에 은행가들은 재무성 증권을 더 많이 구입할 것이며, 상인들에게는 자금 지원을 더 적게 할 것이다. 적어도 은행가들은 영란은행이 포기해야만 하던 어떤 사업도 어느 정도까지는 후원할 것이다. 따라서 정부 증권에 대한 영란은행의 선호 정도는 영란은행 이사들의 독립성 결핍의 어떤 징후도 아니다. 즉 그들은 정부에 예속되기보다는 그들 자신에게 훨씬 더 많은 정도로 예속되어 있었다. 영란은행 이사들[3]이 금태환 중지에 대한 의사결정을 하기 전에, 정부로 하여금 450만 파운드를 영란은행에 지불하도록 요구한 바로 그 강력한 태도(매우 불편한 시기에 요구되었지만 그에 부합하게 실행된 지급)는 그 회사의 독립성에 대한 아주 강력한 징표로 언급될 수 있다. 그러나 이 주제에 관해서 결정적이면서 주목할 만한 더 중요한 사실이 또 존재한다. 영국 정부는 불편하거나 위험한 어떤 방식으로 영란은행에게 명령하거나 혹은 영란은행에 의존하려는 **유인**(誘因)을 거의 혹은 전혀 가지고 있지 않다. 재무성 장관은 우리의 자금 조달 기구에 의해 거의 커다란 어려움 없이 2000만~3000만 파운드의 금액을 매년 조달할 수 있다. 따라서 필요하다고 판단된다면, 정부는 영란은행에 남아 있는 부채의 크기를 민간인들로부터의 차입에 의해 언제나 감소시킬 수 있다. 재무성

∴

3) 영란은행에 금태환 중지를 결정할 권한을 부여하는 내각의 칙령에 관한 '하원 보고서'의 부록에서, 이 주제에 대한 영란은행의 서신을 참조하라.

장관에게 돈을 대출하는 수단을 제공한다는 근거에서 은행권이 남발되었다고 상정하는 것은 상당한 정도까지 비합리적이다. 장관이 은행권의 특별 발행에 의해 영란은행에서 대부받을 수 있는 최대 금액은 400만 혹은 500만 파운드 이상을 거의 초과할 수 없었다. 그리고 더 믿기 어려운 것은 한 번에 2000만 혹은 3000만 파운드를 조달할 수 있는 정부가 단지 400만 혹은 500만 파운드(정부는 민간인들로부터의 차입에 대해서와 마찬가지로 이 차입에 대해서도 거의 동일한 이자를 지급해야 한다.)를 위해서 시스템을 교란하거나, 신용을 떨어뜨리거나 영란은행의 안전성을 위협하려고 할 것 같은가.[4] 이런 은행업을 영위하는 영란은행은 지폐를 발행하는 대륙의 정부 은행들과는 이런 가장 중요한 관점에서 상이하다. 내가 알기로는, 경상 지급수단으로 통용되는 유통 지폐를 발행하는 페테르부르크, 코펜하겐, 스톡홀름, 빈, 마드리드 및 리스본의 은행들은 가장 직접적이면서 엄격한 의미에서 모두 정부 은행들이다.[5] 또한 이런 몇몇 지역의 정부가 영국의 장관이 그렇게 확실히 보유하는 자금 조달 수단, 즉 일반인들로부터의 차

··

4) 유사한 언급은 프랜시스 베링(Francis Baring)에 의해 나중에 발간된 작은 소책자에서 발견된다.
5) 암스테르담 은행은 유통 지폐를 발행하지 않는 단순한 예금은행이었으며, 그리고 일부 사람들은 그 예금 전부가 정화(正貨)로 항상 보유된다고 생각했다. 그러나 프랑스가 네덜란드를 점령했을 때, 그 예금의 상당 부분이 암스테르담 시에 그리고 일부는 옛 네덜란드 정부에 사적으로 대출하는 데 사용되었다는 것이 발견되었다. 이런 대부는 영란은행의 대출처럼 공개된 방식으로 확실하게 제공되었어야만 했다. 내가 이해하는 바에 따르면, 두 기관의 부채 어느 것도 아직까지 변제되지 않았다. 암스테르담 은행은 그 자체의 자본을 전혀 갖고 있지 않다.
   암스테르담 은행의 재산 혹은 어떤 다른 공적 은행이나 사적인 개인의 재산이 어떤 방식으로 사용된다고 가정할 수 있든, 그 재산이 궁핍하고 성공적인 침략자의 손아귀로부터 완전히 벗어날 수 있다는 것은 상상하기가 쉽지 않다. 만약 공적인 은행의 재산이 화폐로 보유된다면, 탐욕스러운 적(敵)은 그 돈을 강탈할 수 있다. 만약 상인들에게 대부되었다면, 적은 징발에 의해 상인들로부터 그 재산을 빼앗아올 수 있으며, 그리고 상인들이 자신의 부채를 은행에 변제하지 못하도록 상인들을 무력화함으로써 은행의 파산을 유도할 수 있다.

입에 의해 자금을 조달하는 손쉬운 방편을 가지고 있지 않다는 것은 너무나도 잘 알려진 사실이다. 따라서 그런 정부들은 약간 어려운 시기에도 그들 정부 은행의 지폐 발행을 더욱 확대하는 것을 제외하면 다른 어떤 수단도 전혀 갖고 있지 않다. 그리고 그런 지폐 발행의 확대는, 만약 지폐가격으로 계산한다면, 자연스럽게 그에 거의 대응하는 은행권 가치 하락과 다른 나라와의 교환가치의 하락을 유발한다. 더욱이 은행권이 그렇게 일단 평가절하된다면, 그 재정난이 멈출 것이라고 추측하고 있는 정부는 그 재정난을 과거의 한계 수준으로 거의 복귀시키려 하지 않을 것이며, 평가절하를 단행하는 시기에 그 재정난 차원에서 약간의 희생을 의미하는 것을 하려고 들지도 않을 것이다. 그러나 정부는 아마 그 해악을 다소나마 경감하거나 더 증가하지 않는 것에 스스로 만족할 것이다. 따라서 대륙 사람들은 일반적으로 가치가 하락하고 있는 지폐가 더욱 좋은 시기에는 단지 가치 하락을 멈추거나, 혹은 만약 그 가치가 상승한다면 단지 미미한 상승을 경험할 것이라고 예상하며, 그리고 바로 이런 예상은 당연히 그 가치 하락을 가속화하는 데 기여한다. 따라서 앞에서 언급된 유럽의 모든 지역에서 각국의 금화와 지폐 간에는 대단히 커다란 그리고 확립된 그리고 일반적으로 점증하는 할인 혹은 프리미엄이 실제로 발생했다. 사실상 이것이 전부는 아니다. 유럽의 몇몇 정부는 이미 묘사된 방식으로 자신들의 지폐를 더 많이 발행했고, 또한 이것 외에도 시시때때로 자신들의 금화 가치를 하락시켰으며, 그에 따라 지폐와 교환될 때 그들 상품의 명목가격은 이중적인 원인에 의해 상승했다. 따라서 영란은행권의 본질과 대륙의 모든 국가 은행 혹은 정부 은행의 지폐의 본질 간에는 근본적 차이가 존재한다. 어느 누구도 정부의 금화 주조 과정의 부정행위를 통해서 영국 금화가 지금까지보다도 훨씬 더 적은 금을 포함한다고 생각하지 않으며, 그리고 영란은행의 지폐 가치가 정부에 의해 명령되거나 혹은 필요하게 되는 과다한 발행에 의해 낮아지려고 한다는 의구심도 거의 갖지 않는다. 더군다나 현재 시점에 영란은행권의 발행이 과다하지 않다고 주장할 수 있는 추가적 근거(은행권의 숫자를 공표하는 것이 최근에는 관행이 되고 있다.)가 존재한다. 현재 드러나는 것처럼 은행권의 수량은 짧은 기간에는 결코 매우 크게 변동하지 않았고, 비록 1파운드와 2파운드의 지폐가 전혀 발행되지 않을 때에도 최근 그 수량은 1000만 혹은 1100만 파운드 이하로 내려간 적이 거의 없으며, 어떤 순간에도 그 수량은, 1파운드와 2파운드의 지폐 250만 파운드를 포함할지라도, 대략 1550만 파운드를 초과하지 않았다. 유럽 대륙 정부 은행들의 지폐에 대한 불신과 미국의 독립전쟁[6] 때 미국 은행들의 지폐에 대한 불신은 잇따른 프랑스 혁명정부에 의한 과다한 지폐 발행[7]을 거치면서 불행하게도 영국의 환율 하락[8]에도 어느 정도까지는 영향을 미칠 수 있었을 것이다. 영란은행의 독립성(이 독립성의 근거는 영국에서 발생한 그릇된 여러 가지 설명에 의해 언급되었고 또한 아마도 곡해되었을 것이다.)에 주목하지 않는 외국인들은 정부가 대출을 통해 그 은행을 곤경에 빠뜨리게 한다(현재 논의될 핵심)고 생각했으며, 그리고 그 은행이 단순히 정부의 손

∴

6) (옮긴이) 1775~1783년.

7) (옮긴이) 아시냐(assignats)는 프랑스혁명 동안 국민공회에 의해 발행된 지폐이며, 1790년 교회 재산의 몰수 이후에 교회 재산을 담보로 발행된 채권이면서 나중에 법화로 사용된 통화이다. 처음에는 5퍼센트의 이자가 붙는 4억 리브르의 아시냐가 발행되었고, 이후에는 이자를 지급하지 않는 법화가 되면서 발행에 대해서 어떤 통제도 가해지지 않았으며, 그 결과 1796년 초에는 유통되는 아시냐의 가치가 초기의 가치의 1퍼센트에도 미치지 않게 되었다. 이런 인플레이션은 1803년 나폴레옹이 새로운 통화로 프랑화를 도입함으로써 해결되었다.

8) (옮긴이) 본문에서 사용되는 환율은 외국화 표시 환율이다. 예컨대 영국 입장에서 '1파운드=1.4달러'로 표현된다. 따라서 환율의 상승은 파운드화의 가치 상승 혹은 유리한 환율을, 환율의 하락은 파운드화의 가치 하락 혹은 불리한 환율을 의미한다.

아귀에 있는 도구(대륙의 정부 은행들이 그런 것처럼, 엄청난 양의 은행권을 발행할 목적으로 전용될 수 있는 도구)일 뿐이라고 생각했다. 어느 정도까지는 그들의 생각이 그러했음에 틀림없지만, 영란은행권의 가치가 대륙 은행들의 은행권처럼 하락할 것 같다고 유추하는 것은 그들의 입장에서는 옳다. 그들이 영국으로부터 인출할 권한을 가진 금액(전체적으로는 아마 작은 금액일 수 있다.)이 얼마이든, 영국에 그대로 남겨두기를 꺼리는 것은 이런 두려움의 결과일 수 있으며, 그리고 우리에게는 매우 적은 재산일지라도 그 재산의 신탁을 대단히 꺼리는 것은 어떤 상황하에서는 환율의 엄청난 폭락을 유발할 수도 있다.

이사들을 선출하고 그들을 통제할 권한(소유자들은 그 권한의 빈번한 사용을 신중하게 자제한다.)을 갖는 소유자들이 주식회사의 특별한 이해관계를 초월하는 영국의 일반적 이해관계를 갖는 사람들이라는 것은 영란은행에 대한 신뢰의 추가적 근거로서 그리고 많은 관점에서 중요한 환경으로서 언급될 수 있다. 따라서 그들은 배당의 증가 혹은 영란은행의 신용 유지만이 아니라, 일반적 상업신용 및 일반 신용의 유지에 아주 깊은 관심을 가진다고 스스로 느끼는 사람들이다. 그들과 영국의 대다수를 구성하는 전체 상업 세계의 사람들 중 일부는 정말로 신용, 특히 영란은행의 신용을 지탱하는 훌륭한 의사결정을 실행했다. 그리고 영란은행을 지원하는 이런 일반적 합의는 그 장점을 지탱하는 기둥 중 하나이며, 그 안전성에 대한 보증이기도 하다. 그 소유자들은 그들 자신의 지폐의 어떤 위험한 팽창을 스스로 승인할 것 같지 않다. 일반적으로 말하면, 그들과 이사들 양자는 은행권을 영란은행의 관습적 한계 내로 한정하는 것이 얼마나 중요한지를 잘 알고 있으며, 그들의 배당의 근소한 증가로부터 발생하는 비교적 사소한 이익보다는 오히려 영란은행의 신용과 국가의 신용화폐를 틀림없이 더 선호할 것이다. 왜냐하면 그 배당 증가가 영국의 모든 유통수단의 가치를 하락시키는 효과를 갖는 은행권의 과다한 팽창에서 비롯한다면, 그것은 영란은행의 소유자와 그 밖의 사람들에 대해 모든 생활필수품의 가격을 인상할 것이므로 그 배당 증가가 결국 환상으로 입증되기 때문이다.[9] 한편으로는, 영란은행의 소유자와 이사들은 발행된 지폐 수량을 제한하는 데 관심을 가지며, 다른 한편으로는 자연스럽게 전체 상업 세계와 공동으로 신용을 가능한 한 최대로 영란은행에 부여하는 데 노심초사한다. 금의 존재가 어느 정도까지는 부(富)의 유일한 증거이고 금의 부재가 아무리 잠정적이라고 해도 영국에는 엄청난 위험을 의미한다는 여론은 사업에 종사하지 않는 일반인들 간에 지배적이기는 하지만, 상업적 이해관계, 특히 영란은행 소유자, 은행가 및 런던 상인 등(이들의 거래에 의해 런던 지폐의 가치가 유지된다.)은 더욱 공정한 분위기를 조성하는 데 협력한다. (의회에 제시된 이사들의 증언으로 미루어보면) 과거 영란은행은 현금 수량의 엄청난 변동을 경험한 것 같다. 그리고 평화와 호경기로 복귀하던 시기에는, 최근의 금태환 중지 시점의 현금 수량보다 더 적은 수량으로의 현금 감축이 있었다. 따라서 이런 경험에 근거하여 상업 세계에서는 어떤 특별한 시기에 영란은행의 금 수량이 차지하는 중요성이 이제는 영란은행의 업무가 대단한 신비에 싸여 있을 적에 그 은행에 부여되던 중요성만큼은 안 된다고 생각한다. 금화는 어떤 시점에 모든 지급(비록 그렇게 약속되었다고 할지라도)이

9) 만약 은행권이 500만 파운드까지 증가한다면, 소유자에게 귀속되는 추가적인 이윤은 2퍼센트도 채 되지 않을 것이다. 영란은행 임원회에서 투표권을 가진 소유자(즉 500파운드의 주식 보유자)는 1년간 유지된다고 가정되는 이런 과다한 발행에 의해 10파운드의 이득을 얻을 것이다. 영란은행 소유자들 대부분은 1000파운드 이상의 주식을 보유하지 않는다. 이들 각각의 이득은 20파운드를 넘지 않을 것이다. 영국의 일반적인 상업신용의 유지에 대해서 그들이 갖는 이해관계에 비추어본다면 그 금액은 완전히 무시할 만한 금액이다.

실질적으로 이루어지도록 의도된 물품이 아니라는 것, 그런 목적을 위해서 충분한 자금이 영란은행에 의해 공급된 적도 없고 공급될 수도 없다는 것, 금화는 모든 어음과 지폐의 가치가 가능한 한 정확하게 규제되어야 하는 표준으로 주로 간주되어야 한다는 것, 그리고 실제 주된 유일한 핵심은 화폐가 사실상 그 표준 기능을 한다는 점을 전적으로 그리고 합리적으로 유의해야 한다는 것 등은 모든 상인 간에 완벽하게 잘 알려져 있다.

이것은 신용화폐에 관한 주제에 대해서 강력하게 진술되어야 하는 위대한 금언이다. 그러면 유통 중인 지폐가 무엇이든, 그 지폐 가치가 스스로 적응해야 하는 본위가 바로 금이라는 것을 충분히 보장하기 위하여 필요한 것이 무엇인지를 이제 검토해보자. 의심할 여지 없이 중요한 것은 그 나라에는 금과 지폐 간의 어느 정도의 상호 교환이 보편적으로 존재해야 한다는 것이다. 왜냐하면 이런 교환은 지폐의 가치를 고정하는 데 기여할 수단 중 하나이기 때문이다. 이런 효과를 발생시키기를 원하는 상호 교환이 다소간 대규모이고 빈번해야 하는지는 그 나라의 관습과 취향, 특히 일반적으로 통용되고 있는 신용화폐의 본질에 관한 지식의 정도, 그리고 신용화폐에 대한 신뢰의 정도 등에 상당히 의존한다.

일반적으로 언급한다면, 이런 상호 교환이 언제나 발생하도록 보장하기 위하여 상당한 금이 그 나라에 보관되어야 한다는 것이 중요하며, 그리고 영국에서는 영란은행을 제외하면 다른 금 저장고가 전혀 존재하지 않는다. 이런 금 기금은 금화 수요의 보편적이면서 더욱 사소한 변동에 대한 준비금이어야 하고, 또한 다음의 두 가지 돌발 상황에 대한 준비금이어야 한다. 첫째로, 그것은 무역역조의 효과를 상쇄시키는 데 기여해야 한다. 왜냐하면 이런 무역역조는 확실히 종종 발생할 것이며, 그리고 그것은 한두 번의 흉작에 의해 반드시 유발되기 때문이다. 둘째로, 이 나라의 금 수요가 갑작스러운 엄청난 공포로부터 발생할 경우 그 수요가 모든 계산을 거부할 정도로 확실히 비합리적이고 무한대라고 할지라도, 금준비는 국내의 특별한 수요를 충족하는 데도 충분해야 한다. 더욱이 금 재고가 다른 중대한 감소 요인(즉 최근 발생한 무역역조를 금으로 변제해야 하는 요인)에 의해 축소되는 시기에 경제 불안이 어떻든 발생했다면, 일반적인 금준비가 아무리 넉넉해도, 은행의 능력은 확실히 이런 이중적 목적을 위해서는 불충분한 것으로 입증될 수 있다.

이제 영란은행으로 돌아가보자. 금태환 중지 직전 짧은 기간에, 영란은행 금고에 있는 금은 무역역조로 인하여 상당히 많이 감소했다. 그러나 유럽 국가와의 환율은 지급 중지 직전 잠시 동안 그렇게 많이 개선되었으며, 그 결과 금이 영국으로 다시 유입되기 시작했다. 금이 그렇게 역으로 유입되기 시작할 때, 침략에 대한 공포[10]가 나타났으며, 그리고 그것은 잉글랜드 북부의 몇몇 지방은행의 갑작스러운 파산을 유발했다. 다른 지역에서도 경제 불안의 영향은 감지되었다. 하지만 스코틀랜드 지역 대부분은 제외되었는데, 이 지역에서는 금화의 가치를 갖는 지폐에 대한 사람들의 신뢰가 오랜 지폐 사용을 통해서 매우 컸으므로(스코틀랜드 은행들의 특수한 사회적 지위가 그런 환경의 형성에 기여했다.), 금 부족은 그 지역에서는 거의 느껴지지 않았다. 그와 같이 영란은행에 대한 금화 수요, 즉 은행권을 소지할 수 있는 사람들이 은행권에 표시된 바로 그 조건에 의해 요구할

••

10) (옮긴이) 1793년 1월 16~17일 프랑스 국민공회 의원들의 과반수가 루이 16세의 처형에 찬성했으며, 1월 21일 실제로 루이 16세가 처형되었다. 1793년 2월 1일 국민공회는 영국과 네덜란드에 전쟁을 선포했고, 제1차 대(對)프랑스 동맹이 결성되고, 프랑스와의 전쟁이 시작되었다. 이후 1802년 3월 아미앵 조약 체결 후 1년간 그리고 1814년 5월 파리평화조약 이후 9개월을 제외하면 1815년까지 프랑스와의 전쟁이 지속되었다.

수 있는 금화 수요가 창조되었다. 그 성격상 지방의 금 부족과는 어느 정도 상이한 상당한 금 부족 현상이 런던에서 발생하기 시작했다. 런던에서는 영란은행에 대한 신뢰도가 높았고, 영란은행권이 관습적 신용을 유지하고 있었으므로, 단순한 지급 목적의 금화는 런던에서 거의 요구되지 않았다. 일반적으로 언급한다면, 런던 사람들에 의해 요구되는 금화는 지방 사람들을 위한 것이었다. 1793년에 발생한 것과 같이 런던에서 발생한 금화 부족은 영란은행권의 부족이었다. 은행권에 대한 수요가 그렇게 컸으므로, 영란은행의 금태환 중지 며칠 전에는 화폐이자가 (주식의 명목가격과 그것의 시간가격을 비교하고, 또한 언급될 수 있는 최선의 평가 자료인 재무성 증권의 가격을 계산함으로써) 연간 16~17퍼센트에 이른 것으로 추정된다. 이 순간에 영란은행은 모든 경우에 금화를 보유하거나 혹은 회수하는 적절하면서도 효과적인 수단으로서, 비록 정도는 덜하지만, 스미스 박사가 처방한 경로를 따랐다. 영란은행은 은행권 숫자를 줄였으며, 그 숫자는 몇 년 전에는 1100만 파운드에 근접했고 잠시 동안 900만~1000만 파운드의 수준으로 감소했으나, 이 특정한 순간에는 800만과 900만 파운드의 수준으로 축소되었다.

런던에서 매일 이루어지는 광범하면서도 관습적인 지급, 즉 대부분 사전에 약정된 지급을 완결하기 위하여 일상적인 액수에 거의 일치하는 은행권 유통액이 필요하다는 것은 이미 알려져 있었다. 그러나 이 주제에 관해서는 약간 더 상세히 검토함으로써 훨씬 더 명료하게 이해할 수 있을 것이다.

런던에는 60~70명의 은행가들이 있으며, 그들을 통해서 거의 전적으로 런던의 대규모 지급이 이루어진다. 런던의 은행가들에 의해 매일 지급되는 총액은 (그 추계는 틀림없이 부정확하지만) 400만 혹은 500만 파운드보다 적지는 않을 것으로 추정될 수 있다. 그들의 수중에 있는 은행권은 아마 런던 권역에서 유통되는 전체 은행권의 거의 대부분을 구성할 것이다. 영란은행권의 극히 적은 비율만이 적어도 확실하게 런던으로부터 먼 곳에서 유통되었으며, 그리고 거의 전부에 해당할 대부분의 영란은행권은 확실히 런던 권역에 한정되어 유통되었다. 물론 각 은행가의 수중에 있는 은행권의 액수는 상당히 크게 변동하지만, 모든 은행가의 수중에 있는 은행권의 액수는 아마 거의 변동하지 않을 것이며, 이 금액은 그들의 지급 기일과 그들 회사의 완전한 안전성을 위해 필요한 것에 대한 그들의 생각에 맞추어서 상당히 크게 감소할 수는 없을 것이다. 따라서 런던 은행가들의 수중에 있는 더 많은 비율의 영란은행권 전부에 대해서는 감소할 여지가 거의 없다. 즉 만약 통상적인 지급 기일이 준수되고 그 지급을 실행하는 일상적인 시스템이 잘 운영된다고 가정한다면, 다른 사람들, 특히 상업을 수행하는 사람들 사이에 유통하는 은행권도 마찬가지로 감소를 거의 허용할 수 없다. 런던에서 은행권 부족은 지방은행권의 부족이나 지방에서 금화의 부족과는 매우 다른 사안이다. 런던에서 대부분의 지급은 유력 상점에 의해 수용되는 어음 지급이며, 어떤 한 지급에서 지급 기일의 파기는 그 당사자의 파산 행위로 간주된다. 더욱이 런던의 지급은 비교적 적은 수량의 은행권에 의해 수행되고, 그리고 그 지급은 적절한 규칙성을 가지면서 그보다 훨씬 더 적은 숫자의 은행권에 의해서는 아마 손쉽게 실행될 수 없을 것이며, 그에 따라 시간과 경험에 의해 은행가들이 도입한 그런 지급을 이용하는 경제 시스템은 그처럼 완벽하다. 더욱이 그 지급에 대한 대안은 전혀 존재하지 않는다. 그 지급은 한정적이기는 하지만 유일한 유통이다. 동시에 그 지급은 영국의 신용화폐 전부를 지탱하고 규제하는 데 기여한다. 영란은행권의 갑작스러운 대폭 감소가 런던과 영국 전체에 가장 심각한 효과를 동반한다는 것은 방금 언급된 사실에서 분명하게 드러난다. 이 주제에 대해 심사숙고하지 않은 사람들에게는 별것 아닌 것으로 보일 수 있는 은행권 감소, 예컨대 3분의 1 혹은 5분의 2의 감소는 아마 런던의 매우 일반적인 파산을 야기하는 데 충분할 것이며, 그 결과 영국 전반에 걸친 신뢰의 붕괴, 상업의 와해 및 제조업의 침체를 유발한다. 그런 경우 금은 야기된 엄청난 경제 불안을 통해서 확실히 퇴장할 것이며, 약간의 추가적 혹은 약간의 새로운 지폐 유통이 **과거 수준**으로 복귀함으로써 신뢰가 회복될 때까지, 금은 아마 다시 등장하지 않을 것이다.

그러나 제시된 사례는 단순히 가상적이다. 왜냐하면 각 부문에는 런던의 규칙적인 지급 과정을 어떤 방식으로든 유지하려는 너무나 강력하면서도 명백한 이해관계가 존재하며, 그에 따라 혼란이 아마 일어날 것 같지 않으며, 일어난다고 할지라도 지속될 것 같지 않기 때문이다. 영국에 금이 많든 적든, 영란은행으로 하여금 일상적 지폐량을 발행하도록 유도하는 조치가 취해지거나 혹은 다른 수단에 의해 지폐의 대체재를 공급하기 위한 조치가 복원될 것이다. 그러나 최선의 대체재라고 해도 그것의 신용은 잘 알려진 옛날의 영란은행권의 신용보다는 훨씬 열등할 것이다. 왜냐하면 새로운 지폐는 영란은행의 자본보다는 아마 훨씬 덜 풍부한 자본에 의해 보증될 것이기 때문이다. 즉 영란은행이 그들 지폐의 태환을 위한 금화를 공급할 수 있는 것처럼, 새로운 지폐의 발행자가 문제의 시점에 그 지폐의 태환에 사용될 금화를 조달하는 것은 그렇게 바로 가능하지는 않을 것이기 때문이다. 그때 새로운 지폐는 그 본질상 유사하지만 영란은행의 지폐보다는 열등할 것이다. 그 지폐는 사실상 발행자에게 이윤(영란은행이 획득할 기회를 상실한 이윤)을 낳을 것이며, 이런 이윤에 대한 열망은 그 지폐를 계속 창조하려는 새로운 집단의 사람들의 성향을 창출하는 데 협력할 수 있다. 만약 그 지폐가 창조되고 그것이 런던의 현행 유통수단의 일부를 구성하며, 또한 만약 우리가 반드시 해야 하는 것처럼 감소한 영란은행권 수량이 동일 시점에 현 상태를 계속 유지한다고 가정한다면, 그때 새로운 지폐는 영란은행권과 손쉽게 교환 가능할 것이며, 그에 따라 새로운 지폐의 소지자는 영란은행권과 우선 교환함으로써 영란은행에서 금을 인출할 수 있을 것이다. 따라서 영란은행 이사들이 영란은행권을 감축함에 따라 은행가와 상인들은 그들 스스로 새로운 지폐를 창조할 필요성을 느끼게 되며, 그 결과 런던의 일반적인 지폐 유통량은 증가할 것이다. 그들은 런던의 유통수단을 공급하는 자신의 배타적 권력에 의해 그 수량을 상당한 정도로 제한하고 규제하는 수단을 현재 보유하고 있다. 만약 그들이 그 권력을 과도하게 행사함으로써 자신의 지폐와 유사한 방식으로 다른 지폐가 유통되도록 유도한다면, 그런 권력은 전적으로 박탈될 것이다. 런던으로 새로운 유통수단을 도입하려는 계획은 상이한 시점에 만들어졌다. 하지만 은행가들이 합심하여 새로운 지폐에 화폐적 성가(聲價)를 제공하는 것을 계속 꺼리는 한, 그런 모든 계획은 반드시 실패한다. 물론 이렇게 꺼리는 현상은 도입하려는 그 압력이 일반적이게 되고 커짐에 따라 그에 비례해서 축소될 것이다.

그때 금의 감소에 어느 정도 규칙적으로 비례해서 영란은행권을 감소시키는 것이 언제나 영란은행의 최상의 의무라고 보는 일부 사람들의 생각은 단순히 이론적인 생각이다. 그렇지만 그 생각이 매우 자연스러운 것임을 인정해야 한다.

은행권의 대폭적 감소에서 유발되는 상업 세계의 자금 압박은 특히 그 압박이 심각한 경우 상인들로 하여금 화폐 부족을 보충하기 위하여 해외로부터 금을 조달하도록 유도할 것이라고 일부 사람들은 상정하고 있다. 그렇게 제시되었을 때 그 주장은 너무나 모호한 방식으로 언급되어서 내가 시도하고자 하는 면밀한 검토가 불가능해진다. 극단적으로 **심각한** 자금 압박이 그 치유책이라고 주장할 정도까지 진행되었을 때, 우리는 분명히 그 주장이 전적으로 거짓임을 발견할 수 있다. 이 핵심을 가능한 한 현실적인 방식으로 검토해보자.

은행권을 획득하기 어려운 상태가 그 상인들로 하여금 자신의 지급을 실행하기 위하여 해외로 금을 찾으러 가도록 유도했다고 가정하자. 그러나 **어떤** 상인들? 해외시장에 적합하지 않고 또한 그곳에서 수요가 없는 재화를 가진 상인들은 확실히 아니다. 그들은 우선 이 부적절한 재화를 적절한 재화와 교환해야 한다. 즉 그들은 우선 화폐를 받고서 혹은 화폐로 통용되고 그들 관점에서 모든 동일한 목적에 부응하는 것을 받고서 그들의 재화를 팔아야 한다. 따라서 그들은 해외로 보내려고 한 것의 부족분을 보충하려던 바로 그 물건을 소지하게 된다. 이런 관점에서 그 상인은 상인이 아닌 다른 어떤 사람과 유사하게 행동한다. 소위 현금 지급수단의 부족으로 어려움을 겪고 있는 경우, 동일한 어려움에 처한 농부 혹은 지주가 그러지 않듯이, 그 상인도 금의 보충을 위해서 자신의 생각을 외국으로 향하게 하지 않을 것이다. 그는 오로지 자신의 재산 중 얼마만큼을 은행권으로 전환할 수 있는가만 고려할 것이다. 그는 수중에 있는 은행권만 바라본다. 그는 외국에 있는 금에 대해서는 전혀 알지 못한다.

그때 대륙으로부터 금을 가져오도록 유도하는 자금 압박은 일반적으로 우리 상인들에게는 그렇게 작용하지 않을 것이다. 그러나 그 압박은 아마 외국 상인들에게 작용한다고 이야기될 수 있지만, 우리는 또한 한 외국 상인과 다른 외국 상인을 이제부터 구분해야 한다. 일반적으로 말하면, 외국으로의 수출무역은 첫 번째 무역이고, 외국으로부터의 수입은 두 번째 무역이며, 그리고 수출과 수입의 차이를 지급하거나 수취하기 위하여 지금(地

金)을 보내고 가져오는 거래는 세 번째 무역이다. 이 세 번째 거래는 다른 어떤 상업 거래와 유사한 원리에 따라 수행된다. 환언하면, 그 거래가 금 투기자에게 이익이 되는 한 그 거래는 바로 실행되며, 그 이상은 아니다. 따라서 탐구되어야 할 핵심은 명확하다. 은행권의 희소로부터 발생하는 자금 압박이 지금의 수입을 더욱 유리한 투기로 만드는 경향이 있는가다.

이 문제를 푸는 데는 추정 가능한 어려움이 아마 많지 않을 것이다. 왜냐하면 일반적으로 말하면 무역의 방식으로 영국에서 빠져나가는 재화의 가치(즉 지급받아야 하는 재화)가 무역의 방식으로 영국으로 유입되는 재화의 가치(즉 지급해야 하는 재화)보다 더 큰 것에 정확히 비례해서 금을 수입하는 것이 분명히 그해답이기 때문이다. 따라서 이제 단순한 지금 거래자의 경우를 우리의 고려 사항에서 제거할 수 있다. 우리는 은행권의 축소로부터 발생하는 자금 압박이 수출 혹은 수입되는 재화들의 수량에 어떤 방식으로 영향을 주는가를 검토만 하면 된다.

더욱 합리적인 사고방식대로라면, 어느 정도의 자금 압박은 돈을 조달하기 위하여 제조업자 자신만이 아니라 제조업자의 재화를 구입하는 영국 상인들로 하여금 그들의 재화를 팔도록 재촉할 것이고, 그에 따라 그 압박은 국내의 재화가격을 낮추는 데 약간의 영향력을 가질 것이며, 그리고 국내의 낮은 가격은 더 좋은 수출가격으로 재화를 수출하도록 상인들을 유혹할 수 있을 것이다. 그러나 우선 다른 한편에서는, 모든 상인이 평상시보다 더 의욕적으로 팔려는 열정, 즉 그렇게 바람직한 것처럼 보이는 이 열정은 그것에 정확히 비례해서 구매하려고 하지 않는 일반적인 성향과 반드시 짝을 이루어서 나타난다. 환언하면 그 시점의 금전적 어려움으로 쫓기고 있는 일반 상인 집단이 돈을 조달하기 위하여 자신의 재화를 팔고 있을 때, 그들은 또한 틀림없이 제조품의 통상적인 구매를 자연스럽게 연기할 것이다. 그들은 적어도 제조업자에게 평소보다 기간이 더 연장된 신용을 제공해줄 것을 요구하지만, 상인들과 유사한 어려움을 겪고 있는 제조업자도 이런 신용을 전혀 제공해줄 수 없다. 따라서 제조업자의 **판매**는 연기되지만, 그러나 비록 판매가 중단될지라도 그의 제조 행위가 진행된다면, 그의 일상적인 지출은 계속된다. 달리 말하면 돈이 전혀 들어오고 있지 않지만 그의 돈은 나가고 있다. 그리고 그런 현상이 나타나는 경우는 일반적 신용 상태가 그렇게 되어서 그의 특별한 필요를 충족시키기 위하여 차입할 수 없을 때이며, 그리고 그의 제조업에 필요한 모든 원자재에 대한 지급을 그전보다 더 신속하게 실행하도록 압박받을 때이다. 따라서 판매가격이 이익을 남길 만하다고 할지라도, 화폐의 특별한 희소성 때문에 제조업자는 공장 가동을 중단하지는 않더라도 공장 가동률을 어쩔 수 없이 필요에 의해 절대적으로 낮출 수밖에 없게 될 것이다. 그런 자금 압박에 의해 필연적으로 제조 행위를 중단하는 것은 수출 가능한 물품을 증가시키는 좋은 방법, 즉 수출이 수입을 초과하도록 함으로써 금을 국내로 유입하는 좋은 방법은 분명히 아니다.

그러나 둘째로, 수출하도록 유도할 수 있는 제품의 바로 그런 **가격** 하락은 그것이 충분히 진행되는 경우 그 제품을 생산하는 노동 또한 중단시킬 수 있다. 고용주들은 자신의 제품을 과도하게 헐값으로 판매하고 있음을 발견했을 때 자연스럽게 피고용인들을 해고한다. 만약 은행권 감소가 모든 제품의 가치 감소와 임금률 감소(그때 그렇게 된다는 것도 타당할 것이다.)를 항구적으로 유발한다면, 수중의 자본에 대해서는 손실이 발생한다고 할지라도, 미래 생산에 대한 자극은 정말로 동일할 것이다. 그렇지만 관습적으로 유지되는 은행권 수량의 대폭적이면서도 갑작스러운 감소 추세는 **특별하면서도 잠정적인** 자금 경색을 창조할 것이며, 그 자금 경색은 가격 하락을 발생시킬 것이다. 그러나 잠정적인 자금 경색에서 발생하는 가격 하락은 아마 그에 대응하는 임금률 하락을 수반하지 않을 것이다. 왜냐하면 그 가격 하락과 자금 경색은 잠정적인 것으로 이해될 것이며, 우리가 아는 바로는 임금률은 재화의 가격처럼 그렇게 가변적이지 않기 때문이다. 따라서 우리가 지금 언급하는 그런 종류의 자금 경색으로부터 발생하는 자연스럽지 않으면서 특별히 낮은 가격[11]은 제조업 생산을 크게 위축시킬 것이라는 두려움을 갖게 만든다.

셋째로, 은행권의 대폭적인 감소는 오랫동안 생산적이던 영국 산업의 상당 부분이 과거와는 달리 그렇게 생산적이지 못하게 훼방한다. 원하는 지급수단을 반복적으로 얻지 못하거나 혹은 실망스러울 정도로 얻지 못하는 시기가 도래할 때, 상업 및 제조업의 계획만이 아니라 도입된 모든 종

∙∙
∙

11) 영란은행권 수량 감축이 만약 항구적이라면, 그렇게 상당히 바람직한 항구적인 제품 가격 하락을 발생시킬 것이며, 그리고 위에서 언급된 주장은 이런 가정을 약간 지지한다고 생각될 수 있다. 그러나 그런 항구적인 상품가격 감소는, 내가 이해하는 바로는, 현재 사용 중인 유통수단에 의해서는 나타날 수 없다. 은행권의 일반적이면서 항구적인 가치는 그것과 교환 가능한 금의 일반적이면서 항구적인 가치와 유사해야 하며, 그리고 영국의 금 가치는 전 세계의 금의 일반적이면서 항구적인 가치에 의해 규제되며, 그리고 그에 따라 대폭적이면서 갑작스러운 은행권 감소가 상당히 지역적이면서 잠정적인 제품가격 인하를 유발할 수 있다는 것(즉 금과 은행권이 상호 교환된다고 우리가 가정하고 있으므로, 심지어 금 가격의 인하)을 인정한다고 할지라도, 금 가격은 짧은 시간 내에 나머지 세계의 금 가격과 같아져야 한다. 따라서 대폭적인 은행권 감소의 지속은 이미 주장된 것처럼 새로운 런던 지폐의 창조를 유도하거나, 혹은 아마 기존 은행권의 사용을 절약하는 새로운 방식을 창조할 것이다. 즉 가격에 대한 경제 효과는 모든 관점에서 과거 수준의 은행권 수량으로 복귀한 경우의 효과와 유사할 것이다. 가장 가능성이 높은 것을 꼽자면, 대폭적인 은행권 감소의 지속은 런던의 일상적인 현금 지급을 다른 어떤 지역이나 지역들로 이전할 것이며, 그리고 그런 지역에서 지급을 완결하는 유통수단들은 그 설립 규정에 의해 영란은행에게 부여된 유통지폐의 배타적 공급 권한의 과도한 제한에 의해서는 결코 방해받지 않을 것이다. 가격에 대한 신용화폐의 영향에 관한 주제는 다음 장에서 더 완전히 검토될 것이다.

류의 일반적인 개선 계획은 변경되거나 중지되며, 그리고 사용 중인 노동력의 일부도 그에 따라 폐기된다. 가령 값비싼 기계가 정상적으로 활용될 것이라는 기대하에서 설치되었다면, 지급수단 부족은 그 기계를 놀리게 유도할 수 있다. 도매상인 혹은 소매상인의 물품을 구성해야 하고 그들의 창고를 가득 채워야 할 재화들은 제조업자의 창고를 가득 채우며,[12] 그것들은 아마 너무 오래 보관되어 손상을 입게 될 것이다. 다른 한편, 약간의 판매가 어쩔 수 없이 이루어지게 되며, 그에 따라 특정한 시장을 위해서 준비되었고 또한 그 시장에 가장 적합한 재화는 다른 시장에서 판매된다. 그런 시기에는 공급을 수요에 비례시키고 적응시키는 규칙성과 정확성은 존재하지 않게 되며, 그리고 모든 물품을 제조업자의 손에서 실제 사용으로 이동시키는 신속한 조치, 즉 산업을 생산적이게 만들고 또한 영국의 일

---

12) 일상적인 신용이 중단될 때, 가장 적은 재산과 자원을 보유한 개인들이 자금 압박을 가장 많이 받는다. 그리고 오히려 일반 대중들은 고통받는 사람들이 너무 과도한 투기 때문에 당연히 응징받고 있다고, 너무 손쉽게 종종 주장한다. 제일 먼저 파산한 사람들은 아마 너무 열정적이면서 모험적인 정신을 보유한 사람들이라는 것에는 의심의 여지가 없다. 그러나 상인들 간에 모험 정신이 다소간 존재한다면, 일상적인 신용 중단은 자금 경색을 유발할 수 있으며, 그리고 상대적으로 그런 자금 경색은 더욱 모험적인 상업 세계의 사람들에게 발생할 것이다. 또한 대중들은 영국에서 단순한 금 부족이 아니라 실질적인 상업자본 부족이 신용화폐의 부족에 의해 드러나게 된다고 종종 (그리고 최소한의 근거도 없이) 주장한다. 이런 주장의 오류는 이 책의 첫 장에서 제시된 일반 원리로부터 명백할 뿐 아니라, 또한 도매상인과 소매상인의 창고가 점점 더 텅 비어가는 동안 제조업자의 창고가 비례적으로 가득하다는 것은 위에서 언급된 상황에 의해 명확하게 입증된다. 사실상 노동의 중지(이것은 신용 중지의 결과라는 것을 기억해야 한다.)가 일반적인 재화 재고(혹은 영국의 상업자본)를 감소시키는 시기가 곧 도래한다. 따라서 불행은 실질적인 자본의 결핍에 있는 것이 아니라, 유통수단의 수량이 당시에 제조업자의 창고에 있는 재화를 도매상인과 소매상인의 창고로 이전하기에 충분한 만큼되지 않았다는 데 있다. 신뢰감이 떨어질 때 유통속도가 낮아지므로, 유통에 이용되기를 원하는 수량 그리고 특히 금의 수량은 제3장에서 주장되는 것처럼 더 커진다. 지폐 대신 금으로의 대체, 그리고 불량 지폐 대신 우량 지폐로의 대체, 그리고 실제로 통용되는 금과 우량 지폐의 잠정적인 증가 등은 명백히 그해결책이다.

반적인 부(富)를 증가시키는 몇몇 위대한 수단은 존재하지 않게 된다. 신용화폐에 대한 대폭적이면서 갑작스러운 모든 제동은 산업에 대한 제동장치로 작용하고, 또한 산업에 상당한 왜곡을 불러일으킨다. 영국의 일반 재산의 감소는 이런 원인으로부터 틀림없이 나타나며, 물론 그 감소는 수출용 재화를 구성하는 재산의 일부로부터 나타나기도 한다. 외국으로부터 수입되는 금 수량은 수출되는 재화량에 의존한다는 것을 반복할 필요가 거의 없을 것이다.

수입 상인의 지급수단을 감소시킴으로써 은행권 수량을 제한하는 것은 수입 상인으로 하여금 수입을 중지하도록 유도할 수 있으며, 그리고 수입을 초과하는 수출의 크기는 금을 국내로 들여오도록 유도하므로, 지폐 제한은 수입 감소와 마찬가지로 매우 바람직하다고 주장할 수도 있다. 이 주장에는 아마 약간의 정당성이 있을 수 있다. 그러나 이 주제에 관해 주장할 수 있는 바에 따르면, 현재 가정되고 있는 무역역조 상태의 영국은, 첫째로, 어느 누구도 지폐 제한에 의해 수입을 억제하기를 원하지 않는 곡물을 주로 수입하고 있는 것으로 볼 수 있거나, 둘째로, 다른 나라로 운송하기 위하여 어떤 나라로부터 들여온 물품, 주로 먼 지역으로부터 왔고 그리고 오래전에 약속되었으므로 지급이 축소될 수 없는 물품, 또한 수입을 증가시키는 것보다 약간 더 많이 수출을 즉각적으로 증대시키는 데 기여하는 물품 등을 주로 수입하고 있는 것으로 생각될 수 있거나, 셋째로, 우리 제조업의 원자재를 구성하며 그리고 수출 가능한 물품을 아주 증가된 규모로 얼마 후에 공급하는 데 기여하는 다른 나라의 가공되지 않은 생산물을 주로 수입하고 있는 것으로 간주될 수 있다.

국내 신용 제한은 해외에 있는 수출 상인의 재화가 판매되도록 그리고 가능하다면 기간이 짧은 신용으로 그것들이 판매되도록 압박하며, 또한 유사한 방식으로 가능한 한 해외에서 수입 상인의 구매를 연기하도록 그리고 기간이 긴 신용으로 구매하도록 재촉하는 데 주로 활용될 것이다. 달리 말하면, 국내 신용 제한은 외국 상인들과 거래할 때 영국 상인들의 수입(收入)을 재촉하고 그들의 지급을 연기하는 데 활용될 수 있다. 다른 한편, 수입(收入)의 재촉과 지급의 연기는 단지 잠정적 이득일 뿐이며, 반면에 생산의 중단은 그것이 지속되는 한 영국에 상당히 항구적이면서 엄청난 손실을 야기한다는 것을 유념해야 한다. 더욱이, 매우 심각한 자금 압박은 **확실히** 생산의 중단을 야기하며, 반면에 그 자금 압박이 영국 상인들로 하여금 외국 상인들에게서 신용의 연장을 얻도록 유도할지는 확실하지 않다는 것도 염두에 두어야 한다. 그리고 **매우 특별한** 은행권 축소는 해외에서도 알려지게 되는 국내의 파산을 통해서 해외에서의 불신을 틀림없이 야기할 것이다. 따라서 그것은 외국 상인들로 하여금 영국에 돈을 빌려줄 마음이 안 들게 하고, 영국 상인들의 채무 지급을 독촉하도록 유도할 것이다. 불신이 굉장히 팽배하고 있는 동안, 영국은 수입되는 재화의 지급이나 금의 구입을 위해서가 아니라, 채무의 변제를 위해서 제조업 제품을 해외로 보내야 한다.

따라서 영란은행권을 약간 적절히 제한하는 것이 당시의 무역역조를 수정하려는 견해에 적합할 수 있다는 것은 아마 수용 가능할지도 모르지만, 매우 갑작스러우면서도 극단적인 은행권 감축은 그것이 야기하는 혼란 때문에 영국으로의 금 유입보다는 오히려 금 유입을 방해하려는 경향을 보이며, 그에 따라 영란은행 자체의 위험을 가중하려는 경향을 보인다는 것은 충분히 명확한 것처럼 보인다. 따라서 그전에 제시된 주장, 즉 **가혹한 자금 압박이 그 치유책이 아니라는 주장**은 반복될 수 있다. 영국의 금화가 희소하고 그것이 또한 영국에서 이탈할 때와 같은 특별한 시기에, 즉 우리 자신의 기금이 부득이하게 적고, 가장 정상적인 산업이 모든 수단을 동원해서 진흥되어야 하며, 그리고 우리의 국내 신용과 해외 신용의 도움이 절실히 필요할 때, 영국의 신용을 유지하고 또한 신중하게 유지하는 것이 중요하다는 것은 사실상 모든 관점에서 명백하다. 그리고 이런 관점에서 영국의 이익을 보호하고 감독하는 것은 특히 영란은행의 책임이다. 영란은행의 바로 그 정책은 이런 특별한 관점에서 개별 지방은행의 정책과는 판이하다. 지방은행이 자신의 은행권을 갑작스럽게 감축함으로써 영국에 미치는 해악은 극히 적으며, 더욱이 지방은행은 감축된 자신의 지폐 대신에 금화 혹은 다른 지폐가 이용된다고 믿고 있다. 그리고 주목할 만한 것은 지방은행이 영란은행으로부터 금화를 획득함으로써 자신의 은행권을 변제할 수단을 스스로 공급한다는 것이다.

그렇지만 지방은행이 의존하는 방식과 유사한 방식으로 자신의 필요에 비례하는 금화의 공급을 위해서 최종적으로 의지할 수 있는 은행을 영란은행은 전혀 갖고 있지 않으며, 또한 현재 전체 영국의 엄청난 현금 지급을 실행하는 업무를 맡고 있는 런던의 은행가와 상인들도, 지방은행권이 회수된다고 가정할 때 영국 상인들 소유의 영란은행권이 감축되는 경우, 유사한 자원을 전혀 갖고 있지 않다. 사전에 엄격하게 약속되지 않은 지방의 지급은 많은 경우 연기될 수 있다. 런던에서 발행된 환어음은 또한 지방은행권의 대체재가 될 수 있으며, 그것은 얼마 전에 묘사한 유사한 방식으로 통용될 수 있다. 그러나 만약 우리가 그렇게 되리라고 가정하는 것처럼 금화의 희소성의 결과로서 영란은행권이 감축되고 또 감축된다면, 그때 런던의 지급을 완결하는 어떤 수단도 남아 있지 않게 된다. 현재 런던 권역의 환경에서 은행권의 소멸 혹은 대폭적 감축이 금화의 소멸보다 훨씬 더 큰 해악이 된다는 것에는 의심의 여지가 전혀 있을 수 없다. 만약 금화가 사라진다면, 은행권이 그 자리를 대신할 수 있다. 그리고 금 가격을 정확히 유지할 정도로 은행권 발행이 순조롭고 또한 무역수지가 영국에 그렇게 불리하지 않다면, 은행권을 수용하자는 은행가들과 지도층 인사들의 동의에 의해 고무될 수 있는 바로 그런 일반적 신뢰를 통해서, 그 은행권은 모자라지 않을 것이다. 더 큰 모든 상업 거래에 그렇게 도입된 지급 기일 엄수는 더 적은 규모의 지급을 실행하는 도구의 사용을 촉진할 것이다.

어떤 정해진 환경하에서 영란은행권이 감소되어야 하는 정확한 크기에 관해서는 분명히 견해 차이가 존재할 수 있다. 그렇지만 적어도 한 가지 핵심, 즉 은행권을 너무 많이 증가시키는 경우만이 아니라 그것을 너무 많이 감소시키는 경우에도 오류가 있을 수 있다는 핵심은 완전히 그리고 완벽하게 확립되었다고 생각할 수 있다. 모두가 인정해야 하는 것처럼 자금 부족을 야기하는 것은 은행권의 과도한 제한이다. 자금 부족은 혼란을 틀림없이 야기하며, 그 혼란은 영란은행으로부터 금화 인출을 틀림없이 유도할 것이다. 간단히 말해서, 영란은행으로부터 금화 인출이 아무리 누적적이라고 할지라도, 은행권 감소와 관련하여 영란은행이 중단해야 하는 어떤 한계점이 그때 반드시 존재해야 한다.

그러나 만약 영란은행권이 감소하지 않거나 혹은 감소할지라도 전적으로 소멸하지 않는다면, 영란은행이 금화로 지불하는 한, 은행권을 소유할 수 있는 사람들은 금화를 소유할 수 있게 된다. 그리고 더욱이 영란은행의 금화가 그렇게 전적으로 고갈되기 쉬워진다는 것도 발견하게 된다. 내가 말하고자 하는 바는, 영란은행이 **가장 적은** 숫자의 은행권이라도 **유지하기로** 결정했다면, 금화의 숫자가 아무리 많을 수 있다고 할지라도 영란은행의 금화는 전적으로 고갈되기 쉽다는 것이다. 이를테면 500만 혹은 200만, 적게는 100만 파운드의 은행권을 유지함으로써, (그것을 유지해야 할 만큼 경제 불안이 고조되었다고 가정할 때) 영란은행은 심지어 500만 혹은 1000만 파운드 또는, 만약 그 은행이 그만큼을 보유하고 있다면, 2000만 혹은 5000만 파운드의 금화도 고갈되는 것을 회피할 수는 없다. 금화가 영란은행으로부터 다소간 빠르게 인출되든 그러지 않든, 영란은행은 그런 경우 많거나 적은 은행권의 유지에 의존하는 것이 아니라, 경제 불안의 정도에 의존할 것이다. 달리 말하면, 경제 불안이 두 경우에 단순히 유사하다면, 영란은행이 1000만 파운드의 은행권을 유지하는 경우와 마찬가지로 500만 파운드의 은행권을 유지하는 경우에도 영란은행의 금화는 비슷하게 고갈될 수 있다. 따라서 만약 500만 파운드의 은행권 유지가 1000만 파운드의 은행권 유지보다 더 큰 경제 불안을 조성할 것이 확실하다면, 그때 더 많은 은행권의 유지는 금화에 대한 수요를 감소시키는 데 기여할 것이며, 더 적은 숫자의 유지는 금화 수요를 증대시키는 데 기여할 것이다.

다음은 영란은행의 모든 금화를 최종적으로 고갈시키는 방식을 보여주고 있다. 예컨대 1000파운드의 은행권(그리고 그것은 어떤 사람이 재화를 판매함으로써 얻을 수 있는 것이다.)을 소지한 A는 영란은행에 그것을 가지고 가서 금 1000파운드를 요구한다. 영란은행은 금을 내줄 것이며, 그 금은 무역역조에 대한 지급을 위해 해외로 빠져나가거나, 혹은 우리가 오히려 이제 가정하는 것처럼 경제 불안의 결과로 지방은행권이 회수되면서 유발된 지방의 유통량 부족분을 채우거나, 혹은 지방은행들의 기금을 증가시키는 데 쓰이거나, 혹은 개인들의 수중으로 퇴장한다. 영란은행에 의해 그렇게 공급된 금 1000파운드는 상당한 정도까지는 대체된 은행권 1000파운드의 자리를 대신하지는 않는다. 왜냐하면 은행권 1000파운드는 런던에서 대규모 지급을 실행하는 데 사용되었기 때문이다. 영란은행으로부터 인출된 금은 거의 대부분 영란은행권의 대체재로 요구되지 않는다. 따라서 이런 금 1000파운드를 지급하고 그 대신에 자신의 은행권 1000파운드를 수취한 영란은행은, 만약 **은행권 유통량을 유지하기로** 결의했다면, 이 은행권을 이제 재발행해야 한다. 그때 그 은행은 그것을 어떻게 발행해야 하는가? 그 은행 측에서 은행권 유통량을 확대하기 위해 취할 수 있는 유일한 수단은 대부를 확대하는 것이다. 따라서 영란은행은 할인하기 위해 어음을 제시한 어떤 사람에게 대부 형태로 은행권 1000파운드를 재발행해야 한다. 따라서 그 은행은 1000파운드의 어음을 수취하고 그것에 대한 대가로 1000파운드의 은행권을 제공한다. 우리는 그렇게 재발행된 동일한 은행권에 대해 1000파운드가 다시 금화로서 수요되고 또한 지급된다고 가정할 수 있다. 영란은행의 지폐 유통량은 다시 한번 이제 1000파운드만큼 감소하며, 그에 따라 유통되는 은행권 수량을 유지하기 위하여, 세 번째로, 동일한 1000파운드의 은행권, 혹은 동일한 액수의 다른 은행권이나 은행권들을 발행할 필요성이 발생한다. 유사한 거래, 혹은 오히려 수많은 그런 거래가 다섯 번, 혹은 50번, 혹은 100번, 혹은 1000번 반복될 것이라고 가정할 수 있다. 비록 영란은행이 지폐 유통량을 10만 파운드로 끌어내리고 **그 금액에서 그 유통량을 유지한다**고 가정하더라도, 그와 유사한 일들이 분명히 매일매일 반복될 수 있으며, 그에 따라 최종적으로는 영란은행으로부터 상상 가능한 최대의 금화가 추출될 것이다. 따라서 그때 은행권 수량이 많든 적든, 영란은행은 은행권 숫자를 일정하게 유지하기로 결정함으로써 금화가 고갈될 처지에 놓이게 된다. 그리고 여기서 어떻든 주목해야 할 것(현재 더 많은 것이 언급되어야 할 핵심)은 특정한 은행권 숫자를 유지하려는 의사결정의 결과로 인하여 영란은행이 인출된 금화의 바로 그 크기만큼 대부를 증가해야 할 절대적 필요성에 맞닥뜨리게 된다는 점이다.

1000파운드의 금화에 대한 반복적 수요에 직면하면, 영란은행은 1000파운드를 추가적으로 대부하도록 종용받는다. 따라서 명백하게 드러나는 바에 따르면, 그 제도의 바로 그 성격 때문에 영란은행은 규칙적 현금 지급으로 인하여 잠정적 자금 부족을 회피할 수 없는 처지에 놓이게 된다.

개별 상인이 자신의 지급기일을 맞추지 못하면 비난받을 수 있는 것처럼, 국가 은행 역시 자금 부족의 경우 유사한 방식으로 비난받으며, 그리고 그 은행 거래의 더 크나큰 중요성 때문에 더 가혹할 정도로까지 비난받을 수 있다는 생각, 즉 사실상 더 이상 자연스러울 수 없는 생각이 널리 퍼져 있다. 그렇지만 두 경우의 상황에 대한 전적인 불균형은 검토되어야 한다. 영란은행이 금화로 지급한다고 가정할 경우, 개인 상점이 지급기일을 맞추는 데 실패한다면, 일반적으로 그것은 개인 상점의 책임이라는 것이 정당하게 주장될 수 있다. 왜냐하면 만약 그 자신의 차원에서 꾸준히 신중한 준비를 했다면, 그는 일반적으로 은행에 안전한 재원을 마련할 수 있기 때문이다. 그로부터 그 재원을 제거해보자. 그러면 그는 그때 영란은행처럼 유사한 돌발 사태에 취약하게 될 뿐 아니라, 훨씬 더 취약하게 될 것이다. 즉 그 스스로 금화를 조달하는 수단은 그때 극단적으로 불확실하기 때문이다. 또한 우려되는 바에 따르면, 만약 한 국가 은행 대신에 적은 규모의 자본을 가진 둘 혹은 더 많은 국가 은행이 제도화되고, 그들이 한 주체이고 많은 관점에서 단일 기관을 닮은 것처럼 행동하도록 그들 사이에 훌륭한 의사소통이 존재하지 않는다면, 각 은행은 그때 별도의 판단에 따라 일을 추진할 것이고, 어느 정도까지는 금화 조달을 위해 다른 상대방에게 의존하려 할 것이며, 그리고 각 은행은 일반 신용에 대한 감독을 스스로 책임지고 또한 대중의 안전이라는 매개수단을 통해서 자신의 안전을 추구하는 것 대신에 자신의 특별한 이득을 스스로 얻으려고 할 것이다.

따라서 완전한 안전 수단은 존재할 수 없지만, 한 국가의 현금 지급수단의 부족은 주요 은행 하나를 설립함으로써 가장 잘 대처되는 것처럼 보인다. 그렇지만 그것은 공공기관이 되며, 그에 따라 그렇게 공복(公僕)이 된다. 또한 대중의 이해관계에 완전하게 복종하는 은행에 대해서는 작은 은행과 상인 회사들을 판단하는 것과 유사한 규칙에 따라서 판단할 것이 아니라, 그 은행의 특수성에 관심을 돌려야 한다.

만약 영란은행의 행위에서 어떤 잘못이 있었다면, 내 생각으로는, 그 잘못은 방금 언급한 것처럼 지난 경제 불안의 시기 동안 은행권을 너무 많이 풀었다기보다는 오히려 은행권을 과도하게 줄였다는 데 있었다. 이것을 실행하는 데에서, 영란은행은 공교롭게도 애덤 스미스 박사의 조언처럼 보이는 것을 추종하면서 (단지 부분적이기는 하지만) 행동을 했다. 또한 영란은행은 더 작은 은행에는 자연스러웠던 경로를 채택했는데, 그 경로는 영국의 지급수단이 영란은행에 덜 의존하던 설립 초기에는 영란은행에도 아마 적절했을 것이다. 영란은행은 그 이사들이 행동할 때 과거에 추종한 그 원칙을 아마 추구했을 것이다. 또한 영란은행은 문제의 바로 그 시기에 그 주제에 관해 대중의 일반 여론을 따랐다. 더욱이 영란은행은 아마 너무 대폭적으로 은행권을 단지 감소시키기만 했을 것인데, 그때 더욱 점진적으로 은행권을 축소할 것을 주장하는 일부 견해도 찾을 수 있었을 것이다. 그러나 영란은행이 현금태환을 중지하기 바로 전에 너무 많은 은행권을 감축한 탓에 금화 수요를 약화시키기보다는 오히려 아마 다소간 강화시켰을 것이라는 의구심을 나는 미안하지만 감히 표현하고자 한다. 또한 지방은행들의 자금 부족에서 야기된 (이미 언급된) 그 경제 불안이 발생한 1793년에, 영란은행이 은행권 발행을 잠정적으로 적절히 약간 확대했으면 좋았을 것이라는 의견을 감히 제시하고자 한다. 최근의 사례에서도 영란은행은 해결하려고 그렇게 목표로 한 재앙의 치유에서 영란은행권의 감축에 의해서는 적어도 성공을 거두지 못한 것이 분명하다.

우리가 주로 언급하는 시기에, 영란은행이 정부에 제공한 대출이 그 은행의 자금 경색을 유발했다는 의구심이 널리 퍼져 있었다. 그렇지만 기억해야 하는 것은 정부는 빚을 청산할 수 있는 금화를 전혀 공급받지 못했다는 점이다. 이런 관점에서 정부도 영란은행의 다른 채무자와 비슷한 처지에 있게 된다. 만약 부채 지급을 강요받았다면, 정부는 영란은행이 수취를 거부할 수 없는 물품, 즉 영란은행권으로 부채를 변제해야 한다. 그리고 정부는 어떤 곳에서든 영란은행권을 획득할 수만 있다면 이 은행권을 수집해야 한다. 환언하면 정부는 언제나 손쉽게 발행할 수 있는 재무성 증권이나 새로운 주식을 그 보상으로 제공하면서 은행가, 상인, 그리고 은행권을 보유한 다른 사람들로부터 그 은행권을 수집해야 한다. 물론 상업자금이 부족한 시기에는 이런 은행권 조달은 약간 불리한 가격에서 진행된다. 문제의 시점 조금 전에 정부가 기존의 채무 450만 파운드를 전부 변제하도록 영란은행으로부터 독촉받았으며, 그 요구에 동의했다는 것을 우리는 의회에 제시된 증언에서 알게 되었다. 즉 정부는 통용되고 있는 은행권 일부를 수집했으며, 그것을 영란은행에 입금했다. 그리고 그 다음으로 그렇게 입금된 은행권의 일부, 단지 그 일부만이 상인들에게 재발행되었다. 만약 정부에 의해 영란은행으로 입금된 은행권 전부가 민간 상인들에게 대부 형태로 즉각 재발행되었다면, **그때 유통되고 있는 은행권 총액**은 그 전과 동일하게 될 것이다. 정부는 영란은행의 유일한 대규모 차입자이며, 상인들은 다수의 비슷한 소규모 차입자이다. 따라서 영란은행이 개인들에게 더 많이, 정부에게 더 적게 대출하든 혹은 정부에게 더 많이, 개인들에게 더 적게 대부하든, 유통되는 은행권의 숫자에 대한 효과는 동일해야 한다. 재무성은 영란은행으로부터 은행권을 수취한 후에 신속하게 거의 지출해버리며, 상인들이 하는 것처럼 은행권을 그렇게 일반적인 유통수단으로 이용하게 만든다. 그리고 중요한 핵심은 은행권이 유통되는 방식이 아니라, 유통되는 은행권의 총량이다.

영란은행이 은행권을 유통시킬 때, 정부 대출보다는 상인들에 대한 대출이 상업을 사실상 더 촉진할 것이며, 일반 신용화폐만이 아니라 상업신용도 사실상 훨씬 더 크게 지지할 것이다. 그러나 본인의 생각으로는, 그 차이는 당시의 많은 상인들이 생각한 것처럼 그렇게 크지는 않았을 것이다. 영란은행으로부터 관습적인 선불금을 얻은 상인들, 아마 그들 중 일부는 영란은행이 그들에게 선심을 베푼 바로 그 금액 중 일부를 새로 발행된 재무성 증권에 투자할 것이다. 신용도가 더 높은 상인들은 당연히 영란은행을 편애할 것이며, 그리고 5.5퍼센트나 6퍼센트, 혹은 잠시 동안 많게는 7퍼센트나 8퍼센트 혹은 그 이상의 수익을 낳는 재무성 증권에 투자할 목적으로 5퍼센트의 이자율로 영란은행으로부터 차입하려는 매우 강력한 유혹을 확실히 느끼게 된다. 이것이 사실인 한, 영란은행은 확실히 정부에 직접 대출하는 것 대신에 정부에 대출하는 사람들에게만 대출할 것이며, 정부는 추가적인 이자를 지급하고 상인들은 그것을 수취할 것이다. 이런 일이 발생하지 않는 경우에는 정확히 그에 부합하는 일이 발생할 수 있다. 많은 상인들이 그전에 비해 영란은행으로부터 더 많이 차입하고 있는 것을 발견한 은행가들은 그들에게 대부할 필요성을 덜 느끼게 될 것이며, 그에 따라 재무성 증권에서 발생한 커다란 이윤을 재무성 증권 투자에 추가로 투입할 것이다. 이런 가정하에서 영란은행은 정부에 대출하는 은행가로부터 차입하기를 중단한 상인들에게 대출할 것이다. (이것은 동일한 목적을 위해서 은행가들에게 대출하는 것과 유사한 결과를 얻는다.) 그러나 세 번째 경우를 보자. 새로 발행된 재무성 증권에 재산을 투자한 시골 신사를 상정해보자. 쉽게 그런 투자에 동원된다고 가정할 수 있는 그 재산은 이자를 지급하는 어떤 개인에게 아마 맡겨져 있었을 것이다. 그 재산이 지방은행가에게 맡겨진 100파운드라고 상정해보자. 이 경우 지방은행가는 그의 런던 은행가 앞으로 어음을 발행할 것이고, 런던 은행가에게 개설된 그 지방은행가의 계정은 그때 100파운드만큼 작아질 것이며, 그리고 100파운드만큼 더 적은 예금을 가지게 된 런던 은행가는 런던 상인들에게 100파운드만큼 더 적게 대출할 수 있게 될 것이다. 달리 말하면, 이 경우에 영란은행은 정부 대출 대신에 런던 은행가로부터 차입하기를 중단한 런던 상인들에게 대출할 것이며, 이 런던 은행가는 정부에 대출하려는 시골 신사로부터 차입하기를 중단한 지방은행가에게 대출하거나, 혹은 아마 그로부터 차입하기를 중단할 것이다. 이것은 역시 영란은행 스스로 정부에 대출하는 것과 상당히 유사한 것처럼 보인다. 이런 상세한 경우는 부분적으로는 다음을 주장할 목적으로 제시되었다. 그렇게 많은 손을 거치는 이런 100파운드의 이전을 위해서 창조된 필수품은 이런 몇몇 지급을 실행하기 위하여 어느 정도의 **추가적** 유통수단의 부족을 발생시킬 것이다. 그러나 이제 방금 가정한 거래는 주로 런던에서 발행된 어음에 의해 실행될 것이지만, 그 어음은 최종적으로 영란은행권에 의해 지급되어야 한다. 네 번째 경우를 상정해보자. 바로 앞의 가정처럼 이자가 발생하는 자금을 꺼내는 것이 아니라, 재화, 토지 혹은 다른 물품을 매각하여 투자를 위한 돈을 마련한 어떤 사람이 새로 발행된 재무성 증권에 투자했다고 가정하자. 그때 우리는 그런 재화, 그 토지 혹은 다른 물품의 구매자가 그런 판매에 의해 창조된다고 반드시 가정해야 한다. 또한 그 구매자가 차입자가 되거나, 혹은 차입자가 되는 사람에 대해서 판매자가 되거나, 혹은 적어도 최종적으로는 반드시 차입자에 도달해야 한다. 우리는 어떤 사람이 재화를 100파운드에 **판매하고**, 이 100파운드를 거래에 **복귀시키는** 것이 아니라, 그 100파운드를 **빌려준다**고 가정한다. 그때 우리는 다른 어떤 사람이 100파운드를 차입하며, 그리고 그렇게 차입함으로써 다른 사람이 거래에서 이탈시켜버린 그 100파운드의 자본을 다시 그 거래에 추가한다고 반드시 가정해야 한다. 왜냐하면 영국에서 상품 거래는 동일한 만큼, 거래에 투자된 자본도 동일해야 하기 때문이다. 따라서 정부에 450만 파운드를 대부한 대출자 집단은, 소위 영국의 일반 화폐시장에서 그 누가 되든 간에, 반드시 동일한 액수에 상당하는 차입자 집단을 만들어낸다. 따라서 해소된 자금 압박에 정확히 일치하는 자금 압박, 즉 우선적으로 그전보다는 상이한 부문에서 (전적이라거나 주된 것은 결코 아니지만) 다소간 나타나는 자금 압박, 그러나 유사한 사람들에게 저절로 매우 신속하게 확장하는 자금 압박이 전반적으로 창조된다. 왜냐하면 화폐시장에서 일부 차입자와 대부자 집단 간에는 경쟁이 존재하며, 그리고 고리대 규제법에 의해 야기되는 약간의 불평등에도 불구하고 이 경쟁은 어떤 한 집단의 차입자에게 발생한 자금 경색이 매우 빠르게 모두에게 저절로 확산되도록 유도하기 때문이다. 영란은행은 두 달 동안에 어음을 담보로 450만 파운드를 대출함으로써 동일한 금액을 재무성 증권에 투자하는 경우에 비해 어떤 시점에 영란은행의 대출을 더 많이 감소시키고 그에 따라 영란은행권 역시 더 많이 감소시킬 수 있는 수단들을 정말로 가지고 있다. 왜냐하면 재무성 증권에 대한 투자가 더 장기이기 때문이다. 그리고 이런 이유로 인하여 영란은행이 정부에 대한 대출을 회수하는 것은 자연스러웠다. 그러나 만약 정부에 대한 대출을 회수하는 것이 오로지 은행권을 감소시키는 수단이라고 한다면, 이미 논의된 문제, 즉 심지어 영란은행 자체를 위해서도 은행권 감소가 원하는 것 이상으로 약간이라도 더 많이 진행되지는 않았는지에 관한 문제로 복귀한다. 정부에 대한 이런 대출이 존재하는 동안, 과다하다고 생각될 수 있는 은행권의 감축은 (상인들에 대한 할인을 감소시키고 또한 그에 따라 은행권을 감소시키는 기회가 언제나 존재하기 때문에 결코 반드시 저지되는 것은 아니지만) 아마 어느 정도까지는 저지될 수 있다. 전반적으로, 일반적인 전쟁을 제외하거나, 혹은 문제의 사건이 발생하기 조금 전에 황제에 대한 보조금 송금과 같은 특별한 상황이 무역수지에 영향을 미치고 그에 따라 외국으로의 금 유출에 기여한다고 생각되는 경우를 제외한다면, 450만 파운드에 대한 정부 수요가 존재하는 상황 때문에 정부가 영란은행의 금 태환 중지의 더욱 심원한 혹은 더욱 직접적 원인이라고 추론할 이유는 전혀 존재하지 않는다.

영란은행의 정부 대출이 평소보다 조금 많다는 것(왜냐하면 영란은행 대출이 보통 때보다 더 많았다는 것은 거의 진실일 수 있기 때문이다.)이 영란은행의 금태환 중지의 원인이 아니라는 것을 보여주는 것은 공적인 근거에서 대단히 중요하며, 이 주제에 관해서는 좀 더 길게 논의할 것이다. 이것은 그 원인으로 계속 비난받아 왔으며, 그렇게 생각하는 것도 부자연스러운 것은 아니었다. 그렇지만 이때 영란은행의 지폐 유통은 증가하지 않은 것으로 관찰되었다. 그 반대로 그것은 상당히 감축되었다. 지폐 유통량은 런던에서 지급의 규칙성을 확보하는 데 필요한 것 이상은 결코 아니었다. 이제 만약 기존의 은행권 수량을 유지할 필요성이 존재한다고 인정된다면, 그때 은행권은 대출할 목적으로 발행된다고 생각할 것이 아니라, 은행권 발행의 결과로 대출이 가능하게 된다고 생각되어야 한다. 영란은행권이 증가할 때 대출 역시 증가해야 하고, 은행권이 일정하게 유지될 때 그 대출도 그 비율로 유지되어야 하며, 그리고 은행권이 감소할 때 대출도 그

비율로만 오직 감소할 수 있다. 은행권의 크기로 인한 책임문제가 존재하지 않는 한, 그때 대출의 크기로 인한 책임문제도 전혀 존재하지 않는다. 그러나 내가 언급한 은행권은 아마 너무 많기보다는 오히려 너무 적었을 것이다. 만약 독자가 이 문제에 관해서 나와 의견이 같다면, 그때 그는 대출이 너무 많기보다는 오히려 너무 희소했다는 나의 견해에 동의해야 한다. 환언하면, 금태환에 어려움이 많던 당시에, 영란은행은 너무 많이 대부했다기보다는 오히려 너무 적게 대부했다. 만약 영란은행이 더 많은 은행권을 발행함으로써 금태환 부족의 위험을 약간만 감소시켰다면, 더 많은 대출 공여가 역시 그 위험을 축소시켰을 것이다. 따라서 이 주제에 관련하여 일반 여론에 정반대되는 견해가 진실인 것처럼 보인다.

그러나 여기서 언급해야 할 다른 중요한 핵심이 있다. 영란은행이 전체적으로 행한 대출, 즉 정부와 개인들에 대한 전체 대출은 금태환 중지 시점에는 은행권이 유지되던 그 비율로 유지되었고, 또한 그 대출이 그 비율을 넘어서서 증가했다. 그 비율을 넘어서는 이런 증가는 역시 필요성의 문제였다.

영란은행 대출은 은행권과 단순히 보조를 맞추지는 않는다. 대출은 다른 원인들 때문에 필연적으로 증가하거나 감소한다. 우리가 일반적으로 가정하는 것처럼 예금된 물품이 동일하게 유지된다고 가정한다면, 금이 영란은행으로 유입됨에 따라 대출은 감소하고, 금이 유출됨에 따라 대출은 증가한다. 환언하면, 한 이론가가 규정하고 일반 대중이 자연스럽게 가정하는 것과는 정반대되는 비율로, 대출은 필연적으로 증가하고 감소한다.

이런 주제에 단지 약간만 익숙한 사람들에게 이런 진실은 영란은행의 처분 가능한 전체 자산과 그 자산이 사용되는 방식에 관한 명세서에 의해 어쩌면 훨씬 더 명백하게 드러날 것이다. 그 명세서는 대단히 중요하다. 왜냐하면 그 명세서는 문제의 바로 그 시기 영란은행의 특별한 대규모 대출이 금화 증가가 둔화되던 시기에 모험적인 대규모 대부자가 되려는 영란은행의 취향의 결과가 아니라, 영란은행이 처한 필요성에서 발생했다는 것을 모순의 가능성 없이 입증할 것이기 때문이다. 내가 의도하는 바는, 유통 중인 아주 적은 양의 은행권이라도 유지되려면, 영란은행이 실제 대출한 그 크기만큼 대출할 수밖에 없었다는 것이다.

그들 수중에 있는 다른 사람들의 자산만이 아니라 그들 자신의 자산까지 포함하는 1797년 2월 25일 영란은행의 자산은 의회에 제출한 답변서에 따르면 개략적인 수치로 다음과 같이 언급될 수 있다.

(영란은행은 대략 11,626,000파운드의 자기자본을 가지고 있는 것으로 전제될 수 있으며, 그리고 그 자본은 연간 3퍼센트의 이자율로 정부에 대출되었으므로 현재 고려 사항에서는 배제될 것이다.)

1. 처분 가능한 추가적 자본을 형성하는 유보이윤의 합계: 약 3,800,000파운드
2. 다양한 계급의 고객들이 영란은행에 맡긴 예금의 합계:

약 5,100,000파운드

이 예금들은, 추정 가능한 것처럼, 은행가의 수중에 있는 개인들의 현금과, 동일한 관점에서 바라볼 수 있는 수많은 주식 소유자에게 귀속되는 배당금을 포함한다.
3. 발행된 은행권에 대한 보상으로 영란은행의 수중에 있는 처분 가능한 자산, 혹은 예금으로 간주될 수 있는 것[13]:   약 8,600,000파운드
따라서 그 시점에 영란은행이 처분 가능한 전체 자산: 약 17,500,000파운드

만약 처분 가능한 자산의 이런 세 가지 명칭에 관련된 다음의 주장이 여기서 제시된다면, 그 명세서는 추가되어야 하는 것을 많이 예시할 것이다.

첫째로, 처음의 합계 3,800,000파운드는 변동하지 않는다는 것에 주목해야 한다. 그것은 오직 점진적으로 그리고 작은 크기로 증가할 뿐이다.

둘째로, 다음의 합계 5,100,000파운드는 아마 약간만 변동할 것이며, 그리고 그것은 그렇게 변동하는 한 영란은행의 취향에 따라 변동하는 것이 아니라 영란은행 고객들의 의지에 따라 변동한다.

셋째로, 처분 가능한 자산의 세 가지 구성 항목 중 셋째는 영란은행이 자신의 선택에 따라 증가시키거나 감소시킬 수 있는 권한을 가진 유일한

∙∙

13) 독자는 아마 영란은행권 액수가 예금으로 분류된 것이 무슨 원리인지를 이해하지 못할 수도 있다. 은행권 액수는 영란은행이 의회에 제출한 명세서 이쪽 계정에 그리고 매우 적절히 혹은 오히려 매우 부득이하게 놓여 있었다. 그러나 예금 자체를 구성하는 것은 은행권이 아니다. 은행권은 예금에 대한 보상으로 제공되며, 그에 따라 그 액수는 그런 예금의 크기를 나타낸다. 어떤 사람이 100파운드의 현금을 예치하고, 은행권을 인출하지 않으면서 자기 이름으로 개설된 은행 계좌에서 수표를 발행할 수 있는 권한을 획득하든, 혹은 그가 동일한 100파운드를 현금으로 예치하고 그것 대신에 은행권을 수취하든, 그것은 본질적으로 동일하다. 첫째 경우에 획득된 수표 발행 권리의 소유는 다른 경우에 얻는 은행권의 소유와 정확히 동등하다. 수취된 현금을 고려하면서 은행권이 발행되는 것이 아니라, 할인된 어음을 고려하면서 보통 발행된다는 것은 진실이다. 그렇지만 예금은 할인된 어음에 의해 일반적으로 만들어진다고 주장할 수도 있다. 영란은행에서 할인 업무를 집행하는 방식은 다음과 같다. 할인하고자 하는 사람은 영란은행에 은행 계좌를 개설하며, 그리고 통상적으로 그 계좌에 소액의 잔고를 유지한다. 할인될 어음들을 그가 발송했을 때, 만약 영란은행이 그것들을 할인하기로 승낙한다면, 그 어음들은 그의 은행 계좌의 대변에 위치하며, 그리고 그가 그 어음들에 대해서, 혹은 그 어음의 일부에 대해서 수표를 발행했을 때, 그 수표의 지참인은 그 수표에 기입된 금액을 은행권으로 수취한다. 따라서 할인받은 사람들이 영란은행 계좌에 보유하는 수많은 잔고(일반적으로 소액인 잔고)는 영란은행 계좌에서 예금이라는 명칭 하에 확실히 포함되어 있으며, 그리고 위의 명세서에서 둘째 항목의 일부를 구성한다. 영란은행에 계좌를 개설하지 않으면서 은행권을 인출해버린 사람들이 영란은행에 예금한 것으로 간주된 금액은 영란은행 명세서에서는 예금으로 명명되지 않았다. 그러나 그 주제를 독자에게 더 명료하게 하기 위하여 나는 그것에 이름을 부여하는 것이 필요하다고 생각했다.

항목이다. 문제의 시점에 영란은행은 약 8,600,000파운드에 이를 정도로 이 항목을 감소시킬 수 있는 권한을 행사했다. 반복해서 언급한 것처럼, 그렇게까지 감소시키는 것은 아마 너무 지나쳤던 것 같다. 그렇지만 그 감축이 충분하거나, 혹은 거의 충분했다고 가정해보자. 그때 영란은행은 17,500,000파운드의 처분 가능한 자산을 가졌으며, 그리고 이 자산이 그 은행이 가지고자 한 금액에 거의 근접했다는 것은 책임 문제로서 영란은행의 탓으로 돌릴 수는 없다.

그때 이런 자산을 가지고 있으면서 다른 어떤 방식으로 이 자산을 처분해야 하는 경우, 영란은행이 그것들을 사실상 어떻게 사용했는지를 이제 살펴보자.

이 명세서를 만드는 과정에서 그것이 만들어진 목적에 비추어서 1797년 2월 25일에 지금에 투자된 그 자산의 어떤 특별한 합계(실제 금액보다 더 적냐 많냐는 중요하지 않다.)에 대해서 이름을 붙여야 할 것이다. 의회에 제출된 계좌에는 지금과 할인된 어음 등의 가치가 함께 적혀 있으며, 그 가치가 약 7,000,000파운드로 적혀 있다. 지금이 100만, 200만 혹은 300만 파운드이며, 할인된 어음 등이 그에 따라 400만, 500만 혹은 600만 파운드라고 가정해보자. 그때 17,500,000파운드를 처분하는 방식은 다음과 같을 것이다.

1. 정부 증권, 즉 재무성 증권, 거둬들일 맥주세와 토지를 담보로 한 정부 대출, 만기에 근접한 재무성 환어음 등에 대한 영란은행의 투자:

    약 10,500,000파운드

2. 앞에서 제시된 추계에 부합하도록 당분간 가정되는 것처럼, 상인들의 계좌에 "화폐 대출"로 기재되는 "상인들의 할인된 어음", 그리고 몇몇 다른

(아마 소액인) "항목"에 대한 영란은행의 투자:

약 4,000,000파운드

3. 당분간 가정되는 것처럼, 지금에 투자된 영란은행의 재산:

약 3,000,000파운드

투자가 항상 그래야 하는 것처럼 합산을 한다면, 앞에서 언급된 처분 가능한 자산의 합계와 정확히 일치한다.: 약 17,500,000파운드

이와 같이 동일한 액수의 투자는 다음의 방식으로 우리의 현재 목적을 위해서 더욱 간단히 그리고 편리하게 주어질 수 있다. 즉 정부와 개인에게 대출된

총합계 혹은 총대출:	14,500,000파운드
지금의 총액:	3,000,000파운드
전체 합계:	17,500,000파운드

지금의 가치가 300만 파운드 대신에 단지 200만 파운드라고 가정한다면, 그때 대출 총액이 100만 파운드 증가하며, 그리고 만약 지금의 가치가 300만 대신에 단지 100만 파운드라고 가정된다면, 그때 대출 총액은 200만 파운드 증가한다는 것은 이제 독자에게 분명해질 것이다.

달리 말하면, 투자 계정은 방금 한 것처럼 기술될 수 있거나, 혹은 다음과 같이 기술될 수 있다.

총대출액:	15,500,000파운드
지금(地金):	2,000,000파운드
전체 합계:	17,500,000파운드

혹은

총대출액:	16,500,000파운드
지금(地金):	1,000,000파운드
전체 합계:	17,500,000파운드

따라서 처분 가능한 자산이 동일하게 유지되는 경우, 금이 감소함에 따라 대출은 반드시 그에 비례하여 증가하는 것 같다.

따라서 방금 설명된 원리에 따르면, 반드시 우리가 그렇게 가정해야 하는 것처럼, 만약 영란은행의 금태환 중지 12개월 전에 지금이 금태환 중지 때보다 훨씬 많다고 가정한다면, 대출은 그 12개월 동안에 틀림없이 증가했을 것이다. (예시할 목적으로) 금이 지급중지 1년 전에 800만 파운드이고, 1797년 2월 26일에 200만 파운드로 감소했다고 가정해보자. 그 경우에 만약 영란은행의 처분 가능한 자산이 두 시점에 모두 동일하다고 가정한다면, 그 1년 동안 틀림없이 600만 파운드에 해당하는 영란은행의 대출 증가가 있어야 한다. 그러나 두 시점에 영란은행의 자산은 전혀 동일하지 않을 것이다. 그 자산은 아마 전기에 약 200만 파운드 더 많았을 것이다. 왜냐하면 은행권이 거의 그 액수만큼 더 많았기 때문이다. 그 다음에 은행권은 1년 동안 200만 파운드 감소했지만, 지금은 600만 파운드 감소했다. 따라서 대출은 은행권 감소를 통해서 200만 파운드 감소했지만, 지금의 감소로 인하여 600만 파운드 증가했을 것이다. 환언하면 대출은 1년 동안에 **반드시** 400만 파운드 증가했을 것이다. 그에 따라 나는 특히 이런 상황을 강조했다. 왜냐하면 영란은행의 대출 규모가 영란은행의 현금 부족의 원인이라고 생각하는 전반적인 의구심은 그 상황에 의존하는 것처럼 보이기 때문이다. 그런 대출이 많다는 것은 통상적으로 가정되는 것처럼 그 대출로부터 흘러나오는 금화의 **원인**이 아니라, 그런 금화의 **결과**이다. 이런 사례에서 일반인들이 결과를 원인으로, 원인을 결과로 생각하는 것보다 더 자연스러운 것은 있을 수 없다. 개인들의 경우, 어떤 사람이 너무 많이 대출했기 때문에 그가 자신의 지급에서 자금 부족이 발생했다는 것이 종종 매우 정당하게 이야기된다. 그리고 이것은 그 경우가 아니라고 대답하는 것은 매우 이상한 것처럼 보일 것이다. 왜냐하면 그의 현금이 자신에게 도움이 되지 못한 만큼 문제의 그 사람은 많이 대출할 필요가 있다고 느꼈으며, 현금 부족은 그 원인이고 대출은 단순히 그 결과이기 때문이다. 그러나 개인에 대해서 확언할 수 없던 바로 그것은 영란은행의 경우에는 진실이며, 그 기관과 관련된 우리의 추론에서 이런 특수성에 대한 이유를 제공하는 상황들은 다음의 두 가지이다. 첫째로, 금화를 공급받는 데에서 영란은행이 경험하는 어려움, 즉 영란은행에서 금화를 인출하는 개개인들에게는 전적으로 알려지지 않는 어려움, 그리고 둘째로, 영란은행은 언제나 은행권을 유지해야 한다는 특수한 의무감.

영란은행은 현금을 지급할 능력을 갖고 있는 한 금태환을 계속하는 데 방해받지 않으므로, 일부 사람들은 정부와 의회의 간섭이 부적절하다고 생각한다. 모든 은행권은 영란은행과 그 소지자 간에 체결된 금태환 계약이며, 그 결과 그 은행권은 상당한 가치가 있는 것으로 간주된다. 그리고 최종적으로 필요한 경우를 제외하면, 어떤 의회도 그런 계약의 충족을 방해하는 데 스스로 개입하지 말아야 한다. 이것에 관련하여 다음과 같이 답변하는 것은 정당한 것처럼 보인다. 그 문제는 어떤 은행권 소지자가 그 은행권에 대해서 금을 수취할 청구권을 가지고 있는가에 관한 문제가 아니라, **어떤 지역에서든 금태환을 요구할 권리를 갖는 다른 모든 사람뿐 아**

니라 모든 은행권 소지자들에 관련된 문제이다. 그런데 채무자가 아닌 채권자는 거의 없거나 전혀 존재하지 않으며, 그리고 엄청나게 많은 채무자는 다른 사람들에게 상당히 많은 빚을 지고 있으며, 마찬가지로 다른 사람들도 그들에게 빚을 지고 있다. 은행가와 상인들은 다른 사람들보다도 더 큰 규모의 채무자들이지만, 그들은 또한 더 큰 규모의 채권자들이기도 하다. 영란은행은 그 자체가 대규모 채권자이고, 그 은행의 채권은 사실상 그 은행의 채무보다 훨씬 더 큰 규모일 것이며, 그 은행은 그 채무의 일부를 거의 즉각 받아들일 태세가 되어 있다. 그때 그 경우는 바로 이것이다. 현금을 요구할 수 있는 권리를 가진 매우 적은 숫자의 사람들은 갑작스러운 경제 불안 때문에 상당한 정도까지 금화(그들은 일상적인 지급 목적을 위해서는 충분한 수량이 공급되는 그 금화에 자신의 자본을 대부분 투자한다.)에 대한 청구권을 행사하도록 유혹받는다. 만약 금태환을 재촉할 권리를 가진 모든 사람이 동일하게 그렇게 한다면, 세상에 있는 모든 현금은 이런 종류의 청구권을 충족시키지 못할 것이다. 이런 지급을 강력히 요구한 바로 그 사람들은 아마 똑같이 정당하게 자신들에게 여전히 더 큰 규모의 채무를 즉각 현금 변제하도록 강요할 수 있는 채권자들을 자신이 보유하고 있다는 것을 미처 생각하지 못할 것이다. 따라서 영란은행의 금태환 중지 권한을 규정하는 법률은 국가가 스스로 처한 새롭고 특이한 환경에서 국가의 일반적인 희망이 무엇이어야 하는지를 단지 규정하는 것처럼 보일 뿐이다. 만약 모든 어음과 채무가 금을 지급하는 계약이라고 한다면, 계약의 두 당사자는 공통적이면서 거의 보편적인 이익을 위해서 문구를 관대하게 해석하기로 동의한 것으로 이해될 수 있고, 또한 "화폐는 화폐의 가치를 의미하고" 일정량의 금속을 의미하지 않는다는 것을 승인한 것으로 이해될 수 있다. 그리고 의회는 대중의 이런 공통적 희망을 달성하기 위하여 개입하는 것으로 간주할 수 있다.

더욱이 일정량의 금화가 여진히 영란은행 금고에 남아 있는 상태에서 영란은행의 현금태환 중지를 승인함으로써, 의회는 이런 비상사태가 자연히 야기할 것으로 기대되는 충격을 상당히 완화했다. 또한 의회는 은행권의 신용을 확보하는 수단뿐 아니라, 그 시기 이후에 더욱 적어진 지급에 실제로 필요한 금화를 공급하는 수단을 제공했으며, 그에 따라 그 수단들을 더 가치 있는 교환의 매개물로 만들었으며 그렇지 않았을 경우에 비해서 더 공정한 금화의 대체재로 만들었다. 그 다음으로, 공적 안전을 더욱 효과적으로 확보하고 또한 실질적 정의를 촉진하기 위하여 그 주제에 관한 의회의 실무적 견해는 의회로 하여금 일부 대중적 편견만이 아니라 이론마저도 무시하도록 유도했다.

주화라는 통상적인 물품으로 대가를 수취하지 못하고 또한 1파운드 및 2파운드의 은행권으로 금과 유사한 방식으로 모든 물건을 구매한다는 것을 처음부터 알지 못한 평범한 시민들이 약간 거친 소동을 야기할 정도로 흥분될 수 있다는 것은 런던에서 감지되는 주요 위험이었다. 또한 소액의 은행권에 대한 평범한 사람들의 불신 때문에 이런 새로운 지폐가 첫 발행 때부터 할인으로 인해 가치가 떨어질 수 있다는 것이 두려워하는 바였다. 따라서 잠시 동안 노동자들에게는 현금으로 계속 지급하면서, 우선 새로운 1파운드와 2파운드의 지폐를 고액권의 매개에 의해 유통시키는 것이 중요했다. 금태환 중지가 발효된 후, 평범한 노동자들의 편의를 위해서 영란은행에 남아 있는 금액 중 적은 부분은 각각의 은행가에게 제공되었다. 훨씬 많은 금액이 그 다음의 중요한 용도를 위한 준비로서 영란은행에 비축되는 것은 분명히 바람직했다.

이 사태 이후에 즉각적으로 영란은행은 은행권 수량을 평상시의 유통량에 거의 근접하는 금액까지 팽창시켰으며, 그에 따라 신용이 회복되었을 뿐 아니라, 오래지 않아서 금화가 현저히 풍부하게 되었다. 통상적으로 상정되는 것처럼 영란은행의 금고는 금화로 가득했다. 그리고 금이 영국으로 유입되었고, 환율의 움직임이 영국에 상당히 유리하게 되었다는 확실한 증거가 존재한다.

제5장

무역수지. 환율의 움직임. 금을 유출시키는 불리한 환율 추세. 금 유입의 가능성. 수출된 금이 유럽 대륙에서 사용되는 방식. 영란은행의 금태환 중지 법률을 갱신한 이유

영란은행의 금태환 중지를 승인하는 법률이 다시 제정되었으며, 높은 물품가격은 신용화폐를 재검토하게 만들었고, 환율의 움직임은 또다시 영국에 크게 불리하게 돌아섰으며, 그리고 금이 실질적으로 사라졌고 그 지위는 소액의 은행권에 의해 점령되었으므로, 우리의 신용화폐제도를 변경할 필요성에 대한 생각이 널리 퍼졌다는 것은 놀라운 일이 아니다. 여기서는 지난 2년의 전쟁 기간에 우리 금화를 또다시 유출하는 데 영향을 미친 영국과 유럽 사이의 불리한 환율을 약간 더 검토할 것이다.

한 국가의 상업적 수출과 수입(즉 한 나라가 다른 나라로부터 동등한 것을 수취하는 수출상품과 수입상품)은 상호 간에 어느 정도까지는 자연스럽게 조화를 이루며, 그에 따라 무역수지(즉 이런 상업적 수출과 수입 간의 차이를 의미한다.)도 한 국가에 매우 오랫동안 큰 규모의 호조 혹은 역조를 유지할 수 없다는 것은 일반적인 진실로 규정될 수 있다. 왜냐하면 그런 무역수지는 지금으로 지급되어야 하거나, 혹은 그렇지 않을 경우 부채를 구성해야

하기 때문이다. 매년 엄청난 금액을 지금으로 지급한다고 가정하는 것은 상상하기 쉽지 않을 정도로 한 나라에는 엄청난 지금의 감소를, 다른 나라에는 엄청난 지금의 축적을 상정한다. 즉 한 국가의 상업적 번영이 전반적으로 신용화폐의 확장을 통해서 사용 중인 금 수량을 증가시키기보다는 오히려 감소시키려는 경향을 보이지는 않는가에 관한 의문이 제기될 수도 있다. 대규모의 연속적인 무역역조가 부채를 형성한다고 가정하는 것도 마찬가지로 도저히 믿을 수 없는 부채의 축적을 가정한다. 번영하는 국가는 보통 증가하는 부(富)를 그 부의 원천인 해외 부채를 증가시키는 데 사용하는 것이 아니라, 오히려 국내에서 그 나라의 자본을 증가시키는 데 사용한다. 즉 내가 말하고자 하는 바는, 소득 증가의 확실한 원천이 되는 그 나라 토지 개간에, 건물의 증가에, 기계의 확충에, 조선소와 운하의 증가에, 그리고 다른 다양한 개선에 사용한다는 것이다. 무역수지가 역조일 때조차도 그 나라는 이런 관점에서 성장할 수 있다. 아무리 자산이 많은 영국의 수출업자라고 해도 확대하기를 별로 좋아하지 않는 통상적인 신용 기간이 존재한다. 그리고 자신에게 적용되는 법률을 적용시킬 수 없는 사람들의 수중에, 또한 어떤 순간에 영국과의 전쟁에 갑자기 휘말릴 수 있는 나라의 그런 사람들의 수중에, 자신의 너무 많은 재산이 맡겨지는 위험을 상기시키는 사건들은 적지 않게 발생한다.

상업적 수출과 수입의 동등화는 부자 나라에서는 무한대의 대출을 꺼림으로써 그리고 가난한 나라에서는 차입을 싫어함으로써 촉진된다. 모든 나라의 대다수 사람들은 자신의 지출을 소득에 맞추려는 경향이 있다. 물품을 수입하는 나라의 소비를 고려하면서 추진되는 수입(그리고 아마 그런 것이 가난한 나라의 주요 수입일 것이다.)은 소득에서 지출 가능한 그 나라 개인들의 능력에 의해 제한받는다. 차후 수출을 목적으로 이루어진 수입은 수입된 재화들이 그 후에 수출되는 몇몇 나라의 개인들의 지급 능력에 의해 유사한 방식으로 제한받는다. 모든 경우 개인들의 소득은 일반적인 제약이다. 따라서 만약 어떤 불행한 상황, 전쟁, 기근 혹은 다른 어떤 광범위한 재난 때문에 한 국가의 주민들의 연간소득이 감소한다면, 한편에서는 새로운 절약, 또 다른 한편에서는 새로운 개인적 근면은 일정 기간이 경과하면 어느 정도까지는 무역균형을 회복시키는 데 실패하지 않는다. 그리고 사적인 지출과 사적인 소득 간의 이런 균형은 궁극적으로 상업적 수출과 수입 간의 균형을 발생시키려는 경향을 보인다.

그러나 상업적 수출과 수입의 가치는 상호 간에 스스로 균형을 이루려는 일반적 경향이 있지만, 그 가치 간에는 매우 커다란 불균형이 종종 발생하기도 할 것이다. 풍작 혹은 흉작은 특히 이런 잠정적 차이를 발생시키는 데 상당한 영향력을 가질 것이다. 영국의 곡물 부족을 보충하기 위하여 올해와 작년에 영국으로 수입된 곡물과 다른 물품의 특별한 수량은 가치로는 수백만 파운드에 이르렀을 것이며, 그 결과 값비싼 대가를 치른 전쟁 기간에, 특히 우리 상업에 대한 특별한 방해 요인을 역시 고려할 때, 정말 놀랍게도 우리는 해외 부채를 청산할 수단을 우리의 실행 가능한 범위 내에서 제공할 수 있었다. 다른 모든 나라와 마찬가지로 우리나라에서도 절약과 근면의 두 원리는 그것에 대한 필요에 보조를 맞추면서 항상 작동하고 있다. 그러나 절약과 근면은 그 두 가지가 해결해야 할 해악을 동반하기보다는 오히려 그 해악을 추적하고 있다. 만약 작황이 안 좋고 그 부족분을 보충하기 위하여 수입이 필요하다면, 그런 수입에 대한 지불은 거의 즉각 요구되며, 반면에 지급수단은 사적인 지출의 제한 혹은 개인적 근면의 증가를 통해서 더욱 점진적으로 공급되어야 한다. 따라서 잠정적인 자금 압박은 매우 큰 규모의 무역역조가 나타날 때 발생한다. 이런 자금 압박에 대비하는 방법과 그것에 맞서는 방법을 이해하는 것은 상업 국가의 위대한 지혜이다.

언급된 상업적 수출과 수입은 교환으로 아무것도 얻어지지 않는 송금을 구성하는 품목들이 아니라, 동등한 가치를 제공하는 물품들을 의미한다. 우리의 수출상품들 중 많은 것과 수입상품들 중 일부에는 대가가 전혀 제공되지 않는 것들이 있다.

이를테면, 전쟁 기간에 외국 지역에 주둔해 있는 우리 해군과 육군의 지원을 위하여 수많은 비축 물품이 운송된다. 송금은 대출과 보조금 방식으로 우리 동맹국에 보내진다. 약간의 배당금은 영국 주식의 외국인 소유자들에게 전달된다. 또한 상당한 재산은 영국에서 유출되어 서인도제도의 토지 개간에 사용되는 자본을 구성한다. 다른 한편 자본은 동인도회사와 개인들 양자에 의해 동인도에서 영국**으로** 유입된다.

이런 종류의 수출과 수입은 언급된 상업적 수출과 수입의 어떤 부분도 구성하지 않지만, 그런 상업적 수출과 수입의 수량에 영향을 미치며, 흉작과 정확히 유사하게 무역수지를 불리하게 만드는 데 기여한다.[1] 환언하

∴

1) 이것은 다음 방식으로 예시될 수 있다. 런던을 지급지로 하고 빈에서 인출되도록 지시된 환어음을 통해서 독일제국으로 예컨대 200만 파운드의 보조금이 송금되었다고 가정하자. 이런 어음에 의해 영국은 외국의 상품들이 그 보상으로 전혀 제공되지 않는 재화 혹은 지금 혹은 그 양자로 구성된 200만 파운드를 수출해야 한다. 이런 200만 파운드의 수출은 수출 가능한 재화로 구성된 우리의 기금을 축소하며, 그리고 또한 영국의 물품에 대한 외국인 수요의 일부를 충족시킨다. 이런 두 가지 관점에서 그 수출은 통상적인 상업 방식에 의해 우리의 수출 가능한 재화 수량을 감소시키는 경향을 보이며, 그리고 무역수지를 우리에게 불리하게 만드는 경향이 있다. 우리 식민지에 이전된 자본, 외국인들에게 전달된 배당금, 그리고 우리 함대와 육군의 사용을 위해 운송된 물품 등은 외국에 대한 보조금과 유사한 방식으로 무역수지를 불리하게 만든다. 영국의 다른 모든 지출뿐 아니라, 영국 내에 있는 유사한 함대와 육군을 지원하기 위한 국내 소비 물품들도 동일하게 일반적인 경향이 있다고 부언할 수 있다.

다음은 언급할 가치가 있다. 추가적인 내부 지출은 외국 지역에 대한 보조금 송금과 유사한

면, 그것들은 영국이 외국에 채무를 지도록 유도하는 경향을 보이며, 그리고 동일한 방식으로 우리의 지금을 수출하도록 촉진하는 추세를 띤다. 그럼에도 우리의 상업적 수출과 수입은 그것들을 불균형하게 만든 수단에 의해서 어떻든 장기적으로 반드시 거의 균등하게 된다. 왜냐하면 외국인들이 영국 상인들에게 허용할 수 있는 부채 그리고 수출 가능한 영국 지금의 수량 둘 모두에 한계가 존재한다는 것은 명백하기 때문이다.

이 장에서 금은 무역수지를 변제하는 물품으로 언급되었으며, 상품 자체를 구성하는 것으로는 언급되지 않았다. 그렇지만 금은 본래적 가치를 갖는 상품이므로, 수출 및 수입될 때 다른 모든 상품과 동일한 관점에서 고려될 수 있다. 즉 그것의 가격은 다른 상품들의 가격과 같이 수요와 공급 간의 비율에 따라 등락하며, 그리고 사실상 다른 것과 마찬가지로 그것은 수출 혹은 수입이 이윤을 발생시킬 것 같은가에 따라 우리 상인들에 의해 수출된다. 금 수출이 상인에게 수익성 있는 사업으로 되는 상황들에 대한 약간의 묘사는 이 주제를 예시하는 데 공헌할 수 있다.

다른 나라를 지급지로 하여 어떤 나라에 의해 (가령 런던을 지급지로 하고 함부르크에서) 어음이 발행되었을 때, 그 어음은 발행된 지역의 사람에게 판매되며(혹은 할인되며), 구매자 혹은 할인한 사람은 그 어음에 대해서 그 물품이 무엇이든 현물 지급을 구성하는 물품을 제공할 것이다. 이 물품은 금화나 은화, 혹은 은행권, 혹은 공적 은행의 장부에 있는 신용(은행권

⁘

방식으로 무역수지 역조에 기여하고 또한 우리의 금 수출에 기여하므로, 만약 소액의 보조금 송금이 국내에서 커다란 저축을 발생시키는 경향을 보인다면, 만약 예컨대 그것이 대륙 견제 전략을 통해서 우리 영토의 방위를 위한 엄청난 해군과 육군을 유지하는 지출을 절감한다면, 그 보조금은 우리의 무역수지를 더욱 유리하게 할 수 있으며, 그리고 전반적으로 우리 금화의 수출을 촉진한다기보다는 오히려 그 수출을 방지할 수 있다. 이것은 외국 동맹국에 원조를 제공하는 정책을 고려할 때 언제나 고려되지 않는 상황이다.

과 상당히 유사한 것) 등으로 구성될 수 있다.

　이제 함부르크에서 런던으로 곡물을 수출하는 수출업자가 런던을 지급지로 하는 100파운드의 어음을 발행하고 런던으로의 곡물 수출이 진행되고 있을 때, 그가 그 어음을 판매하기 위해 함부르크 거래소에 그것을 제시했다고 가정하자. 그 경우 어음을 살 기회가 있는 함부르크 사람들은 그 어음을 팔기를 원하는 사람들보다 훨씬 적으며, 그리고 다른 어떤 물품의 가격과 같이 어음의 가격도 공급과 수요 간의 비율에 따라 변동한다. 그때 함부르크 주화를 받고 런던의 어음을 팔려는 함부르크 사람들의 숫자와, 런던의 어음을 받고 함부르크 주화를 팔고자 하는 사람들의 숫자가 비례하지 않아 런던 어음의 가격은 하락하고, 함부르크 주화의 가격은 상승한다. 따라서 금은 함부르크에서 상승한다고 이야기되며, 런던과 함부르크 간의 환율은 런던에 불리하게 된다. 환율의 이런 변동은 처음에는 작을 것이다. 운송될 지금이 존재하는 한, 그 변동은 지금을 한 장소에서 다른 장소로 이동시키는 데 소요되는 사소한 비용에 한정될 것이다. 그러나 이제 런던으로 수입되는 재화의 지급을 위해 런던을 지급지로 하여 발행된 함부르크 어음의 숫자가 그렇게 많아졌으며, 그 결과 영국에서 구입 가능한 모든 지금의 수출이 그 지급에 충분하지 않다고 가정해보자. 이 경우 금화는 수출 목적으로 우선 용해되어서 수출될 것이다. 사실 주화는 영국에서 수출이 허용되지 않으며, 또한 주화로부터 용해된 금도 수출이 허용되지 않는다. 수출되는 금은 용해된 금화를 포함하지 않는다는 서약이 모든 금 수출업자에게 요구된다. 그러나 이런 서약을 부과한 법률을 회피하는 수많은 방법이 존재한다. 어떤 서약도 전혀 하지 않은 채 금화를 은밀히 수출함으로써, 혹은 거짓 서약을 함으로써, 혹은 서약한 사람이 실제로 발생한 용해를 어느 정도까지는 무시하도록 획책함으로써, 그 법률은 부정직하게 회피된다. 이런 부정직이 없다고 할지라도 주화에서 용해된 금으로부터 금도금 및 금 장신구 용도의 금이 공급되고 있으므로, 주화를 용해하여 이런 장신구를 만들 목적으로 변형되었거나 혹은 변형하려는 금의 수출을 통해서 그 법률의 적용은 회피된다. 영국 법의 위엄은 무역수지 역조에 의해 자극되는 금 수출을 효과적으로 막지는 못하지만, 그런 수출을 위축시키고 제한하는 데 확실히 공헌하며, 그리고 금 수출에 따른 이익이 매우 크게 되었을 때 그 영국 법도 어쩌면 그 수출을 거의 줄이지 못할 것이다. 그 법률은 사실상 국내에서 금과 지폐의 더 큰 호환성을 발생시키려 한다. 그렇지만 외국과의 불리한 환율에서 발생하는 해악이 무엇이든, 그 법률은 그 해악을 악화시킨다.

이제 런던에서 이런 높은 금 가격이 영란은행과 관련하여 어떻게 작용하는지를 검토해보자. 스스로 금화를 용해하거나 혹은 수출하려고 의도하지 않는 사람들은 익명의 사람들 소수가 저지르고 있는 대규모 불법 수출의 결과로 인하여 모두가 경험하기 시작한 금화 부족분을 단지 보충하기를 희망할 것이며, 그리고 그들의 높은 금화 수요는 아마 영란은행을 향해 일반적으로 형성될 것이다. 영란은행은 현재의 목적을 위해 금화를 지급한다고 가정하자. 그때 영란은행이 자연스럽게 추구할 경로는 무엇인가? 그들의 금고에 있는 금화가 매일매일 적어지고 있음을 발견함에 따라, 영란은행은 대단히 효과적이지만 크게 낭비적이지 않은 수단으로 금화를 대체하기를 자연스럽게 희망할 것이다. 영란은행은 손해 보는 가격에서도 어느 정도까지는 금을 매입하고 새로운 금화를 주조할 것이지만, 주조된 것을 많은 사람들이 사적으로 녹이고 있는 바로 그 순간에 이런 일을 해야만 한다. 한쪽 편은 녹이고 판매하고, 다른 쪽은 구입하고 주조할 것이다. 그리고 각각 경쟁적인 이 두 사업은 녹인 금화가 함부르크로 수출되지 않으므로 현재도 실행되고 있을 것이지만, 그 사업(혹은 적어도 그 사업의 상당 부분)은 런던에 한정될 것이다. 즉 금화 주조자와 금화 용해자는 동일한 장소에 살면서 서로에게 일정한 일거리를 제공해주고 있다.

만약 영란은행이 현재 우리가 가정하는 것처럼 금화 용해자와 이런 종류의 경쟁을 수행한다고 가정한다면, 영란은행은 분명히 매우 불평등한 전쟁을 수행하고 있으며, 그리고 일찍부터 지쳐버리지는 않는다고 할지라도 그 적보다는 훨씬 더 빨리 피로해질 것 같다.

영란은행이 그렇게 당면하는 딜레마는 분명히 영란은행의 부에서, 신용에서, 자금력에서 어떤 부족을 전혀 의미하지 않는 딜레마이다. 이 기간 전반에 걸쳐서 대중은 영란은행을 최고 수준으로 신뢰할 수 있다. 영란은행권의 수량은 아마 약간 적을지 모르나, 평소와 동일한 크기일 것이고, 그 은행의 자본과 저축은 엄청나게 많을 것이며 또한 완전하게 잘 알려져 있을 것이고, 그것의 주식은 액면가보다 훨씬 높은 수준에서 팔리고 있을 것이며, 그리고 그것의 연간 이윤은 압도적으로 상당했을 것이다. 그럼에도 방금 명명된 그 원인의 작용을 통해서 영란은행의 금은 점점 더 규모가 작아지고 있을 것이다. 그리고 만약 국내의 경제 불안으로 동시에 금이 인출된다고 한다면, 영란은행의 기금은 아무리 풍부하다고 할지라도 최종적으로 고갈될 수 있으며, 실제로 영란은행은 어떻든 잠정적인 금태환 중지를 해야 할 상황에 놓일 수 있다.

여기에 논제의 중요한 주제가 저절로 제시되었다. 앞의 장 초반에 언급된 것처럼, 스미스 박사는 금의 주조가격을 넘어서는 시장가격의 초과(즉 각 보게 될 것처럼 최근에 묘사된 영란은행의 금고를 새로 보충하는 데 어려움을 야기하는 초과)가 발생할 때에는 독자가 언제나 영란은행에 책임(즉 너무 많은 은행권 발행)이 있다고 단정하도록 어느 정도 유도한다. 만약 스미스 박사의 주장이 예외 없이 혹은 조건 없이 진실이라면, 그때 영란은행에 의해 발행된 은행권 수량은 지난 2년에 걸쳐서 확실히 과잉이었다. 왜냐하면 금의 주조가격을 넘어서는 시장가격의 초과분은 그 기간에 상당했기 때문이다. 그때, 언급된 금 매입에 대한 장애물을 설정하는 것 또한 바로 영란은행이다. 영란은행을 이렇게 특별한 곤경에 처하도록 만든 원인들을 탐색하려는 연구는 중요한 것처럼 보인다.

여기서 나는 금의 높은 가격과 낮은 가격이 무엇을 의미하는지를 분명히 설명할 것이며, 그런 중요한 결과를 가지는 주조가격과 시장가격 간의 차이에 의해 그것을 설명하려고 할 것이다.

금과 교환 가능한 재화가 싼 것에 비례하여 금은 비싼 것으로 간주되어야 하며, 재화가 비싼 것에 비례하여 금은 싼 것으로 간주되어야 한다. 따라서 재화들을 일반적으로 비싸지게 하는 데 공헌하는 어떤 상황은 금을 일반적으로 싸지게 하는 데 기여할 것이며, 그 반대의 경우도 마찬가지다. 그리고 어떤 특별한 시기 혹은 장소에서 재화를 비싸지게 하는 데 기여하는 어떤 상황은 그 시간 혹은 그 장소에서 금을 저렴하게 할 것이며, 그 반대의 경우도 마찬가지다.

금의 주조가격과 시장가격 간에 차이가 나는 이유는 손쉽게 드러나지 않는다. 만약 영란은행이 수시로 금을 높은 가격에 매입한다면, 즉 만약 영란은행이 금에 대해 상당히 많은 양의 재화(혹은 동일한 의미로는 상당한 양으로 전환 가능한 어떤 것)를 제공한다면, 영국의 거의 유일한 주요 구매자인 영란은행에 의해 부여되는 높은 금 가격이 현재 영국의 가격을 형성한다고 주장하는 것은 언뜻 보기에 자연스러우며, 그리고 현재 영국의 이런 높은 금 가격이 금을 영국까지 가져오고 여기에 보관하게 하는 수단, 즉 싼 재화를 해외로 보내고 비싼 금을 여기로 오게 하며 또한 영국에 남아 있도록 유도하는 수단이라고 주장하는 것도 언뜻 보기에 자연스럽다. 만약 잇따라 발생하는 부수적인 상황이 존재하지 않는다면, 영란은행에 의한 높은 금 가격으로 인해 금이 여기까지 오도록 유도되었을 때, 그것은 확실히 영국에 남을 것이다. 금은 금화로 전환되기 위해 영란은행에 의해 구매되며, 금이 주화로 전환되었을 때 주화는 영국의 유통수단의 일부를 구성하고 은행권은 나머지 다른 일부를 구성한다. 만약 그때 이 은행권이 어떤 수단에 의해 싸진다면 그리고 만약 그렇게 싸진 은행권이 한 종류의 금, 즉 주조된 금과 현재 교환된다면, 그때 주조된 금은 은행권의 저렴화에 동참할 것이다. 즉 주화 형태의 금은 지금 형태의 금이 구입할 수 있는 것보다 더 적은 수량의 재화를 구매할 것이다. 달리 말하면, 금화 형태로 주조소에서 출하된 3파운드 17실링 10.5페니(이것은 금 1온스가 주조소에서 주조될 때의 금액이다.)의 금 1온스는 주조소에 가기 전의 금 1온스의 가치보다 더 적은 가치를 가질 것이며, 그리고 만약 그 금화가 다시 지금으로 전환된다면 지니게 되는 금의 가치보다도 더 적은 가치를 가질 것이다. 따라서 지금으로 전환하고 그 다음에 수출하려는 유혹이 발생하거나, 혹은 동일한 의미로, 금화를 수출하고 그 다음에 지금으로 전환하려는 유혹이 일어나거나, 혹은 또다시 동일한 의미이지만, 지금으로 전환하고 그 다음에 주화로 전환할 그 금을 수출가격으로 그 은행에 판매하려는 유혹이 발생할 것이다. 외국에서 금 수요가 계속된다고 가정할 경우, 금화를 수집하고 녹이고 그리고 해외로 송출하는 데 따르는 어려움이 증가함(그리고 주화 수량이 감소함에 따라 그 어려움은 증가함)에 비례하여 지금의 주조 가격과 시장가격 간의 차이는 더 중요해진다. 따라서 영국에서 금화가 저렴해지는 것, 환언하면 금화와 비교하여 재화가 비싸지는 것은 바로 금화와 지폐 간의 상호 호환성을 통해서다. 따라서 비싼 재화들은 영국에 남게 되며, 그리고 저렴한 금화(왜냐하면 주화 주조에서 발생하는 손실로 인해 영란은행은 금을 구입하기를 좋아하지 않기 때문이다.)는 해외로 빠져나간다.

지폐 수량의 감소가 이런 해악을 치유하려는 경향이 있다는 스미스 박사의 주장에는 상당한 근거가 확실히 존재한다.[2] 지폐 수량의 감소는 지폐를 더욱 값어치 있게 하고 그에 따라 지폐와 호환 가능한 금화를 더욱 값어치 있게 하며, 그 결과 금의 주조가격을 넘어서는 시장가격의 초과(이는 영란은행의 금고로 금이 유입되는 것을 방해하는 장애물을 구성한다.)를 소멸시키려는 경향이 있다. 그럼에도 스미스 박사의 학설에는 상당히 많은 부정확성과 오류가 이 주제와 관련하여 존재하는 것 같다. 그는 적절히 유통될 수 있는 지폐량을 지폐가 전혀 존재하지 않았다면 유통되었을 금의 유통량으로 간주하면서 시작한다. 따라서 독자는 더 많은 지폐 발행으로부터 금의 주조가격과 시장가격 간의 차이가 발생한다고 믿게끔 유도된다. 또한 스미스 박사는 유통되도록 **강요된** 지폐로 그 초과가 구성된다는 생각을 지나칠 정도로 묵인한다. 왜냐하면 그는 "손쉽게 유통되는" 지폐를 적정 수량으로 명명하기 때문이다.[3] 더욱이 그는 독자로 하여금 초과 발

••

2) 유통 중인 지폐 감소가 국내 재화가격을 끌어내리는 경향이 있고 또한 그런 재화들이 더 나은 시장을 찾아서 해외로 빠져나가도록 유도하는 경향이 있다는 것은 앞 장에서 주장되었으며, 그리고 그 주장은 영란은행권 수량의 적절한 제한의 중요성을 다루게 되었을 때 다시 한번 나올 것이다. 그렇지만 지폐 감소의 좋은 결과에 역행하는, 유해한 효과에 관련하여 많은 비평이 앞 장에서 제시되었다. 이 장에서는 유사한 논증이 각 측면에서 상기될 예정이며, 그에 따라 단지 가볍게 거론할 것이다.

경제 불안에 의해 야기된 인출 사태로 인하여 영란은행이 경험하는 곤경들은 앞 장에서 주로 고려되었으며, 그리고 이 장에서는 무역역조에서 유발되는 금 유출로 인해 발생하는 곤경들을 검토한다. 다음의 몇몇 장에서는 너무 많은 지폐 방출에서 비롯하는 유사한 금 고갈에 의해 영란은행이 겪는 곤경들을 검토할 것이다.

3) (옮긴이) A. Smith(1776), *An Inquiry into the Nature and Causes of the Wealth of Nations*, ed. by R. H. Campbell and A. S. Skinner[Clarendon Press(1976)], p. 300.

행을 보편적 액수보다 많은 액수의 발행으로 생각하도록 유도한다. 내가 이해한 바에 따르면, 매우 심각한 무역역조(스미스 박사의 고려 사항에서 전적으로 배제된 사태) 때 소위 그런 지폐 초과는 감소된 매우 적은 지폐 수량을 상회하는 초과일 가능성이 크며, 그리고 그때 감소된 매우 적은 지폐 수량은 금의 주조가격을 상회하는 시장가격의 초과를 방지하기 위하여 낮출 필요가 있는 지폐 수량이다. 따라서 만약 이런 초과가 무역역조일 때 그리고 어떤 특별한 은행권 발행이 전혀 없을 때 발생한다면, 이런 초과는 은행권의 감소에 의해 해결되는 초과이지만 그런 무역역조에 의해 창조된 초과로 적절히 간주될 수 있다.

그 경우에 대한 공정한 설명은 다음과 같은 것이다. (가령 흉작으로 유발되는) 심각한 무역역조일 때 한 국가는 해외로부터 상당한 곡물의 공급이 필요하다. 그러나 그 나라는 그 순간 그 대가로 지급할 충분한 수량의 재화를 공급할 수단을 갖지 못하거나, 혹은 훨씬 더 가능성이 있으면서 나의 추측으로는 영국에 더 잘 적용되는 경우로서, 무역역조에 직면한 그 국가가 그 채무를 해소할 수단으로 제공할 수 있는 재화들은 매력적인 가격 내지는 인내할 만한 가격을 제공할 만큼의 충분한 해외 수요가 존재하지 않는다. 그리고 이런 수요 결핍은 아마 특정 지역에서 기존 사업을 잠정적으로 훼방하는 정치적 환경을 통해 발생할 수도 있을 것이다. 따라서 어느 정도까지는 대가의 지불을 간절히 바라지만 대가 지불에 필요한 모든 재화 공급을 당장 원하지 않는 무역수지 흑자국은 적어도 그 대가의 일부로서 금을 선호한다. 왜냐하면 금은 엄청나게 많은 다른 어떤 상품보다도 훨씬 더 유익한 용도로 항상 전환될 수 있기 때문이다. 그때 무역수지 흑자국이 그 대가를 금으로 전혀 받지 않고 모두 재화로 지급받도록 유도하는 데 필요한 것은 재화가격이 매우 비싸지는 것을 방지하고, 더 나아가 그 가격을 엄청나게 싸게 만드는 것이다. 따라서 영란은행은 지폐를 증가시키지 말아야 하며, 또한 만약 금이 무역역조의 지급으로 해외로 유출되는 것을 방지하려고 한다면, 아마 지폐 수량을 크게 감축해야만 할 것이다. 그리고 만약 영란은행이 그리한다면, 그때 스미스 박사가 자신의 고려 사항에서 전적으로 무시한 다른 문제들이 발생할 것이다. 즉 영란은행이 현재의 영국과 같은 환경에 처한 국가에서 이런 매우 낮은 물가를 유도하고자 상거래와 제조업 생산을 그렇게 과도하게 약화시킴으로써, 결과적으로 (무역수지의 회복과 영국으로의 금의 귀환을 위해 우리가 주로 희망을 걸어야 했던) 우리 부(富) 회복의 원천들을 이미 설명된 방식으로 손상하지는 않겠는가 하는 것이다. 또한 은행권 감축이 환율에 미치는 유리한 효과가 즉각적으로 나타나지 않는다는 것은 확실하며, 그리고 상당한 시간이 경과한 후에 오로지 그 효과를 경험할 수 있다는 것도 여기서 주목해야 한다. 따라서 은행권 감축이 어떤 작용을 하기 전에 환율이 대부분 스스로 교정되리라고 기대할 수 있다. 또한 금은 오로지 영란은행권의 축소 혹은 증가에 의해서만이 아니라, 영란은행권과 영국의 다른 지폐가 결합된 축소 혹은 증가에 의해 국내에 잔류하거나 혹은 해외로 유출된다는 것(사실상 스미스 박사가 스스로 언급한 핵심)도 기억해야 한다. 정확하지는 않지만 상당한 정도까지 영란은행권이 다른 지폐들을 규제한다는 것은 진실이다. 금을 국내로 유입하는 데 필요한 영란은행권의 감축 과정에서, 영란은행은 그 과정이 알려지기도 전에 유통되는 지방은행권의 일부 혹은 심지어 거의 전부, 그리고 다른 많은 지폐를 아마 말살할 수도 있을 것이다. 그리고 그 경우 영란은행은 창조된 전체 빈 공간보다 아마 더 많은 전체 공간을 충족시키기 위해 충분한 금을 공급해야만 할 것이다. 왜냐하면 영란은행은 그렇게 야기되는 경제 불안의 결과로 인해 즉시 퇴장할 수 있는 추가적인 대규모 금액을 공급하도록 요구받을 수 있기 때문이다. 따라서 영란은 행은 해외로부터의 금 공급을 증가시킬 수는 있지만, 국내의 금 수요를 훨씬 더 많이 증대시킬 수도 있다. 이런 이유로 인하여, 금이 영국에서 유출되고 또한 영란은행의 금고에서 인출되도록 유인하는 불리한 환율의 지속을 당분간, 어느 정도까지 허용하는 것은 영란은행의 진정한 정책이면서 진정한 의무일 수도 있다. 그리고 그 경우 영란은행은 그 은행의 금이 감소한 동일한 크기만큼 반드시 대출을 증가시켜야 한다. 그러나 영란은행은 그렇게 풍부한 금 기금을 일반적으로 공급받아야 하며, 그에 따라 무역역조 시기(이런 시기의 지속 기간에 대해서는 다음 연도의 실망스러운 작황이 그 계산에서 상당한 오류를 유발할 수도 있지만, 어느 정도까지는 추계가 가능하다.) 전반에 걸쳐서 안전하게 이런 행동 노선을 스스로 추구할 수 있다.

따라서 불리한 환율에 관련된 이 주제에 대해 더욱 면밀하게 검토해보면, 앞 장에서 유도된 동일한 결론, 즉 영란은행은 은행권 발행의 지나친 축소를 회피하여야 한다는 결론에 이르게 된다. 금의 부재(不在)는 그 자체가 해악이지만, 더 중요한 다른 해악을 방지할 수 있으며, 그에 따라 어떤 상황에서는 영국의 이익에 공헌할 수도 있다. 우리의 금은 우리의 소비에 필요한 곡물 일부에 대해 최근 일시불로 대응했다. 평범한 제조업자는 자신의 이해관계를 이해한다면 그렇게 야기된 금의 지폐로의 잠정적인 대체를 불평하기보다는 오히려 그것을 인정할 것이다. 왜냐하면 금 수출은 우선 그를 편안하게 하는 데 기여하기 때문이다. 즉 그는 자신의 노동으로 수출된 금을 이후에 사실상 다시 사들여야 하지만, 그는 그렇지 않았을 경우에 필요했을 노력보다 훨씬 더 적은 노력으로 그 금을 구입할 수 있기 때문이다. 그가 제조한 재화의 가격 그리고 결과적으로는 그 자신의 노동의 가격은 수요에 미치지 못하는 물량을 해외 시장에 공급함으로써 약간 더 높아진다. 금이 우리 자본 중에서 비생산적인 부분이라는 것, 수출된 금에 대한 이자가 영국 입장에서는 상당히 절감된다는 것, 금 수출은 그것이 계속 진행되는 한 무역역조에 기인한 부채를 변제함으로써 환율을 개선하고 다른 나라들의 현재 화폐 지급과 비교할 경우 우리 자신의 지폐 통화의 평가절하를 방지한다는 것 등은 추가적으로 기억되어야 한다.

수출된 금은 다시 돌아오지 않을 것이라고 아마 생각할 수도 있을 것이다. 이 주제는 조심스럽게 검토해볼 만하다. 우선 환율을 개선하기 위해서는 수입되는 재화에 대한 현재의 **지급 압력**이 낮아져야 한다. 이를테면 인근 지방에서 거두어들인 풍작 때문에 그리고 수출 곡물에서 얻는 높은 가격 때문에 결과적으로 함부르크는 더 부유해질 것이며, 반면 영국은 더 가난해질 것이다. 함부르크 상인들이 런던 상인들에게 빚지는 이전의 관행은 변경될 수 있으며, 그 반대의 관행이 지배적이게 될 수 있다. 만약 함부르크에 대한 런던의 이런 새로운 부채가 함부르크의 부채가 이전에 존재한 것과 유사한 방식으로 존재하도록 허용된다면, 환율은 그것에 의해 영향받지 않을 것이다. 환율에 영향을 미치는 부채는 그 지급이 다소간 간절히 요구되는 유형의 부채뿐이다. 따라서 한 국가는 이런 관점에서 조만간 한계에 다다를 것처럼 보인다. 그 나라는 단지 부채 자체를 줄여야 하는 것이 아니라, 태환 요구 압력을 줄여야 하며, 그 결과 환율은 수정되기 시작한다. 두 나라가 현재의 부채 상태가 그대로 지속되도록 허용하는 데 똑같이 만족스러워한다면, 환율은 적정 수준을 발견한다. 반면에 채무를 변제받으려는 채권국의 열정보다는 이자를 지급하는 부채를 변제하려는 채무국의 열망이 약간 더 강한 것으로 입증되었다면, 환율은 오히려 채무국에 유리한 상태에 있을 것이다.

영국에서 함부르크로 건너간 그 금은 어떻게 될 것인가 그리고 그곳에서도 그렇게 많은 수량에 대한 수요가 있다고 어떻게 인정될 것인가 등이 자연스럽게 의문으로 떠오를 수 있다. 유통에서 그리고 영란은행의 금고에서 영국이 어쩌면 수백만 파운드의 금을 이미 줄였을 때, 전처럼 동일한 거래량을 가진 유럽이 송금된 모든 금을 사용하고, 아직도 증가하고 있는 금 공급량에 대한 수요가 교환수단에 의해 계속 존재한다는 것은 어찌 된 일인가?

환율이 함부르크에 유리한 모든 시기에 그쪽으로 쏟아져 들어온 금은 대부분 녹여져서 대륙에서 통용되는 몇몇 종류의 주화로 전환되며, 그 다음에 그것은 여러 지역에 송금되는 물품이 되는 것으로 나는 이해하고 있다. 물론 그것은 함부르크의 무역수지가 역조를 보여주는 그 지역으로 송금된다. 그렇지만 새로우면서도 **일반적인** 금 수요를 설명해야 하는 어려움은 여전히 남아 있는 것 같다. 다음에서 그것에 대한 약간의 설명을 제시할 것이다. 신뢰성이 높을 때, 상이한 나라들의 수출과 수입이 상호 간에 거의 균형을 이룰 때 등과 비교하면, 정치적 불확실성 및 격변의 시기에는 거의 틀림없이 나타나는 것처럼 세계의 거래량 혹은 독립된 주요 지역 다수의 거래량이 평소보다 더 변동할 때, 훨씬 더 많은 금이 요구된다. 독립 국가들 간의 거래에 어떤 특별한 불규칙성이 존재하는 동안, 금은 모든 송금 물품 중에서도 가장 편리한 물품이다. 이를테면 금은 함부르크의 사업가가 상품을 가져오던 각 지역에 함부르크가 보낼 수 있는 부류의 대가이다. 그것은 사실상 화폐로 지급되는 계정들의 수지일 뿐이다. 그러나 그렇게 변제되어야 하는 상이한 규모의 수지들이 상이한 시점에 존재할 수 있다. 따라서 어떤 사건들이 독립 국가들의 무역수지 결제를 증가시킬 정도로 대륙의 무역 경로를 혼란스럽게 한다면, 그 사건들은 일반적인 금 수요 증대를 유발할 것만 같다. 그러나 일반적인 금 수요는 역시 동일한 시점에 존재하는 신뢰성의 정도에 의해 영향을 받는다. 어떤 한 나라의 유통에 필요한 금 수량은 상이한 시점에 매우 상이할 수 있고, 그 차이는 각 시점에 존재하는 사람과 사람 사이의 신뢰성의 정도에 비례한다는 것이 이미 지적되었다. 세계의 일반적인 상거래에 필요한 금 수량은 동일한 원인에서도 약간씩 변동할 수 있다. 그러나 금 수량은 또한 독립 국가들 간에 존재하는 신뢰성의 변동에 따라 아마 변동할 것이다. 예컨대 프러시아의 어떤 도시에서 곡물을 매입하고 그 곡물을 함부르크 상인에 의해 영국으로 수출하는 무역역조의 결과로 인하여 함부르크가 100마일 떨어진 거리에 있는 프러시아 어떤 도시에 10만 파운드의 채무를 지게 되었다고 가정하자. 그리고 만약 프러시아 도시의 채권자가 6개월을 기꺼이 기다린다면, 그 무역수지는 그 기간 안에 영국으로부터 수취되는 서인도제도의 물품을 프러시아 도시로 수출함으로써 그 시점까지는 아마 변제될 것이며, 그리고 심지어 여러 번 변제될 수도 있다. 만약 신뢰성이 높다면, 프러시아 도시 상인들은 아마 약정된 이자에 1퍼센트를 추가할 목적으로 부채가 6개월 동안 소멸되지 않고 남아 있도록 기꺼이 허용할 것이다. 그리고 이 경우에 프러시아 도시와 함부르크 간의 환율은 1퍼센트 정도까지 변경될 것이다. 그러나 만약 프러시아 도시와 함부르크 사이에 존재하는 신뢰성의 결핍으로 인하여 현재 1퍼센트의 추가적인 이자가 아니라 2퍼센트의 추가적인 이자 부담이 적절한 위험 보상이라고 생각된다면, 환율은 2퍼센트 정도 변동할 것이다. 그리고 환율 2퍼센트 변동은 문제의 프러시아 도시로 금 10만 파운드를 운반함으로써 부담하는 비용보다 더 큰 손실을 함부르크의 채무자에게 유발한다고 가정해보자. 결과적으로 그 경우에는 금이 운송된다. 필요한 지금(地金)의 양은 독립된 두 지역 간의 무역수지의 규모와 그 지역들 간에 존재하는 신뢰성의 정도 모두를 아우르는 두 가지 상황에 의존하는 것으로 여겨진다. 따라서 상당한 비율의 금이 퇴장한다고 가정하지 않더라도, 영국으로부터 수출된 다량의 금이 일반적인 불신의 시기에 대륙에서 사용 가능한 방식을 설명하는 것은 결코 어렵지 않은 것처럼 보인다.

전쟁[4] 후반기 동안 약탈의 공포 때문에 엄청난 규모의 지금이 에스파냐 사람들의 정착지에 잔류하고 있었다. 그리고 그에 따라 우리는 영국 해군이 적국 항구를 성공적으로 감시하려는 의도를 인지하고서, 우려하던 금 부족 사실을 부분적으로 감지할 수 있었다.

그러나 우리 주화 수출의 즉각적 원인은 우리의 과도한 지출에 의해 부분적으로 야기된 불리한 환율이었으며, 그리고 주로 2년 동안의 연속적인 흉작에 의해 이는 추가로 더 악화되었다. 무역수지 호조의 재출현이 오랫동안 지체될 때, 환율 변동은 중요할 수밖에 없다. 환율은 외국인들의 외환투기를 통해서 짧은 기간에는 어느 정도 유지되지만, 그러나 이런 종류의 연장된 투기는 환율 변동이 매우 크지 않은 한 똑같이 그해답이 되지 않는다. 이를테면 만약 한 외국인이 환율이 영국에 3퍼센트 정도 불리할 때 런던으로 돈을 송금하고 영국 상인의 수중에 있는 돈에 대해서 이자를 부과했으며 그리고 6개월 후 환율이 정상 수준으로 복귀함에 따라 그 돈을 회수했다면, 그는 자신의 돈에 대해서 반년의 이자로 2.5퍼센트,[5] 또한 환율 변동으로 3퍼센트의 이득을 얻으며, 그에 따라 반년 동안 5.5퍼센트 혹은 연간 11퍼센트의 수익을 얻는다. 그러나 만약 동일한 외국인이 환율

..

4) (옮긴이) 1793년 4월에 시작하여 1815년까지 23년 동안 지속된 프랑스와의 전쟁이며, 1802년 3월 아미앵 조약 체결 이후 1년간의 휴식과, 1814년 5월 파리조약 체결 이후 9개월 동안의 휴전이 있었다.

5) (옮긴이) 당시 영국에서는 고리대 규제법에 의해 연간이자율이 최대 5퍼센트까지만 허용되고 있었다.

이 유사한 방식으로 3퍼센트 변동할 때 영국으로 돈을 송금하고 2년 정도의 긴 기간이 지나야만 환율이 정상 수준으로 복귀함에 따라 그 돈을 6개월이 아니라 2년이 되어서야 회수했다면, 그때 그 외국인은 그의 돈에 대해서 10퍼센트의 이자소득을 얻으며, 그리고 환율에 의해서는 3퍼센트의 소득을 얻게 된다. 혹은 2년 동안 13퍼센트의 소득을 얻는다. 즉 그는 이 경우에 연간 6.5퍼센트의 소득을 얻지만, 앞의 경우에는 연간 11퍼센트의 소득을 얻는다. 만약 외국인들이 6개월에 끝나리라고 기대되는 기간에 투기하도록 유인하기 위하여 3퍼센트의 환율 변동이 필요하다면, 2년에 끝나리라고 기대되는 기간에 외국인들이 투기하도록 유인하기 위해서는 적어도 12퍼센트의 환율 변동이 필요할 것이다. 둘째 연도의 흉작 때문에 유럽에 대한 우리의 환율 개선이 지연됨에 따라, 짧은 시간 내에 환율이 회복될 것이라는 외국인들의 기대 심리가 약화되었다는 것은 놀라운 일이 아니다. 사실, 여러 상황 중 일부는 이미 다루었지만,[6] 여러 상황은 전쟁이 끝날 즈음에 우리의 환율이 불리해지게 하는 데 동시적으로 작용했다.

만약 영란은행이 현금태환을 중지하지 않았다면, 외국으로 보내지고 기존의 해악을 치유하는 데 기여했을 상당량의 금이 영란은행의 금고에 저

∴

6) 정부에 대한 영란은행의 부적절한 과다 대출 때문에 영란은행이 금태환을 중지했다는 생각과 영란은행이 대륙의 정부를 돕기 위해 지폐를 과다하게 발행하는 대륙 은행들을 닮아가고 있다는 생각 등은 오류이며, 그리고 그런 사고방식은 해외에서 널리 받아들여지고 있는 것 같다고 앞에서 이미 언급했지만, 그러나 영국에서도 그런 분위기에 대해 너무 과도하게 호의적인 것 같다. 외국인들의 여론이 그렇다면, 그들은 우리의 환율이 영구적으로 하락하리라고 인식할 것이며, 그에 따라 송금하기보다는 인출하고 인출을 지연하기보다는 당장 인출하는 것이 그들에게 더 나은 해답이라고 인식할 것이다. 북부 유럽에서 몰수된 영국 재산에 대한 보복 행위로서 영국에 있는 외국인 재산이 몰수될 수 있다는 생각은 또한 약간의 영향력이 있을 수 있다. 각국에서 몰수에 대한 예상은, 부채가 있는 나라라면 어느 나라이든, 그 나라의 환율을 왜곡할 것이며, 그리고 부채가 있는 나라가 공교롭게도 영국이면 영국의 환율을 왜곡할 것이다.

장된 것으로 추정할 수 있다.

우리는 우리 환율의 미래 개선에 대한 외국의 예상(다양한 환경에 의해 더 커질 수도, 더 작아질 수도 있는 예상)에 부분적으로 의존하기도 했지만, 이하에서 보여주는 것처럼 주로 우리의 지폐 유통량의 적절한 규제에 의존해 왔다. 영국은 다른 나라들에 비해 이런 훌륭한 장점이 있지만, 다른 나라들은 자신의 주화 가치를 떨어뜨리거나 자기 지폐의 할인을 허용하는 습관이 있어서, 그들 무역이 더욱 유리한 상태로 복귀하기를 막연히 기대하면서 자신의 불확실하고 불안정한 환율이 계산 불가능할 정도로 호전될 수 있는 시점만 기다린다. 반면 우리는 본질적으로 값어치 있는 특수한 본위(本位)가 회복되고 우리 은행들이 전과 동일한 중량의 금을 포함하는 금화로 완벽하게 지불할 수 있게 되며 그리고 그에 따라 우리의 환율이 과거 수준으로 완전하게 복귀하리라고 기대될 수 있는 시점을 기다려왔다.

의심의 여지 없이, 신속한 혹은 일정한 기간 안에 금의 귀환을 방해할 수 있는 대단하면서도 특이한 성격의 정황들이 발생할 수 있다. 그러나 한 나라 부의 주요 원천들이 손상받지 않았을 때, 그 나라의 인구, 근면성, 제조업 및 상업자본, 일반 상업, 신용 상태, 식민지 속령, 정치적 강점과 독립성, 법과 정체성이 그대로 남아 있을 때, 그리고 더욱이 그 나라의 지폐가 익숙한 경계 내에서 통용될 때, 만약 그 나라의 금의 부재(不在)가 더욱 특별하게 하나 혹은 그 이상의 불리한 시기의 명백한 결과라고 한다면, 우리가 확실히 수긍할 수 있는 것처럼 그런 금 부재는 아마 영속적일 것 같지도 않고 또한 어떤 관점에서는 매우 중요하지도 않을 것 같은 해악이다.

그런 상황하에서 오래되고 익숙한 신용화폐제도를 중대하게 변경하고 또한 특히 더욱 책임 있는 은행들의 지폐 발행을 매우 특별한 정도로 규제하는 것은, 한 나라가 당연히 보유하고 있는, 자기 복원(復元) 수단을 그 나라로부터 박탈하는 것이다. 이것은 현재 장과 앞 장들에서 언급한 주장에서 정당하게 추론될 것 같다. 금의 복귀는 그런 즉각적 목적을 추구하는 어떤 법적 조치에 의해 촉진되는 것이 아니라, 일반적 근면을 소중히 하고 또한 공동체의 더 높고 더 선도적인 이익을 보호함으로써 촉진된다.

여기서 전쟁과 평화라는 과거 시대의 경험에 따라 적절한 한마디를 덧붙인다면, 우리는 영국과 외국 간의 환율이 상당히 오랫동안 영국에 불리하게 유지될 것 같지 않다고 주장하게 유도된다. 경험이 유사하게 입증하는 것처럼, 금의 복귀는 영란은행의 금태환 중지의 계속을 승인하는 법에 의해 배제되지 않는다. 왜냐하면 그 법이 시행되고 있는 동안 금이 영국으로 강력하게 흘러 들어오는 기간이 있었기 때문이다.

문제의 법 폐지가 전쟁 말기에 상책이 아니라고 입증하는 이유들을 이제 거의 강조할 필요가 없을 것 같다. 의회가 처음 그 법을 제정하는 것이 적절하다고 생각한 시기와 상당히 많이 닮은 시기에, 그 법을 폐지하려고 한 적이 있다. 왜냐하면 최근 불리한 환율로 인해 금이 영국에서 빠져나갔을 때 그리고 우리가 전처럼 침략의 불안에 놓여 있을 때 의회는 그 법을 폐지하려고 했기 때문이다. 더욱이 영란은행이 금태환을 재개한다는 것은 이런 두 가지 이유에 기인한 금 수요를 영란은행이 해결하도록 위임하는 것이며, 또한 처음 재개할 때 항구적으로 필요한 것 이상으로 더 풍부하게 대비하려는 지방은행들의 우려에서 발생할 수 있는 추가적인 금 수요를 영란은행이 해결하도록 맡겨버리는 것이다. 따라서 영란은행의 금태환을 중지하는 법의 갱신은 당시의 특별한 환경적 배경에 의거했지만, 그것은 그런 항구적 중지 혹은 중지의 장기적 지속조차 필연적으로 의미하는 어떤 원리에도 의거하지 않았다.

제6장

불경기에도 금이 공급될 수 있다는 생각의 오류. 더 적절한 수량을 사전에 공급하지 않은 것에 대해 영란은행 이사들을 비난해야 한다는 주장을 수용하지 못하는 이유

경제 불안이 국내에서 이미 발생했을 때 혹은 매우 심각한 무역역조일 때, 영란은행의 금 기금 증대가 비현실적이라는 것은 앞의 여러 페이지에서 명시되었다.

그런 시기에 금 수량을 증대시키는 조치를 취해야 한다는 주장에는 특별한 비일관성이 존재한다. 그런 시도를 찬성하는 논리는 다음과 같이 진행될 것이다. "현재의 경험에 비추어볼 때, 금 재고는 과거에 너무 적었다. 왜냐하면 그 재고는 우리 자신의 유통에 필요한 것을 공급하는 데 그리고 우리의 무역역조를 해결하는 데 현재로서는 역시 충분하지 않기 때문이다. 따라서 당연히 유념해야 할 점은 다가올 미래에 영국에 더 많은 금 준비가 있어야 한다는 것이다." 지금까지는 논리적으로 일반적 정당성이 명백히 존재할 수 있다. 그러나 만약 우리가 그에 따라서 **이제** 그 준비를 시작해야 한다는 추가적 추론이 부가된다면, 이것은 바로 그런 금 부족이 실제로 우리를 압박하고 있는 시점에 미래의 우발적 금 부족에 대비할 조치

들을 취하라고 제안하는 것이다. 영국의 현재 곡물 재고와 관련하여 표면적으로는 유사한 정당성이 있는 것처럼 다음과 같이 주장할 수 있다. "현재 드러나는 것처럼 곡물 재고는 얼마 동안은 너무 적었다. 왜냐하면 올해 그 재고가 영국의 적절한 공급을 위해서는 불충분했기 때문이다. 따라서 유념해야 할 것은 다가올 미래에 현재와 같은 우발적 사건에 대한 더 나은 대비가 있어야 한다는 것이다." 지금까지는 그 주장에 정당성이 분명히 존재할 수 있다. 그렇지만 금화와 관련하여 종종 언급한 것처럼 유사한 방식으로 곡물에 관한 우리의 추론을 진행하는 것은 다음을 추가할 수 있다. "따라서 이제 곡물 부족이 우리를 압박하고 있는 동안 이런 준비를 시작해보자. 우리의 곡물 창고를 남아도는 곡물로 즉각 채우자. 우리가 소유한 약간의 곡물을 가장 필요한 용도에서 빼내어 이제 목표로 하는 곳으로 전환하자. 영국이 현재 겪고 있는 위험에서 미래에 벗어나기 위하여 현재의 어려움을 가중시키자." 두 경우는 사실상 정확히 대응하는 것은 아니지만, 설명을 정당화하기 위해서는 충분한 유사성이 존재하는 것처럼 보인다.

그러나 영란은행 이사들이 어쩌면 비난받을 만하다고 생각될 수 있는 다른 근거(이전에 충분한 금 수량을 스스로 공급하는 데 실패했다는 근거)가 존재한다. 따라서 일반 대중이 이런 의구심을 수용할 정도로 충분한 이유들이 있는지 질문해보자.

영란은행 이사들에게는 미래를 준비하지 않으려는 특별한 유혹이 있을 수 없으며 그리고 우리 국가 은행, 즉 영란은행은 최근 그 은행에 처음 밀어닥친 사건에 본질상 취약하므로(명백한 이유들로 인하여 그 은행은 너무 신중해서 그런 취약성을 은폐하지 못하는 것이 관습일지 모른다.), 제기 가능한 비난에 대한 그런 과거의 근거가 전혀 없다고 전제해보자. 영란은행의 신용은 전 기간에 걸쳐서 이사들에 의해 가장 신중하게 자문되었으며, 현재의 이윤은 일관되게 단지 부차적 고려 사항이라는 것을 전혀 의심할 수 없다.

그러나 금이 가장 손쉽게 구입 가능한 때일지라도, 영란은행은 금 재고에 대해 자신에게 규정한 어떤 한계가 자연스럽게 존재한다. 1797년 2월 26일 영란은행의 처분 가능한 자산의 크기는 앞에서 세 가지 제목하에 언급되었으며, 그리고 스스로 증가시킬 수 있는 그 자산 중 유일한 부분은 당시 발행된 은행권에 대한 보상으로 맡겨진 예금들이었다. 그러나 은행권조차도 매우 커다란 크기로는 안전하게 증대될 수 없다. 사실상 경험이 입증하는 바에 따르면 은행권 수요에도 어떤 한계가 존재할 수 있다. 왜냐하면 평화 기간에 대출 신청은 기존 할인율로 우량어음에 대해 은행이 제공하려 한 것보다 종종 더 적었기 때문이다.

그 다음으로, 금태환 중지 이전의 몇 년 동안 영란은행의 처분 가능한 자산이 보통 약 1900만 파운드를 유지했다고 가정함으로써, 우리의 주제를 예시해보자. 환언하면, 영란은행의 처분 가능한 자산이 당시에 도달한 금액보다 150만 파운드 더 많았다고 허용해보자.

어떤 시점에도 이 1900만 파운드가 금에 투자된 재산일 수 있다고 생각해서는 안 된다. 왜냐하면 다른 모든 영리기업과 마찬가지로 영란은행도 이윤을 발생시키는 원리에 따라 자신의 사업을 영위하기 때문이다. 그리고 은행업을 영위하는 데 충분한 유인으로 작용할 수 있는 바로 그 최저이윤은 화폐에 대한 단순한 경상이자보다는 약간 더 높아야 한다. 영란은행의 이런 **필요이윤**을 6퍼센트로 간주하자. 영란은행이 정부에 항구적으로 대출한다면, 주주들의 불입자본에 대해서는 3퍼센트의 이자만 창출한다. 그때 영란은행은 자기자본에 대해 추가적인 3퍼센트의 연간 이득, 즉 약 35만 파운드를 얻도록 처분 가능 자산을 관리해야 한다. 이것은 1900만 파운드 중 일부를 이자를 받고 대출함으로써 성취해야 한다. 그리고 영란은행은 회사의 연회비를 지불하기 위해 그리고 면허 갱신의 대가로 정부에 그런 특별회비를 지급할 수단을 공급하기 위해 이자를 받고서 그 처분 가능 자산의 일부를 추가로 대출해야 한다. 이런 목적들에 대비하기 위해 1900만 파운드 중 1000만 혹은 1200만 파운드 정도가 언제나 이자를 창출해야 할 것 같으며, 결과적으로 800만 혹은 900만 파운드는 영란은행의 자본에 대한 필요이윤을 그저 꾸준히 유지하면서 금으로 보관될 수 있는 가장 높은 수준의 평균적 자금을 형성할 것이다. 그렇지만 이런 800만 혹은 900만 파운드가 금으로 보관되는 일반적 혹은 평균적 금액이어야 한다고 가정하는 것은 결코 옳지 않다. 영란은행의 현금은 매우 크게 변동한다. 그리고 현금과 지금을 평균적으로 800만 혹은 900만 파운드 수준으로 안전하게 유지하기 위해 1200만 혹은 1400만 파운드 혹은 어쩌면 그 이상을 때때로 유지하는 것이 필요하다. 이 금액은 너무 터무니없이 대규모일 것이다. 왜냐하면 1200만 혹은 1400만 파운드가 금에 투자되는 기간에 영란은행은 그 자본에 대해 6퍼센트의 이익을 얻는 대신에, 3~4퍼센트를 넘어서는 이득도 얻지 못할 것이기 때문이며, 그리고 더욱이 이런 특별한 금 수량이 그 금고에 얼마나 오랫동안 잔류할 수 있는지를 정확히 알 수도 없기 때문이다. 이자가 붙는 자금의 증가에 의한 현금 감소는 지금의 대규모 보유에 의해 상실된 이득을 보상하는 데 기여하지만, 영란은행은 사전적으로 확실하게 그런 커다란 현금 감소에 의존할 수도 없다. 왜냐하면 현금 감소는 영란은행이 취한 조치들에 의해 발생하는 것이 아니라, 예견하기 어려운 사건들의 결과로서 그리고 이미 보여준 것처럼 통제하기 어려운 어떤 수단들에 의해 발생하기 때문이다. 따라서 만약 영란은행 이사들의 성격을 문제 삼지 않는다면, 지금 투자가 계속되는 한 영란은행은 그 소득을 연간 필요이윤 이하로 매우 크게 감소시키는 지금 투자를 적어도 어느 정도까지는 하지 않으려는 성향이 있다고 합리적으로 추정할 수 있다.

따라서 연간 필요이윤을 확보하려는 영란은행은 전반적으로 그 이윤보다는 더 많은 이윤을 창출하려고 자연스럽게 노력할 것이며, 그리고 사실 영란은행 스스로도 예견하지 못했을 정도로 그 이득을 증대시키는 경향을 보여주는 다양한 상황들이 최근에 등장했다. 그때, 모든 정황을 고려하면서 영란은행이 지난 몇 년 동안 은행업에서 공평하면서도 적절히 이끌어낼 수 있었던 이윤이 6퍼센트(은행업을 수행하는 데 필요한 최저 수익률로 언급되었던 것)가 아니라 7~8퍼센트였다고 가정하자. 이제 7~8퍼센트 혹은 약간 더 높은 수익률은 영란은행이 사실상 실제로 얻고 있는 이윤일 가능성이 높다. 영란은행이 소유자들에게 지급한 배당은 얼마 동안 7퍼센트였으며, 또한 영란은행은 그 자본을 380만 파운드만큼 증가시켰다. 확실히 이런 추가분은 오랜 기간 증식되어왔다. 만약 영란은행이 연간 11만 6000파운드씩 축적했다고 가정한다면, 영란은행은 배당된 7퍼센트 외에도 그 자본에 대해서 연간 1퍼센트를 더 벌었을 것이다. 만약 연간 23만 2000파운드[1]를 축적했다면, 배당된 7퍼센트 외에도 그 자본에 대해서 연간 2퍼센트를 더 벌었을 것이다.

이제 7~8퍼센트가 영란은행이 벌어들일 수 있는 합당한 수준이라고 했을 때, 영란은행이 8~9퍼센트를 벌고 있다고 가정해보자. 영란은행 보유의 금 수량이 너무 적은가 혹은 그렇지 않은가에 관한 의문이 많은 사람들이 상상할 수 있는 것보다 틀림없이 상당히 더 편협적이었음을 단순히 보여줄 목적으로, 나는 다양한 관점에서 약간은 오류일 수 있는 이것을 상

∴

1) 이것은 영란은행의 저축이 확실히 너무나 짧은 기간인 16년과 17년 사이에 축적되었다고 가정하는 것이지만, 그 축적은 최근 몇 년 동안 더 급속히 이루어졌음에 틀림없다.

세히 검토했다. 방금 제시된 주장에 따르면, 그 의문은 영란은행의 자본에 대해 대략 1퍼센트 혹은 기껏해야 2퍼센트에 해당하는 과거의 연간소득이 적절한가와 관련될 수 있다. 1퍼센트의 이득은 연간 약 11만 6000파운드일 것이며, 그리고 결과적으로 영란은행은 이런 이득을 얻음으로써 그렇지 않았더라면 대략 230만 파운드만큼 소유했을 금 재고를 그보다는 평균적으로 더 적게 유지했다. 핵심은 이런 230만 파운드 혹은 이것보다 약간 더 많은 금액 혹은 이보다 약간 모자라는 금액 중 어느 것을 과거 기간에 투자된 금액에 추가해서 금에 투자해야 했는가 또는 말아야 했는가이며, 그리고 신뢰성을 갖고 단언하기에 안전한 것처럼 보이는 그 핵심에 대한 결론은 영란은행의 업무에 익숙하지 않은 사람은 어느 누구도 어떤 명확한 판단을 선언할 수 없다는 것이다. 언급된 추가적 기금을 유지하는 것에 반대하면서, 안전과 신용을 더 중시하는 일부 반대 주장들이 틀림없이 존재한다.

만약 영란은행의 전체 이윤이 최근 7퍼센트로 제약되었다면, 그 이윤은 영란은행 소유자들이 최근 몇 년 동안 수취하는 데 익숙했던 그 금액에 머물렀을 것이다. 그 이윤은 축적을 손쉽게 용인하지 못하는 금액이 될 것이다. 이사들은 더 높은 이윤을 획득함으로써 규칙적인 일정한 배당을 소유자들에게 지속적으로 보장했으며, 그 결과 은행 주식에 대한 도박을 부추기는 불확실성을 방지했다. 그들은 또한 시간이 경과함에 따라 자신의 자본을 추가적으로 증가시켰으며, 그 자본 증가는 영란은행이 그 은행의 거래량 증가율을 거의 일정하게 유지시키고, 또한 영국의 상업을 일정하게 성장하도록 유도했다. 그리고 그 자본 증가에 힘입어 영란은행은 면허 갱신의 대가로 몇 년 동안 이자 없이 3000만 파운드를 최근 정부에 대출해주었다. 추가적 자본이 담보물을 강화할 수 있는 한, 이사들은 영란은행의 채권자들이 소유한 담보물을 그렇게 강화해주었으며, 그리고 이후 금 투자가 필요하다고 생각되는 경우, 그렇지 않았을 경우에 그들이 투자할 수 있었던 것에 더 추가하여 그들은 과거에 적절히 그렇게 투자할 수 있었던 것보다 훨씬 더 많은 금에 투자할 수 있었을 것이다.

염두에 두어야 할 것이 있다. 지방은행권의 소멸로 야기된 빈 공간을 채울 금을 영란은행이 공급해야 할 필요성은, 부분적으로, 최근 유통되던 것 중 상당한 정도의 지방은행권이 먼 미래에 유통되지 않으면 영란은행이 그렇게 금을 반드시 공급해야 하는 새로운 필요성이라는 것이다. 그리고 추가적인 200만 혹은 많게는 300만 혹은 400만 파운드의 지금도 영국의 일반적 경제 불안의 결과에 대해서는 아무런 안전장치도 안 된다는 것이다. 또한 우리가 경험하는 외국과의 무역수지 변동은 우리의 인구 증가와 상업 확장의 결과로 인하여 지금까지보다는 더 커지고 있다. 모든 것의 규모가 커지고 있으므로, 이런 무역수지의 규모 역시 영란은행에 의해 예기되지 않을 정도로 증대했을 것이다. 더욱이 최근 우리가 참여한 것과 같은 전례 없는 전쟁은 예기되지도 않았으며, 그리고 2년에 걸친 연속적인 흉작, 2년에 걸친 1500만 혹은 2000만 파운드에 이르는 곡물 수입 등은 모든 사람이 특별한 사태로 여긴다. 그때 다른 사람들이 예견하지 않은 사태를 영란은행이 예견하지 못했다고 놀랄 필요도 없으며, 또한 예견하지 못한 사태에 대해 적절한 준비가 없었다고 놀랄 필요도 없다.

전반적으로, 과거의 준비 부족에 대해 영란은행을 비난하는 사람들에게 지적하고 싶은 것은 여기서 간략하게 지적된 몇 가지 핵심을 잘 검토해야 한다는 것이다. 그리고 만약 그 후에도 그들이 계속 영란은행이 비난받을 만하다고 생각한다면, 그들 스스로 비판자가 되기 전에, 최근의 고난과 시련의 시기 동안 그들 스스로 그 기관의 이사가 되어서 그 자리에 있을 경우 판단하리라고 기대되는 공평무사를 그들이 실행할 수 있다고 확신할 수 있는지를 자문해보아야 한다고 제안하고 싶다.

이사들의 행위가 더 특별히 알려진 공황 시기에, 그들은 너무 무모하거나 경솔하기보다는 오히려 너무 과도한 두려움과 조심성을 갖고서 어쩌면 일을 진행했을 것이라고 이미 진술했다. 따라서 조심성 없는 성격이라고 하더라도, 적어도 인내 가능한 신중한 성격은 일반적으로 그들에게 당연했을 것이라는 추정은 그럴듯하다. 줄잡아 말하더라도, 과거에 전적으로 정반대의 원리에 따라서 행동한 것에 대해 그들을 비난할 근거는 전혀 없는 것 같다.

제7장

지방은행, 그 장점과 단점

　영국의 지방은행은 1797년에 353개에 이른 것 같다. 1799년에 실시된 추계에 따르면 그 숫자는 366개에 도달한 것으로 보인다. 1800년의 제3차 추계에 의하면 그 숫자는 386개였다.[1] 그러므로 최근 3년 동안에는 이 숫자에 어떤 중대한 추가도 발생하지 않은 것으로 보인다.

　미국독립전쟁[2]과 현재의 전쟁 사이의 기간에 지방은행이 엄청나게 많이 증가했으며, 주로 그 기간의 후반부에 많이 증가했다. 이 기간은 영국의 무역, 농업, 인구 등이 꽤 급격히 신장한 시기이다. 그런 시기에 창립된 그렇게 많은 지방은행의 정황은 그것이 영국의 쇠락을 나타내기보다는 오히려 번영의 결과이고 징후라는 추정을 가능케 한다. 프랑스의 혼란기 동안

..

1) 지방은행의 숫자에 관한 이 주장은 그것에 관해 인쇄된 보고서에서 얻은 것이며, 그중 첫째는 매우 정확한 것 같지는 않지만, 너무 많은 숫자보다는 오히려 너무 적은 숫자를 언급하는 것으로 추정될 수 있다. 나머지 두 숫자는 더욱 신중한 방식으로 추계되었다.
2) (옮긴이) 1775~1783년.

은행을 설립하려는 몇몇 시도가 있었지만, 어떤 은행도 설립되지 않았다. 전쟁 기간에 미국에서도 어떤 은행들은 스스로를 지탱하는 데 어려움이 뒤따랐지만, 평화가 정착된 후 미국의 주 대부분에서 은행들이 설립되었다. 지방은행들은 상업이 발달한 모든 국가에 자연스럽게 존재해야 하지만, 상거래가 확장되고 인구가 많고 개인들의 지출이 상당히 많은 우리나라 같은 국가에서는 지방은행들이 어쩌면 더 특별히 증가한 것 같으며, 또한 제일 중요한 은행이 존재하는 영국에서는 그 은행의 지위에 의해 그 은행에 부과된 필요성 때문에 그 은행은 모든 소규모 은행들에 접근 가능한 꾸준한 금 저장고를 제공하는 임무를 수행한다. 대규모 은행의 창립은 더 작은 은행에 대해서 프리미엄으로 작용한다.

소규모 지방은행의 기원에 관한 묘사는 우리 앞에 놓인 주제를 잘 예시할 수 있다. 이후에 은행이라고 명명된 것이 창조되기 전에, 모든 도시와 모든 촌락에는 여러 관점에서 이웃에게 은행가로서 행동한 몇몇 상인, 제조업자, 소매상인들이 존재했다. 이를테면 그 자신의 상거래를 목적으로 런던을 지급지로 하여 어음을 발행하고 어음들을 그쪽으로 우송하여 자신의 상점에서 상당히 많은 돈을 수취하는 습관이 있는 소매상인은 고객들에게 종종 금을 제공하며, 그리고 자신의 다른 어음들과 섞여 있으면서 자신의 런던 거래선으로 보내지는, 런던을 지급지로 하는 고객들의 어음들을 그 금의 대가로 수취할 것이다.

또한 그 소매상인은 고객이 아닌 사람들이 어음 대신 돈이 혹은 돈 대신 어음이 필요한 것을 발견했으므로, 어음을 융통하는 데 따른 노고에 대해 수수료를 부과했다. 그리고 어음들을 수취하고 발행하는 사업은 그렇게 이윤을 발생시켰으므로, 그 일을 확대하는 것이 목표가 되었다. 그는 자신의 상점으로 고객들을 끌어들이기 위하여 아직 은행권 발행에 대해 거의 혹은 아무런 견해도 갖고 있지 않지만, 자신의 상점 정문에 '은행'이라는 문구를 붙였으며, 자신의 어음을 발행하는 회계 전표에 이런 단어를 새겨두었다.

지방은행이 설립되기 전에, 도시의 주요 소매상인이 별다른 통지가 없으면 돈을 환불하지 않아도 된다는 조건으로 이웃들의 돈을 이자를 지불할 조건으로 수취한 것 역시 특별하지 않은 것으로 생각할 수 있다. 그에게 그렇게 예치되거나 혹은 그에 의해 차입된 그 돈(어느 용어가 더 적절한지는 말하기 어렵다.)은 그의 사업에 투입되거나, 혹은 곧 기일이 다가올 어음을 할인하는 데 사용될 수 있지만, 후자는 분명히 그 돈을 투자하는 더욱 안전하면서도 신중한 방법일 것이다.

은행업의 이 모든 부분은 영국이 처한 상황에서 나왔으며, 은행가라는 이름이 붙기 전에도 많은 곳에 존재했다.

지방은행권, 즉 소지자의 요구에 따라 태환 가능한 은행권을 발행하는 관행은 의심할 여지 없이 별도의 영업 행위로 간주될 수 있다. 이런 은행권은 통상 생각되는 것처럼 다른 약속어음들과 그 본질상 그렇게 크게 다르지 않은 것으로 나타났다.

이런 점을 더 특별히 입증하기 위하여, 몇몇 지방은행들이 상당한 정도까지 발행했고 이자가 지급되는 약속어음의 일종인 은행권의 본질로 관심을 돌려보자. 최근에는 소매상인도 이자가 붙는 자금을 수취한다고 주장되었다. 특히 만약 그가 은행가가 된다면, 그는 이런 각각의 자금에 대해 은행권을 제공할 것이며, 그리고 이런 은행권에는 대출된 혹은 예금된 금액, 그것에 대한 이자율, 태환이 요구될 수 있기 전에 경과해야 하는 기간 등이 표기될 것이다. 이런 은행권은 제3자에게 이전 가능할 것이다. 그것의 유통에는 약간의 장애가 존재할 것이다. 그것은 손을 바꿈에 따라 종종 이자가 계산되어야 한다. 만약 오랜 기간이 경과해야 한다면, 그것을 제공받은 사람들 중 일부는 그것을 지급수단으로 수취하기를 좋아하지 않을 수 있다. 이런 은행권은 유통된다고 하여도 매우 힘들게 유통될 것이다. 그것의 유통을 촉진하고 그에 따라 발행 가능한 전체 은행권의 숫자를 증대시키기 위하여, 은행가는 그 은행권이 태환 가능한 기간을 축소시키려고 할 것이다. 그리고 이런 관행을 채택하는 것에 비례하여, 그는 그 은행권에 대한 더 낮은 이자율도 사람들로 하여금 그 은행권을 수용하도록 유도하는 데 충분하다는 것을 발견할 것이다. 매우 짧은 기간 내에 만기가 된다면, 이자가 전혀 붙지 않는 은행권은 만기가 매우 길고 이자가 붙는 은행권보다 더 잘 유통될 것이다. 그러나 자유로이 유통될 유일한 은행권은 어떤 통지 없이도 태환 가능하거나 혹은 적어도 태환은 가능한 은행권일 것이다. 한편으로는 그들 지폐의 유통을 촉진하면서, 다른 한편으로는 통지 없이 태환해야 하는 엄격한 의무에 따른 불편을 회피하려는 일부 은행들은 일정한 기간이 지나면 태환 가능한 은행권들을 발행했으며, 그럼에도 그 은행들은 태환이 요구될 때에는 언제나 그것에 대해 돈을 지급하는 일상적 관행을 유지했다. 그리고 융통을 위한 할인은 수용하지 않았다.

따라서 그때 통지 기간이 더 짧아질수록 그 은행권의 유통력은 더 커지며, 그에 따라 한 국가의 환경이 은행들의 통지 기간 단축을 더 안전하게 하는 것에 비례하여 소지자의 요구에 따라 태환되는 은행권은 그와 동일한 비율로 발행되고 또한 금이 그것과 동일한 비율로 대체된다고 예견할 수 있다.

오직 결제에 필요한 자금 대출을 통해서만 얻는 이윤을 목표로 그런 은행권이 발행되는 한, 일부 학자들은 요구에 따라 태환 가능한 은행권을 발행하는 은행가들의 그런 관행이 모두 사악하면서도 정당치 못한 원리를 기초로 한다고 생각했다. 수많은 약속이 그렇게 만들어지고 있으며, 은행가는 그 약속 모두의 이행이 동시에 요구된다면(결코 불가능하지 않은 사건이다.) 그것을 이행할 능력이 분명히 없다고 주장된다. 이런 반론은 은행가가 고객들이 맡긴 예금을 수취한 후에 이런 예금의 지급에 필요한 금액 일부를 대출하지 말아야 한다는 것을 의미한다. 왜냐하면 그는 통지 없이 자신의 모든 은행권을 태환해야 하는 것처럼 통지 없이 예금에 대한 요구를 변제할 책임이 막중하기 때문이다. 영란은행, 런던 은행가, 지방은행가, 상인, 그리고 모든 계급의 개인 역시 돈을 지불하겠다는 자신의 모든 약속과 관련하여 어떤 도덕적 확실성의 원리에 의존해서 일을 처리하는 것이 아니라, 합리적이고 충분한 개연성의 원리에 의존해서 일을 진행한다. **그와 같은** 은행권에 대한 반론은, 어떻든 그 반론이 적정한 경우 실행 가능한 범위까지 추진된다면, 돈을 지불하겠다는 모든 구두 약속에 그리고 사실상 어떤 것이든 거의 모든 약속에 적용될 것이다. 왜냐하면 약속이 주어지는 시점에 **완전하게 확실한** 준비가 언제나 마련되는 성취 가능한 어떤 종류의 약속도 거의 존재하지 않기 때문이다. 따라서 그 반론은 다른 모든 인간사가 처리되는 충분한 개연성의 원리에 따라 사람들이 상업 활동을 수행하지 못하도록 금지되어야 한다는 것을 의미한다.[3)]

∴

[3)] 오늘날 대중적인 일부 소책자에서 모든 종류의 은행권은 과도하게 발행되기 쉽거나, 혹은 무책임한 사람들에 의해 발행되기 쉽거나, 혹은 특별한 해악들을 야기하고 또한 근본적으로 그리고 구제 불가능할 정도로 사악한 것으로 언급된다. 그 은행권들은 부자들에 의해 실행되고 정부에 의해 묵인되는 대중에 대한 완전한 사기(詐欺)의 관점에서 고려되고 있다. 그리고 바로 그런 은행권 발행은 위조 범죄와 동등한 것으로 낙인찍혔다. 여기서는 다른 약속어음과 은행권의 유사성, 약속어음에 대한 약속과 다른 어떤 약속과의 유사성 등을 그런 학설의 불합리성을 폭로하는 관점에서 다루었다.

요구될 수 있는 금액의 오직 일부에 대해서만 즉각적인 태환이 아마 준비된다는 것은 은행권의 소지자뿐 아니라 은행 고객들도 완전히 이해하고 있다. 그에 따라 동일한 직종에 있는 다른 사람들의 일반적이면서 잘 알려진 관례대로 준비를 한다면, 그 은행가는 완전히 정당화되는 것 같으며(왜냐하면 그를 신뢰하는 사람들은 그가 이런 관례를 추종할 것이라고 가정하기 때문이다.), 자신의 모든 상황에 대한 신중한 고려만으로도 준비가 충분하다고 여기게 된다.

현재의 전쟁 이전의 몇 년 동안 다양한 상황들 모두는 지방은행가의 이 사업 부문을 자극하고 있었으며, 그리고 요구에 따라 소지자에게 태환 가능한 은행권을 발행하는 관행은 그 기간에 매우 일반적이게 되었다. 당시 신뢰성은 높았고, 지방 상인들의 숫자는 배가했으며, 개인들의 소득과 지출은 상당히 증가했고, 그에 따라 은행업의 각 부문은 자연스럽게 저절로 커졌다. 런던 은행가의 숫자도 약간 증가했으며, 그리고 이들 중 일부는 소규모 지방은행과의 연계로부터 예상되는 이득을 기대하면서 매우 작은 지방은행의 설립을 지원하는 전향적이면서도 적극적인 조치를 취했다. 우리의 여러 대도시에서는 은행 추가 설립을 위한 박람회가 열리기도 했다. 이렇게 은행이 잇따라 새로 설립됨에 따라, 그전에 런던의 거래처를 활용한 다양한 지방 상인들은 자신의 현금을 맡아주는 지방은행가의 중개를 통해서 런던과의 상거래를 이행하는 관행을 채택했다. 지방은행가는 지방 상인들의 계정에서 런던 은행가를 지급지로 하는 어음을 대규모로 발행했으며, 런던 은행가는 몇몇 지방 상인이 이전에 런던 거래처(그들 대부분은 런던 상인들이다.)에 지급한 것보다 훨씬 더 낮은 수수료를 수취하면서 그런 광범위한 지방 사업들을 기꺼이 접수하고 수행했다. 수수료 감축은 두 가지 원인에서 발생했는데, 첫째로, 부유하고 신뢰할 만한 지방은행들의 신용 중개를 통해서 도시와 지방 간의 거래에 제공된 새로운 안전성 때문이며, 그리고 둘째로, 회계 정리, 서신 작성, 어음의 수취와 지급 등과 같이 이전에는 많은 사람들에게 분산되던 노동을 한곳으로 이전했기 때문이다. 위험과 분쟁이 감소함에 따라 수수료율의 비례적 감축이 가능해졌다.

주로 어음만 취급하는 것을 목적으로 하는 지방은행들의 증가는 요구에 따라 태환되는 은행권의 발행 증가를 여러 방식으로 부추기는 경향이 있었다. 고객들의 수요를 충족시킨다는 관점에서 금의 예치는 모든 종류의 은행들이 받아들였고, 이 목적으로 유지되는 금 재고는 요구에 따라 태환 가능한 은행권 지급에 필요한 준비금의 일부를 구성할 것이며, 그에 따라 은행권 발행을 부추겼을 것이다. 더욱이 지방에서 금 예치의 대폭 증가는 다양한 경우에 어떤 갑작스러운 사태 발생 시 금을 획득하는 데 더욱 신속한 수단을 제공했을 것이다. 왜냐하면 이 주제에 관한 훌륭한 이해가 특히 지방은행들 간에 존재한다면, 특정 지방은행은 이웃 지방은행으로부터 종종 그 금을 공급받을 수 있기 때문이다. 우편 역마차의 설립은 지방에서 발생할 수 있는 과다한 금을 런던으로 가져가고 또한 런던으로부터 금을 가져오는 더 값싸고 편리한 방법을 동시에 제공했다. 금을 획득하는 편리성에 비례하여 수중에 보유되는 금의 비생산적 재고는 감소하거나, 혹은 금 재고가 동일하게 유지된다면 요구에 따라 태환 가능한 은행권의 발행은 덜 위험하게 될 것이다. 사실상, 소수의 오래되고 신뢰성 높은 지방은행들은 오래전부터 이런 종류의 지폐를 발행하는 관습이 있었으며, 그 발행으로부터 어떤 불편함도 거의 경험하지 않았다. 따라서 오래된 은행에 비해 재산상 전혀 열등한 위치에 있지 않은 많은 지방은행들은 부분적으로는 그 사례에 의해 그런 관행을 받아들였다.

새로운 지폐를 유통시키는 데 주로 영향을 미친 환경은 지방은행가의 고객들이 지폐 유통에서 얻는 이득에 동참했다는 것이다. 왜냐하면 지방은행가는 수취한 자본을 지폐 발행에 의해 고객들에게 대출했으며, 그 고객들은 할인된 어음의 대가로 그 지폐를 현금 지급으로 받아들임으로써 그 지폐를 유통시키는 그 은행가의 도구가 되었기 때문이다. 고객들은 은행가에 대한 자신의 의무를 고려하고 또한 은행가의 안정성에서 그들이 갖는 이해관계를 고려하여 대부분 은행가의 신용을 옹호하는 데 역시 적극적이었다. 그런 것들은 지방은행의 엄청난 증가를 유도한 주요 환경이었고, 또한 과거 몇 년 동안 대단한 불만의 대상이던 금 대신 지폐로의 대체를 유도한 주요 환경이었다.

수많은 지방은행의 이득 혹은 해악 중 어느 것이 더 우세한가를 판단하려는 독자에게 도움이 되고자, 지방은행의 주요 이득과 그 불편함을 나열하려는 시도가 이제 시작될 것이다.

지방은행이 다양한 관점에서 대단히 많은 이점이 있다는 것은 의심의 여지가 거의 없다. 지방은행은 많은 유형의 사람들에게 편의를 제공했지만, 특히 상업에 종사하는 사람들에게 더 많은 편의를 제공했다. 지방은행은 풍요로운 모든 국가에서 자연스럽게 발생하는 분업의 효과로 간주될 수 있다. 화폐의 수취와 지급은 평범한 상인들에 의해서도 이제 더는 집에서 이루어지는 일이 아니라, 은행가들의 손에서 이루어지는 별개의 사업 영역이 되어버렸다. 이런 사업을 이전받은 은행가들은 노동을 축소하고, 가장 비싼 유통수단인 주화 사용을 절감하는 수단을 발견할 것으로 예상되었다. 이런 목적을 성취하는 그들의 기술에 의해 은행가들은, 만약 상인이 자신의 사무원에 의해 업무를 처리한다면 그가 부담해야 하는 비용보다는 훨씬 저렴한 비용으로 자기 업무의 중요한 부분을 처리한다. 그리고 그들은 영국에 명백한 이득(고객에게서 절감해주는 비용에 못지않은 크기)으로 간주될 수 있는 이윤을 스스로 만들어낸다.

지방은행들은 많은 사람에게 이자를 낳는 수단을 제공하고 사람들이 절약해야 하는 화폐를 안전한 방식으로 제공하므로, 그 은행들 역시 유용할 수 있다. 매우 적은 금액에 대해서도 이자가 붙는 은행권을 제시하는 지방은행들은 특히 평범한 사람들과 낮은 계층의 사람들에게 재산을 축적하도록 장려했으며, 그에 따라 병든 시기와 노년을 대비하도록 촉진했다. 또한 지방은행들은 한 집단의 사람들의 자금 과잉분을 다른 집단의 사람들에게 배분하는 매우 편리한 수단을 공급한다. 저축할 돈을 가진 모든 사람은 안전하고 또한 종종 금전적 이득까지 얻으면서 비용이나 시간의 손실 없이 그 돈을 예치할 수 있는 곳을 알고 있다. 그리고 신용이 있는 모든 상인의 환경적 여건은 차입 때 그들을 적절히 보증할 것이므로, 그들은 어느 지역에서 그런 금액을 대부의 방식으로 획득할 수 있는지를 인지하고 있다. 지방은행들은 공정하고 신중한 사업에 대해서 최우선의 혜택을 부여하면서도 경솔한 투기를 좋아한다고 종종 지독하게 비난받고 있지만, 그런 투기의 중요한 장애물이 되기도 한다. 그러나 몇 안 되는 은행들이 이런 비난에 스스로 아무리 노출되어 있다고 하더라도, 일반적으로 은행들 그리고 특히 오래전에 설립된 은행들은 신중하지 못한 투기자들 혹은 손실 위험이 있는 낭비자들보다는 오히려 약간의 부를 소유하고 있고 자신의 기업을 신중하게 경영할 줄 알 뿐 아니라 대출금을 갚겠다는 증거를 제공하는 사람들에게 그들 은행에 예치된 자금을 조심스럽게 대출한다. 이런 부류의 차입자들은 대규모이면서 모험적인 사업에 쉽게 진입하지 않는다. 왜냐하면 그들은 자신의 자본손실 위험을 부담하지 않으려 하기 때문이다. 은행가들, 특히 저명한 은행가들은 다른 대부자들에게 영향을 미치는 유명세에 추가하여 신중함에 대해 특별한 동기를 느끼고 있다.

은행가가 대부할 때에는 언제나 모든 파산 사건이 채권자 집단에 폭로되는 것처럼, 그가 어느 한 사람을 무한히 혹은 과도하게 신뢰하고 그 차입자가 파산하는 경우 자신의 무분별함은 반드시 알려질 것이며, 그에 따라 자신의 경솔함이 고객들 간의 대화 주제가 되기 쉬울 것이라고 생각한다. 따라서 이런 종류의 경솔함은 그 특별한 사례가 현저하게 중요하지는 않지만, 은행의 평판과 신용을 손상시키는 이유를 그리고 사업의 일반적인 이윤을 축소시키는 이유를 입증할 수 있다.

또한 은행가는 그 위상의 본질상 선견지명이 없는 상인과 신중한 상인을 구별할 수 있는 매우 탁월한 수단을 향유한다. 이웃의 어음 거래는 그의 감시하에 있다. 그렇게 얻은 지식은 그의 판단을 조력하며, 그에 따라 신용도는 그 근거의 존재에 비례해서 다른 사람들보다는 오히려 그에 의해 더 정밀하게 측정될 수 있다. 수많은 상인에 대한 신용 평가는 은행의 창조를 통해서 과학으로 변모했으며, 그리고 우리 국내 상업의 번영 상태, 해외에서 우리 상인들의 일반적인 명성, 그리고 그런 관점에서 다른 모든 나라의 상인들에 비해서 우리 상인들이 누리는 우월성 등은 영국에서 이 과학이 현재 수행한 탁월성에 상당히 많이 신세를 지고 있다. 어떤 한 상인이 스스로 획득할 수 있는 대출뿐 아니라 가능할 경우 동일한 사람이 상이한 장소에서 차입할 수 있는 금액의 총량을 제한하는 것, 동시에 은행들 간의 상호 도움을 위해 정보를 호혜적으로 교환하는 것, 그리고 무엇보다도 융통어음을 억제하는 것 등은 나의 생각으로는 확실히 은행에 이익이며, 은행의 일반적 관행이기도 하다. 주변 상인들의 거래는 그렇게 지방은행의 감시하에 있게 되며, 반면에 지방은행 자신의 거래는 그들 각각의 거래처, 즉 런던 은행가들의 눈에서 벗어나지 못하며, 그리고 이와 유사하게 런던 은행가들의 거래는 어느 정도까지는 영란은행의 감시하에 있게 된다. 영란은행은 그 재량에 따라서 런던 은행가에게 부여되는 신용을 제한한다. 그와 같은 감시 제도가 성립되고, 그 감시 제도는 확실히 매우 불완전하지만 여러 중요한 목적에 해답을 제시하며, 특히 무모한 투기에 대해 여러 장벽을 설치한다.

또한 영란은행뿐 아니라 지방은행도 지폐 발행을 통해서 영국의 생산적 자본을 증가시키므로 대단히 유익한 존재들이다.[4] 이런 증가에 의해 우리의 제조업은 의심할 여지 없이 매우 크게 확장했고, 우리의 외국 무역도 스스로 확대되었으며, 영국의 지주계급도 이득을 한몫 챙겼다. 영국의 가공(架空)적 자본을 증대시켰다고 지방은행에 대해 제기되는 일반적 비난은 다음의 답변을 용인한다. 지방은행들이 금의 상당 부분을 지폐로 대체했다는 것은 진실이지만, 해외로 유출되던 금은 스미스 박사가 주장하는 것처럼 그 대가로 값어치 있는 상품들을 가지고 왔다. 유통에서 절감된 금화는 건축에 사용되는 목재, 기계 제조에 쓰이는 철 혹은 철강, 제조업자들이 가공하는 면화 혹은 양모 등을 국내로 반입하는 데 기여했다. 지폐는 해외로 반출된 금에 정확히 일치하는 **참된** 자본을 영국에 공급했으며,

⁘

4) 스미스 박사는 가장 영민한 은행업이 영국의 산업을 발전시킬 수 있었던 것은 그것이 영국의 자본을 증가시켰기 때문이 아니라, 그렇지 않았을 경우에 비해 그 자본의 더 많은 부분을 능동적이고 생산적이도록 만들었기 때문이라고 주장한다. 그는 "사장된 물자가 활동적이고 생산적인 물자로 전환되었다"라고 주장한다. 지폐의 사용이, 사장되고 비생산적인 물자를 활동적이면서 생산적인 물자로 전환한 것으로 언급하든 혹은 영국의 물자를 추가한 것으로 언급하든, 어느 것이나 완전히 동일한 것이다. 금 재고가 더 적으면 적을수록, 다른 종류의 물자는 그만큼 더 커질 것이다. 그리고 만약 더 적은 금 재고가 지폐의 도움을 통해 더 많은 금의 역할을 동등하게 잘 수행한다면, 지폐 사용이 영국에 추가적인 물자를 공급한다고 말하는 것은 적절할 수 있다. 따라서 가령 이전에 사용되던 기계에 비해 설치에 비용이 덜 소요되면서 필요한 작업을 정말로 효과적으로 수행하는 새로운 기계를 사용하는 것은 영국의 물자를 증가시키는 것으로 적절히 묘사될 수 있다. 왜냐하면 재화를 제조하는 동일한 수단을 소유하고 있음에도 그 기계는 그 소유자로 하여금 제조 과정에서 언제나 더 많은 재화를 소유할 수 있게 하기 때문이다.

이런 추가적 자본은 국가 전체 물자의 다른 어떤 부분과 정확히 유사하게 산업에 생명을 불어넣는 데 공헌했다.

　신용화폐에 대한 최근의 불만은 그것이 농부들에게 대규모 대출을 제공함으로써 그들로 하여금 곡물을 시장에 출하하지 않아도 되게끔 그리고 그 가격을 인상할 수 있게끔 했다는 것이다. 작년과 여러 해 전에 농부들은 정말로 지방은행권이 전혀 존재하지 않았더라면 그들이 획득할 수 있었던 것보다 훨씬 더 많이 대출을 얻을 수 있었다. 그들에게 그렇게 공급된 자본은 어떤 시점에는 그들 중 몇몇으로 하여금 그렇지 않았을 경우 그들이 보유하기 편리하다고 생각했을 수량보다 더 많은 곡물 수량을 수중에 보유하도록 아마 유도했을 것이다. 그렇지만 우리는 1800년 가을에 곡물 재고가 특히 적었다는 것을 알고 있다. 따라서 차입했든 자기 자신의 것이든 그들 자본의 아주 적은 일부만이 당시에 곡물에 투자되었으므로, 대부분의 자본은 아마 토지에 투자되었을 것이며, 그 생산물을 증대시켰을 것이다. 왜냐하면 농장에서 얻는 농작물의 가치는 확실히 경작과 개간에 사용된 금액에 주로 의존하기 때문이다. 지방은행권은 곡물의 일반적 공급을 그렇게 증가시켰으며, 그렇게 함으로써 그 가격의 상승을 억제하는 데 공헌했다. 즉 지방은행들은 더 많은 수량을 농부들의 수중에 보관할 수 있도록 함으로써 제공되는 그 가격의 어떤 잠정적 상승에 대한 보상보다도 훨씬 더 많은 것을 아마 이런 방식으로 제공했을 것이다. 수중에 더 많은 수량을 보유하는 것은 일반적으로 불리한 점보다는 유리한 점이 더 많을 것으로 생각된다. 왜냐하면 그 소유는 희소성과 그에 따라 나타나는 높은 곡가에 대한 우리의 주요 안전장치이기 때문이다. 1799년과 1800년 말의 엄청난 곡물 부족은 결과적으로 상당히 높은 곡가를 유발했다. 따라서 농부들의 곡물 재고를 일반적으로 증대시킨 지방은행권의 그 경향은 지방은행의 이점으로 분류되어야 한다. 실제로 희소성이 발생한 특정 시점에 그 재고를 증대시킨 그 경향은 지방은행이 유발하는 해악으로 분류되었으며, 그리고 그 경향은 훌륭하면서도 광범위한 이점과는 분리 불가능한 하잘것없는 해악이다. 이런 부차적 해악을 과장하려는 사람들에게 추가로 주장할 수 있는 것이 있다. 즉 농부는 금의 지방은행권으로의 대체에 의해 창조된 영국의 새로운 특정 자본의 평균적인 몫으로부터 얻는 자신의 물자 증가에 비해 일반적 부와 자신의 부를 증가시킴으로써 자신의 물자를 확실히 더 많이 증가시킬 수 있었다. 따라서 불평되고 있는 폐해 중 단지 일부분만을 지방은행권의 탓으로 돌려야 한다. 그것은 주로 영국의 농부들과 다른 주민들의 점증하는 부와 번영에서 기인하는 것으로 보아야 한다.

지폐 사용에서 추가로 얻는 적지 않은 장점은 국가가 어음과 은행권에 부과하는 조세로부터 매년 상당한 세수(稅收)를 거두어들이고 있다는 것이다. 만약 신용화폐가 존재하지 않는다면, 그렇게 갹출된 금액은 산업에 부담을 주는 조세에 의해 제공되거나, 혹은 국민들의 재산에서 지출되어야 한다. 최근에 추가된 조세로 인하여 국가는 지방은행가의 사업에서 발생하는 이윤에서 상당한 몫을 거두어들이고 있다.

따라서 지폐 중개수단은 묘사된 목적에 기여하고 있고 일반적으로 말하면 대체되는 금만큼이나 매우 편리한 결제수단이므로, 지폐의 유용성을 선호하는 근거는 매우 큰 것처럼 보이며, 그리고 만약 여태까지 언급된 것 이상의 다른 어떤 효과가 발생하지 않거나 발생하지 않을 것 같다는 것이 추가될 수 있다면, 지폐의 장점은 논쟁의 여지가 전혀 없을 것이다. 지폐는 금의 본질적 가치를 보유하지 않으므로, 단순히 가공(架空)적인 것을 수반한다고 지폐를 비난하는 일은 지폐가 갖는 이점의 바로 그 근거인 지폐의 품질 때문에 지폐를 비난하는 것이다. 그것의 이점은 거의 아무런 비용도 소요되지 않는다는 그 조건에 있다. 영국은 과거에 매우 비싼 재료가 사용되던 화폐 사업을 매우 저렴한 품목을 활용하면서 몇 년 동안 운영해오고 있다. 만약 이것이 문제의 전부라고 한다면, 금을 지폐로 대체하는 것은 비싼 도구 대신에 다른 어떤 유효하면서도 매우 저렴한 도구를 도입하는 것으로 인정될 것이다. 그런 대체는, 가령 가공된 철 혹은 강철의 연철(軟鐵)로의 대체, 육상 운송의 해상 운송으로의 대체, 인간과 말의 노동의 증기기관으로의 대체 등과 동일한 근거를 기초로 할 것이다. 그리고 그것은 우리가 발견한 독창적이면서도 경제적인 수많은 발명품(그 도움으로 우리는 현재 우리의 제조업과 상업의 독보적인 상태를 성취했다.) 중 매우 수준 높은 발명품이라고 주장할 수 있다.

그러나 영국의 은행제도에 대해 매우 완고한 몇몇 반론이 제기될 수 있다.

내가 언급할 첫째는 신용화폐의 일반적 지급불능, 그리고 그것과 더불어 이미 언급된 제조업 노동의 중지뿐 아니라 경제의 혼란 및 중지 등을 종종 발생시키는 지방은행들의 경향이다.

지방은행권, 특히 소액 지방은행권은 비상인들 간에 상당한 정도로 유통되고 있으며, 종종 하층계급 사람들 손에 들어가기도 한다. 따라서 그 은행권의 소지자 대부분은 일부 발행자들의 상대적 신용에 관한 판단 수단을 거의 갖고 있지 않으며, 그들은 다른 상점의 지폐와 마찬가지로 스스로 은행이라고 칭하는 상점의 지폐를 거의 받아들일 준비가 보통 되어 있다. 유통성이 그렇게 상당히 열등한 지폐가 존재하는 경우, 발행자의 궁극적인 지급 능력에 의문을 제기하는 사람조차도 그 지폐를 받아들이려 한다. 왜냐하면 그가 그것을 보유하는 기간은 매우 짧으며, 그의 책임은 그것과 결별하는 순간 거의 바로 중지되기 때문이다.[5] 더욱이 각 은행권의 금액은 상당히 소액이므로, 그 금액에 대한 위험 역시 사소한 것처럼 보인다. 대형 지방은행과 소규모 지방은행의 은행권은 평상시에는 그렇게 거의 유사한 유통성을 획득하지만, 경제 불안 때에는 자연히 거의 동일한 불신 상태에 빠지게 된다. 만약 어느 한 은행이 파산하면, 이웃 은행에 대한 일반적 인출이 발생하기 쉬우며, 그리고 만약 대량의 금을 유통시키면서 초기에 억제되지 않는다면, 이런 인출 사태는 매우 광범위한 폐해를 유발한다. 위험 기간에 많은 지방은행가들은 자신의 은행권 발행에 대해 평상시보다는 더 많은 지급준비금의 원칙을 스스로에게 처방한다. 왜냐하면 그들은 이것을 자기 신용의 더 취약한 부분으로 간주하기 때문이다. 만약 그들 은행의 유통 지폐를 사용하고 있는 낯선 사람들 중 어느 한 사람이 두려움이나 심지어 변덕 때문에 그들 은행의 명성에 대해 의문을 제기한다면, 약간의 불신이 그들의 고객들 간에 서로 자극될 수 있으며, 결국 대규모 예금들에 대한 태환 요구로 갑자기 비화할 수 있다는 것을 그들은 인지하고 있다. 따라서 영국에서 통용 중인 지방은행권의 규모는 크게 변동하기 쉽다. 경제가 불안할 때 지방은행가는 런던에 맡겨진 정부 증권, 환어음, 혹은 다른 재산의 일부를 영란은행권으로, 그 은행권을 화폐로 전환하며, 그리고 금고에 있는 금 기금을 확대할 뿐 아니라, 유통되고 있는 자신의 다량의 지폐를 그렇게 변제한다. 따라서 영란은행은 지방은행가의

∴

5) 내가 인지한 바에 따르면, 지방은행이 파산한다고 가정할 경우, 파산하기 전에 은행권의 변제를 청구할 기회를 다음의 소지자에게 제공할 정도로 시간이 충분한 상태에서 그 은행권과 결별한 그 은행권 소지자는 그것의 가치의 지급을 청구당하지 않는다. 따라서 지방은행권 소지자의 책임은 그것과 결별한 후 1~2일이 지나면 보통 중지된다. 어음 소지자의 책임은 어음의 만기가 지난 후에도, 예컨대 어쩌면 1~2개월간 지속된다.

이런 돌발적 요구를 충족해야 한다. 그리고 영란은행은 이런 것을 할 수 있도록 만반의 준비를 하기 위해 동일한 경제 불안 때 은행들 혹은 개인들에 의해 발생할 수 있는 다른 특별한 수요를 충족시킬 수 있는 수량뿐 아니라, 소멸되기 쉬운 은행권 수량에 일치하는 금 수량을 통상적으로 유지해야 한다. 지방은행가는 이런 방식으로 자신의 부담을 결코 떠맡지 않으나, 영란은행은 자신의 부담이 아닌 부담, 그리고 그 은행이 매우 기꺼이 인내하지 않으리라고 자연스럽게 추정 가능한 부담을 떠맡는다.[6]

사실상 우리는 국립은행의 독점을 통해서 얻는 혜택을 고려하면서 지방에 금을 공급하는 데 소요되는 상당한 비용을 감수하라고 그 은행에 정당하게 요구할 수 있지만, 그 은행에 대해 공정하게 부과할 수 있는 요구에도 어떤 한계가 존재해야 한다. 그리고 지방은행권 사용이 영국에 부여하는 혜택을 추계할 때, 지방은행의 요구에 부응하게끔 금 추가 공급을 충분히 유지함으로써 영란은행이 부담하는 손실을 공제해야 하거나, 혹은 그렇지 않을 경우 약간 부적절한 금 기금을 단순히 유지함으로써 영란은행이 부담하는 위험을 감안해야 한다. 영란은행은 지방은행권이 전혀 존재하지 않을 경우 보유했을 안전장치에 해당하는 동일한 규모의 이런 비생산적 물품을 보유하지는 않았겠지만, 지방은행들 때문에 영란은행의 일반적 금 기금은 아마 어느 정도까지는 증가하도록 유인되었을 것이다.

∵

6) 1793년의 자금 경색 때 부유한 일부 대형 지방은행들은 할인 방식으로 영란은행에 도움을 요청했지만, 그 요구는 런던의 인가된 증권을 제시하지 않았다는 이유로 거절되었다. 결과적으로, 즉각적이면서 심각한 몇몇 파산이 잇따랐다. 영란은행은 지방에 있는 은행에까지 지원을 확장하기를 싫어했다. 그렇지만 그 사태는 지방에 대한 금융 구제가 런던의 지급 능력 유지에 필요하다는 것을 여실히 보여주었다. 대규모 은행 설립에 대한 지방의 갑작스러운 수요에 의해 영란은행에 부과된 부담이 불공평하다고 생각했기 때문에 아마 그들은 구제 금융을 제공하기를 꺼리게 된 것 같다.

지방은행권 사용을 통해서 영국에 생기는 추가적 자본은 그런 은행권의 규모에 의해 추계되지는 말아야 하지만, 그 추계에서 지방은행들의 지폐에 대한 돌발적 태환 요구에 대비한 준비로서 발행자의 금고에 보유 중인 금의 크기만큼 공제가 이루어져야 한다는 것은 분명하다. 언급된 다른 공제도 유사한 성질이 있다. 영란은행의 금고에 보관될 필요가 있는 금준비 때문에, 즉 지방은행권의 태환을 위한 유사하면서도 어쩌면 적지 않은 금준비 때문에, 두 번째 공제가 이루어져야 한다. 달리 말하면, 지방은행권 사용을 통해 영국에 생기는 자본은 지방은행들 때문에 수출되는 금의 규모와 동일하다.(그리고 이것은 그 주제를 다루는 곳에서 그렇게 언급되었다.)

여기서 나는 지방은행권의 대폭 감축이 런던의 자금 경색을 유발했고 궁극적으로 상업신용의 일반적 감축에서 비롯한 몇몇 정황을 여태까지 해 온 것보다 더 특별히 설명하려고 노력할 것이다.

앞 장의 주장에 따르면, 지방은행 지폐를 수취하기를 싫어하고 금을 선호하게 하는 경제 불안이 일반 사람들 사이에 상당히 고조되었을 때, 상당한 불신이 상위 계급의 상인 사이에도 쉽게 퍼진다. 그리고 이 상인 사회에서 신뢰성의 엄청난 결핍은 런던 은행가들과 상인들 사이에서 금과 동일한 신용도를 갖춘 물품에 대한 수요를 증대시킨다. 나는 영란은행권을 지칭하고 있으며, 이 은행권은 언제나 모든 대규모 상거래에서 런던의 유일한 유통수단을 구성한다. 영란은행은 그런 시기에 평상시보다 훨씬 많은 영란은행권 수요를 충족시키기를 별로 좋아하지 않는데, 나는 그 이유를 완전히 설명하려 시도할 것이다. 독자는 영란은행을 다룬 장[제4장]의 종결 부분에서 설명한 영란은행에 관한 주장에 의해 그 이유를 검토할 준비가 되어 있을 것이다.

첫째로, 영란은행은 경제 급변의 시기에 발생하기 쉬운 약간 **증가된** 영란은행권 수요를 충족시키기를 좋아하지 않는다고 주장할 수 있다. 왜냐하면 특히 영란은행은 금 수량의 가공할 만한 감축으로 이미 고통받고 있고 여전히 그 고통을 경험하고 있다고 틀림없이 추정될 것인 만큼, 그 은행은 일반적 경제 불안에 관여하기를 어느 정도까지는 싫어할 것 같기 때문이다. 이런 일반적 공포의 자연스러운 작용은 영란은행으로 하여금 그 사업을 축소하게 유도할 것이며, 영란은행권을 증대시키기보다는 오히려 감축하려 할 것이다.

그렇지만 역시 기억해야 할 것은, 영란은행이 은행권의 통상적 수량을 유지하려 한다면 필연적으로 그 은행의 대출이 그 은행의 금 감소와 동일한 정도로 이미 증가되도록 유도되었다는 점이다. 이 점은 영란은행에 관한 장에서 설명했다. 따라서 만약 이사들이 통상적인 혹은 거의 통상적인 은행권 수량을 유지하려고만 한다면, 그들은 자신에게 할인을 신청한 사람들에게 특별히 관대하게 행동하는 것처럼 보일 것이다. 만약 금이 적을 때 그들이 자신의 지폐도 증가시킨다면, 실행되고 있는 대출에서 그들의 관대함은 정말로 매우 크게 확장될 것이다.

이 주제를 더 분명히 밝히기 위하여, 영란은행에 대한 추가적 금 수요 300만 파운드어치가 지방은행 지폐의 소멸을 통해서 그리고 일반적 경제 불안에 동반되는 금 유통속도 완화와 금 퇴장을 통해서 조성된다고 가정해보자. 또한 영란은행은 이런 금을 공급하는 기간에 영란은행권을 100만 파운드 줄이는 것이 적절하다고 생각했다고 가정하자. 그 경우 영란은행은 반드시 대출을 200만 파운드 증가시켰을 것이다. 우리가 매우 합리적으로 가정할 수 있는 것처럼, 200만 파운드의 추가 대출은 영란은행에 엄청난 금액(영란은행의 자본 외에도 800만 혹은 1000만 파운드라고 가정하자.)을 빚지고 있는 정부에 제공되는 것이 아니라, 상인들에게 배타적으로 제공되었다고 추가로 가정하자. 그리고 이전에 상인들에게 제공된 총대출 규모가 400만 파운드로 계산된다고 하자. 이 경우 영란은행은 상인들에게 할인을 400만 파운드에서 600만 파운드로 늘렸을 것이다. 즉 영란은행은 은행권을 100만 파운드 줄였지만, 할인을 2분의 1만큼 증가시켰을 것이다. 경제에 대한 이런 통상적 융통 확대는 불평의 여지를 남기기보다는 오히려 그 집단에 감사 표시를 요구하게 할 것이다. 그리고 그것이 자금 압박을 해소하지 않으리라는 점은 여전히 추론으로부터 분명하며, 그리고 경험으로부터도 입증될 수 있다고 생각한다. 상인들에 대한 **200만 파운드**의 추가 대출에도 불구하고 런던의 자금 부족은 약간 증가할 것이다. 왜냐하면 **300만 파운드**에 이르는 금이 지방은행가와 지방 상인의 런던 대리점에 의해 영란은행에서 인출되었고 그 대리점에 의해 지방으로 보내졌기 때문이다. 따라서 런던은 지방의 자금순환을 위해 300만 파운드의 금을 공급했다. 그리고 런던은 200만 파운드의 금을 수취할 수 있는 200만 파운드의 추가 어음을 영란은행에서 할인함으로써 그리고 다른 100만 파운드를 얻는 방법, 즉 유통 중인 영란은행권 100만 파운드를 절감하는 것으로써 이 일을 실행했다. 일상적인 영란은행권 수량의 이런 감축은 일반적인 경제 불안의 시기에 런던 은행가 및 상인들에게 특별한 자금 압박을 가중시킨다. 따라서 은행가와 상인들은 대체로 영란은행에 의해 이미 구제받았다고 아무리 인정할 수 있다고 할지라도, 어음 할인을 반복적으로 신청할 것이고 그전보다는 훨씬 더 많이 재촉할 것이다.

우리 주제의 이 부분에 대한 추가적 설명과 관련해 주장 가능한 것은, 영란은행과 영란은행에서 차입한 사람들 양자는 유통 중인 은행권 규모보다는 오히려 제공된 대출 규모에 초점을 맞추도록 자연스레 유도된다는 것이다. 영란은행은 추정된 신용에 어느 정도 비례하는 금액을 각 차입자에게 허용하지만, 어떤 규모를 거의 혹은 결코 넘지 않는다. 다양한 차입자들은 정말로 영란은행에서 자신의 자금 조달 능력을 동일한 정도로 항상 활용하지는 않으며, 그에 따라 자금이 부족한 순간에, 몇몇 차입자가 새로이 영란은행에 등장함으로써 그리고 더 부유한 몇몇 상인이 그때 자신의 신용을 더 많이 이용함으로써, 영란은행의 총대출 규모는 엄청나게 확대될 수 있다. 특별한 경우 이사들 역시 자신의 규칙이 느슨해지는 것을 인정할 수 있을 것이다. 그러나 영란은행이 통상적으로 그리고 사실상 자연스럽게 일을 수행하는 일반 원칙, 즉 각 개인의 대출 규모의 한계에 관한 일반 원칙은 대출 총규모에 대한 일반적인 한계와 유사한 어떤 것을 설정하려는 경향을 틀림없이 보일 것이다. 그 원칙은 영란은행 대출금의 변동이 민간의 필요와 보조를 맞추지 못하도록 유도할 것이며, 그리고 이 책의 앞부분에서 더 완전히 설명된 것처럼 런던의 상황이 오히려 그 증가를 요청할 때와 같은 특별한 불신의 시기에 틀림없이 그 원칙은 은행권 감축에 기여할 것이다.

영란은행의 차입자들은 유통 중인 은행권 총규모와 같은 주제에 전혀 관심을 보이지 않을 것 같다. 사실 그들은 그 규모를 알 수 있는 수단이 전혀 없다. 그들은 영란은행의 대출 규모를 통해서 영란은행의 관대함을 판단할 수 있을 뿐이며, 그들 혹은 그들의 거래처가 획득할 수 있는 대출 규모를 보고서 은행권의 총규모를 불완전하게 추계한다. 은행권 숫자가 감소하는 동안, 아마 어느 누구도 개인들에 대한 영란은행의 대출 규모가 증가하거나 혹은 그 은행의 일반 대출이 대폭 증가한다고 거의 생각할 수 없으며, 런던의 자금 사정을 판단하기 위하여 관심 대상이 되는 것은 대출 규모가 아니라 은행권 규모라는 것도 거의 생각할 수 없다.

앞 장에서 언급된 바에 따르면, 금태환 중지 이전에 영란은행은 정부 대출 규모를 줄이면서 동일한 정도는 아니어도 상인들에 대한 대출을 확대했지만, 상인들의 자금 경색은 기대하던 것처럼 그들에게 제공된 대출 증가에 의해 경감된 것이 아니라 오히려 더 악화되었다. 이것이 또한 바로 그 경우일 수 있다. 왜냐하면 런던의 일반적 지급에 필요한 영란은행권은 당시에 감소했기 때문이며, 상인들에게는 영국의 일반 화폐시장에서 정부가 대규모 차입자가 될 수밖에 없는 환경에 의해 그 시장에서 창조된 새로운 자금 경색에 대한 보상으로 부분적으로만 추가 대출이 제공되었기 때문이다. 영란은행이 그 지폐를 크게 줄일 때에는 언제나 유사한 자금 경색이 느껴질 것 같다. 정부로부터 상인으로의 영란은행 대출의 전환, 혹은 심지어 영란은행의 대규모 대출 증가, 그중 어느 것도 그 증가가 통상적이거나 거의 통상적인 은행권 수량의 유지에 필요한 정도까지 다다르지 않았을 때에는 런던의 자금 경색을 방지할 수 없다. 그리고 이런 자금 경색은 즉각 영국의 모든 부문으로 저절로 알려진다. 그 주제에 관한 짧막한 설명은 이렇다. 많은 지방은행권들이 사라짐에 따라 영국에서 갑자기 필요하게 된 새로운 자본인 금이 요구된다. 금 비축물이 존재하는 유일한 장소는 영란은행이다. 더군다나 그 경우의 모든 상황하에서 새로운 자본의 대출이 출현할 수 있는 유일한 부문 역시 영란은행이다. 왜냐하면 영란은행의 금은 필요할 경우 새로운 능동적 자본으로 전환 가능하고 영국에서 유일하게 사장된 혹은 잠자고 있는 물자이기 때문이다. 따라서 영란은행은 비치한 금을 **대출해야** 한다. 환언하면, 영란은행은 다른 개인들이 감소시킨 금과 동일한 금액을 몇몇 개인에게 대출해야 한다. 그러지 않으면 영란은행은 영국의 자금 경색을 경감하지 못한다.

만약 그 경우 영란은행이 그 대가로 수취하는 단순한 약속어음에 만족하는 것 대신에 본질적으로 가치 있는 어떤 것을 왜 요구하지 않는지를 질문한다면 그 대답은 이렇다. 첫째로, 만약 영란은행이 그 금에 대한 교환으로 재화를 받아야 한다면, 혹은 달리 말해서, 재화를 구매해야 한다면, 그 후에 그 재화를 팔아야 한다는 것이다. 그리고 그때 영란은행은 정관에 의해 금지된 상기업이 될 수밖에 없다. 즉 영란은행은 지금만 매매하도록 허용되었다. 둘째로, 만약 영란은행이 재화를 단순히 담보로 받아들이고 또한 그와 같이 그것을 보유해야 한다면, 그때 영란은행은 그 재화들이 가능한 한 빠르게 소비되는 것을 가로막는다는 것이다. 이 계획들 중 어느 하나에 따라 일이 진행된다면, 영란은행은 은행업의 경영과는 전혀 양립하지 않는 곤경에 또한 처하게 될 것이다.[7] 셋째로, 영란은행이 할인한 어음들은 일반적으로 말하면 대단히 안전하며, 그에 따라 이사들에 의해 그 어떤 것도 저당으로 수용되지 않는 재화 혹은 주식, 토지 등의 담보물은 거의 불필요한 것으로 간주될 수 있다는 것이다. 영란은행에서 현금으로 전환된 어음에서 얻는 할인율 5퍼센트의 수입 중 극히 적은 비율만으로도, 아직까지 알려진 가장 심각한 금융위기에서 그 어음들의 손실 전체를 충분히 보상했다.

현재 충분히 제시된 주장들은 우리가 언급하는 해악의 본질이 무엇인지를 보여주었다. 해악의 책임은 상업 주체들의 과실이 아니라, 은행제도의 결함 탓이다. 상인들은 상거래 관습상 자기 계약의 지급기일 엄수에 핵심적인 유통 중개물의 상당한 부족을 종종 경험한다. 지방은행들은 경기가 좋을 때에는 일반 사람들의 신뢰 덕택에 공급이 가능해지는 물품을 공급

..

7) 충분한 보증인 혹은 재화의 예치 중 어느 하나를 담보로 공여된 1793년 의회의 재무성 증권 대출 중 매우 적은 비율만이 재화 판매에 대한 커다란 장애 때문에(이런 장애는 의회에서 지명된 감독관을 위해 재화를 창고에 넣어두는 것에서 발생한다고 생각한다.) 재화의 예치를 담보로 해서 승인되었다. 대출된 어떤 것도 손실로 전환되지 않았다는 것은 이미 지적되었다.

하지만, 경제 불안이 발생할 때에는 사람들이 그전에 수용하던 것을 거부함에 따라 그 물품의 배포를 중단한다. 그리고 그렇게 충분히 언급한 이유들 때문에, 그 간섭에 의해 자금 경색을 완화할 수 있는 유일한 주체인 영란은행은 필요한 모든 특혜를 제공하기를 약간 꺼린다. 상인들은 주요한 피해자 중 일부이며 일반적으로 엄청난 비난을 떠안지만, 그러나 대중, 지방은행 및 영란은행은 그 비난을 더 적절히 분담할 수 있을 것이다.

일반적인 신용화폐 부족에 의해 발생하는 해악은 매우 중대하다. 그런 부족이 상업과 제조업을 얼마만큼 방해하는지, 또한 그에 따라 궁극적으로 영국 외의 지역으로 금을 얼마만큼 유출하려는 경향이 있는지 등은 이미 상세히 언급되었다. 그런 부족은 또한 단순히 잠정적이기는 하지만 많은 종류의 재산에 대한 시장가격을 하락시키며, 그에 따라 일부 상인들에게는 일방적인 중대한 손실을 입히고, 그리고 다른 사람들의 손, 즉 어려운 시기에 우월한 구매력을 가지게 된 사람들의 손에 특별한 이득이 돌아가게 한다. 신용화폐 부족은 모든 상업 및 은행거래를 위험한 사업으로 묘사하게 함으로써 대규모 자산 소유자와 신중한 기질의 사람들이 은행가 및 상인의 직업을 가지지 못하도록 막아버린다. 그것은 그 순간의 곤경을 극복한 상인들 간에도 상당한 불안 심리를 창조한다. 다른 무엇보다도 특히 그것은 유명하고 신중하며 그리고 궁극적으로 상당한 지급 능력이 있는 많은 사람들을 치명적이면서도 필연적인 지불 정지로 몰고 간다. 그 결과 그들은 악명 있는 사람들만이 포함되어야만 상당히 바람직한 불명예를 공유하도록 강요당한다. 만약 우리가 반드시 해야 하는 것처럼 동일한 시기에 발생한 수많은 자금 부족 때문에 그들의 불명예가 상당히 축소되어야 한다고 사실상 주장한다고 하자. 그러면 그때 상업 국가에서는 매우 중대한 다른 해악이 생성된다. 명예에 덜 치욕적인 파산 행위는 두려워할 사항이기보다는 오히려 희망 사항이 될 수도 있다. 스스로 자금 부족을 발생시킨 일부 사람들의 경우는 신용화폐의 부족으로 사업이 꼬이게 된 사람들의 경우와 거의 불가피하게도 뒤섞이므로, 지급 중지는 엄청난 불운 혹은 우발적 사건 그리고 아주 사소한 과실로 간주된다. 그에 따라 상업적 지급에서 지급기일을 지키려는 주요 동기는 약화되며, 그리고 모험적 투기의 중요한 저지 수단이 다소간 상실된다.

그렇지만 이미 제시된 주장들에 따르면 지방은행의 지폐가 신용화폐의 일반적 파산을 유발하려는 경향은 해악이기는 하지만, 앞으로 축소되리라고 기대되는 해악이다. 왜냐하면 첫째로, 만약 영란은행이 미래의 경제 불안의 시기에 할인을 지금까지보다도 더 많이 확대하려 한다면, 그때 우려하던 불황은 그 기관의 관대한 처분을 통해서 회피될 수 있기 때문이다.[8] 둘째로, 만약 지방은행가들이 과거에 겪은 자금 부족을 통해서 영란은행권으로 그에 따라 금으로 신속하게 전환될 수 있는 종류의 자산을 스스로 더 많이 공급하도록 교육받는다면(그들은 어느 정도까지는 확실히 그렇게 배우게 될 것이다.), 그때 지방은행가들은 경제 불안의 진행을 저지할 수 있는 더 큰 힘을 자신의 수중에 보유하게 될 것이기 때문이다. 사실상 그들의 재원은 여전히 영란은행의 금일 것이다. 그러나 그들 기금의 더 높아진

∙∙

8) 그것은 경솔함 때문에 지방은행들이 스스로에게 야기한 모든 자금 경색을 영란은행이 구제한다는 의미는 결코 아니다. 즉 영란은행은 그렇게 함으로써 지방은행들의 무대책을 부추길 수 있다. 공공 은행이 불량 회사의 자금 지원에서 목표로 삼아야 하고 또한 준수하기가 종종 대단히 어려운 중용(中庸)이 존재하는 것처럼 보인다. 자금 완화는 사업을 잘못 운영한 사람들의 실수의 자연스러운 결과를 모두 면제할 정도로 그렇게 신속하지도 그렇게 관대하지도 않아야 하며, 또한 일반적인 이해관계를 심각하게 고려할 정도로 그렇게 인색하지도 그렇게 느려서도 안된다. 그럼에도 사업가의 상태가 아무리 대수롭지 않거나 혹은 심지어 파멸적일 수 있다고 하더라도, 자금 경색을 겪고 있는 대규모 사업가 모두는 이런 이해관계를 확실히 호소한다.

태환성은 그들로 하여금 영란은행의 금 일부를 소유할 수 있게 하고, 그에 따른 신속한 자금순환은 금 공급량이 더 적어도 금이 충분하도록 만들 것이다. 이런 더 적은 금은, 영란은행이 거부하지 않을 정도의 영란은행 대출의 사소한 증가를 통해서 혹은 만약 상업적 신뢰가 손상되지 않는다면 약간의 감축을 언제나 용인하는 런던의 필요 지폐 유통량의 절감을 통해서, 커다란 어려움 없이 제공되리라고 기대할 수 있다. 영란은행은 그 은행의 금이 지방은행들에 더 접근 가능해지는 상황에 의해 스스로 이익을 취할 것이다. 왜냐하면 신용화폐의 일반적 부족이라는 성가신 사태는 나타날 가능성이 그렇게 낮아질 것이며, 그에 따라 더 적어진 금 재고는 영란은행이 무조건 응해야 하는 국내의 특별한 금 수요에 대한 준비로서 역시 충분할 것이기 때문이다. 혹은 셋째로, 만약 지방은행권을 사용하는 사람들이 학습에 의해 그 은행권의 신뢰성에 대해 덜 변덕스럽게 되었거나, 혹은 심지어 상이한 지방은행권의 신용도를 더 공정하게 평가할 수 있게 되었다면, 그때 영란은행의 관대함에 의해 혹은 지방은행가의 신중함에 의해 그전에 회피될 수 있었다고 생각되던 해악은 대중의 신뢰의 성장 및 상업적 지식의 확산을 통해서 감소할 것이기 때문이다. 비록 언급된 두 번째 방식에서 특히 그렇지만, 우발적 상업신용 부족을 발생시키는 지방은행권의 경향은 이런 각각의 수단에 의해 어쩌면 감소할 것처럼 보인다. 과거에는 그 해악이 너무 두려워서 거기에 저항할 수 없을 때까지 해악의 고통이 매우 커졌으며, 그리고 이런 일은 부분적으로 우리가 현재 보유하고 있는 지식과 경험 부족에서 발생했다.

영국의 현재 은행제도에 수반하는 다른 해악은 다음과 같다.

소지자의 태환 요구에 즉각 부응하는 소액 은행권을 발행하는 지방은행의 폭발적 증가는 유통 중인 주화의 대폭적이면서 항구적인 감소를 야기함으로써 위험을 증폭하는 데 기여했으며, 그 결과 지폐 가치를 언제나 규제하려는 본위제도는 종종 유지되지 않았다.

지폐 통화의 대폭적 가치 하락의 해악은 심각하다. 재화의 일반적 지급을 구성하는 물품 가치가 하락함에 비례하여, 재화의 경상가격은 상승한다. 만약 노동자들이 가치 하락이 발생하기 전처럼 동일한 명목임금만 수령한다면, 그들의 임금은 깎인다. 이전의 금전적 계약은 명목적이면서 아마 합법적으로 충족되지만, 정당한 형평성을 가지고 실행되지는 않는다. 영국에서 일반적 부의 크기가 거의 동일하게 유지될 수 있다는 것은 진실이며, 그리고 유통되는 지폐는 특별한 금융위기가 극복되었을 때 이전의 가치로 완전히 복귀할 수 있다. 그렇지만 약간의 불공평과 불평등은 그 기간에 발생했을 것이며, 그리고 임금 상승의 이유가 존재하기 시작한 후 얼마 동안 그 임금이 거의 상승하지 않은 하층계급 사람들은 상당한 자금 압박을 감지할 수 있었을 것이다.

정부가 주요 은행가이거나 혹은 지폐 발행자인 나라에서 일반적인 자금 압박이 발생할 때, 그 나라에 귀금속을 잔류시키는 수단 중의 한 방법으로 주요 주화에 포함된 귀금속의 양을 줄이려는 유혹이 나타난다. 또한 주화의 수출을 방지하는 다른 방법으로 지폐의 심각하면서도 공공연한 할인을 허용하려는 유혹이 나타난다. 이것은 영국에서 통용되는 확고한 성실성의 원칙에 의해 다행스럽게 방지되는 해악이다. 그러나 그런 원칙은 어쩌면 주화 가치를 떨어뜨리려는 유혹 혹은 그렇게 많은 다른 나라들이 굴복한 지폐 할인을 허용하려는 유혹에서 우리를 더욱 멀어지게 유인할 것이다. 평상시에 상당한 양의 금을 영란은행에, 혹은 일반적 유통으로, 혹은 양자 모두의 방식으로 보유하는 것은 이런 관점에서 우리의 완전한 안전성을 위해서는 필요한 것처럼 보인다. 지방은행권으로의 금 대체는 그런 안전성을 축소하려는 경향을 보인다. 그런 은행권의 해악은 그것이 거짓되고 상상적이기만 한 부(富)를 창조한다는 것이 아니며, 또한 그것이 영국에 어떤 일정한 침해를 입힌다는 것도 아니다. 그 은행권을 통해서 상인은 그것이 없었더라면 소지하지 못했을 상품에 자본을 투자할 수 있으며, 그 자본에 의해 국가의 연간소득을 증가시킬 수 있다. 따라서 그 즉각적 효과 측면에서 그 은행권은 유익하지만, 현재의 이득을 그렇게 많이 희생하지 않으면서 그 목적을 성취할 수 있다면 그 은행권은 신중하게 감시해야 할 부차적인 해악에 우리를 더 많이 노출시킨다. 이런 이유와 다른 어떤 이유로 인하여, 5파운드 이하의 영국 지폐를 발행할 목적으로 몇 년 전에 통과되었고 그 후에 갱신된 임시 법률을 영구적인 것으로 만드는 것은 매우 바람직하지 않은 것처럼 보인다. 그 법률이 만료되었을 때, 우리가 소유하고 있는 그 법률을 다시 제정하는 권한은 값어치 있는 수단이다. 만약 우량어음에 대한 일반인의 신뢰 증대에 의해 신용화폐의 일반적인 부족 위험을 경감하며 또한 영란은행에 대한 금 인출 위험을 경감하는 어떤 조치, 그리고 소규모이면서 덜 명망 있는 은행들의 5파운드 및 10파운드 지폐 발행을 억제함으로써 주화의 사용을 다소간 확장하는 어떤 조치 등이 더욱이 고안될 수 있다면, 전반적으로 그 조치들은 그것을 추천할 만한 이중적인 논리를 가질 것이다.[9]

* *

[9] 그러나 지방은행을 규제하는 의회의 거의 모든 조치에 대해서 다양한 반대 견해가 등장한다. 스미스 박사의 견해는, 소액 은행권의 발행을 금지하는 법안은 그것만으로도 이런 은행들에게서 나타나는 해악에 대한 충분한 치유책이라는 것이며, 그리고 지방은행에서 발생하는 위험은 은행들이 많아짐으로써 축소된다는 것이다. 이 책의 목적은 신용화폐를 규제하는 특별한 수단에 관한 어떤 문제를 제안하는 것이라기보다는 오히려 그 수단에 관한 어떤 일반적 원리를 확립하는 것이다.

독자는 유통 중인 금화조차도 여기서는 외국과의 무역역조에 대한 준비금의 관점에서 고려되었고 그에 따라 수출 가능한 것으로 간주되었다고 생각할 것이다. 무역수지가 아주 크게 역조일 때, 우리 주화의 일부는 실제로 항상 수출될 것이며, 그 수출은 어떤 상황하에서는 영국에 유익하다. 국내에서 금화와 지폐 간의 호환성은 오직 지폐 가치를 유지시킬 뿐이라고 생각하기 쉽다. 그리고 이런 이유로 인하여 우리는 부분적으로 무역역조를 주화에 의해 변제하고 그것에 의해 외국과의 환율을 개선하기보다는 오히려 국내에 금을 보유하려고 더 많이 애쓰고 있다. 그렇지만 내가 이해하는 바에 따르면, 금 수출에 의해 해결해야 할 불리한 환율 변동은 많은 경우에 국내에서 금과 지폐 간의 일반적 교환성의 결여를 유발하기보다는 우리의 지폐를 더욱더 평가절하시키고 또한 물품의 명목가격을 더욱더 인상시키려는 경향을 보인다. 이미 언급한 것처럼, 지폐가 평가절하될 때 주화 자체는 주화에 포함된 금의 가치로 통용되는 것이 아니라, 지폐가격으로 통용된다(이것이 일반적으로 주장되는 경우는 아니지만). 유통 지폐가 평가절하되지 않고 있다는 참된 증거로 보이는 것은 일반적인 교환성의 유지, 혹은 달리 말하면 주조가격과 지금가격의 부합이다.

제8장

금 가격이 주조가격을 상회하도록 유도하는 은행권 과다 발행의 경향. 은행권 발행이 가격의 초과 상승을 유도하는 수단, 즉 재화가격과 환율에 대한 은행권 발행의 영향. 초과 지폐 주제에 대한 A. 스미스 박사의 오류. 영란은행권의 수량 규제가 영국의 화폐량을 제한하고 또한 모든 지폐의 가치를 유지하는 데 도움을 주는 방식

지방은행에 대해 공통적으로 제기되는 세 번째 반론은 지방은행권이 물품가격 인상에 미치는 영향일 것이다.

지폐의 일반적 증가는 이런 경향이 있지만, 지방은행권에 적용되었을 때 그 반론이 이 장에서 확립될 원리에 따라서 특별히 잘못된 근거를 가진다는 것을 입증하고자 한다.

지폐의 과다 발행이 상품가격 인상에 미치는 영향에 관한 주제와, 금의 주조가격을 상회하는 금의 시장가격의 초과를 유발하고 그에 따라 은행들을 파산에 노출시키며 영국에 엄청난 불편을 유발하는, 그 과다 발행의 영향에 관한 주제 등 두 가지를 이제 제기하려는 논의에서 종합적으로 검토해야 할 것이다. 나는 상품가격 인상이라는 매개체를 통해서 금의 주조가격에 악영향이 유발된다고 생각한다.

이 주제들에 관한 논의는 모든 생필품의 가치를 규제하는 원리에 의해 가장 잘 도입될 것이다.

시장에서 상품가격은 구매자와 판매자 간에 발생하는 어떤 경쟁에 의해 형성된다. 어떤 물건의 가격은 공급과 수요 간의 비율에 의해 규제된다고 통상적으로 이야기된다. 이것은 의심할 여지 없이 다음과 같은 이유로 진실이다. 만약 한 물품에 대한 수요 혹은 공급이 크다면, 수요 혹은 공급 역시 큰 것으로 알려지며, 그리고 만약 작다면, 수요 혹은 공급은 작은 것으로 이해된다. 따라서 만약 예컨대 공급이 수요보다 더 적은 것으로 알려졌을 때, 판매자들은 구매자들을 어느 정도까지는 그들 마음대로 좌지우지할 수 있다고 판단하며, 그리고 구매자들을 지배할 수 있는 자신의 힘으로 얻을 수 있는 좋은 가격 조건을 고집한다. 지불되는 가격은 그 경우 형평성에 전혀 지배되지 않고, 한 당사자가 다른 당사자에 대해 가지는 지배력에 의해 전적으로 규제된다. 수요가 공급보다 적었을 때, 구매자들은 판매자에게 손실을 입히지 않도록 계산된 가격을 제공하는 것이 아니라, 판매자가 팔지 않기보다는 오히려 판매자들이 수용할 것이라고 생각되는 정도의 가격만 오로지 지급하면서, 어느 정도까지는 시장을 지배한다. 따라서 모든 경우 가격에 관한 문제는 힘 그리고 오로지 힘의 문제이다. 희소한 재화가 다소간 꼭 필요한 물건으로 느껴지는 정도에 비례하여 그 가격 상승의 정도가 확실히 결정될 것이다.

재화가격을 규제하는 것으로 확립된 원리는 역시 그 물건들을 팔 때 이용되는 지폐가격을 규제하는 원리로 간주되어야 한다. 왜냐하면 재화 판매의 경우 그 재화가 화폐에 팔리고 있는 것처럼 지폐가 재화에 대해서 팔리고 있다고 말하는 것은 적절할 수 있기 때문이다. 따라서 한 상품의 판매는 보통 그렇게 이해되지는 않지만 이중적인 거래이다. 내가 말하고자 하는 바는 교환(혹은 판매)을 발생시키는 가격은 두 가지 사실에 의존한다는 것이다. 즉 한쪽에서는 특정 상품의 공급과 수요 간의 비율에 의존하며, 그리고 다른 쪽에서는 유통수단의 일반적 공급과 수요 간의 비율에 의존한다.

더욱이 빵이 모든 이에게 필수품인 것처럼 지폐(그것이 대규모 거래에 사용되는 유일한 유통수단이므로, 여기서 나는 그것이 유일한 유통수단인 것처럼 언급할 것이다.)도 유사한 방식으로 어떤 사람들에게는 어느 정도까지는 필수품이다. 지폐는 상인들에게 필수적이다. 왜냐하면 부분적으로, 상인들은 그들 자신의 과거 수입 수단에 의해서만 지불 가능하게 되는 채무에 묶여 있기 때문이며, 그리고 부분적으로는, 재화의 보유로부터는 손실이 꾸준히 증가하므로 그들은 길지 않은 시간 내에 화폐, 즉 지폐를 수취하고 팔아야 할 재화를 보유하고 있기 때문이다. 따라서 지폐는 상인에 의해 구매되어야 하고, 만약 지폐를 획득하는 데 어려움이 존재한다면, 지폐의 구매자는 판매자의 지배하에 놓이게 되며, 그런 경우 지폐에 대해 재화가 더 많이 있어야 한다.

이제, 지폐 증가가 물품가격 인상에 영향을 미치는 단계를 조심스럽게 추적해보자. 가령, 영란은행권 발행이 증가했다고 가정하자. 그 경우 런던 상인들은 어음을 제시하고 영란은행에서 은행권을 얻기가 평소보다 더 쉬워진 것을 발견하며, 그에 따라 어떤 금전적 계약을 이행하는 용이한 수단을 틀림없이 찾을 수 있을 것이다. 각 상인은 이런 용이한 차입에 의해 용감하게 투기를 약간 확대하게 된다. 그는 화폐가 풍부해서 약간 더 적극적으로 구매할 준비가 되어 있으며, 팔려는 데에는 오히려 더 주저하게 된다. 그는 투기 대상이 되는 물품에서 특별한 이윤이 존재할 것이라고 믿거나, 그렇지 않으면 일반적 구매를 확대함으로써 적어도 사업 크기에 비례한다고 생각되는 통상적 사업 이윤에 대한 자신의 일정한 몫을 가지게 될 것이라고 판단한다. 지급수단이 증가했다는 판단은 동일한 이유로, 동시에 다른 상인들로 하여금 더 큰 구매자가 되도록 유도한다. 따라서 구매하려는 경향 그리고 판매하기를 꺼리는 경향은 모든 부문에서 나타난다. 이제 물품가격은 언급된 구매자와 판매자 간의 일반적 대립에 의존하므로, 다른 당사자보다는 한 당사자의 더 큰 열의를 잘 전달하는 어떤 환경은 결과적으로 그 가격에 영향을 미칠 것이다. 독점, 혹은 담합, 혹은 사소한 불공평, 혹은 심하게는 대규모의 부적절한 투기가 존재한다고 가정할 필요는 없다. 각 구매자의 열의는 미미하게 증가할 수 있다. 그럼에도 구매하려는 열정은 일반적으로 확산되었을 때 가격에 상당한 영향을 미친다.

다른 한편, 지폐량 감소가 재화가격 하락을 유도한다는 것은 입증이 거의 필요하지 않다. 그렇지만 이런 점을 사실들로 예시하는 것은 유용할 수 있다. 내가 이해하는 바에 따르면, 신용화폐가 엄청나게 부족하던 1795년에 곡물가격은 몇몇 지역에서 20~30퍼센트 하락했다. 그 하락은 지불을 이행하기 위해 일부 농부들이 곡물을 팔아야 할 필요성에서 야기되었다. 상당히 많은 유통수단이 회수되었으므로, 그것에 대한 수요는 그런 곳에서는 그 공급보다 훨씬 더 많았다. 그리고 그에 따라 현금을 소지하거나, 혹은 현금으로 통용 가능한 것을 소지하고 있는 소수 사람들은 농부들에게 그렇게 크게 감소된 가격으로 팔도록 강요했다. 곡물가격을 떨어뜨리도록 유도한 것은 곡물이 새롭게 풍부해진 것이 아니라, 새로우면서도 갑작스러운 현금의 희소성이었다.

이미 주장된 바에 따르면, 영란은행의 금태환 중지 이전의 며칠 동안 현금, 즉 은행권으로 팔리는 주식뿐 아니라 재무성 증권도 가격이 하락했다. 그 후 얼마 지나지 않아서, 영란은행의 지급 중지 외에는 어떤 중대한 사건도 발생하지 않는데도 그 가격들은 상승했다. 분명히 정부 증권 가격의 하락과 상승은 그 증권들에 대응하여 국가적 신뢰성이 변동하는 데서 비롯하지 않았다. 왜냐하면 그 하락은 국가 신용이 자연스럽게 가장 최고조일 때, 즉 영란은행이 예전처럼 현금을 지급하고 있고 또한 그 지급 중지가 다가오고 있음이 알려지지 않았을 때 발생했기 때문이며, 그리고 그 상승은 국가 신용이 최저 수준일 때, 즉 그런 실망스러운 사건이 일어난 후 며칠 이내에 나타났기 때문이다. 그 이래로 나타난 것처럼 이런 각각의 변동은 의심할 여지 없이 지급 중지 이전의 짧은 기간 혹은 그 후의 짧은 기간의 수량에 비해서, 지급 중지한 바로 그 날 혹은 이틀 동안 100만 파운드 정도 적었던 영란은행권 수량의 변동 때문이었다. 이 며칠 동안에 은행권이 더 적어졌으므로, 동일한 시점에 그 은행권 가격은 더 높았다. 따라서 지급중지 바로 전 날에 주식가격이 떨어졌다기보다는 오히려 은행권 가격이 사실상 상승했다. 그리고 그 후에 며칠 동안 주식가격이 상승했다기보다는 오히려 은행권 가격이 떨어졌다.[1]

••

1) 이를테면 엄청난 적군들이 영국에 상륙함으로써 야기될 수 있는 것과 같이 어떤 대단한 대중적 불안이 발생한 경우, 화폐시장에서 교환되는 주식가격 혹은 다른 물품의 가격과 비교하면 영란은행권의 가격은 지폐 수량이 동일하게 계속 유지된다고 해도 어쩌면 유사한 방식으로 상승할 것이다. 누구가 주장한 것처럼, 이것은 공황 상태가 항상 야기하는 은행권 수요 증가의 결과로서 발생할 것이다. 그런 시기에 많은 은행가들은 더 소심한 일부 고객들이 평상시보다는 훨씬 더 대규모로 자금을 인출하지는 않을까, 그리고 정부 증권(이 물품은 보통 때에는 가장 짧은 통지를 하고서도 현금화할 수 있기 때문에, 그리고 그것의 즉각 판매가 가능하다고 믿어질 때에는 정부 증권 보유로는 이자를 획득하지만 다른 은행권의 보유로는 이자가 발생하지 않기 때문에, 그들은 그 물품을 은행권보다는 더 선호한다.)을 매각하는 데에서 평소보다는 더 많은 어려움에 처하지는 않을까 등을 우려할 것이다.

침략과 같은 짧은 위기 동안에는 이자를 증식시키는 이점은 거의 무시될 것이며, 그에 따라 각 은행가는 자신의 재무성 증권 혹은 주식을 아마 은행권으로 교환하려고 노력할 것이지만, 그러나 이런 노력은 발행되는 은행권 수량이 동일하다고 가정할 경우 일반적으로 헛된 것으로 입증될 것이다. 그렇지만 그 노력은 은행권으로 교환하기 위하여 그렇게 열성적으로 제공되는 물품의 상대가격을 하락시키는 효과가 있을 것이다. 따라서 오히려 상승한다고 언급되는 것이 현재 제시된 학설, 즉 어떤 물품의 가치가 그 수량이 감소함에 따라 상승하며 그리고 그 반대의 경우에는 반대가 되는 것처럼 그런 물품과 유사한 원리에 따라 지폐가격도 변동한다는 학설로 인하여, 혹은 달리 말하면, 비록 부분적으로는 이미 다루어진 이유로 인해서 그리고 부분적으로는 이하에서 나올 이유로 인하여 지폐 수량과 상품가격 간의 정확한 대응이 항상 존재한다고 결코 기대될 수는 없다. 하지만 지폐 증가는 상품들의 명목가격을 상승시키는 경향이 있고 그것의 감소는 그 가격을 하락시키는 경향이 있다는 학설은 충분히 확립된 것으로 간주될 것이다.

독자는 내가 이 주제를 다룰 때, 지폐 증가는 단지 재화가격 상승을 따라서 나타나는 결과일 뿐이며 그리고 그 가격 상승을 유발하는 환경은 아니기 때문에, 결과를 원인으로 오해하고 있다고 아마 생각할 수도 있다. 지폐의 대규모 방출이 높은 가격의 유일한 혹은 주요한 결과로 종종 정당하게 간주될 수 있다는 점을 부정하는 것은 아니다. 그렇지만 더욱 적절히 말하면 적어도 상당한 경우 지폐의 더 많은 수량이 확실히 그 원인이라고 주장하고 싶다. 이와 같이 명백하게 어렵고 논란이 많은 견해에 관한 더욱 완전한 설명은 이 책의 내용이 진행되면서 제시될 것이다.

다음으로, 일반적인 상품가격 상승이 지폐의 엄청난 발행으로부터 진행되든 혹은 어떤 다른 상황으로부터 진행되든, 금의 시장가격이 주조가격을 넘어서서 상승하는 데에서 그런 상품가격 상승이 어떤 방식으로 영향

∵

적어도 부분적으로 은행권 가격일 때, 정부 증권 가격은 하락하는 것으로 드러날 것이다. 은행의 발권량 증가는 그런 시기에 정당한 것처럼 보일 것이다. 그런 증가는 은행권 가치의 부자연스러운 상승을 오로지 방지하는 데 충분해야 한다는 것을 의미한다. 이런 은행권 발행은 정부 증권 딜러들이 품고 있는 정부 증권에 대한 불신 정도(이런 환경은 일반적인 공황의 순간에는 약간의 정치적 중요성이 있을 수 있다.)와 관련하여 일반인들 사이에 유포된 오류를 방지하는 수단일 것이다.

을 미치는지를 보여줄 것이다.

　영국에서 재화가격이 비싸지는 것에 비례하여 우리 재화와 경쟁하는 다른 나라의 상품들은 외국시장에서 호평을 받게 되므로, 외국인은 확실히 영국의 재화를 구매하기를 꺼리게 된다. 그에 따라 우리가 가정할 필요가 있는 것처럼 우리의 물품을 구입하는 데에 따르는 불리한 교환에 대해서 어떤 보상이 외국인에게 부여된다고 가정하지 않는 한, 우리의 수출은 해외 주문 감소의 결과로 인하여 감소할 것이다. 그렇지만 가정한 사례에서 우리의 수출은 감소할 뿐 아니라, 우리의 수입은 증가할 것이다. 왜냐하면 영국의 높은 재화가격은 영국 물품의 수출을 위축시키는 바로 그 정도와 아주 유사한 정도로 외국 상품들이 수입되도록 유도할 것이기 때문이다. 만약 우리가 가정 불가능한 것을 가정한다면, 즉 영국에서 재화가격이 매우 크게 상승하는 바로 그 시기에 환율이 전혀 움직이지 않는다고 가정한다면, 내가 말하고자 하는 것은 이런 두 가지 효과(수출 위축과 수입 증가)가 수반할 것이라는 점뿐이다. 다음의 이유로 인하여 나는 이것이 가정 불가능하다고 말했다. 수출 위축과 수입 증가를 묘사하는 상황에서는 무역수지가 불가피하게도 우리에게 불리하게 전환될 것이며, 그 결과 영국을 지급지로 하는 외국의 어음 발행자들의 수는 어음을 발송할 이유가 있는 사람들보다도 많아질 것이다. 어음을 발행하기를 원하는 개인들의 숫자와 어음을 발송하기를 원하는 사람들의 숫자 간의 이런 불균형은 앞 장에서 언급한 것처럼 영국을 지급지로 하는 풍부한 어음들이 외국시장에서 판매되는 가격을 틀림없이 떨어뜨릴 것이다. 영국에서 태환 가능한 어음들의 해외 가격 인하는, 외국의 구매자가 구매에 의해 발생한 영국의 빚을 청산하고자 할 때, 그 빚을 자국 통화의 교환가치로 계산하는 데 유리하게 작용할 것이다. 그것은 영국 물품이 비싼 것의 효과를 그렇게 제거할 것이다. 즉 그것은 그렇지 않았을 경우 외국인이 영국 시장에서 구매함으로써 입게 되었을 손실에 대한 보상으로 작용할 것이다. 따라서 우리의 환율 하락은 수출을 촉진하고 수입을 위축시킬 것이다. 그것은 영국의 높은 재화가격이 무역역조(그 주제를 예시할 목적으로 존재한다고 가정되는 무역역조)를 유발하는 것을 상당한 정도까지 방지할 것이다.

영국의 모든 물품의 높은 가격에 대해 외국인에게 그렇게 부여되는 보상은 외국인으로 하여금 그 재화를 받아들이도록 유인하는 데 필요하며, 이것은 마치 영국에서 부과된 세금 때문에 외국시장에서 너무 비싸게 된 특정 재화를 외국인이 구입하도록 만드는 데 필요한 유인책으로 세금 환급이나 수출장려금이 활용되는 것과 상당히 흡사한 방식이다. 각각의 경우 영국의 소비자는 높은 가격을 지불하며, 외국인은 구입 비용을 절감한다. 왜냐하면 그렇지 않을 경우 외국인은 그 재화를 받아들이지 않기 때문이다.

이제 우리의 환율 하락은, 외국인이 영국의 빚(영국의 통화로 지급되는 빚)을 청산할 때, 외국 통화의 교환가치에 대한 평가에서 얻는 이득으로 정확하게 정의된다. 따라서 그것은 외국 통화에 대한 높은 평가를, 우리나라 통화에 대한 낮은 평가를 의미한다. 여기서 낮은 평가는 외국 통화와 교환되는 우리의 지폐와 주화에 대한 낮은 평가를 말한다.

이제, 주화가 그렇게 싸질 때 지금 역시 싸진 것은 결코 아니다. 주화는 우리의 유통수단의 일부를 구성하기 때문에 저렴해졌지만, 지금은 그것의 일부를 구성하지 않는다. 지금은 상품, 오로지 상품일 뿐이다. 그리고 그것은 다른 모든 상품과 동일한 원리에 따라 그 가치가 상승하거나 하락한다. 지금과 교환되는 유통수단이 싸지는 것에 비례하여 다른 상품들과 같이 지금가격은 비싸지며, 그리고 유통수단이 비싸지는 것에 비례하여 지금은 싸진다.

따라서 현재 가정한 경우에서 우리는 주화 가치가 그것의 적정가치 및 내재가치 이하로 떨어지는 것으로, 반면에 지금은 그것의 자연가격 및 통상적 가격을 유지하는 것으로 간주해야 한다. 그에 따라 앞에서 지적한 유혹, 즉 지금으로 전환하고 그 다음에 수출하려는 유혹, 혹은 역시 동일한 의미이지만 그것을 수출하고 그 다음에 지금으로 전환하려는 유혹, 혹은 역시 동일한 의미이지만 지금으로 전환하고서 그 다음에 수출에 의해 획득 가능한 가격에 그 금(영란은행이 구입해서 지금에서 주화로 전환하는 금)을 영란은행에 판매하려는 유혹 등이 발생한다.

이런 방식으로 지폐 증가가 영국의 상품가격을 외국에서 수취 가능한 가격 이상으로 인상한다고 가정할 경우, 환율의 움직임에서 제공되는 약간의 할인이 존재하지 않는 한, 그런 지폐 증가는 금의 주조가격 이상으로 금의 시장가격을 인상하는 데 기여한다. 그에 따라 그 지폐 증가는 영란은행 이사들이 영란은행의 금고에 넣어두고자 하는 주화를 금고에서 인출하게 만들 뿐 아니라, 또한 영란은행으로 금이 적절하게 공급되는 것을 방해하도록 유도한다.

스미스 박사는 과다한 지폐 유통이 영국 외부로 금을 유출시키는 경향, 그리고 그 결과 특히 불완전하면서도 불만족스러운 방식으로 은행제도를 곤경에 빠뜨리는 경향에 관한 중요한 주제를 다룬 것처럼 보인다. 정말로 그는 여러 해에 걸친 지폐 유통량 과다가 금의 구입에 엄청난 지출을 유발했다고 영란은행을 비난하고 있으며, 그리고 과다한 지폐 발행에 의해 이런 해악을 발생시킨 데 공동의 책임이 있다며 스코틀랜드의 은행들도 비판한다. 따라서 그는 과다한 지폐 발행이 금의 주조가격 이상으로 금의 시장가격을 상승시키려는 경향을 조장했다는 약간의 암시를 독자에게 제공하는 것처럼 보인다.[2]

그러나 그가 주조가격을 상회하는 시장가격 혹은 시장가격을 상회하는 주조가격 등의 항구적 초과분 모두를 "주화의 어떤 상태"[3]와 전적으로 관련된 것으로 간주한다는 것은 그의 저서의 다른 부분에서 더 명확하게 드러나기는 하지만 문제의 구절에서도 어느 정도는 드러난다.

어느 곳에서 그가 그 사례를 기술하는 것처럼, 무거운 금화에 있는 금의 가치는 무거운 주화와 가벼운 주화 양자의 일반적인 경상가치를 결정하며, 그에 따라 무거운 금화에 있는 더 많은 양의 금은 무거운 주화의 용해로부터 상당한 이윤을 만들어내므로, 높은 지금가격은 가벼운 금화와 무거운 금화 간의 차이로부터 발생한다.[4][5] 그것은 명백한 오류이며, 경험에도 모순된다. 왜냐하면 그것이 의미하는 바는 금의 주조가격을 상회하는 금의 시장가격의 초과분은 무거운 금화와 가벼운 금화 간의 차이보다 결코 더 크지 않고, 결코 더 클 수도 없다는 것이며, 우리의 주조 환경이 모든 관점에서 동일한 상태로 남아 있다면 지금가격은 변동할 수 없다는 것이기

••

2) 금, 은과 교환하기 위하여 지폐의 초과분이 계속 되돌아오고 있는 상황에서 영란은행은 지폐를 너무 많이 발행함으로써 수년에 걸쳐서 해마다 80만 파운드에서 100만 파운드에 이르는 금화를 주조해야만 했다. 이렇게 많은 금화를 주조하기 위해서 (몇 년 전에 금화가 닳고 함량이 떨어진 상태로 전락한 결과로 인하여) 영란은행은 온스당 4파운드의 높은 가격으로 지금을 자주 매입했고, 바로 그 뒤에 영란은행은 1온스로 3파운드 17실링 10.5페니의 금화를 주조했으며, 결과적으로 이런 방식에 의해 2.5퍼센트~3퍼센트의 손실을 입었다. 비록 영란은행이 금화 주조세를 전혀 납부하지 않았고 정부가 적절하게 주조 비용을 부담했다고 할지라도, 정부의 이런 특혜도 그 은행의 비용 지출을 전혀 막지는 못했다." A. Smith, *An Inquiry into the Nature and Causes of the Wealth of Nations*, vol. I, 4th ed. Oct., p. 451.

3) "금 혹은 은의 시장가격이 금의 주조가격보다 다소간 더 높거나 혹은 다소간 더 낮은 상태가 꾸준히 그리고 일정하게 몇 년 동안 유지될 때 가격의 이런 꾸준한 우위 혹은 열위는, 그 시점에, 주화에 포함된 지금(地金)의 정확한 정량보다 더 높은 혹은 더 낮은 가치를 갖게끔 하는 주화의 어떤 상태의 결과라고 우리는 확신할 수 있다." A. Smith, *The Wealth of Nations*, vol. I, 4th ed. Oct., p. 69.

때문이다. 금의 주조가격과 비교했을 때, 우리의 주조 환경이 모든 관점에서 계속 동일할 경우, 우리는 무려 8퍼센트 혹은 10퍼센트에 이를 정도로 우리의 환율 변동과 그에 대응하는 금의 시장가격 변화를 최근 경험했다.

스미스 박사는 가벼운 주화와 무거운 주화 모두의 가치를 상승시켜주고 그에 따라 금의 주조가격을 상회하는 금의 시장가격 초과분을 완전히 제거하지는 않지만 그것을 감소시키려는 경향을 보여주는 화폐주조세를 권고한다.[6]

∵

4) "모든 나라에서 현재 주화의 많은 부분이 거의 언제나 다소간 닳거나 혹은 그렇지 않으면 그 표준량보다 더 적다. 영국에서 그것은 재주조하기 전에는 상당한 양에 달했으며, 금은 그 표준 무게에서 2퍼센트 이상 적었고, 은은 8퍼센트 이상 더 적었다. 그러나 만약 완전한 표준 무게, 즉 금 1파운드의 무게를 포함하고 있는 44.5기니로 구입할 수 있는 것이 주조되지 않은 금 1파운드로 구입할 수 있는 것보다 적다면, 그 무게가 일부 모자라는 44.5기니로는 1파운드 무게의 금도 구입할 수 없으며, 그리고 그 부족분을 보충하기 위하여 어떤 것이 추가되어야 한다. 따라서 지금(地金)의 현재 시장가격은 주조가격 혹은 46파운드 14실링 6페니와 동일하지 않고 대략 47파운드 14실링이었으며, 그리고 종종 대략 48파운드이기도 했다. 그러나 주화의 더 많은 부분이 이와 같이 함량 미달 상태일 때, 새로 주조된 44.5기니도 다른 어떤 통상적인 기니와 마찬가지로 동일한 재화를 시장에서 구입할 것이다. 왜냐하면 그 주화가 다른 주화와 섞여서 상인의 금고에 들어갔을 때, 구분하려는 노력이 그 차이보다 더 가치가 있지 않은 한, 그 주화들은 그 후에 구분되지 않기 때문이다. 다른 기니와 마찬가지로 그 새로운 금화도 46파운드 14실링 6페니의 가치만 가진다. 그러나 만약 그것이 용해로에 던져진다면, 그 기니는 커다란 손실 없이 표준인 금 무게 1파운드를 만들었으며, 그리고 그것은 언제나 금 혹은 은으로 47파운드 14실링과 48파운드 사이에서 팔릴 수 있었다. 따라서 새로 주조된 화폐를 용해하면 이윤이 분명히 존재하며, 그리고 그것은 그렇게 즉각 행해지므로, 정부의 어떤 예방책도 그것을 막을 수 없다. 화폐 주조소의 운영은 이런 이유로 인하여 페넬로페(Penelope)의 직물과 약간 유사했다. 즉 낮에 행해진 작업이 밤에는 원상회복된다. 화폐 주조소는 주화를 매일 증가시키기 위해서 사용된다기보다는 오히려 매일 용해된 그 금의 대부분을 원래 자리로 되돌리는 데에 사용되었다."

5) (옮긴이) 각주의 인용문: A. Smith(1776), *An Inquiry into the Nature and Causes of the Wealth of Nations*, ed. by R. H. Campbell and A. S. Skinner(Clarendon Press, 1976), pp. 550~551.

6) "주조소에 금과 은을 가져가는 서민들이 그 주조에 대해 자신이 대가를 지불해야 한다면, 그것

스미스는 문제의 초과분이 이 장과 앞 장에서 모든 경우에 발생하는 것으로 묘사한 더 직접적인 원인(우리의 환율 하락)에 어느 정도까지는 주의하지 않고 있으며, 또한 최근에 의존한 더 심원한 원인(즉 우리의 환율 하락을 유발하는 너무 높은 재화가격)에도 주의하지 않고 있다. 이는 주목할 만한 것이다.

∵

은 유행이 금 접시의 가치를 증가시키는 것과 유사한 방식으로 그 금속의 가치를 증가시킬 것이다. 주조된 금과 은은 주조되지 않은 것보다 더 가치가 있을 것이다. 화폐주조세가 엄청나지 않다면 그 세금은 지금의 가치에 그 세금 전체를 부가시킬 것이다. 왜냐하면 정부는 어디에서나 주조할 수 있는 배타적 특권을 가지고 있으므로, 어떤 주화도 정부가 적절하다고 생각하는 것보다 더 저렴하게 시장에 출하될 수 없기 때문이다."

"화폐주조세는 새로운 주화를 용해함으로써 발생하는 이윤을 많은 경우에 전적으로 제거하며, 그리고 모든 경우 그 이윤을 감소시킬 것이다. 이런 이윤은 통상적인 통화가 포함해야 하는 지금의 양과 그 통화가 실제로 포함하고 있는 지금의 양 간의 차이로부터 발생한다. 만약 이런 차이가 화폐주조세보다 적다면, 이윤 대신에 손실이 발생할 것이다. 만약 그것이 화폐주조세와 동일하다면, 이윤도 손실도 존재하지 않을 것이다. 만약 그것이 화폐주조세보다 크다면 정말로 약간의 이윤이 있을 것이지만, 그것은 화폐주조세가 없는 경우에 비하면 적을 것이다."
A. Smith, *The Wealth of Nations*, vol. II, Book IV, Chap. VI, pp. 333, 334~335.

화폐주조세에 관한 스미스 박사의 이런 주장은 다음의 관점에서 오류인 것처럼 보인다. 금 접시는 구입할 때 다시 팔기 위해서가 아니라 소유자가 보유하기 위해서 구입했으며, 그 결과 스미스 박사가 그런 것처럼 원래 구매자가 지급한 가격은 그 물품의 현재 가격으로 간주해도 그렇게 부당하지는 않을 것이다. 반면에 금은 구입되어 주조되자마자 유통된다. 즉 그것은 자꾸자꾸 팔린다(혹은 상품과 교환된다). 따라서 금화의 현재 가격은 지금의 판매자와 영란은행 간의 지금의 최초 거래에서 통용되는 가격이 아니라, 그 후에 나타나는 연속적인 일반 유통경로에서 통용되는 가격을 의미한다. 게다가 금화는 국내에서 유통될 뿐 아니라, 무역역조의 경우에는 해외로 반출되기 쉽다. 그 경우 금화는 외국이 그것에 대해 제공하는 바로 그만큼의 가치를 가지며, 그리고 외국은 그 금화의 가치를 측정할 때(이것은 그 금화를 용해한다는 의미이다.) 그 귀금속의 주조 비용을 감안하지 않는다. 외국은 새로운 금 접시의 구매자가 아니라 오래된 금 접시의 구매자처럼 행동하며, 그리고 그것을 용해로에 집어넣으려 하고, 그에 따라 "유행"에 대해서는 어떤 것도 인정하기를 거절한다.

우리 주화의 이런 해외 가격은 영국에서 주화의 경상가치를 주로 결정한다. 나에게는 그것이 다음의 방식으로 그 가치를 결정하는 것처럼 보인다.

내가 인식하는 것처럼, 이 주제에 관한 주장 어디에서도 스미스 박사는 가격이라는 매개(현재 유통수단의 가격과 비교하여 일반 재화가격과 특히 지금 가격의 매개)를 통해서 금의 수출 및 수입 현상이 어떻게 발생하는지를 보여주는 실제 원리에 의존해서 자신의 주장을 충분히 진행시키지 않는다. 그는 우리 주화가 국내에 넘칠 정도로 많아서 단순히 해외로 반출된다고 생각한다. 그의 학설에 따르면, 초과된 지폐는 해외로 반출될 수도 없고 또한 국내에서 다른 어떤 용도로 전환될 수도 없으므로, 주화로의 태환은 초과 지폐의 수량만큼 모든 은행에 대해서 요구된다. 반면 그 초과분이 주화로 교환되었을 때, 그 주화는 해외로 반출될 수 있고 그곳에서 유리하게

∷

우리 주화가 외국에서 팔리는 가격이 영국에서 그 주화의 반출을 유도할 정도의 가격이 되었을 때, 영란은행 이사들은 자연스럽게 자기 회사의 안전을 걱정하면서 그 지폐 수량을 어느 정도까지 감소시킨다. 그들은 지폐를 감소시킴으로써 지폐 가치를 인상하며, 그리고 그 지폐 가치를 인상하면서 영국에서 그 지폐와 교환되는 주화의 가치도 상승시킨다. 따라서 우리 금화의 가치는 지폐 가치와 저절로 부합하며, 그리고 영란은행 이사들에 의해서 현재의 지폐는 대규모 주화 수출을 방지하기 위해 영란은행이 부담할 필요가 있는 가치를 갖게 된다. 그 가치는 종종 우리 주화가 해외에서 갖는 가치 이상으로 약간 상승하기도 하고, 종종 그 가치 이하로 약간 떨어지기도 한다. 그 가격은 그 형성 과정에서 유행에 대해서는 전혀 고려되지 않은 것이다.

그럼에도 화폐주조세는 다음의 이유로 인하여 영국 주화의 현재 가격을 상승시킬 수 있다. 정부가 현재 영란은행에 부과하고 있는 특별한 부담에서 더 효과적으로 벗어나기 위하여 영란은행 이사들은 지폐를 더 엄격히 제한함으로써 지폐 가치를 화폐주조세를 통해서 개선하려고 할 수 있다. 이사들이 지폐 가치가 그 이하로 하락하는 것을 방지하려는 수준은 현재의 그 가격, 즉 용해되어서 해외로 반출되었을 때 우리 주화의 판매가격과 여전히 비슷할 것이다. 그렇지만 그 가격 이하로 떨어지는 것을 방지하려는 이사들의 관심은 아마 더 클 것이며, 그리고 만약 각각의 불경기의 경우에 그들이 현재처럼 금의 구입에서 손실을 보아야 할 뿐 아니라, 그것을 주조하는 데 추가로 손실을 부담해야 한다면, 그 관심은 결과적으로 그것의 평균 가격을 올릴 것이다. 그러나 현재 금의 시장가격과 주조가격 사이에 존재하기 쉬운 변동의 정도가 영란은행의 어떤 노력에 의해 크게 축소될 수 있다고 가정할 만한 이유는 전혀 없는 것 같다. 그것은 환율 변동에서 비롯하며, 그리고 그 변동은 일반적으로 무역수지에 영향을 주고 또한 은행권의 어떤 관리에 의해 정확하게 상쇄될 수 없는 유럽 시장의 변동으로부터 진행된다.

사용될 수 있다.[7]

내가 확립하려 노력한 원리에 따르면, 독자는 유통수단이 충만한 상태여서 추가적 유통수단은 국내에서 어떤 용도도 발견할 수 없으므로 그 주화는 정말로 영국을 떠나야 한다고 인식한다. 또한 독자는 지폐의 모든 증가는 재화가격을 인상시키며 그에 따라 인상된 재화가격은 더 많은 유통수단에 사용처를 제공하고 그 결과 그 유통수단은 더는 초과되었다고 결코 말할 수 없게 된다고 인식할 것이다. 이런 인상된 재화가격은 주화의 감소된 가격과 유사하며, 그에 따라 그 주화는 감소된 가격의 결과로 인하여 더 나은 시장을 얻기 위하여 영국으로부터 반출된다. 만약 주화를 획득하고 운송하는 것이 편리하다면 무거운 주화가 확실히 더 선호될 것이지만, 가벼운 금화도 환율이 그런 거래에서 이윤을 제공할 만큼 충분히 낮았을 때에는 수출될 것이다. 그 주제를 다루는 스미스 박사의 방식에서 나온 결과들 중 하나는, 지폐의 초과 발행으로 금이 해외로 빠져나갔을 때, 그것을 복귀시키는 비용은 그것이 반출된 그곳에서 그것을 수집하고 운송하는 비용으로만 단순히 구성된다는 그릇된 생각으로 독자를 빠져들게 한

∴

7) "영국 내 유통에 사용 가능한 것보다 더 많은 지폐를 발행하고 그 초과분이 주화 지급을 요구하면서 계속적으로 되돌아오고 있는 은행의 금고는, 비록 더 가득 채워져야겠지만, 그들의 사업이 더욱 합리적인 수준으로 한정되었을 경우에 비해서 여전히 더 빠른 속도로 틀림없이 저절로 비게 될 것이며, 그리고 그 금고는 그것을 다시 보충하기 위하여 더 맹렬하고 또한 더욱 꾸준하면서도 지속적인 큰 비용을 틀림없이 필요로 한다. 더욱이 그들 금고에서 그와 같이 대규모로 그렇게 지속적으로 인출되는 주화는 영국의 유통에서는 사용될 수 없다. 그 주화는 영국의 유통에서 사용 가능한 것을 초과하는 지폐를 대신하고 있으며, 그 결과 그 주화는 마찬가지로 영국에서 사용될 수 있는 것을 넘어서는 것이다. 그렇지만 그 주화는 유휴 상태로 남도록 허용되지 않을 것이므로, 국내에서는 발견할 수 없는 유리한 사용처를 찾기 위하여 한 형태 혹은 다른 형태로 해외로 반출되어야 할 것이다. 그리고 금과 은의 이런 지속적 수출은, 자금 부족을 고양함으로써 저절로 그렇게 빨리 비고 있는 그 금고를 채워 넣기 위하여, 더 많은 금과 은을 발견하는 데에 여전히 훨씬 더 많은 비용을 반드시 투입해야 할 것이다." Vol. I, p. 450.

다는 것이다. 반면에 내가 제시한 원리에 따르면, 금을 되돌아오게 하기 위해서는 금 수입 비용이 부담되어야 하고, 또한 다소간 상당한 크기가 될 수 있는 손실을 보면서 그것을 구입하는 비용도 부담해야 한다(대단히 중요한 문제의 상황이다). 만약 이런 손실이 어떻든 극단적으로 엄청나게 된다면, 우리의 지폐 가치 회복에서 난관은 쉽게 극복될 수 없을 것이며, 그리고 영국의 주화와 지폐 간의 현재의 할인 혹은 간격은 거의 회피 불가능할 것이다.

스미스 박사는 사실상 금을 회수하는 비용이 대단할 것이라고 말하지만, 엄청난 비용은 반복적으로 발생하는 상황의 탓으로 돌리는 것 같으며, 그리고 이웃 지역의 유통에 충분한 것보다 더 많이 지폐를 발행하는 잘못된 정책을 고수하는 각 개별 은행(그 은행이 도시에 있든 지방에 있든)의 경우 그런 비용은 지속적으로 반복된다고 묘사한다. 이 점에 관한 그의 논리의 한 부분에서 보이는 엄청난 부정확성을 이 기회에 여기서 지적할 것이다.

그는 다음과 같이 말한다. "영국의 유통에 사용할 수 있는 것보다 더 많이 지폐를 발행하고 그 초과분이 태환을 위해서 은행으로 계속 되돌아오는 경우, 그 은행은 그 금고에 언제나 보관하는 금과 은의 양을 이런 초과분에 비례할 뿐 아니라 또한 그것보다 훨씬 더 큰 비율로 증가시켜야 한다. 이를테면 영국의 유통이 손쉽게 흡수할 수 있는 특정한 은행의 모든 지폐가 4만 파운드에 이르고, 그 은행이 특별한 태환 요구에 대비해서 1만 파운드의 금과 은을 통상적으로 유지한다고 가정하자. 만약 이 은행이 4만 4000파운드를 유통시키려고 한다면, 4000파운드의 초과분은 발행되자마자 신속하게 되돌아올 것이다. 그때에는 1만 파운드 대신에 1만 4000파운드의 금과 은이 유지되어야 하며, 그 은행은 초과 유통에 의해 아무것도 얻지 못할 것이다. 반면에 그 은행은 회수되는 속도만큼 빠른 속도로 그 은행의 금고에서 지속적으로 빠져나가는 4000파운드의 금과 은을 계속 수집하는 비용 전체를 잃게 될 것이다."[8]

그 다음에 덧붙여서 그는 다음과 같이 언급한다. "각각의 특정한 은행 모두가 자신의 이익을 언제나 이해하고 그것을 고수한다면, 지폐 유통량은 결코 과잉이 되지 않을 것이다."[9]

지폐의 초과분이 그것을 발행한 은행으로 회수되고 회수되는 과정에서 발행 은행이 그 비용을 부담한다고 말하는 데에는 어떤 근거가 분명히 존재한다. 그렇지만 회수되는 수량이 발행 은행에 야기하는 비용을 추계하는 스미스 박사의 방식에 대해 많은 이의가 제기될 수 있다. 그러나 내가 스미스 박사의 주장에 대해 처음 제기한 반론은 아무리 그 주장이 정당하다고 해도 영국의 지방은행에서는 거의 발생할 수 없는 경우에만 오로지 그 주장이 정당할 수 있다는 것이다. 내가 말하려고 하는 바는 그 은행의 지폐가 배타적으로 인근 지역에서만 유통되는 단일 은행의 경우에만 그 방식이 적용될 수 있다는 것이다. 즉 동일한 지역에 여러 은행의 지폐가 유통되는 경우에는 분명히 그 방식이 성립할 수 없다.

이것을 명확히 설명하기 위하여 다음을 가정해보자. 어떤 지역에 필요한 지방은행권 유통량이 10만 파운드라고 상정하며, 그리고 그 지역에 은행이 10개 있고 각 은행이 통상적으로 유통시키면서 유지할 수 있는 화폐량이 1만 파운드라고 가정하자. 또한 초과 발행량이 4000파운드라고 가정하고, 10개 은행에 미치는 초과 발행의 효과는 스미스 박사에 의해 묘

..

8) (옮긴이) A. Smith(1776), *An Inquiry into the Nature and Causes of the Wealth of Nations*, ed. by R. H. Campbell and A. S. Skinner(Clarendon Press, 1976), pp. 301~302. 내용은 동일하지만 문장의 극히 일부에서 단어 구성이 약간 상이하다.

9) (옮긴이) 같은 책, p. 302.

사된 확실히 논란 가능한 핵심, 즉 정확히 4000파운드에 이르는 추가적인 금 재고량을 **항상** 유지해야 하며(왜냐하면 이것은 스미스 박사의 언어가 의미한 것이기 때문이다.) 그리고 반복적인 비용(스미스 박사는 얼마나 자주 반복되는지에 대해서는 언급하지 않았다.)도 4000파운드의 금을 수집하고 운반하는 데에서 발생하는 것이라고 가정하자. 아직도 우리는 4000파운드의 초과 지폐가 10개 은행 중 어느 한 은행에 의해 발행되며, 반면에 그런 발행에 의해 부담되는 비용은 그들 모두에 의해 분담된다고 가정할 수 있다. 따라서 스미스 박사가 초과되었다고 생각하는 지폐를 발행한다는 것은 스미스 박사 자신의 원리에 따르면 동일한 지역에서 유통되는 지폐를 발행하는 몇몇 은행 중 하나에 대해서만 부합할 수 있다. 또한 그렇게 하는 관행은 스미스 박사가 가정하는 것처럼 지방은행가가 자신의 이익을 너무 잘 이해하지 못했기 때문이 아니라, 지방은행가가 자신의 이해관계를 너무나 잘 알고 있기 때문이라 할 수 있다.

그러나 내가 가정한 경우는 단지 예시의 방편으로 제시되었다. 많은 은행이 동일 지역에서 통용되는 은행권을 발행할 때, 누구의 지폐가 초과분을 구성하는지를 말하기는 불가능하다. 초과에 대한 어떤 유혹이 존재하든, 그것은 틀림없이 일반적인 유혹이다. 그렇지만 그 유혹은 스미스 박사가 유일하게 의존하고 있는 금 운반 비용에 의해 상쇄될 뿐 아니라, 또한 그와 유사하게 다른 모든 비용과 더불어 지방은행권 발행자에게 귀속되는 모든 위험에 의해 좌절되기도 한다. 물론 평상시보다 훨씬 많은 지폐량이 지방은행에 의해 유통되게끔 하는 경로를 발견하는 것은 말할 필요도 없이 매우 어렵다.

방금 인용한 구절에서 스미스 박사는 지방은행권의 초과 유통이 있을 때 그 초과분은 금과 은으로 교환되기 위해 은행으로 되돌아온다고 가정했다.

사실 그 초과분은 오직 금과 은으로 교환되기 위하여 되돌아오는 것이 아니라, 금과 은으로 혹은 런던을 지급지로 하는 어음으로 교환되기 위하여 되돌아온다. 런던을 지급지로 하는 어음은 일정한 기간이 지난 후에 런던에서 금으로 혹은 영란은행권으로 수취할 수 있는 명령서이다. 이 명령서는 지방은행가에게 그의 어음 발행에 부응할 수 있는 충분한 기금을 런던에 마련할 임무를 부과한다. 그렇지만 그것은 금화의 재고를 유지할 필요성을 감소시킬 뿐 아니라, 금을 운반하는 비용을 절감하는 데 기여한다. 스미스 박사는 이런 금 재고가 모든 지폐 초과 발행의 결과라고 상정하며, 만약 은행가가 지폐 발행의 제한에 대한 이해관계를 이해하기만 한다면 이런 재고가 지폐 발행을 제한하는 확실한 수단이라고 생각한다.

방금 제시된 주장은 우리가 겪은 기간의 상황으로부터 특별히 중요한 것을 유도한다. 왜냐하면 만약 지방은행권의 초과 발행을 억제하는 보편적 수단이 그것에 대한 태환 의무를 발행자에게 부여하는 것 외에는 아무것도 없다고 한다면, 우리는 태환이 중지되었을 때 지방은행권의 최악의 범람 사태와 그에 비례하는 은행권의 가치 하락에 반드시 노출된다고 적절히 가정할 수 있기 때문이다. 지방은행권의 무제한 발행은 런던을 지급지로 하는 어음을 제공할 의무에 의해 제한된다. 즉 그렇게 할 필요가 있을 경우, 지방은행권과 교환해 영란은행권을 런던에서 수취할 수 있는 명령서에 의해 제한된다. 그리고 그 필요량에 비례하여 존재하는 영란은행권 수량보다 지방은행권 수량이 훨씬 많아졌을 때에는 언제나 그렇게 할 수 있는 명령서가 필요하다는 것은 확실하다.

이것을 설명하기 위하여 잠시 동안 지방은행이 매우 특별한 수량의 은행권을 발행했다고 해보자. 우리는 지방은행권만 통용되는 지역, 즉 인근 지역에서 구매하는 데 이 은행권이 그 소지자들에 의해 사용된다고 가정해야 한다. 이 장에서 확립된 원리에 따르면 그런 구매는 특정 지역에서 물품가격들의 엄청난 상승을 가져와야 한다. 그러나 엄청나면서도 그 지역에만 국한되는 상승을 가정하는 것은 결코 발생할 수 없는 상승 혹은 적어도 오랫동안 지속적으로 존재할 수 없는 상승을 가정하는 것이다. 왜냐하면 각각의 구매자는 모두 다른 지역에서 더 싼 가격으로 상품들을 구매할 수 있음을 발견할 것이며, 그리고 싼 지역에서 그 상품들을 구매하고 상거래의 이윤을 목적으로 비싼 지역으로 그것을 운반하는 데 실패하지 않을 것이기 때문이다. 이것을 실천하기 위해 그 구매자는 그 특별한 지폐 발행에 의해 재화가격이 비싸져버린 지역에서 통용되는 은행권이 재화가격이 싼 지역의 유통수단으로 전환되기를 요구할 것이다. 따라서 만약 영란은행권이 지방은행권보다 그 필요량에 비해 더 적다고 한다면, 즉 지방은행권이 지방의 재화가격들을 인상하는 것보다는 영란은행권이 런던의 재화가격들을 덜 인상한다면, 그 구매자는 자신의 지방은행권이 영란은행권으로 전환되기를 요구하거나, 혹은 거의 동일한 것이지만 런던을 지급지로 하는 어음으로 전환되기를 요구할 것이다.

이 점은 또한 다음 방식으로 더 완전하게 예시될 수 있다. 한 회사는 하나가 런던에 위치하고 다른 하나가 지방에 위치하는 두 지점으로 구성되며, 각 지점은 그것이 위치한 지역에서 현지 지급에 익숙하지만, 각각은 이웃 지방은행의 자금과 영란은행의 자금을 가능한 한 많이 차입하며, 이 자금을 그 회사가 공용으로 이용하려는 관습이 있다고 가정하자. 다음으로 지방은행에서 차입하는 능력이 특별히 향상되었고, 반면 영란은행의 대출을 획득할 기회는 동일하다고 가정하자.[10] 그 경우 런던에서 그 회사

..

10) 여기 제시된 사례는 논증의 방식으로만 존재할 수 있다고 가정된다. 보여주고자 하는 핵심은

의 지급이 전처럼 지방의 지급과 동일한 비율을 계속 유지한다면(거의 확실히 나타나는 경우일 것이다.), 그 회사는 지방에서 증가된 대출의 일부(지방은행권으로 구성된다.)를 런던을 지급지로 하는 어음으로 교환하거나, 혹은 달리 말하면 영란은행권으로 교환할 것이다. 따라서 그 회사는 런던과 지방의 지폐 수량을 각 지역의 금전적 수요량에 맞추어서 대단히 정확하게 조정할 것이며, 그렇게 하는 과정에서 그 회사는 각 지역의 은행권 공급량이 다른 지역의 수요 비율보다 더 커지는 것을 방지하는 데 기여할 것이다. 한 회사에 대해 가정되던 것은 유사한 여러 회사에 대해서도 가정될 수 있다. 그리고 그 가정은 앞에서 특별히 묘사된 회사에 대해서만이 아니라, 금전적 거래를 동시에 하면서 서로 자금을 융통해주는 데 관심이 있는 멀리 떨어진 두 지역의 독립적인 사업 몇몇에 대해서도 가정될 수 있다. 그들의 일반적인 금전적 사업 운영은 어느 지역에서든 상품가격의 지역 내 상승을 항상 그렇게 억제했을 것이며, 반면에 그 상승은 여전히 거의 인식 불가능할 정도로 사소했다. 따라서 이런 방식에 의해 지방의 지폐와 런던의 지폐 간의 교환 가능성은 양자의 가치를 거의 일치시키는 데 결코 실패하지 않을 것이다. 게다가 그 지폐들의 가치가 완전히 혹은 거의 일치하는 것은 발행자들의 어떤 자발적 행동으로 그 발행이 제한되지 않아서 결국 낮아진 지방의 지폐 가치에 런던 지폐가 참여하려는 경향 때문

∴

그 사례가 발생할 수 없다는 것이거나, 혹은 적어도 영국의 지방은행들 모두가 동시에 그렇게 될 수 없다는 것이다. 개인 한 사람은 여기서 가정한 방식으로 특정 지방은행에서 차입할 수 있는 자신의 수단을 정말로 증가시킬 수 있다. 왜냐하면 그는 다른 차입자에 비해 더 선호될 수 있기 때문이다. 또한 개별적인 한 은행도 대출할 수단을 증가시킬 수 있을 것이다. 왜냐하면 그 은행의 은행권은 다른 은행의 은행권의 지위를 대신할 수 있기 때문이다. 그렇지만 런던에서 차입하는 능력이 동일한 수준을 유지하는 상태에서, 지방은행 지폐 전체의 엄청난 증가는 있을 수 없다.

이 아니며, 또한 각각의 가치가 다른 것의 가치에 접근하려는 경향 때문도 아니며, 오로지 발행자가 런던의 지폐를 제한한 결과로 인해 그 지폐가 얻게 되는 높은 가치를 지방의 지폐가 정확히 수용하려는 경향 때문이라는 것을 명확히 지적하는 것은 중요하다. 이것이 그 사례임에 틀림없다는 것은 방금 언급된 주장으로부터 명백하다. 왜냐하면 그 지방 지폐의 수량을 발행자의 절제 혹은 신중으로 제한하는 데 아무리 실패한다고 할지라도, 지방 지폐의 소지자가 지방의 초과 지폐를 제약받고 있는 런던 지폐로 강제로 교환하려는 환경 때문에 지방 지폐는 확실히 효과적으로 제한된다는 것이 밝혀졌기 때문이다. 여기서 제한된다는 것은 영란은행 이사들이 스스로에게 규정한 제한의 원리의 결과로 제한된다는 것을 의미한다.

그때 지방 지폐가 런던 지폐의 수량에 어떤 것도 더 부가하지 않는다고 주장해보자. 왜냐하면 런던 지폐에 대한 적절한 제한이 우리가 가정한 최대 핵심이라는 것을 염두에 두어야 하기 때문이다. 따라서 지방 지폐는 런던 지폐의 가격을 전혀 감소시키지 않는다. 왜냐하면 우리가 현재 논의에서 하고 있는 것처럼 런던 지폐에 대한 수요는 동일하다고 가정하고 있으므로, 런던 지폐의 가격은 그 수량이 고정되어 있는 한 틀림없이 고정될 것이기 때문이다. 그렇지만 지방 지폐는 런던 지폐와의 교환성에 의해 런던 지폐의 가치와 거의 정확하게 일치하게 된다는 것이 입증되었다. 그때 그것은 그 가치가 완전하게 유지되는 지폐의 가치에 거의 정확하게 일치하게 된다. 따라서 수요가 동일하게 유지된다고 인정되는 런던 지폐에 대한 공급 제한은 런던 지폐의 가치를 유지하는 수단일 뿐 아니라, 지방의 전체 지폐의 가치를 유지하고 그 수량을 제한하는 수단이다.

그러나 여기서 독자에게 지적할 필요가 있는 것은 바로 앞의 주장에서 일반 원리를 명백히 언급할 목적으로 우리가 어떤 사실들이 존재한다고

가정했다는 것이다. 가정된 경우가 실제 사례와 어떤 관점에서 다른지를
보여주는 것은 다음 장의 목적이다.

제9장

영란은행권과 모든 지방은행권이 영란은행권의 수량에 정확히 비례해서 그 가치가 규제되지 못하게 유도하는 환경

앞의 장 마지막 부분에서 제시된 원리를 명확히 묘사하기 위하여, 몇몇 사항이 가정되었다고 간주할 수 있다. 그 사항들은 다음과 같이 언급될 수 있다.

첫째로, 영란은행권은 런던 주변의 전체 유통수단을 배타적으로 구성하는 것으로, 그 지역을 벗어나면 전혀 유통력을 갖지 않는 것으로 언급되었다. 그 다음 둘째로, 영란은행의 지폐 수량이 계속적으로 일정하다고 가정하고, 셋째로, 그 지역 내에서 지급액도 동일하다고 가정하며, 또한 넷째로, 일반 환경이 그렇기 때문에 동일한 유통수단의 양이 전처럼 동일한 지급을 가능케 할 정도로 충분하다고 가정했다. 그리고 그 목적은 영란은행의 지폐는 그것의 가치를 유지하는 데 실패할 수 없었으며 지방의 일반 지폐의 가치를 유지하고 그 지폐 수량을 제한하는 데 성공할 수 있었다는 것을 보여주는 것이었다.

그렇게 제시된 경우가 실제 사례와 어떤 관점에서 다른지를 보여주기

위하여 방금 언급된 네 가지 사항 각각으로 관심을 돌려보자.

첫째로, 영란은행권은 한정된 지역에서만 완전히 배타적으로 통용되지 않는 일반적인 유통력이 있다. 런던과 그 이웃 지역에서 약간의 주화가 역시 통용되고는 있지만, 영란은행권은 유일한 지폐이다. 영국의 머나먼 여러 지역에서 매우 적은 수량의 영란은행권이 유통되고 있으며, 일정량의 주화와 다른 여러 지폐도 통용된다. 지방 지폐뿐 아니라, 런던의 주화와 지방의 주화는 다양한 원인들을 통해서 다소간 영란은행의 지폐를 대신하거나 혹은 그 지폐에 의해 대체될 수 있다. 그리고 그런 모든 변화에는 고려할 필요가 있는 효과가 있을 것이다. 예컨대, 만약 영란은행권이 평소보다 더 많이 지방에서 유통된다면, 발행된 총량이 동일하다고 가정할 경우, 그때 런던 지역에서 사용 가능한 수량은 더 적어질 것이다. 따라서 영란은행권이 지방에서 더 많이 통용되고 약간의 영란은행권이 런던에서 과거 유통되던 금화의 지위를 대신하는 경우, 그전처럼 런던의 지급을 가능케 할 동일한 수단을 제공하고 지방에서 유통되는 지폐 총량을 그전처럼 동일하게 제한하기 위하여, 더 많은 영란은행권 발행이 필요할 것이다.

영란은행의 1파운드와 2파운드 은행권 모두(금태환 중지 이후에 유일하게 발행되던 정화 지폐)는 내가 언급하는 은행권에 대한 그런 종류의 추가를 명백히 구성했다. 이 은행권들은 이미 사라진 금화를 대신하여 런던에서 일부 그리고 지방에서는 많이 유통되었으며, 그 수량이 최근 200만 파운드였다. 따라서 다른 모든 것이 동일하다고 가정할 경우, 태환중지 전처럼 지방 지폐에 대해 동일한 효과를 발생시키기 위해서는 최근 유통되는 영란은행권 총량은 태환 중지 전에 발행되던 수량을 200만 파운드 정도 틀림없이 초과했을 것이다. 런던에서 멀리 떨어진 지방의 유통수단을 공급하는 데 도움을 주는 영란은행권의 그 부분에서는 종종 변동을 야기하는 다른 원인들이 존재한다. 그리고 이런 변동은 종종 중요할 수 있으며, 쉽게 추계될 수도 없다. 그러나 그 변동들은 아마 최근에는 그렇게 중요하지 않았을 것이다. 왜냐하면 금태환 관행이 중지되는 동안 한편으로는 지방은행들은 자신의 은행권을 유통시키기 위해 그전에 비해 약간 더 자극받았을 것이고, 그 결과 그들의 이웃에서 보편적으로 유통되는 약간의 영란은행권을 대체할 수 있었지만, 다른 한편 그 은행들은 그들 지폐의 지급에 영란은행권을 제공할 목적으로, 지금까지는 필요한 것처럼 보이지 않던 영란은행권 기금을 최근 그들의 어음 발행인 계좌에 많이 보유하도록 만들었기 때문이다.[1]

둘째로, 언급된 200만 파운드의 차이를 허용하는 경우, 최근 영란은행권 유통량이 이전 기간의 유통량에 어느 정도까지 대응하는지를 설명해야 한다.

1795년까지 최근 3년 동안 유통 중인 영란은행권의 평균 수량은 11,975,573파운드인 것으로 드러났다. 영란은행의 금태환 중지 이전인 1797년 2월 26일 유통량은 당시에 대단히 감축된 매우 적은 금액인 약 8,600,000파운드에 이미 이른 것으로 언급되었다. 하원에 제출된 보고서에 따르면 1800년 12월 6일 그 금액은 15,450,970파운드로 나타났다. 마지막으로 언급된 금액은 1파운드와 2파운드짜리 은행권 200만 파운드를 포함한다. 만약 이 200만 파운드가 제외된다면, 1800년 12월 6일의 그 금액은 영란은행의 금태환 중지 이전의 3년간 평균을 1,475,397파운드가량 초과할 것이다. 그러나 영란은행 총재가 1801년 봄 하원에서 진술한 바에

·:

1) 또한 환어음과 약속어음에 대한 최근의 추가적 조세 때문에 그 사용이 위축되고 있는 소액 어음 대신에 일부 영란은행권이 최근 런던에서 더 많이 사용되고 있다.

따르면, 영란은행권은 당시 1800년 12월 6일의 금액보다 대략 150만 파운드만큼 감소했다는 문제가 남아 있다. 따라서 1801년 봄 어느 때 유통 중인 영란은행권 총량은, 만약 그 200만 파운드가 공제된다면, 1795년 12월 이전 3년간의 평균 금액과 거의 정확하게 일치한다.[2]

∴

2) 영란은행의 금태환 중지 이전과 이후에 유통 중인 영란은행권 수량에 대한 이런 설명은 소책자에서 동일한 주제를 상세히 조사한 보이드 씨의 설명과는 크게 다르다. 이런 불일치의 원인은 다음과 같다.

그는 영란은행권 수량이 내가 언급한 것처럼 1800년 12월 6일에 15,450,970파운드라고 이야기했다. 그 다음으로 그는 이렇게 가장 많은 금액(나는 그렇거나 혹은 거의 그런 금액이라고 생각한다.)을 우선 가장 적은 금액, 즉 1797년 2월 26일의 금액인 8,630,250파운드와 비교하며, 그리고 그 다음으로 영란은행의 금태환 중지 이전 3년간의 평균 금액, 즉 11,975,573파운드(나는 보이드 씨의 보고서를 이용했으므로 내가 계산한 평균 금액과 동일하다.)와 비교한다. 그 다음으로 그는 자신의 비교 원리의 첫째에 대해서는 거의 5분의 4가, 그리고 둘째에 대해서는 10분의 3이 그 금액에 추가되었다고 추론하고 있다.

원문에 등장하는 것처럼 이런 표현에 대한 답변은, 첫째로, 1800년 12월 6일에 유통되는 영란은행권 총액이라고 하원에 보고된 15,450,970파운드 중에서 1파운드와 2파운드짜리 은행권으로 구성된 대략 200만 파운드의 금액을 비교 과정에서 보이드 씨가 공제했어야 한다는 것이다. 이 은행권들은 금화가 이전에 점유하던 지위를 분명히 채웠다. 그런 이유로 인하여 보이드 씨의 소책자에서 추가되던 것과는 달리 그 은행권들은 영란은행이 의회에 제출한 보고서에는 13,450,970파운드에 추가되지 않았고, 별도로 분리되어 적기되었다. 은행가들은 이런 1파운드 및 2파운드짜리 은행권을 금화의 대체재로 통상 분류했으며, 그리고 수중에 이런 종류의 은행권을 가진 각 개인은 런던에 살든 지방에 살든 분명히 금 대신에 그것을 보유했다.

둘째의 답변은 보이드 씨의 비교 기준 금액 8,640,250파운드가 현저히 적은 금액이었고, 그리고 내가 과감하게 의구심을 제기하는 것처럼 런던의 적지 않은 자금 부족에 대해서 영란은행이 금태환 중지 바로 전 날에 영란은행권이 그런 현저히 낮은 금액(보이드 씨가 그 금액이 너무 적다고 불평했다.)으로 감소하도록 확실히 부적절하게 방임했다는 것이다.

1797년 2월 18일, 즉 정확히 1주일 전 영란은행권:	9,137,950파운드
2주일 전 영란은행권:	9,431,550파운드
3주일 전 영란은행권:	9,667,460파운드
한 달 전 영란은행권:	10,024,740파운드
5주일 전 영란은행권:	10,550,830파운드

셋째로, 런던의 지급이 지난 몇 년처럼 어쩌면 작년에도 동일했는지를 검토하자.

그 검토가 약간 어려울 것 같은 주제가 여기서 우선 논의될 것이다. 영란은행권 수량이 그것을 발행하는 영란은행 이사들에 의해 제한받는다는 것은 이미 언급되었으며, 그리고 지방은행권 수량은 동일한 정도로 규제되기는 하지만, 발행자의 행위에 의해 제한받는 것이 아니라, 런던 지폐와의 교환성을 통해서 규제받는다는 것도 이미 주장되었다. 지방 지폐가 동일한 정도로 제한받는다고 말하는 것은 유일한 비율이 런던 지폐의 수량과 지방 지폐의 수량 간에 유지된다는 것을 항상 의미하는 것이 아니라, 다른 지폐의 수량이 다른 지폐의 수요에 일정 비율을 유지하는 것처럼 한 지폐의 수량이 그 지폐의 수요와 일정 비율을 유지한다는 것을 항상 의미한다.

그 사례의 이런 정황에 관한 추리에서 독자는, 영란은행권이 평소보다 더 제약을 받았을 때, 그 경우에 발생하는 런던의 자금 압박(왜냐하면 일반적인 자금 압박이 시작되는 곳은 바로 그곳이기 때문이다.)이 지방(지방 지폐가 공급되었으나 이제는 영란은행권이 접수한 곳)에서 보통 통용되고 있는 영란은행권의 상당 부분을 런던으로 끌어당김으로써 혹은 런던의 많은 지급들

∶∶

영란은행권은, 보이드 씨가 비교의 첫 대상으로 삼은 8,640,259파운드에서 최저를 이룬 후, 즉 각 꽤 많이 증가했다. 3월 4일, 즉 1주일 후 영란은행권은 10,416,520파운드였으며, 그리고 더욱더 높은 수준으로 점차 증대했다.

영란은행권이 1801년 봄에 150만 파운드가량 감소했다는 사실, 즉 나와 보이드 씨 양자가 비교한 두 시기에 영란은행권 수량이 거의 정확히 일치하게 된 정황은, 보이드 씨가 소책자를 쓴 시기에는 그에게 알려질 수 없었다.

보이드 씨는 영란은행권의 엄청난 증가라는 가상적인 사실에 의거한다. 즉 소책자의 초반부에서 "물품의 높은 가격은 다른 어떤 원인들보다도 정화(正貨)로 태환 불가능한 은행권의 증가에 더 많이 기인한다"고 피력한 견해를 기초로 한다.

을 지방으로 이전하도록 유도함으로써 저절로 해소될 수 있을 것 같다(이 것은 고려할 만한 가치가 있는 문제이다.)고 아마 유추할 것이다. 만약 이 두 결과들 중 어느 것이나 런던의 자금 압박에서 비롯한다면, 그때 비록 영란 은행권 총량이 감소한다고 할지라도, 런던에서 유통 중인 영란은행권은 런던의 지급을 가능하게 해주어야 하는 임무를 완수하기에는 그전처럼 아 마 계속 충분할 수 있다. 그리고 그 경우 지방 지폐는 런던 지폐의 가치를 항상 보유하므로, 지방 지폐 또한 저절로 그렇게 증가해서 그전과 유사한 방식으로 지방의 지급에 부합하게 될 것이다. 만약 이런 종류의 중대한 효 과가 런던 지폐의 모든 제약에서 비롯한다면, 그때 앞의 장 마지막 부분에 서 제시된 원리는 대부분 작동하지 않으며, 그리고 영란은행은 지방 지폐 의 수량을 제한하고 그 가치를 규제할 수 있는 권한을 갖지 못한다.

언급된 두 가지 효과 중 첫째 효과, 즉 지방에서 유통 중인 영란은행권 을 런던으로 끌어당기는 효과를 런던의 자금 압박이 발생시키지 않을 것 같다는 것은, 매우 갑작스럽고 심각한 런던의 자금 압박이 영란은행권을 지방에서 런던으로 이동시키는 것이 아니라 완전히 그 반대의 경향을 보 인다고 주장하는 것을 제외한다면, 별도로 길게 논의하지 않을 사항이다. 왜냐하면 그 자금 압박이 야기하는 경제 불안으로 인해 그 압박은 지방은 행권의 특별한 감소를 유발하기 쉽기 때문이다. 여기서 감소는 영란은행 권이 런던의 지급 감소에 비례해서 감소하는 것보다는 지방은행권이 지방 의 지급 감소에 비해 훨씬 더 많이 감소하는 것을 의미한다. 그 경우 축소 된 지방 지폐를 다른 유통수단이 대체하는 것이 필요하게 된다. 주로 요구 되는 대체재는 금일 것이지만, 일부의 영란은행권도 그 빈 공간을 채우는 데 사용될 것 같다.

영란은행권의 제한에서 발생하는 런던의 자금 압박으로 인해, 런던에서 통상적으로 행해지던 많은 지급이 지방으로 이전하게 될 것인가를 계속 검토하기 위하여 과거의 경험으로 관심을 돌려보자.

당연히 지방에 속하던 그런 상거래의 금전적 부분을 런던으로 이전하려는 강한 성향이 잠시 동안 존재한 것 같다고 이 책의 맨 앞 장에서 언급한 바 있다. 여기서 자연스럽게 제기되는 의문은, 과거에 발행자가 영란은행권을 제한하는 것은 왜 이런 성향을 제거하지 못했는가 하는 점이다. 심지어 지방의 지급과 비교할 때 런던의 지급 규모가 증가하기보다는 오히려 계속 감소하도록 왜 유도하지 못했는가 하는 점이다. 금태환 중지 이후 그런 것과 정확히 동일한 방식으로 영란은행권이 영란은행의 태환 중지 이전에도 지방 지폐를 제한하는 데 영향을 미쳤다고 여기서 주장해보자. 보통 매우 자연스럽게 금화와 지방 지폐 간의 호환성이 지방 지폐의 가치를 유지한다고 주장하게 된다. 그러나 이것은 그 경우가 아니다. 즉 지방 지폐의 가치는 영란은행권과의 호환성에 의해 유지되었다. 지방 지폐는 영란은행권과 동일한 가치를 항상 그리고 필연적으로 지녔으며, 그것은 그것과 호환 가능한 주화에 포함된 금과 동일한 가치를 항상 그리고 필연적으로 지니지는 않는다. 사실 주화에 있는 금의 양은 정말로 지방 지폐의 가치에 영향을 미친다. 그러나 그것은 불완전하면서도 간접적인 영향만 있다. 그것은 적절하게 발행할 수 있는 지폐 수량이 얼마인지를 영란은행 이사들에게 알려주는 데 기여한다. 왜냐하면 만약 어떤 시점에 영국의 환율이 불리하게 되어서 금의 시장가격이 금의 주조가격을 아주 크게 상회하게 된다면, 의회에 제시된 영란은행 일부 임원들의 증언에서 나타나는 것처럼 영란은행 이사들은 그런 금의 시장가격 상승을 감소시키거나 제거하는 수단으로서 그리고 그에 따라 영란은행의 안전을 대비하는 수단으로서 영란은행권 감소에 의존하려 하기 때문이다. 더욱이 그들은 동일하게 신중한 이유 때문에 자신의 은행권에 대해서 어떤 한계를 준수하는 데 항상 익숙하다.

금의 시장가격이 금의 주조가격을 상회하는 것을 저지하는 데 따르는 이익은 지방은행가에 의해 전혀 감지되지 않는다. 왜냐하면 지금을 새로 주화로 전환하는 데 따르는 손실은 그들이 부담하는 것이 아니라, 영국 전역에서 요구되는 금화를 공급하는 영란은행이 부담하기 때문이다. 주화가 요구되는 경우 영란은행은 손해 보는 가격으로 지금을 구입해야 한다. 유사한 방식으로 주화가 요구되는 경우 지방은행가는 어떤 할인 없이도 영란은행에서 금화와 교환 가능한 영란은행권을 보유하기만 하면 된다. 따라서 만약 영란은행 이사들이 영란은행권과 교환 가능한 주화에 함유된 금보다 영란은행권이 더 적은 가치를 갖는 것을 감수한다면, 지방 지폐 역시 더 적은 가치를 가진다. 혹은 달리 말하면 지방은행가가 금화를 취득할 때 부담하는 비용과 어려움의 크기는 금을 구입하고 그 다음에 주조하는 비용과 어려움의 크기에 의해 측정되는 것이 아니라, 영란은행권을 획득하는 데 소요되는 비용과 어려움의 크기에 의해 측정된다. 금의 주조가격을 상회하는 금의 시장가격의 초과분을 해소하는 것에 대해 영란은행이 필요성을 통감해, 영란은행 지폐가 제한되었으며, 그때 그 제한이 발생하는 정도에 비례하여 지방 지폐도 제한되었다. 바로 이런 방식으로 영국의 지폐 초과 발행량은 영란은행의 금태환 중지 이전에 제지되었다. 만약 그때 영란은행 이사들이 금태환 중지 이전에 그들을 종종 재촉한 필요성을 통해서 지폐 발행을 제한하는 데 익숙했고 또한 묘사된 방식으로 지방 지폐를 그렇게 제한했다면, 그 태환중지 이후에도 그들이 약간 덜 긴급한 동기를 통해서라도 유사한 방식으로 지폐 발행을 제한하는 경우, 일반적 효과는 결국 동일했을 것이다. 따라서 런던 지급의 지방 이전 혹은 지방에서 유통되는 영란은행권의 런던 이전이 영란은행이 금으로 태환해 주던 시기에 발생했다고 가정할 이유가 없는 것과 마찬가지로, 그런 이전이 최근 발생했다고 가정할 이유도 존재하지 않는다. 자금 압박의 본질, 그리고 우리의 신용화폐가 의존하는 원리 등 양자는 두 기간에 동일했다.

런던의 지급이 다른 어떤 원인을 통해서 얼마만큼 변동했는가를 검토할 때가 되었다. 정상적인 상황에서는 아마 런던의 지급은 짧은 기간에 상당히 크게 변동하지는 않았을 것이다. 전반적으로 전쟁은 물자에 대한 추가 투자에 의해 그리고 전쟁에 기인한 정부 계정의 다른 금전적 거래(전적으로 런던에서 일반적으로 수행되는 거래)에 의해 그런 지급을 증가시킬 것처럼 보인다. 전쟁은 또한 물품가격의 일반적 상승에 기여함으로써 지방의 지급과 더불어 런던의 지급을 증대시킨다. 그렇지만 이런 주장을 삼갈 필요가 있다. 영국에서 생산되고 팔리는 소비재의 총**수량**과 관련해 전쟁은 아마 보통 거의 중요하지 않은 것으로 간주할 수 있다. 왜냐하면 전쟁이 어떤 산업을 자극하는 반면, 또한 다른 분야에 대해서는 억제하는 역할을 담당하며, 그리고 국가 전체의 소비를 증대시키는 반면, 아마 거의 동일한 정도로 개인 소비를 감소시킬 수 있기 때문이다. 그러나 그것은 상품들의 **가격**을 인상시키며, 그 결과 비록 런던에서 이루어지는 지급 규모를 더 특별히 증대시킨다고 할지라도, 지급의 일반적 규모를 확대한다. 그러나 다른 나라 상품가격이 유사하게 상승하지 않은 상태에서, 우리 물품가격이 이렇게 일반적으로 상승하는 것은 이미 본 것처럼 우리 재화의 수출을 방해한다. 왜냐하면 두 나라 간의 환율 계산에서 가격 상승에 대한 보상이 없다면 가격 상승은 우리 물품들이 해외시장에서 마주치는 경쟁에 맞설 수 없게 만들기 때문이다. 독자는 여기서 이 장이 확립하려는 원리(즉 그 목적에 필요한 전부는 영란은행권의 충분한 감축이다.)에 따라 영란은행이 이런 상승을 막아야 한다는 것을 상상하도록 유도될 수 있다. 재화가격의 상승 경향이 영란은행권의 제한에 의해 계속적으로 억제된다는 것은 명백한 사실이다. 그리고 만약 영란은행권이 금의 시장가격이 금의 주조가격을 상회하는 것을 억제할 만큼 제한된다면, 재화가격 상승 경향은 그 경향을 제한하기에 적절한 정도로 혹은 아마 실천 가능할 정도로 그만큼 제한되었을 것이라고 생각된다. 왜냐하면 그 경우 영국 주화의 수출을 유발하는 환율의 보상을 외국인에게 제공하지 않더라도 그렇게 상당히 제한적인 가격은 해외시장의 판매 기회를 우리 재화에 여전히 제공하기 때문이다. 영란은행권이 더 많이 제한받는다고 상정하는 것은 지금 수입에 대한 이윤을 상정하는 것이다. 여기서 이윤은 그 물품의 수입이 지속되면 곧 종지부를 찍어야 하는 일시적 이윤을 말한다. 따라서 전쟁이 재화가격을 인상하고 그에 따라 지급 증가를 유발한다고 말할 때 우리가 여기서 염두에 두어야 할 것은, 시종일관 우리의 환율을 일반적으로 일정하게 유지하면서 가격들이 인상될 수 있는 수준까지 인상되도록 허용되어야 한다는 것이다. 그리고 그 가격들이 **항구적으로** 그 수준 이상으로 유지되는 한, 높은 재화가격을 더 많아진 영란은행권 수량의 원인으로 취급하기보다는 오히려 너무 많은 영란은행권 수량을 높은 재화가격의 원인으로 간주해야 한다는 것이다.[3] 이런 관점에서 우리가 어느 정도까지는 적어도 결과를 원

⁘

3) 이렇게 어렵고 논란이 많은 사항이 이 책의 진행 과정에서 다시 한번 언급될 것이라고 앞에서 진술하였다. 어느 것이 원인으로 보이고 어느 것이 결과로 보이는지를 결정하는 가장 공정한 방식은 나의 생각으로는 교과서에서 채택한 방식이다. 즉 지금가격이 주화가격보다 항구적으로 높을 때에는 너무 많은 지폐가 그 원인이라고 간주하며, 그리고 그렇지 않을 때에는 너무 많은 지폐를 오히려 결과로 생각하는 것. 그러나 여기서 "항구적"이라는 용어가 의미하는 바는 우리 환율의 하락 그리고 지금가격의 상승이 한두 번의 특별한 흉작과 같이 어떤 특별하고도 우연적인 사건에 기인하지 않는다는 것을 보여줄 수 있는 항구성의 정도이다. 왜냐하면 이런

인으로 오해하지 않을까, 그리고 상품가격의 상승을 지폐 발행 증가의 원인으로 그리고 그것의 정당화로 간주하려는 경향이 너무 강하지는 않을까 하는 상당한 위험이 존재한다.

반면에 전쟁이 부의 축적과 상업의 자연스러운 진보를 방해하는 한, 전쟁은 일반적 지급 규모를 줄인다거나 적어도 그것의 성장을 억제한다고 주장할 수 있다. 그러나 최근의 전쟁 기간에 우리의 수출·수입 물품의 규모가 계속 크게 증가했다. 이것은 확실히 부분적으로 우리 무역이 스스로 확대되려는 경향 때문에, 부분적으로는 새로운 식민지의 획득에서 비롯하는 이득 때문에, 그리고 부분적으로는 우리 자신보다도 여전히 더 많이 방해받고 있는 우리 경쟁자들의 환경 때문에 발생했다. 우리의 수출과 수입이 우리 상거래의 총규모 혹은 우리의 일반적 지급의 정당한 척도를 구성하지는 않는다는 것은 진실이다. 그러나 그런 것들은 상거래의 총규모 및 일반적 지급의 확대에 어떤 근거를 제공한다. 만약 우리가 다룬 모든 사항을 고려한다면, 최근의 전쟁 기간에 런던의 지급에 매우 중대하면서도 누적적인 증가가 발생했다고 믿을 만한 충분한 이유가 나타날 것이다.

이제 네 번째로, 동일한 영란은행권 수량이 어떤 환경하에서 런던의 동일한 지급에 다소간 충분해질 것인지를 고려하는 문제만 남았다.

몇몇 원인이 은행권 사용을 절약하는 데 기여할 수 있다. 첫째로, 약간의 은행권 수량 증가도 비교적 큰 규모의 추가적 지급에 충분할 수 있다는 것이 기억되어야 한다. 왜냐하면 영란은행권의 주요 소지자인 런던의 민

∵

것들은 비록 그 영향이 1~2년에 걸쳐서 확대될 수 있다고 할지라도 잠정적 환경으로 정당하게 명명될 수 있기 때문이다. 일반적으로 만약 환율이 그 후에 지폐 수량의 어떤 중대한 감축 없이도 스스로 회복될 수 있는 것으로 드러난다면, 화폐의 초과 발행이 환율 하락의 주요한 원인이 아니라고 아마 주장할 수 있을 것이다.

간 은행가들은 자신의 금전 거래가 증가한 것에 완전히 비례해서 영란은행권 수량을 증대시킬 필요가 있다고 생각하지 않기 때문이다. 은행권을 절약하는 재능은 또한 지속적으로 진보하며, 그리고 영란은행의 금태환 중지라는 바로 그 상황은 상업신용을 강화하는 데 기여함으로써 영란은행권 사용을 절약하는 데 도움을 줬다. 지급이 보통 금으로 행해질 때 지방은행들은 지방은행권 소지자들 간의 일시적 불안 때문에 갑작스러운 태환 요구에 직면했다. 그 대가로 영란은행권을 수취한 사람들에 비해 지방은행권 지급을 요구한 사람들에게는 다른 어떤 대안이 전혀 없었으므로, 지방은행들은 최근 이런 태환 요구에서 더 많이 벗어나게 되었다. 영란은행의 금태환 중지 이래로 신용은 덜 방해받게 되었으며, 그리고 지방 지폐와 영란은행권의 수량은 어쩌면 덜 변동했을 것이다. 혹은 만약 영란은행권의 변동이 그전처럼 상당했다면, 그 변동은 일반인들의 욕구 변동에 더 근접하게 대응했을 것이다.[4]

∴

[4] 공채의 분기별 이자 지급 이후에 유통 중인 영란은행권 수량은 즉각 크게 증가하겠지만, 그런 풍부함이 곧 사라질 것이라고 예상하여 은행가와 그 밖의 사람들은 남아도는 수량을 잠시 동안만 보유하게 된다. 전쟁 기간에 형성된 공공 부채 증가의 결과로 은행권 수량이 특별히 확대되는 것은 더욱더 심각하게 된다. 다른 한편, 만약 은행권 감축이 잠정적이고 규모도 작다고 알려진다면, 그 감축은 자금 압박을 거의 유발하지 않는다. 왜냐하면 풍부한 수량으로 회복될 것이라는 기대는 신뢰성을 유지하는 데 도움이 되며, 그리고 그 기대는 은행가들로 하여금 은행권이 약간 감소해도 그 기간에 충분하다고 판단하는 데 기여하기 때문이다. 은행권 감축의 주된 이유는 공공 차입의 분할 상환금 지급 감소였다. 전쟁 후반기 동안 정부는 매주 재무성 증권을 발행했으며, 그리고 차입금의 일부를 재무성 증권으로 수취했다. 각 분할금 납입 때 유통에서 유출되는 지폐 수량을 그렇게 감소시킴으로써, 정부는 공적 자금을 조성하는 계획에 새로운 방편을 제공했다. 보통 발생하기 쉬운 경우인 런던 지폐의 너무나도 갑작스러운 감축에서 자금 부족이 유발되는 것을 제외한다면, 그 계획에는 다른 어떤 자금 부족은 아무리 대단해도 자체적으로는 존재하지 않는다. 그럼에도 엄청난 차입은 다른 부문에서 자금 부족의 전조가 될 수 있으며, 그에 따라 우리 차입의 상환 용이성의 정도가 공적 재원 상태에 관한 진정한 기준이 전혀 아니라는 것은 부기할 필요가 거의 없다.

지금까지 제시된 주장들을 요약해보자. 만약 금의 단순한 대체재인 1파운드와 2파운드짜리 은행권 200만 파운드를 제외한다면, 영란은행의 금 태환 중지 이래로 영란은행권 수량은 그 사건 전과 마찬가지로 같거나 혹은 거의 같은 것으로 나타났다. 그렇지만 런던의 지급은 상당히 증가한 것으로 드러났지만, 다른 한편 동일한 은행권 수량은 동일한 지급보다도 더 많은 지급에 대해 최근 아마 충분한 것으로 드러난 것 같다.

이런 주장의 목적은 최근 발행된 영란은행권 수량이 상품가격 혹은 지금의 시장가격에 미치는 영향의 정확한 추계를 확립하는 것이 아니라, 오히려 그 반대로 가격에 영향을 미치는 수많은 환경(그것들 몇몇은 평가하기가 매우 어렵다.) 때문에 그런 추계가 신뢰성 있게 만들어질 수 없다는 점을 보이는 것이다. 상이한 시점에 유통 중인 영란은행권 수량의 변동과 동일한 기간에 나타난 물품들의 일반 가격의 변동 사이에는 정확한 대응 관계가 사실상 정말로 거의 존재하지 않는다. 그리고 원인과 결과 간의 식별 가능한 연관성이 없기 때문에 영란은행권의 증가와 감축이 환율 혹은 상품들의 가격에 영향을 미치지 않는다고 성급하게 결론 내리게 될 수 있을 것 같다.[5]

따라서 주의 깊게 기억하기를 원하는 것은, 런던 지폐의 제한이 단순히

5) 영란은행이 5파운드짜리 은행권을 발행하는 관행을 처음 채택한 지도 그리 오래되지 않았다. 이 은행권은 부분적으로 금을 대신해서, 부분적으로 지방은행권을 대신해서, 그리고 어느 정도인지를 말하기는 불가능하지만 역시 부분적으로 10파운드짜리 영란은행권을 대신해서 몇 년 동안 유통되었다. 따라서 영란은행권의 증가를 구성하지만 물품가격 인상에는 아무런 영향도 없는, 알려지지 않은 숫자의 5파운드짜리 은행권이 존재한다. 이것은 일부는 어느 한 방향으로 작용하고 다른 일부는 그 반대로 작용하는 많은 환경 중 하나일 뿐이다. 그리고 이런 환경들 때문에, 다양한 시점에 유통되는 영란은행권 수량(최근에 의회에 제출된 숫자)에 관한 설명에서 정확한 추론을 유도하기가 어렵다.

지방 지폐의 동일한 감축을 유도하도록 작용한다고 결코 주장하지 않았으며, 그 다음에 영국 전역에 걸쳐서 재화가격의 그런 하락이 지폐의 일반적 감축과 정확히 비례한다고 주장하지도 않았으며, 또한 최종적으로 환율의 그런 변동도 지폐의 감축과 재화가격의 하락에 정확하게 비례한다고 주장하지도 않았다는 점이다. 상쇄적인 다양한 종류의 환경들이 그 비율이 유지되는 것을 방해할 수 있으며, 그리고 완전한 결과는 일정한 기간이 경과한 후에야 비로소 그 원인을 따라잡을 수 있다.

특히 염두에 두어야 할 것은, 영란은행권의 제한이 상업신용 상태에 작용함으로써 가격에 상당한 정도까지 영향을 미친다는 것이며, 인간 심리에 대한 이런 영향은 균일하지 않을 것이라는 점이다. 신용 상태가 미묘했을 때 영란은행권의 소규모 감축도 신뢰성에 엄청난 충격을 가할 수 있으며, 그에 따라 그런 시기에는 상거래를 상당히 위축시킬 수 있다. 영국의 다른 상황하에서는 동일한 감축이 거의 아무런 효과도 가지지 않을 것이다.

그러나 영란은행권 수량의 각각의 변동이 발생시킬 수 있는 물품가격 혹은 지금의 시장가격에 대한 정확한 영향을 추계하는 데에는 상당한 어려움이 존재하지만, 앞 장의 말미에 제시된 명제(즉 영란은행권의 제한은 그 은행권의 가치를 유지하는 수단이면서 지방의 모든 지폐의 가치를 유지하고 또한 그 수량을 제한하는 수단이다.)의 일반적 진실성에 대해서는, 바로 그것 때문에, 의문을 제기할 이유가 전혀 없다. 특정 효과를 얻기 위하여 그 제한이 어떤 점까지 실행되어야 하는지를 결정하는 것은 어렵거나 불가능하기까지 하지만, 충분히 분명한 것은 제한하려는 경향이 문제의 혜택을 확보한다는 것이다.

이 주제의 복합성은 지금 묘사한 것과 같기 때문에, 나는 자연스럽게 결과에서 원인으로 진행되는 추론을 시도하게 되었으며, 그리고 금의 시장가격이 금의 주조가격을 상회하는 현상을 인식하게 되었을 때, 나는 과다한 지폐 발행이 있었다고 추론하게 되었다. 그렇지만 이런 추론은 앞에서 나온 이유로 인하여 언제나 매우 주의 깊게 제시되어야 하는 추론이다. 왜냐하면 금의 시장가격이 주조가격을 상회하는 현상은 너무 많은 지폐 방출 외의 다른 원인에서 비롯할 수도 있다는 것을 염두에 두어야 하기 때문이다. 은행권의 엄청난 발행이 그런 현상을 발생시키는 방식을 상기해보자. 그것은 영국의 재화가격을 상승시키며, 아마 아주 천천히 상승시킬 것이다. 그에 따라 높은 가격에 대한 보상이 현재 환율에서 외국 구매자에 제공되지 않는 한, 그것은 영국 재화의 수출을 방해하며, 그리고 우리의 환율 변동은 지금의 가치와 비교할 때 우리 주화의 저평가를 야기한다. 그때 환율 상태는 문제의 해악의 직접적인 원인이다. 이제 영국 제조 제품에 대한 외국인 수요의 중단 혹은 외국 물품에 대한 영국인의 수요 증가(은행 지폐의 증가가 전혀 없을 때에도 발생할 수 있는 상황)는 우리 환율의 하락과 그에 따른 높은 지금가격의 더 빈번하면서도 더 명백한 원인이다.

따라서 조금 전에 길게 논의된 핵심으로 돌아가보자. 2년 연속 흉작 그리고 우리 무역에서 경험한 수출 중지 등은 우리 환율의 최근 변동을 아주 충분히 설명한다. 이런 관점에서 우리 견해에는 주목할 만한 것들이 분명히 많이 존재했으며, 반면에 이 장에서 입증된 것처럼 영란은행에 의해 발행된 지폐 수량에는 특별하다고 생각되어야 하는 것은 아무것도 없었다.

그러나 만약 영란은행권의 초과 발행이 그렇게 불리한 환율을 발생시킨다면, 통상적 수량 이하로의 은행권 감축은, 우리 환율에 불리하게 작용하도록 만든 수단이 어떤 수단이든, 그 수단에 의해서 우리의 환율을 개선하려는 경향이 틀림없이 있다. 그런 견해가 수용된 후에 주목할 만한 것은 그런 감축을 현실화하려면 필연적으로 상당한 해악과 맞서야 한다는 것이다. 우리는 최근 한편으로는 평가절하된 지폐의 위험, 다른 한편으로는 우리 신용화폐의 중단과 그에 따라 나타나는 우리 상업과 제조업의 침체 위험 등 두 가지 위험 사이에 놓여 있다. 전반적으로 우리는 아마 상당히 많은 것을 영란은행 이사들의 자유주의 정책에 빚지고 있을 것이며, 이 주제에 관한 대중적 편견뿐 아니라 정치적 편견에도 불구하고, 금태환 중지 때문에 그들의 행위가 특별한 경계심을 갖고 주목받고 있을 때 그리고 심지어 환율의 움직임이 우리에게 상당히 불리할 때에도, 이 정책은 은행권 수량을 외관상 증가된 상태로 그리고 실제로는 감소되지 않은 상태로 유지하게 했다. 영란은행이 한 측면에서 혹은 다른 측면에서 약간의 실수를 저지를 수 있는가는 매우 비판적으로 검토하는 것이 불공평하거나 혹은 확실성을 가지고 결정하기가 어려운 핵심 사항이다. 충분히 분명한 것처럼 보이는 것은, 만약 우리의 환율이 별로 유리하지 않던 지난 북부 동맹 때[6] 영란은행이 영란은행권을 상당히 많이 감소시켰다면, 대륙의 상황에 의해 악화되기 시작한 우리 제조업자와 상인들의 자금 압박은 즉각 더 커지게 되었을 것이라는 점이다. 그리고 대륙에서 영국 재화에 대한 수요 중단으로 인하여 당시에 어느 정도 손해를 입은 제조업 노동자들은, 우리 제조업자들이 지급 이행에서 경험한 통상적 자금 부족보다 더 심각한 자금 부족을 동일한 시기(식량 부족에서 발생하는 일반인들의 특별한 자금 압박의 시기)에 유사하게 겪게 되었을 것이라는 점도 충분히 분명한 것처럼 보인다. 차후

∵

6) (옮긴이) 1799년 3월부터 1801년 2월까지 존속한, 오스트리아, 러시아 및 영국이 결성한 제2차 대프랑스 동맹을 지칭하는 것 같다. 한편 제1차 대프랑스 동맹은 1793년부터 1797년까지 지속되었으며, 영국, 오스트리아, 러시아, 프로이센, 에스파냐 등이 참여했다.

의 계속적 수출을 위해 준비된, 창고에 쌓인 상품 재고는 이 경우 더 적어질 것이며, 그에 따라 우리는 전반적으로 우리 환율의 때 이른 조정을 걱정해야만 했다. 1793년의 자금 부족은 1801년 봄의 자금 부족에 영향을 미쳤을 것이며, 그리고 만약 상업적 신뢰성이 쇠퇴한다면 우리 역사의 가장 결정적 시기에 정치적 신용도 결과적으로 흔들릴 수 있다.

최근 제시된 원리들에서 몇 가지 추론을 추가로 연역할 수 있다.

앞의 몇몇 장의 목적은 지폐의 과도한 감축의 해악을 지적하는 것이었다. 바로 앞 장과 이 장의 일반적 취지는 지폐의 너무 많은 방출의 위험을 밝히는 것이다. 영란은행문제에 관한 오류 두 가지는 널리 퍼져 있다. 일부 정치인들은 영란은행의 금 감소에 비례하여 영란은행권 혹은 종종 언급되는 것처럼 영란은행의 대출(왜냐하면 전자의 규모는 후자의 규모와 혼동되고 있기 때문이다.)이 감소되어야 한다는 것이 하나의 원리라고 주장한다. 이런 종류의 공리가 엄격히 추종된다면 그 공리가 보편적 실패로 귀결한다는 것은 이미 밝혀졌다. 매우 상이한 극단에 속하는 것처럼 보이는 생각이 다른 사람들 간에 널리 퍼져 있다. 그들은 영란은행의 관대함이 지나치게 부족한 것에 대해 불만이 많으며, 할인되는 어음(즉 영란은행권에 대한 보상으로 영란은행에 의해 수취되는 어음)만이 오로지 진성어음이라면 그리고 또한 충분히 안전하고 책임 있는 상사의 어음이라면, 그들은 거의 무한한 할인 혹은 지폐 발행의 확대에 대해 아무런 위험도 발견하지 못한다.

그러나 이 장과 바로 앞 장에서 제시된 원리들에 따르면 매우 부유하고 지급기일을 엄수하는 사람들은 영란은행에 의해 신중하게 결정된 대출 한도를 넘어서는 금액을 차입하려는 성향이 있을 수 있다. 만약 영란은행의 금이 일정하게 유지된다고 가정한다면, 영란은행에서 얻을 수 있는 모든 추가 대출은 지폐 발행의 증가를 의미하지만, 그런 발행에 관련된 조치는 차입자의 부유 혹은 할인된 어음의 성격 등의 문제와는 아무런 관련이 없는 원리에 의해 규제된다는 것이 밝혀졌다. 차입자들은 그 대출이 기일을 엄수하면서 상환될 것이라고 약속한다.(그리고 우리는 그 약속의 완전한 이행에 대해 의심할 이유가 전혀 없다고 상정할 것이다.) 그러나 어떤 방식으로 그 지급이 이행되어야 하는가? 그 지급은 영란은행에 의해 공급되는 은행권으로 혹은 그렇지 않을 경우 영란은행에 의해 공급되는 금으로 이행될 것이며, 영란은행은 은행권과 금이 상호 호환되도록 유념해야 한다. 그리고 이것은 오로지 은행권 수량을 낮게 유지함으로써, 그에 따라 그 가치를 유지함으로써 이행될 수 있다.

일부 사람들은 영란은행의 독점에 대해 반대 견해를 개진했다. 그리고 진성어음을 담보로 충분하다고 생각하는 범위까지 안전한 회사에 대출하기를 꺼리는 영란은행의 성향은 아마 일부 상인들로 하여금 경쟁 은행의 설립을 찬성하게 유도하는 환경이 되었을 것이다. 경쟁은 더 큰 자유를 유도한다고 생각했으며, 다양한 관점에서 경쟁은 다른 여러 경우에 그런 것처럼 이 경우에도 유리하게 작용할 것이다.

그러나 이 장에서 드러나는 것처럼 우리는 영란은행에 의해 향유되는 권한, 즉 런던의 지폐를 배타적으로 공급할 수 있는 권한으로부터 중요한 이점을 이끌어낸다. 영란은행은 영국의 모든 지폐를 규제할 수 있는 기능과 관련하여 바로 이런 환경에 빚지고 있다. 전체 영국에 대해서 금화를 공급할 임무는 영란은행에 양도되었다. 즉 경제 불안이나 자금 부족과 같은 어떤 특별한 경우를 제외하면, 일반 지폐를 규제함으로써 지금을 구입 가능하게 만드는 권한은 영란은행에 위탁되었다. 만약 이런 예외적인 경우가 발생하고 영란은행의 금태환이 중지된다면(우리는 이 사건이 재발 가능한 사건이라는 생각을 전적으로 배제하지 말아야 한다.), 그때 영란은행의 독점은 영란은행권의 가치와 전체 영국 지폐의 가치 두 가지를 여전히 지탱할 수 있는 수단을 영란은행에 제공한다. 그 독점은 또한 이런 강력한 은행의 이사들에게 완전한 책임을 부여하는 데 도움을 준다. 영란은행에 경쟁적인 기관이 설립된다면, 그 권한과 책임 두 가지는 분할될 것이며, 그런 자유로운 대출(경쟁의 목적은 이런 대출을 촉진하는 것이다.)을 실행하려는 추가적 유혹에 의해 런던의 은행권과 지방의 어음 및 은행권은 더욱더 과잉이 되기 쉬울 것이다. 따라서 우리의 신용화폐는 모든 관점에서 덜 안전한 기반 위에 서 있게 될 것이다.

제10장

앞의 두 장의 학설에 대한 반론들. 영란은행이 영란은행권 수량에 스스로 한계를 부여할 필요성을 제기하는 환경. 고리대 규제법의 효과. 해외로의 자본 유출 사례에서 유도되는 영란은행 대출 제한의 필요성에 관한 증거

앞 장들의 추론은 영란은행의 영란은행권 제한이 모두 불필요하다고 생각하는 습관에 젖어 있는 사람들의 마음속에 완전한 확신을 심어주는 데 어쩌면 실패할 수 있다. 그러므로 제시된 학설에 대한 대중적 반대 견해에 답변하고 그 주제를 더욱 완전하게 설명해야 하는데, 그러기 위해서는 몇 페이지만으로도 아마 충분할 것이다.

우리는 반대자들이 여전히 다음과 같이 말한다고 가정할 것이다. "영란은행권 증가는 상품가격 상승의 결과이지, 그것의 원인은 아니다. 안전한 진성어음들이 영란은행권의 대가로 제공되는 것에 비례하여 영란은행권을 단순히 증가시키는 것은 단지 한 종류의 지폐를 다른 종류의 지폐로, 즉 비록 은행권처럼 유통성이 높고 안전하지는 않지만 신용성을 충분히 갖춘 어음을 영란은행권으로 교환하는 것이다. 따라서 그것은 상인들의 거래에 그저 담보물을 제공하는 것이며, 그에 따라 영란은행의 업무라고 할 수 있는 상업자금을 유통해주는 것이다."

다음이 추가될 수 있다. "지폐 가치 하락은 지폐 수량의 팽창보다는 그 지폐에 대한 충분한 신뢰성의 결핍에서 발생하기 쉽다. 따라서 영란은행의 가장 중요한 목적은 공적 신뢰를 유지하는 것이어야 하며, 영란은행은 명백한 우량어음의 대가로 훨씬 더 우량한 지폐를 제공함으로써 공적 신뢰의 향상에 도움을 준다. 불리한 환율과 그에 따라 나타나는 높은 금 가격의 해악은 불리한 무역수지에서, 그리고 바로 그 원인에서 오로지 발생한다. 이런 해악을 방지하거나, 치유할 수 있는 진정한 방법은, 만약 불행하게도 그 해악이 존재한다면, 국가 생산을 부흥하는 것이다. 생산을 진작하는 방식은 자유로운 지폐 방출에 의해 무역과 제조업에 완전한 재량권을 제공하는 것이다. 그렇게 활성화된 노동력이 필연적으로 창조하는 수출 가능한 물품의 대폭 증가에 의해 무역수지는 호조를 이루는 데에 실패하지 않을 것이다. 결과적으로 환율의 움직임도 지탱될 것이고, 금의 시장가격이 주조가격을 상회하는 것도 방지될 것이며, 그에 따라 우리 지폐의 가치도 지폐 증가라는 바로 그 수단에 의해 유지될 것이다."

동일한 측면에서 한 이론가가 다음을 추가했다고 가정하자. 프랑스 아시냐(assignat)의 신용이 무너졌을 때, 특히 그 추락은 처음에 그 물품의 과다한 수량보다는 오히려 불신의 만연에 기인하며, 아시냐의 평가절하는 그 수량의 팽창과 일정한 비례관계가 거의 없다.[1]

∴

[1] 아서 영(Arthur Young) 씨의 *Tour through France*에서 발췌한 다음 부분은 위에서 언급된 사실들을 확고하게 할 것 같다.

"1790년 9월에 4억 아시냐가 유통되었지만, 보르도(Bourdeaux)에서의 할인율은 10퍼센트, 파리에서는 6퍼센트를 결코 초과하지 않았다. 그리고 수억 아시냐가 더 발행된 후인 1791년 5월에 할인율은 7~10퍼센트 수준이었다. 다른 이론가들과 함께 콩도르세(Condorcet)는 곡물과 다른 생활필수품의 가격이 엄청나게 상승할 것이라고 예상했지만, 그 반대의 사건이 발생했다. 곡물 가격은 하락했다. 아시냐는 첫 의회 해산 때 18억에 이르렀다." vol. I, 4to ed., p. 520.

반론자들은, 만약 여러 시기에 걸쳐서 런던 곡물시장의 곡물가격을 참고하고 또한 동일한 시기 혹은 약간 앞선 시기에 유통 중인 영란은행권의 규모를 참조한다면, 영란은행권 수량이 많아지는 것에 비례하여 곡물가격이 높아지고 그 수량이 적어지는 것에 비례하여 낮아지는 현상이 결코 나타나지 않을 것이며, 정확히 그 반대의 현상이 종종 정말로 사실이라는 것을 똑같이 진실하게 단언할 것이다.

이런 반론과 관련하여, 영란은행 지폐의 무한한 발권이 영국에서 상품가격 상승, 환율 하락 그리고 금의 시장가격이 그 주조가격을 상회하는 현상 등의 해악을 유발하지 않는다고 주장하는 사람들은 다음 두 가지 명제 중 하나를 입증하여야 한다. 첫째로, 영란은행 이사들이 지폐를 엄청나게 증가시킨다고 가정하는 경우, 가령 5000만 파운드까지 증가시킨다고 가정하는 경우, 이런 증가조차도 앞에서 언급된 결과들을 유발하지 않는다는 것을 보여주어야 한다. 혹은, 만약 그들이 이런 강력한 견해를 수긍하지 못하지만 문제의 해악들을 반드시 야기하는 어떤 은행권 수량이 존재한다는 것을 받아들인다면, 그때, 둘째로, 영란은행이 영란은행권 발행에 대해 어떤 한계를 설정할 필요가 없다는 것을 입증하기 위하여, 그들은 영란은행권이 스스로를 충분히 제약하는 자연적 경향이 있다는 것을 보여주어야 한다.

이 두 사항을 각각 별도로 검토해보자.

영란은행 지폐가 현재 대략 1500만 파운드에서 5000만 파운드로 증가했다고 가정할 때, 우선 우리는 3500만 파운드의 추가적인 금액이 누구의 수중에 놓이게 될 것인가, 그리고 그것을 보유하는 동기는 무엇일까 등을 질문하게 된다. 내가 받아들이거나 혹은 내가 오히려 강조하고자 하는 핵심은 프랑스의 아시냐의 가치 유지가 전적으로 혹은 잠시 동안이나마 대체로 그 수량에 결코 의존하지 않는다는 것이다. 그 가치는 이런 종류의 지폐가 구입할 수 있는 토지의 가치, 지폐의 채무에 대한 프랑스 정부의 성실성 등과 관련하여 프랑스 사람들의 여론에 상당히 많이 의존한다. 아시냐는 정말로 아무런 이자도 낳지 않지만, 그것의 소유에 의해 잉태되는 궁극적 이윤에 대한 전망은 잠시 동안 많은 사람들로 하여금 그것을 보유하도록 유도하는 데서는 마치 이자를 증식시키는 것처럼 작용할 것이며, 그에 따라 그것은 유통수단으로 사용되지만, 그것의 단지 일부만이 아마 이런 목적으로 전환되었을 것이며, 그리고 그 부분조차도 단지 매우 천천히 순환될 것이다. 여기서 독자는 이 책의 앞부분에서 설명한 핵심을 상기했으면 한다. 즉 그것의 가치를 손상시키지 않으면서 사용될 수 있는 유통수단의 수량은 거래 혹은 지급 규모의 일정 비율뿐 아니라, 또한 그것의 상대적 유통속도에 의해 추계되어야 한다는 것. 열흘에 한 번 사용되는 그런 종류의 유통수단은 하루에 열 번 유통되는 지폐의 수량으로는 100배 정도가 필요하게 될 것이다. 처음에 아시냐의 소지자들을 고무시킨 그 낙관적 분위기가 진정되었을 때, 그 물품의 가치는 매우 빠른 속도로 자연히 하락할 것이며, 그리고 그 가격이 하락하는 것에 비례하여 프랑스 정부는 그것의 발행을 확대할 필요성을 느끼게 될 것이다. 따라서 아시냐의 가치가 잠시 동안 그 수량보다는 그 신용에 비례했다는 것은 전혀 놀라운 일이 아니다. 그렇지만 일정 기간이 지난 후, 그 수량은 그 신용에 영향을 주었고 그 가치 하락의 가장 강력한 원인이 되었다.

영란은행권은 앞에서 언급한 사항에서 아시냐와는 정확히 반대이며, 그 가치는 그 이유로 인하여 그 신용보다는 오히려 그 수량에 적절히 의존한 것으로 밝혀질 것이다. 경제 불안의 결과로 영란은행에서 금화 인출이 이루어질 때, 금에 부여되는 동일한 신뢰성은 정말로 영란은행 지폐에는 부여되지 않는다. 그러나 이런 경우에도 영국 사회의 극히 일부분만이 금을 간절히 원한다. 거의 대부분의 영란은행권 소유자들은 그 은행권을 자신의 지급수단으로 사용하는 데 전처럼 아주 만족한다. 그리고 금 보유자들은 지폐보다는 금을 선호하는 것이 아니라, 토지와 재화 및 거의 모든 종류의 재산들보다는 금을 더 선호해서 금을 특별히 수요할 의도로 주화를 신청했기 때문에 영란은행권이 불신받고 있다고 할 수는 없다. 극단적인 정치적 격동기에는 다이아몬드가 더 손쉽게 운반되거나 은닉될 수 있으므로 아마 금보다는 더 선호될 것이라는 유사한 원리에 따라서, 일부 사람들은 경제 불안의 시기에 은행권과 재화보다는 금화를 더 선호한다.

따라서 은행권의 가치가 그 신용에 의존하는 것이 아니라 그 수량에 의존한다고 말하는 것은 그 신용이 그 가치에 영향을 주는 한 그 신용이 언제나 양호하다는 것을 의미하며, 그리고 재화와 지금 간의 교환에서 그 가격의 일반적인 변동이 영란은행의 성실 혹은 견고성에 대한 영국인들의 신뢰도의 변동에 조금도 의존하지 않는다는 것을 의미한다. 영란은행의 자본 규모는 완전하게 잘 알려져 있으며, 그리고 모든 채무보다 더 많은 것을 갚을 수 있는 그 재산의 충분함에 관련해서는 약간의 의문도 전혀 존재하지 않는다. 만약 은행권의 대중적 신뢰성 상승과 하락이 그 가치 변동의 원인이라고 한다면, 그 가치가 가장 낮았어야 할 시기는 영란은행의 금태환 정지(일찍이 경험한 다른 어떤 것보다도 더 많이 영란은행의 명성에 영향을 미쳤다고 확실히 평가되는 사건)가 있었던 시기였을 것이다. 그렇지만 가장 주목할 만한 사실과 현재의 핵심 사항에 결정적인 사실은 영국의 환율이 개선되었다는 것, 혹은 달리 말하면, 금태환 중지 이후 몇 달 동안의 지금 가치와 비교할 때 영란은행권의 가치가 상승했다는 것이다.

따라서 영란은행권의 가치는 그것에 대한 대중적 신뢰도의 변동 결과로 인해서 쉽게 변하지 않는다. 그러나 이런 관점에서 영란은행권은 프랑스의 최근 아시냐와는 근본적으로 다르다. 영란은행권은 그것의 보유에서 미래 이윤에 대한 아무런 전망도 보유자에게 제시하지 않는다. 그것은 이자를 낳지 않을 뿐 아니라(이런 점에서 사실상 아시냐와 유사하다.), 이자에 대한 다른 어떤 대체재도 제공하지 않는다. 환언하면, 그것은 소지자로 하여금 그것을 보유하도록 유혹하는, 확실하거나 혹은 부수적인, 실질적이거나 혹은 허황된 아무런 특권도 제시하지 않는다. 반면에 그것을 보유함으로써 입게 되는, 알려져 있으면서 계속적으로 증가하는 손실이 존재한다. 이런 이유로 인하여 각자가 소유하는 수량은 자신의 입장에서 그 소유로 인해 가능하게 되는 지급액에 필요한 수량일 뿐이다.

그 주제를 예시할 목적으로 현재 시점에 우리는 3500만 파운드의 은행지폐가 일반인들의 수중에 추가로 보유된다고 가정한다. 런던 은행가가 그중 자기 몫을 취득했다고 상정해보자. 그가 어음 발행인을 위해서 비축하기로 결정한 자신의 은행권 공급량은 자신의 지급 규모에 의해 항상 산정되거나, 더욱 올바르게 언급한다면, 그의 지급 규모에 비례하거나 혹은 거의 비례하는 그의 은행권 재고량의 개연적 변동에 의해 늘 산정된다. 따라서 그의 지급이 동일하게 유지되는 한(그리고 그의 거래가 전체 영국의 거래에 대해 과거의 비율을 계속 유지한다고 가정하고, 재화가격들이 전혀 변동하지 않는 동안 그의 지급이 크게 변동하지 않는 한), 그는 습관적으로 필요하다고 생각하는 1만 5000파운드 대신에 5만 파운드의 은행권을 분명히 보유하려 들지 않을 것이다. 그는 남아도는 수량을 서둘러서 처분하려 할 것이며, 어떤 안전한 상인에게 심지어 낮아진 이자율로도 대출할 것을 제안할 것이다. 그렇지 않았다면 그 경우에 그는 그 차입자를 수용할 수 없었을 것이다.

만약 상인들이 그 새로운 지폐를 소유하게 되었다고 상정한다면, 앞의 두 장에서 제시된 원리들이 정당하다고 인정하지 않는 한 그리고 더 많은 유통수단이 재화가격을 올리도록 유도하고 그에 따라 그것의 사용처를 발견하게 될 것이라는 점을 인정하지 않는 한, 그 지폐의 움직임을 설명해야 하는 어려움이 남아 있다.

추가된 지폐가 처분되는 방식은 단 두 가지가 있는 것 같다. 첫째, 그 경우 새로운 지폐에 의해 창조될 것이라고 가정해야 하는 증가된 물품 수량을 이전하는 데 사용되는 것으로, 혹은 둘째, 동일한 물품을 더 높은 가격으로 이전하는 데 사용되는 것으로 상상해볼 수 있다.

이 경우들 중 첫째를 검토해보자.

증가된 물품 수량은 오로지 해외로부터 수입되거나, 혹은 새로운 노력을 통해 국내에서 추가로 생산된 상품으로부터 나타날 수 있다. 특별한 지폐 발행이 영국으로 하여금 금을 수출할 수 있게 하는 경우에만, 혹은 추가된 상품들이 해외 물품에 대한 지급수단으로서 국내에서 생산될 수 있는 경우에만, 그 지폐 발행은 해외로부터 재화를 가져올 수 있을 것이다. 금의 수출은 한계가 있다. 게다가 이런 한계가 좁혀져야 한다는 것은 앞에서 언급된 이유들로 인하여 바람직하다. 지폐의 엄청난 방출이 국내에서 생산된 재화 수량을 증대시키는 경향이 있는지는 검토해야 할 핵심 사항이다.

이 문제를 검토할 때 매우 자연스럽게 빠져드는 오류를 분명히 해야 한다. 영란은행이 지폐를 증가시킬 때, 우리가 여기서 가정해야 하는 것처럼 영란은행은 개인들에 대한 대출을 비슷한 정도로 증가시킨다. 이런 특혜 받은 사람들은 차입자본을 추가로 획득했다고 당연히 즉각 인식하며, 그 자본으로 자신의 특정한 제조업 혹은 거래선을 확장할 수 있다. 그리고 비록 동일하게 정당하지는 않지만, 그들은 또한 그렇게 얻은 새로운 자본이 전적으로 영국의 자본에 대한 접근이라고 추론하기 쉽다. 왜냐하면 그들 자신의 이런 자본 증가는 다른 어떤 개인들의 상업 혹은 제조업을 위축시킬 수 있으나, 이런 일은 그들에게는 일어나지 않기 때문이다.

그러나 첫째로, 명백한 것은 새로운 자본에 의해 일자리를 제공받는다고 상정할 수 있는 실업자들의 숫자가 제한된다는 점이다. 그에 따라 만약 지폐가 무한대로 발행된다면, 그런 지폐 발행은 노동자들에게 일자리를 제공하겠지만, 이들 중 일부는 그나마 괜찮은 다른 직장으로부터 이동하게 될 것이다. 이런 검토에 따르면 지폐 증발에서 유도되는 혜택에는 어떤 한계가 존재하며, 또한 지폐의 자유로운 발행 혹은 지폐의 대폭적 증가도 기껏해야 지폐의 최대 발행에서 얻는 모든 유리한 효과 정도만 있다고 추론할 수 있다.

또한 이런 개인 차입자들의 매개를 통해서 새로운 지폐가 산업에 활기를 불어넣는 방식을 검토해보자. 소비 가능한 상품들의 일정한 몫을 자기 자신을 위해서 획득할 수 있고 그 상품들을 자신의 목적에 충당할 권리는 영란은행권에 의해 그들에게 부여된다. 지폐의 특별한 방출은 영국에 속한 물품들의 **총량**에는 아무런 차이도 즉각 유발하지 않는다. 이것은 자명하다. 그렇지만 그런 지폐 방출은 그렇지 않았을 경우 그들이 지배할 수 있는 것보다 더 많은 몫의 기존 재화를 취득할 수 있는 권한을 영란은행의 차입자에게 이전한다. 따라서 만약 새로운 지폐의 보유자가 영국에 있는 기존 재화 재고의 더 많은 몫을 지배할 수 있다면, 기존 지폐의 보유자는 더 적은 몫의 지배권을 가져야 한다. 따라서 동일한 지폐로는 더 적은 재화를 구매하거나, 혹은 달리 말하면, 상품들의 명목가치가 상승할 것이다. 새로운 지폐의 소지는 그전보다도 더 근면을 조장하는 사람이 될 것이다. 기존의 지폐를 보유한 사람들은 더 적은 재산을 지배할 수밖에 없으며, 노동을 사용할 수 있는 권리도 더 적어질 것이다. 왜냐하면 생산은 엄격히 말해서 지폐에 의해 진흥되는 것이 아니라, 지폐에 의해 구입되는 물자에 의해 진흥되기 때문이다. 모든 종류의 화폐는 재화에 대한 명령이다. 그 화폐는 노동자가 수취할 때 그렇게 여겨지며, 화폐적 가치를 갖는 것으로 거의 즉각 전환된다. 그것은 영국에서 구입 가능한 물자가 그 공동체의 여러 구성원 간에 편리하게 그리고 유리하게 분배되도록 하는 도구일 뿐이다.

그러나 정말로 다음과 같이 말할 수 있을 것이다. 지폐 증발은 기존 재화에 대한 더욱 활기찬 수요와 약간 더 신속한 소비를 유발하는 경향이 있다. 더욱 신속한 소비는 통상적인 물자 감소를 전제로 하며, 또한 소비되는 그것의 일부분을 새로운 생산에 활기를 불어넣는 목적에 투입한다. 그렇게 자극받은 새로운 생산은 추가 물자를 점진적으로 창조하는 수단이 될 것이며, 그 추가 물자는 생산을 지탱한 물자를 새로운 것으로 대체하는 데 도움을 줄 것이다. 그리고 새로운 유통수단은 이런 방식으로 상당히 많은 새 일자리를 스스로 창조할 것이다.

지금 제시된 주장은 정당한 것 같다. 그러나 재화와 노동 두 가지에 대한 수요가 전보다 더 증가한다고 가정하고 있음을 유념해야 한다. 이제 이런 수요 증가의 결과로 인하여 노동과 상품의 가격은 틀림없이 상승하며, 이런 가격 상승은 내가 주장하고 있는 바로 그 핵심이다. 사실, 그 주제에 대해 우리가 어떤 견해를 취하든, 추가 생산이 지폐의 특별한 증발의 결과라고 한다면, 물품가격의 상승도 그것의 다른 효과일 것이다.

새로운 지폐가 자극한 생산의 적지 않은 부분은 아마 상품의 가격 상승에 의해 발생했을 것이다. 지폐가 증가하고 물품가격이 계속 상승하는 동안, 상업적 투기는 평소보다 더 유리한 것으로 드러난다. 예컨대 상품을 구입한 후 3개월 안에 다시 판매한 상인은 이득을 추가로 얻으며, 그 이득은 문제의 3개월 동안 새로운 지폐에 의해 유발되는 물품가격의 상승과 일치한다. 그는 이런 이득을 자기 사업의 다른 이윤과 혼동하며, 자기 사업의 외견상 성공에 의해 평소보다 더 저돌적인 정신으로 그 사업을 추진하도록 유혹받는다. 제조업자도 영업을 확장하려는 유사한 종류의 자극을 받게 되며, 그리고 지폐의 증발은 그와 상인들에게 그들의 계획을 실현할 수 있는 수단을 제공한다. 그러나 유통수단의 증가가 멈추자마자 이윤의 추가는 중단되며, 그리고 만약 증가된 지폐가 정상적인 수량으로 복귀했다고 가정한다면 상업적 거래에서 나타날 성공의 쇠락을 통해서 생산은 일시에 쇠퇴한다고 상정해야 할 것이다.

흄 씨는 이 책에 제시된 주장을 어느 정도까지는 수긍하는 견해를 자신의 「화폐론」에서 피력한다. 화폐 유입이 생산을 자극하는 것으로 기술하면서(그리고 지폐 증가가 정확하게 동일한 효과가 있는 것으로 우리가 추정하는 것처럼), 그는 "처음에는 아무런 변화도 인식되지 않는다. 점진적으로 한 상품의 가격이 처음 상승하고, 그 다음 다른 가격이 상승하며, 최종적으로는 전체 가격이 영국에 있는 정화(正貨)의 새로운 수량과 적정한 비율에 도달한다. **나의 견해로는, 금과 은의 수량 증가가 생산에 유리하게 되는 것은 단지 화폐 취득과 가격 상승 사이의 중간 위치에서일 뿐이다**"[2]라고 언급한다.(흄 씨에게 가격 상승은 분명히 가격 상승의 완성을 의미하지, 가격 상승의 시작을 의미하지는 않는다.)[3] [4]

지폐의 초과 발행이 잠시 동안 노동가격이 아니라 재화가격을 인상한다고 가정한다면, 약간의 물자 증가가 그 결과라는 것 역시 인정되어야 한다. 왜냐하면 이런 주장에 따르면 노동자는 동일한 노력을 하고 있지만, 그는 궁핍해서 더 적은 물품을 소비하도록 강요당할 수 있기 때문이다. 그

∴

2) (옮긴이) D. Hume, "Of Money", *Political Discourses*(1752), p. 47.

러나 이런 저축은 비생산적 사회 구성원의 소득에 대한 유사한 착취에서 발생 가능한 추가 저축과 더불어 비례적 곤궁과 부정의를 수반할 것이다. 이런 명제는 또한 지폐 증발이 상품가격들을 인상시킨다는 주장의 논지를 승인한다는 것을 의미한다.

지폐가 생산에 새로운 활기를 불어넣음으로써 상품 수량을 증가시킬 능력을 보유한다는 것이 그렇게 받아들여졌다. 그러나 생산 증가가 지폐 증가와 결코 보조를 맞추지 못한다는 것도 확인되었다. 이제 검토해야 할

••

3) 화폐가 증가할 때, "한 상품의 가격이 처음 상승하고, 그 다음 다른 가격이 상승하며, 최종적으로는 전체 가격이 영국에 있는 정화의 새로운 수량과 적절한 비율에 도달한다"고 주장할 때, 흄 씨는 운송비를 허용하는 경우 화폐가 다른 나라의 물품가격 이상으로 국내 물품가격을 인상하자마자, 화폐가 해외로 유출되려는 경향을 충분히 언급하지 않은 것처럼 보인다. 이 주제는 다음 장에서 더 완전히 다룰 것이다. 그는 또한 가격 상승에서 주화 증가의 작용이 아마 보통 발견되는 것보다는 약간 더 느리게 진행되는 것으로 묘사한다. 영란은행권의 증가는 확실히 이런 관점에서 화폐 증가보다 더 빠르게 작용한다. 왜냐하면 예컨대 영국의 모든 개인이 자신의 장롱이나 호주머니에 두 배의 금화를 보유하려고 한다면, 은행 지폐를 대량으로 보유하려던 은행가들은 두 배의 은행권을 보유하려고 하지 않을 것 같기 때문이다. 은행제도는 지급 업무를 덜 수고롭게 만듦으로써 증가된 유통수단이 물품가격을 인상하는 시간에서 상당한 차이를 만들어낸다. 은행제도는 남아도는 영란은행권을 보유하지 않은 것에 대해 매우 커다란 이익을 그 지폐의 대량 보유자들에게 제공했다.

유통수단의 증가가 생산에 대해 잠재적인 자극을 제공한다는 것은 또한 프랑스의 미시시피 계획에 의해 입증되는 것 같다. 왜냐하면 로(Law) 씨의 은행권이 일시에 노동 수요를 증가시키고 또한 프랑스의 실질적인 유형 재산을 증가시키는 데 매우 강력한 영향력이 있다는 것은 프랑스 학자들에 의해 확인되었기 때문이다.

4) (옮긴이) 1715년 프랑스의 재정이 파탄 상태일 때, 스코틀랜드 출신인 존 로(John Law)의 소위 미시시피 계획이 실행되었다. 1716년 파리에 로 씨 은행이 왕립은행으로, 국가를 유일한 주주로 해서 개설되었으며, 1717년에 미시시피 회사가 설립되었고 루이지애나를 식민지화하려는 시도가 있었다. 왕립은행은 귀금속의 예금에 비해 과도하게 지폐를 발행했으며, 미시시피 회사의 주식가격이 500리브르에서 1만 8000리브르까지 상승했다. 1720년 초 미미한 배당으로 회의적인 시각이 지배되면서 미시시피 회사의 주식가격이 폭락했으며, 대중은 지폐를 귀금속으로 태환해주기를 요구했으나 로 씨는 이를 충족할 수 없었고 파산했다. 주식 소유자와 지폐 소지자들은 엄청난 손실을 보게 되었다.

문제는, 만약 3500만 파운드의 새로운 지폐가 갑자기 발행된다면, 자극받은 새로운 생산이 새로운 지폐 모두에 의해 판매되는 재화의 수량을 결국 창조할 것인가다. 이런 사항을 예시하기 위하여 3500만 파운드의 추가적 은행권이 3500만 파운드 가치의 새로운 재화를 한 번에 창출하는 특별한 능력이 있다고 인정하자. 그래도 이런 추가적 재산 모두는 여기서 가정된 동일한 규모의 새로운 지폐에 대한 사용처를 결코 발견하지 못한다고 주장할 수 있을 것이다.

특별한 지폐 발행의 결과로 인하여 개인 A가 2만 파운드의 범위까지 영란은행의 차입자가 된다고 가정함으로써, 우리는 이런 상황을 설명할 수 있을 뿐 아니라, 일반적 주제에 대한 새로운 안목을 제시할 수 있을 것이다. 지폐 형태로 보유되는 2만 파운드는 그에게 아무런 이자도 제공하지 않으므로, 그는 재화, 자재, 토지 혹은 다른 어떤 물품들을 문제의 금액 범위 내에서 구매함으로써 그것과 서둘러서 결별하려고 할 것이다. 그가 은행권을 수취한 후 3일 내에 B에게서 구매했다고 가정하자. 이제 B는 특별한 발행에 의해 창조된 새로운 영란은행권 2만 파운드를 보유하며, 유사한 방식으로 그것과 서둘러서 결별해야 한다. 그는 또한 3일 만에 재화에 대한 대가로 동일한 지폐를 지불했다고 하자. 따라서 동일한 은행권은 6일 동안에 구매를 두 번 하면서 4만 파운드를 지불할 것이다. 만약 유사한 거래가 몇 번이고 반복된다고 한다면, 동일한 은행권은 12일 내에 8만 파운드에 이르는 구매를 성립시킬 것이다. 한 달 내에는 대략 20만 파운드, 그리고 1년 내에는 약 200만 파운드의 구매를 성사시킬 것이다. 3500만 파운드의 새로운 지폐는 1년에 2억 혹은 3억 파운드에 이르는 재화 판매를 그렇게 성사시킬 것이다. 따라서 만약 가격 상승이 전혀 발생하지 않는다면, 3500만 파운드의 사용처를 설명하기 위하여 새로운 지폐의 신비로운 영향에 의해 존재하게 된 새로운 재화의 수량은 1년에 2억 혹은 3억 파운드에 이르는 구매의 대상이 된다고 가정해야 한다. 우리는 3500만 파운드의 재산의 창조가 아니라, 그 금액의 다섯 배, 열 배 혹은 어쩌면 20배의 재산의 창조를 가정해야 할 것이다. 그렇지 않을 경우, 혹은 가정하기가 곤란하지만, 3500만 파운드의 새로이 창조된 자본은 그것을 창조한 3500만 파운드의 은행권만큼 빈번하게 유통된다고 가정해야 한다. 즉 새로운 재산은 3일마다 새로이 판매된다고 가정해야 한다.

은행권에 의해 성사된 지급은 판매된 재화와 다른 물품들 때문이기도 하지만, 유사하게 차입되고 변제된 엄청난 금액 때문이기도 하므로, 제시된 사례는 부정확하다. 그러나 이런 후자 종류의 지급은 아마 다른 종류의 지급에 대체로 일정한 비율을 유지할 것 같다. 그 사례로부터 얻는 일반적 추론은 그에 따라 정당할 것이다.

은행권 감축을 앞에서 언급할 때, 지폐 감축을 유도하는 대출 제한과 그런 감축을 전혀 발생시키지 않는 대출 제한 간의 중요한 차이를 지적하려고 애썼다. 그리고 그 다음에 런던의 자금 압박과 가격 하락에 대한 판단은 대출의 양에 의해서가 아니라, 영란은행 지폐의 수량에 의해서 혹은 대출이 지폐 수량에 영향을 미치는 경우에만 오로지 대출의 양에 의해서 이루어져야 한다고 주장했다. 은행권 제한과 관련하여 그때 제시된 여러 주장들은 지폐 증가에 관한 주제에 거의 동일한 정도로 적용된다.

첫째로, 영란은행권은 그 과잉 수량이 결코 어떤 부문에 오랫동안 머물지 않는 성격의 물품이라는 것이 이제 완전히 밝혀졌다. 그리고 둘째로, 더욱 편리한 논의를 위해 가정한 엄청난 지폐 증발은 새로운 자본을 어쩌면 새로운 지폐에 사용처를 제공할 정도로 창조하지 못한다는 것도 밝혀졌다. 따라서 한 시점의 지폐 수량과 다른 시점의 지폐 수량 간에 존재하는 일정한 비율에 맞추어서 한 시점의 재화가격은 다른 시점의 재화가격에 대해서 그 비율과 동일한 혹은 거의 동일한 비율을 가지므로, 지폐의 추가적 공급이 그렇게 인상된 가격에서 그전처럼 동일한 혹은 거의 동일한 수량의 물품을 판매하는 데 활용되는 것을 제외한다면, 그 사용처를 설명할 다른 어떤 방식도 남아 있지 않다.

우리는 비록 다른 경로를 통하고는 있지만, 앞 장의 앞 부분에서 도달한 핵심 사항에 그렇게 다다르게 되었다. 그때 주장한 바에 따르면, 지폐 증발은 차입 능력이 증대되었다는 여론을 유발하고 또한 그런 능력이 실제로 증대되며, 그에 따라 구매자의 구매 욕구도 증대된다. 지폐 증발은 영란은행의 원래 차입자에게 추가적인 구매력을 이전할 뿐 아니라, 현재 보여준 것처럼 새로운 은행권의 유통과정에서 그 은행권을 수중에 넣게 된 다른 모든 개인들에게도 추가적인 구매력을 이전한다.

현재의 학설은 금의 사례를 참조함으로써 매우 강력하게 확증될 수 있다. 광산에서 이런 물품의 공급이 증가하는 경우, 특히 만약 그것이 유통수단으로서만 유일하게 사용되고 또한 유일한 종류의 유통수단이라고 한다면, 그것의 가치는 그 수량 증가에 거의 비례하여 하락한다는 것에 대해 어느 누구도 의심하지 않는다. 영국의 대도시는 환경이 그렇게 되어 있으므로, 런던의 지급을 성사시키기 위한 은행권의 특별한 증발은 일반적 사용을 위한 금의 특별한 공급 증가와 상당한 정도까지 유사하다.

내가 확립하려고 노력한 학설에 대한 반론으로 이 장의 초반에 언급된 것은 다음과 같다. "충분한 진성어음들이 은행권의 대가로 제공되는 것에 거의 비례하여 영란은행권 수량을 증가시키는 것은 한 종류의 지폐를 다른 종류의 지폐로 단순히 교환하는 것이다. 즉 은행권처럼 그렇게 널리 알려져 있지도 않고 또한 그렇게 안전하지도 않지만 신용이 충분한 어음을 영란은행권으로 교환하는 것이다. 따라서 그것은 상거래에 단순히 담보를 제공하는 것이며, 영란은행이 해야 할 상업자금 융통을 제공하는 것이다."이런 반론은 이미 자주 제시된 주장을 반복함으로써 충분히 답변될 것이다. 즉 물품가격에 대한 신용화폐의 영향은 존재하는 지폐 수량에 의존할 뿐 아니라, 또한 그것의 유통성, 혹은 달리 말하면 그것의 유통속도에도 의존한다는 주장. 그 반론에서는 어음들이 은행권처럼 알려지지는 않았다는 것은 인정되고 있으며, 그리고 은행권의 더 높은 성가가 교환을 원하도록 유도한다는 것도 인정되고 있다.

제시된 학설에 대한 다른 반론으로 곡물은 같은 시점에 유통되는 영란은행 지폐의 수량과 보편적으로 어떤 종류의 비례성도 갖지 않는다는 것이 주장된다. 그 대답은, 영란은행 이사들이 일반 재화가격의 어떤 중대한 변동을 야기할 정도로 자신의 은행권을 결코 증가시키지 않는다는 것, 앞장에서 강조한 한두 가지 환경들은 지폐 수량의 변동이 그에 대응하는 상품가격의 변동을 야기하려는 경향을 상쇄할 수도 있다는 것, 그리고 무엇보다도 곡물 공급의 소규모 감소조차도 지폐와 교환될 때 엄청난 곡물 가격 상승을 거의 유발할 수 있으며, 그 결과 한 물품의 수량 변동의 효과와 다른 물품의 수량 변동의 효과 간의 모든 비교를 불가능하게 만들 수 있다는 것 등이다. 지폐는 그것의 증가된 수량에 기껏해야 비례해서 상품들의 가격을 상승시킨다고 언급된다. 그러나 적어진 유통수단의 수량에는 우리가 조금씩 스스로 적응할 수 있지만, 곡물 공급이 감소하는 경우 감소된 곡물의 사용에 스스로 적응할 수 없다는 명백한 이유 때문에 그 가격은 매우 상이한 비율로 상승한다.[5]

모든 물품의 가격을 규제하는 원리를 상기해보자. 가격의 문제는 힘, 오로지 힘의 문제이며, 그리고 어떤 상품이 희소하면 구매자들은 문제의 물품이 다소간 긴급한 필요 상태에 있는가에 비례하여 다소간 판매자의 세력하에 놓이게 된다.

지폐 가치의 적정한 유지를 위해 지폐 유통량이 제한되어야 한다는 원리는 신용화폐에 관한 몇몇 저자들이 간과하고 있으므로, 특별히 주장할 필요가 있는 원리이다. 제임스 스튜어트(James Stewart) 경의 『정치경제학』에서는 은행을 장황하게 논의했지만, 유통되는 지폐 총량을 제한할 필요

..

5) 1695년부터 1712년까지 저술된 대버넌트(W. Davenant) 경의 저서에서 발췌한 다음 부분은 약간의 곡물 감소조차도 효과가 엄청나서 이런 생필품 가격에 영향을 미친다는 것을 알려줄 수 있다.

"단지 10퍼센트의 수확 감소가 그 가격을 30퍼센트 정도 인상할 수 있다고 주장된다. 그리고 현재 그리고 그 후에 발생할 수 있는 것처럼 우리가 단지 50퍼센트만 수확했을 때, 나머지는 절약과 적절한 관리에 의해 견디며, 그리고 다른 곡물의 사용에 의해 지탱된다. 그러나 이런 일은 1년 이상은 지속되지 않을 것이며, 그리고 이런 것은 2년 혹은 3년의 연속적인 흉작에는 약간의 도움이 될 수도 있다.

수확의 부족이 다음의 비율로 곡물 가격을 인상할 수 있다는 것을 받아들인다.

수확의 부족분	평년작의 가격을 상회하는 곡물 가격 상승률
1/10	3/10
2/10	8/10
3/10	1과 6/10
4/10	2와 8/10
5/10	4와 5/10

따라서 곡물 가격이 세 배로 상승할 때, 평년작의 3분의 1 정도가 부족하다고 추정할 수 있으며, 그리고 만약 평년작의 2분의 1 정도가 부족하면, 가격은 평년 수준의 거의 다섯 배 정도 상승할 것이다."

이런 크기는 매우 정확한 것 같지는 않다. 현재의 곡물 부족만을 전제로 이런 추정이 진행되었는지, 혹은 총재고의 부족, 즉 현재의 재고와 전년도의 잔여 재고를 모두 합한 재고의 부족을 전제로 이 추정이 진행되었는지는 사실상 결코 분명하지 않다. 이것은 두 개의 매우 상이한 문제이다. 그리고 많은 상황들은 그런 계산이 (아무리 공정하다고 해도) 모든 시기에 결코 동등하게 적용 가능하도록 만들지는 않을 것이다. 따라서 그 구절은 단지 그 주제에 관한 어떤 일반적 생각을 제시할 목적으로 인용되었다.

성에 대해서 혹은 과잉 발행이 환율을 불리하게 하고 그에 따라 금이 국외로 유출되는 경향에 대해서는 어떤 암시도 주지 않았다. 다른 한편, 수취할 가치가 충분하지 않다면(현재 시점에 지폐를 증발할 이유가 그다지 없는 경우) 은행 지폐를 발행하지 말아야 할 의무는 이 저자가 강력하게 촉구했다. 또한 그는 토지의 담보만을 완전한 것으로 인정하고, 환어음의 담보는 부적절한 것으로 생각했다. 그 대가로 가치를 얻지 못하는 은행권의 발행을 그는 "소실된 가치"로 발행되는 지폐로 명명했으며, 그리고 그것은 은행에 손실과 위험 두 가지의 중대한 원천이라고 생각했다. 이런 핵심에 대한 그 스스로의 표현 방식은 이 장이 폭로하고자 하는 목표인 그 오류를 상당히 조장한다. 즉 은행권에 대해 제공되는 담보물의 성격에 단순히 주목하는 것만으로도 은행권의 적절한 제한이 충분히 확보될 수 있다고 생각하는 오류이다.[6]

더 최근의 저술가인 스미스 박사는 이 책의 앞부분에 인용된 구절에서 지폐 제한의 필요성을 주장했다. 그렇지만 그는 부적절한 용어로 이것을

••

[6] "수취할 가치가 전혀 없는 지폐가 발행될 때 그 지폐의 담보는 그 은행의 원래 자본에만 의존하며, 반면에 수취할 가치가 있는 지폐가 발행될 때 그것의 가치는 그 지폐가 즉각 의존하는 담보이며, 그리고 적절히 언급하면 그 은행의 자본은 단지 부차적이다.

나는 이런 상황(즉 발행된 은행권에 대한 담보로 충분한 재산을 취득할 수 있는 상황)을 길게 강조했다. 왜냐하면 은행들은 수백만 파운드를 창조하기 위하여 오직 종이와 잉크만 필요한 조폐국을 보유하고 있으므로, 은행의 성격에 익숙하지 못한 많은 사람들은 화폐 때문에 은행들이 어떻게 손실을 볼 수 있는지를 이해하기 어렵기 때문이다. 그러나 만약 그들이 은행업의 원리를 고려한다면, 수취 및 보존할 수 있는 가치 대신에 소실된 가치로 발행되는 모든 은행권은 정확히 그 은행에 대한 그들 자본 혹은 이윤의 부분적인 지출이라는 것을 알게 될 것이다." Stewart, *Political Economy*, Book IV. Part II. Chap. IV.

5장은 짧은 장이며, 그 장의 목적은 지폐를 발행하는 "은행들은 사적인 상업신용에 의존해서 은행권을 발행하지 말아야 한다"는 것을 보여주는 것이다. 사적인 신용은 "토지와 개인 재산"의 신용을 의미하는 것 같다.

주장했으며, 과도한 지폐 팽창에서 비롯할 수 있는 해악에 대해 오류이면서도 부적절한 생각을 제시했다.

로크 씨는 이 장의 앞부분에서 나의 반대자들이 인식하고 있는 것과 동일한 방식, 즉 무역수지를 고려하는 방식에 의해 내가 폭로하려는 오류를 어느 정도 지지했다. 나의 반대자들은 다음과 같이 말할 것 같다. "불리한 환율과 그에 따라 나타나는 높은 금 가격의 해악은 불리한 무역수지로부터, 오로지 그것으로부터 발생한다. 만약 불행하게도 이런 해악이 존재한다면, 이런 해악을 방지하거나 혹은 치유하는 진정한 방식은 국가의 생산을 증대시키는 것이며, 그리고 생산을 증진시키는 방식은 지폐의 자유로운 방출에 의해 무역과 제조업의 능력을 발휘할 수 있는 최대한의 여지를 제공하는 것이다. 그렇게 자극받은 노동이 필연적으로 창조한다고 주장할 수 있는 수출 가능한 물품이 많아짐으로써 무역수지는 유리한 방향으로 전개될 것이다."

불리한 무역수지와 관련하여 그리고 그런 무역수지가 금을 용해하고 수출하도록 유도하는 영향과 관련하여 로크 씨는 다음과 같이 말한다.

"이윤은 우리의 화폐를 녹임으로써 만들어질 수 있지만, 단지 두 경우에만 창출될 수 있다. 첫째로, 동일한 명목가격의 금화가 동일하지 않고, 하나는 무게가 더 무겁고 다른 것은 약간 가벼울 때이다. 왜냐하면 그때 화폐를 소지한 상인들은 무거운 것을 골라내어서 용해함으로써 이윤을 얻기 때문이다.…… 우리의 화폐가 용해되는 다른 경우는 손해 보는 무역이거나, 혹은 동일한 것을 달리 표현하면, 외국의 상품들을 과도하게 소비하는 것이다. 무역수지 불균형이 우리 상인들이 환어음을 획득하는 것을 어렵게 만들 때에는 언제나 환율은 머지않아 상승한다.…… 만약 주화 수출이 법적으로 금지된다면 그것은 용해될 것이며, 만약 주화 수출이……

자유롭게 허용된다면 그것은…… 정화 형태로 실어낼 것이다. 한 방식으로 혹은 다른 방식으로 서둘러 나아간다.…… 그러나 이런 용해는 영국에서 우리의 보물을 조금도 빼앗아가는 것이 아니다. **그런 것의 유출입은 전적으로 무역수지에 의존한다.**[7]

로크 씨의 이 구절(그리고 상당히 유사한 언어는 다른 저술에서 발견된다.)에 의해 자극받고 지지되는 오류는 이것이다. 그 구절이 의미하는 바는 우리의 수출과 수입의 상대적인 상태가 바로 환율을 규제한다는 것이며, 환율 상태는 우리의 수출과 수입의 상대적 상태를 전혀 규제하지 않는다는 것이다. 그에 따라 우리는 불리한 무역수지(즉 수입되는 상품이 수출되는 상품을 초과하는 것)가 배타적으로 원인이며, 불리한 환율이 전적으로 결과라고 주장하게 만든다. 그 구절은 우리로 하여금 흄 씨가 자신의 「화폐론」의 주석에서 인정한 상황, 즉 "불리한 환율은 수출에 대한 새로운 자극이 된다는 것"을 전혀 받아들이지 않도록 유도한다.

여기서 내가 확립하려는 사항은 다음의 방식으로 더 명료하게 설명될 수 있다. 앞 장에서 보여주었고 또한 사실상 로크 씨가 언급한 것은 어음의 판매가격이 환율을 결정한다는 것이다. 따라서 예컨대 영국을 지급지로 하는 어음을 팔려고 하는 외국인들이 그것을 사고자 하는 사람들보다 많을 때, 어음의 가격은 하락한다. 그리고 그 어음의 가격이 그렇게 낮아져서 일부 개인들이 그 어음의 구매자로 전환할 때까지, 어음의 가격은 틀

..

7) Further Considerations concerning raising the Value of Money.[(옮긴이) 존 로크(John Locke), "Further Considerations concerning raising the Value of Money. Wherein Mr. Lowndes's Argument for it, in his late Report concerning an Essay for the Amendment of the Silver Coin, are particularly examined." Reprinted in *The Works of John Locke*, vol. IV(1824), pp. 159~161]

림없이 계속 하락할 것이다. 영국을 지급지로 하는 어음을 구입하는 사람들은 영국 화폐 혹은 은행권으로 수취할 수 있는 수많은 명령서를 구입하는 사람들이다. 그렇게 수취된 화폐 혹은 은행권은 일부 영국인들의 수중에 남겨져 있지 않는 한(그리고 그것들은 몇몇 경우에만 그렇게 남겨질 것이다.) 영국의 물품에 투자되고 수출될 것이다. 따라서 어음의 판매가격 하락에 의해 제공되는 이윤은 어음 구매자들의 투기가 성공하도록 유도하는 데 틀림없이 충분할 것이다. 여기서 투기는 그렇지 않았더라면 이전되지 않았을 영국의 금을 넘겨받는 것을 의미하거나, 혹은 그렇지 않았더라면 그 시기에 운송되지 않았을 영국의 상품들을 구입하고 수출하는 것을 의미한다. 따라서 만약 사실상 동일한 원인, 즉 불리한 환율이 외국인들로 하여금 이런 투기에 의해 이윤을 얻을 목적으로 영국으로 송금을 하도록 유도하고 또한 그들이 그 돈을 우리의 수중에 맡기지 않는 한, 흄 씨의 표현에 따르면 불리한 환율은 "수출에 대한 새로운 자극"으로 간주될 뿐 아니라, 또한 수출과 수입을 일치시키는 데 기여할 금 혹은 재화, 혹은 두 가지 모두의 실제 수출을 확보하는 데 필요한 모든 종류의 자극을 제공하는 것으로 간주될 수 있다.

현재 검토 중인 주제와 관련하여 제시하려는 원리는 단순하고 명료하다고 생각되며, 원리는 모든 시대에 적용되고, 사용 중인 모든 종류의 유통수단에 적용된다. 내가 언급하려는 것은, **오로지 주화만** 유통되는 나라에서는, 만약 어떤 사건에 의해 그 수량이 이전되어야 할 재화의 비율보다 다른 나라에 비해서 상대적으로 더 많아진다면, 주화가 재화에 비해서 저렴해지거나 혹은 달리 말하면 그 재화가 주화에 비해서 비싸지며, 주화의 수출로부터의 이윤이 증가한다는 것이다. 과잉 상태에 있는 물품이 실제로 수출됨으로써 사실상 이런 이윤은 즉각 소멸한다.

다시 언급한다면, **주화와 지폐**가 동시에 유통되는 나라에서는, 만약 그 수량이 동일한 의미에서 유사한 방식으로 과잉 상태에 있다면, 유사한 효과가 뒤따를 것이다. 주화의 방출에서 이윤이 존재하고, 결과적으로 주화의 수출이 있게 된다는 의미이다.

셋째로, 오로지 지폐만 유통되는 나라에서는, 만약 지폐를 발행한 은행의 신용이 완전하다고 가정하고 그 지폐 수량이 동일한 의미에서 과잉이라면, 지폐의 가치는 정확히 유사한 원리에 따라 그 초과량에 비례하여 하락할 것이다. 혹은 달리 말하면, 재화의 가치는 상승할 것이며, 그리고 세 가지 경우 모두에 유통수단의 수량이 동일한 정도로 과잉되었다고 가정하는 경우, 앞의 두 명제에서 제공된 것과 일치하는 재화에 대한 수출장려금을 환율 형태로 제공할 필요성이 존재할 것이다.

따라서 "금의 유입과 유출"(로크 씨가 표현하는 것처럼 그리고 이 장의 초반의 반론에서 가정하고 있는 것처럼)은 "무역수지에 전적으로 의존하는" 것 같지 않다. 그것은 발행된 유통수단의 수량에 의존하거나, 혹은 만약 발행된 유통수단의 수량에 무역수지가 의존한다고 인정된다면, 내가 인정하는 것처럼 그것은 무역수지에 의존한다. 그렇지만 로크 씨는 독자로 하여금 발행된 유통수단의 수량에 무역수지가 의존한다고 인식하도록 결코 유도하지 않았다. 왜냐하면 불리한 무역수지를 "손해 보는 무역"에서 비롯하는 것으로, 그리고 "외국 재화에 대한 너무 과도한 소비"(이 용어는 번영하지 못한 경제 상태와 사람들의 과도한 사치 성향을 의미하는 것처럼 보이며, 그 용어는 우리의 지폐 수량이 얼마이든 영국의 번영이 주화의 수출 위험을 효과적으로 막아준다고 자연스럽게 결론짓도록 유도한다.)에서 비롯하는 것으로 묘사하기 때문이다.

나의 생각으로는, 만약 은행들이 금으로 지급하거나 혹은 금으로 지급하지 않지만 자신의 은행권의 가치를 유지한다면, 은행들은 자신의 지폐 증발에 대해 어떤 한계를 틀림없이 준수할 것 같다.

만약 한 국가가 다른 어떤 나라와 사실상 아무런 관계를 맺지 않는다고 가정한다면, 지폐가 금과 교환될 때 그 가치의 어떤 차이를 발생시키지 않으면서도 지폐의 무한한 증발은 가능할 것이다. 그런 경우 재화가격은 필연적으로 무한히 상승하지만, 사람들은 지폐에 대해서 더욱더 적은 비율의 금을 사용하는 것에 만족할 것이며, 그런 이유로 인하여 금과 지폐 간의 상대가치는 계속 동일한 것으로 생각할 것이다. 재화가격의 이런 무한한 상승 그리고 그와 동일하게 금가격의 무한한 하락은 세계의 상이한 부분 간에 발생하는 상업적 정보 소통에 의해 모든 곳에서 배제된다. 즉 재화를 운송하는 비용을 허용하는 경우, 재화로 교환되는 금은 각 나라에서 그것이 모든 경우에 함유하는 가격, 혹은 거의 그에 가까운 가격을 필연적으로 가진다. 따라서 유통수단의 가치와 비교할 때, 지금의 가치 변동은 그렇지 않을 경우 모든 나라가 범하기 쉬운 은행권의 과도한 증발을 탐지하고 억제하는 데 도움을 준다. 그리고 이미 묘사된 환율의 작용은 지폐가치를 기존의 본위에 부합하도록 모든 은행을 강요하는 수단이다.

이미 언급한 대륙의 은행권의 경우로 관심을 돌려보자. 내가 인식한 바에 따르면, 이 은행권의 평가절하는 환율에 나타나는 경향이 있다. 불리한 환율은 지금의 가치 그리고 유통되는 은행권과 주화 양자의 가치 간의 차이를 발생시키며, 이런 차이가 항구적이고 중요하게 되었을 때 지폐에 대한 할인이 저절로 확립된다. 달리 말하면, 주화는 지폐의 가격을 지탱하기를 멈추고 지금가격을 취하게 되며, 그 시점 이래로 지폐는 홀로 감소된 가격에서 통용된다. 영국의 유통수단의 가치와 지금의 가치 간의 차이는 유사한 할인이 발생하는 것을 방지할 정도로 언제나 충분히 작으며, 그리고 우리가 할인을 회피하는 한, 사람들은 일반적으로 어떤 할인이 지폐에 존재하는 것을 발견하지 못한다. 그러나 환율에서 감지되는 우리 유통수단의 아주 사소한 평가절하조차도 대륙의 은행권의 평가절하를 유발하는 것과 동일한 직접적 원인에서 기인한다고 보아야 한다. 우리의 사소한 평가절하와 대륙의 중대한 평가절하가 과잉 지폐에서 유사하게 기인한다는 것을 의미하지는 않는다. 그렇지만 **만약 환율의 이득을 수출 상인에게 공여하지 않는다면 문제의 시점에 재화가격이 너무 높기 때문에**(아마 어떤 경우에는 지폐의 과다 때문에, 다른 경우에는 시장의 변동 때문에 발생한다.), **지불해야 할 부채를 충분히 해소할 수 있는 수량을 수출할 수 없는 재화와 관련된** 환경에서 그런 평가절하가 동일하게 나타난다고 나는 단정할 것이다.

최근 길게 논의한 몇몇 사항을 여기서 개괄하는 것은 독자에게 편리할 것이다.

첫째로, 영란은행 지폐는 소지자에게 아무런 이윤도 제공하지 않으므로 어떤 지역에서도 너무 과다한 수량은 보유될 것 같지 않으며, 언급된 추가적인 3500만 파운드는 지폐 증가에 의해 창조된 재화의 증가분을 이전하는 데 혹은 더 높은 가격에서 동일한 재화를 이전하는 데 이용될 것이다. 그때 자극받은 새로운 생산은 새로운 지폐와 보조를 맞출 수 없으므로, (앞 장의 원리에 부합하게) 상품들의 가격은 필연적으로 크게 상승할 것이다. 영국에서 물품가격의 이런 인상은, 역시 앞에서 보여준 것처럼 그 높은 가격에 대한 보상이 환율의 형태로 외국인에게 제공되지 않는 한, 해외에서 확실히 그 물품에 대한 수요 감축을 유발할 것이다. 그 결과 너무 많은 지폐 증발은 무역수지 역조의 원인이며, 또한 불리한 환율의 원인일 것이다. 혹은 달리 말하면, 다른 나라 유통수단과 비교할 때 영국 유통수단의 저평가의 원인일 것이다.

이와 유사하게, 환율에 의해 암시되는 것처럼 영국의 유통수단의 가치의 아주 사소한 감소조차도 대륙 은행권의 대폭적인 저평가를 유발한 동일한 상황에서도 발생한다. 그때 만약 환율 형태로 장려금이 수출 상인에게 공여되지 않는 한, 재화가격이 너무 높기 때문에(어떤 경우에는 아마 지폐의 과잉에 의해, 다른 경우에는 시장의 변동에 의해 나타난다.), 지급이 필요한 채무를 변제할 만큼의 충분한 수량이 수출될 수 없게 된다.[8]

..

8) 과다한 지폐 증발이 이미 묘사된 수단들에 의해 환율을 불리하게 만드는 경향과, 유통 중인 주화가 수출되도록 유발하는 경향 등에 관한 몇몇 증거는 로 씨의 은행 설립 후 얼마 되지 않아서 발표된 프랑스 정부의 칙령문에서 발췌한 다음 문장에서 볼 수 있다. 독자가 주목해야 할 것은, 이 은행이 영란은행의 설립 원칙과 동등한 원칙에 따라 설치되었다는 것, 정부에 의해 인가받기는 했지만 잠시 동안 정부에 독립적이었다는 것, 1억 리브르의 자본을 보유했다는 것, 그리고 상당한 담보를 잡고서 돈을 빌려주었다는 것 등이다. 그렇지만 약 3800만 스털링에 이르는 엄청난 금액의 은행권 발행이 허용됨에 따라, 이 은행이 획득한 신용(어느 정도까지는 충분한 근거를 갖는 신용)은 미시시피 계획의 구상을 부추겼으며, 그리고 결국 다른 의문스러운 사업을 착수하게 만들었다. 그 은행권은 비록 할인에 대해 규제를 받았지만, 미시시피 회사의 주식과 교환 가능하게 되었으므로, 프랑스의 최근 아시냐의 가치와 유사하게 그 은행권의 가치는 투자 사업의 이윤 전망에 대한 일반인들의 여론에 의존하게 되었으며, 그에 따라 아마 그것의 수량보다는 오히려 유통 중인 은행권의 신용에 의존하게 된 것 같다.

1720년 5월 21일 국왕의 칙령문으로부터의 발췌문은 다음과 같다. "국왕은 그 은행의 설립 이전에 왕국이 처하게 된 조건(따라서 국왕은 그 조건과 현재의 조건을 비교할 수 있다.)을 그의 평의회에 검토하도록 지시한바, 높은 화폐이자율은 작고한 국왕이 몇몇 전쟁 기간에 부담한 모든 비용보다 더 많은 손실을 왕국에 입힌 것으로 파악했다. 그 은행의 설립에 의해서 국왕은 모든 것을 순조롭게 회복시켰다. 귀족들은 **그들 토지의 가치 증가로** 자금을 손쉽게 융통할 수 있는 수단을 발견했으며, 제조업, 상업 및 해운업이 재건되었고, 토지들이 경작되었으며, 숙련공들이 일을 시작했다."

3월 5일의 칙령문에서 국왕은 다음과 같이 규정했다. "당시 주화 가치와 관련하여 가장 공정하게 계산된 비율에 따라서, 인도(혹은 미시시피) 회사의 주식은 은행권으로 그리고 그 은행권은 주식으로 전환될 수 있다. 국왕은 **외국 무역에 적합할 수 있는 비율로 주화 가치를 재확립하고 또한 프랑스의 생산물들의 출구를 재확립하는 데 필요한** 방편을 찾아야 한다. 국왕은 **주화 가치의 축소를 지시하는** 3월 11일 선언에 의해 이런 것들을 준비했다."

∴∙

그때 이 특이한 칙령문은 이어서 다음을 주장한다. 주화의 "이런 **감축**은 필연적으로 상품가격의 **하락**을 틀림없이 발생시키기" 때문에(주화 가치를 증가시키는 것을 의도한 조치이지만, 지폐의 과다한 발행이 이미 그것을 발생시켰다면 이런 효과를 발생시킬 수 없는 조치이다.), 그 결과 "신민(臣民)들의 이해관계에 따르면 **주식과 은행권의 가격 혹은 명목가치가 주화와 프랑스의 다른 상품들과 적절한 비율을 유지하기 위하여, 주화의 너무 높은 가치가 신민들의 신용을 하락시키지 않기 위하여, 그리고 신민들이 외국과의 교역에서 입게 되는 손실을 방지하기 위하여, 주식과 은행권의 가격 혹은 명목가치가 감소해야 한다**고 국왕은 판단했다."

그 다음에 그 칙령문은 1만 리브르의 주식이 5000리브르로, 그리고 1000리브르의 은행권이 500리브르로 축소되도록 지시했다.

공평한 실시를 주장하면서 일반인의 손해를 배가하는 이런 칙령문 이후에, 사람들은 은행권을 받아들이기를 거부했으며, 그 칙령문은 철회되었다. 주식의 가치만 감소시키는 다른 칙령문으로 대체되었다. 그러나 (이런 설명을 제시한 포슬리스웨이트(Postlethwaite) 씨가 주장하는 것처럼) "평상시보다 네 배 이상으로 인상된 재화가격을 지불하는 경우 혹은 매우 커다란 할인인 경우 등을 제외한다면" 여전히 "깜짝 놀란 사람들은 은행권과 접촉하려고 하지 않을 것이다."

그때 다음의 효과를 목표로 하는 국왕의 다른 포고가 발표되었다. "국왕은 다음의 사실을 인지했다. 요즈음 상당한 재산을 모은 많은 신민들은 국가에 어떤 신세를 지고 있는지를 망각한 상태에서 그 재산의 상당한 부분을 해외로 빼돌리고 있으며, 그리고 그 신민들 중 일부의 다른 사람들은 다른 나라에 투자할 의도에서 **상당한 금액을 정화(正貨)로 다른 나라에 예치하고 있으며**, 그리고 이것은 환율을 외국인들에게 유리한 상태로 유지시키며(금 수출이 환율의 움직임을 개선하는 한, 금 수출은 지속되며, 그리고 금 수출은 불리한 환율의 결과이지, 그것의 원인은 아니다.), 그리고 이것은 왕국 밖으로 상당한 수량의 정화를 유출한다. 비록 상업의 자유를 제약하지 않는다고 할지라도, 정부의 법령에 그렇게 반하는 악습을 치유하는 것이 얼마나 중요한지를 국왕은 심사숙고하고 있으며, 그리고 오를레앙 섭정 공작의 충언에 따라 국왕은 모든 신민들이 일반적으로 **자신의 자본을 회수하여야 할 의무가 있으며**, 그리고 현재의 이 포고를 발표한 날부터 두 달 이내에 프랑스로 그 자금을 다시 가져올 것을 명령했다."

이 칙령문들 중 첫째 것으로부터, 지폐 증발이 생산을 자극할 뿐 아니라 가격을 인상한다는 것이 분명해진다. 그러나 둘째로부터는, 화폐 증발이 매우 불리한 환율과 주화의 수출을 유발한다는 것, 그리고 주화 가치의 감소가 우리가 자연스럽게 의존하게 되는 치유책이라는 것 등이 분명해진다. 동일한 사항이 셋째 칙령문에 의해 확인된다.

세 칙령문 모두는 현시점에 환율과 신용화폐에 관한 주제와 관련하여 널리 퍼져 있는 총체적 무지(無知)를 입증했으며, 그 결과 프랑스의 미시시피 계획으로부터 영국의 신용화폐의 불안정성을 암시하는 부당한 내용을 보여주기도 했다. 우리의 남해 계획의 사례에서는 어떤 새로운 은행도 설립되지 않았으며, 그리고 영란은행 지폐의 신용은 유지되었다.

다음으로 두 번째 주제, 즉 영란은행권이 스스로를 제한하는 어떤 자연스러운 경향 때문에 그 은행권의 그런 제한 범위가 그 은행권의 위험한 평가절하를 막기 위하여 준수되며, 그 결과 영란은행이 그 은행권을 제한할 필요가 없게 될 것 같은지를 검토해보자.

이 문제의 검토에서 나는 일반적인 방식으로 영란은행의 대출을 제한하는 규칙을 단지 채택만 해도 충분할 수 있는지, 혹은 대출되는 특정 금액에 대해 어떤 제한만 해도 충분할 수 있는지를 묻고자 한다.

첫째, 차입을 희망하는 사람들의 재산에 단순히 비례해서 대출하는 원칙은 확실히 안전할 수 없다. 만약 자본이 단순히 은행 대출 자격을 제공한다면, 차입자들은 엄청나게 많아질 수 있다. 모든 공채 소유자들조차도 도움을 요청하기를 좋아할 것이다.

만약 은행 대출이 진성어음(즉 재화를 실제로 판매한 경우에만 발행되는 어음)을 담보로 해서 상인들에게만 제공되어야 한다면, 이 책의 앞부분에서 주장한 것처럼 진성어음은 극단적으로 엄청난 크기로 증식될 수 있다는 것을 기억해야 한다. 그리고 더욱이 진성어음을 상상 가능한 최대 수준까지 증식하기 위해서는 통상적 신용 기간을 충분히 연장해야 한다는 것도 기억해야 한다. 만약 영란은행 이사들이 제공되는 진성어음의 규모에 의해 할인을 결정한다면, 이제 이런 좋은 종류의 지폐를 수취하는 은행가와 할인업자는 수중에 있는 단순한 어음 혹은 의제적 어음의 더욱 중요한 소지자가 될 수 있으며, 그리고 엄청난 추가적 수량의 진성어음을 영란은행으로 쏟아 넣을 기회가 그렇게 해서 생길 수 있다.

만약 이사들이 부분적으로 차입자들의 자본에 주목하고, 부분적으로 제공되는 어음의 종류를 고려하며, 그뿐 아니라 부분적으로 지급기일 준수 확률을 고려하면서 할인을 규제한다면, 전자의 억제 수단에 세 번째 억제 수단을 추가하는 것만으로도 충분할 수 있다. 그러나 여기서 기억해야 할 것은 우리가 은행권의 점진적 증가를 상정한다면 영란은행 스스로 지급수단을 끊임없이 증가시키는 것을 가정해야 한다는 점이며, 그리고 아주 지나친 채무조차도 상인들이 쉽고 편리하게 지급기일을 준수할 수 있도록 만들어야 한다는 점이다.

이제 마지막으로 유일하게 제기 가능한 질문은 영란은행 차입자의 절제와 자제에 관한 어떤 원리가 영란은행의 이사들로 하여금 자신의 한계를 설정할 필요성을 면제할 것인가다.

대출의 자유로운 확장은 아마 즉각 모든 수요를 충족시킬 것이며, 그리고 영란은행권 증가가 중단될 수 있는 진정한 한계는 어쩌면 상인들이 계속적으로 차입하지 않으려는 경향에 의해 발견될 수 있을 것이라고 생각된다.

영란은행에서 대출을 획득하려는 욕구가 어떤 시점에 얼마만큼 진행된다고 기대할 수 있는지를 확인하기 위하여, 우리는 기존의 환경에서 차입으로부터 유도될 것 같은 이윤 규모에 관한 주제를 검토해야 한다. 이것은 두 가지 사항을 고려함으로써 판단되어야 한다. 첫째로, 차입액에 대해 지급해야 하는 이자 규모, 그리고 둘째로, 차입 자본의 사용에 의해 얻는 상업적 이득 혹은 다른 이득의 규모. 상업에 의해 획득 가능한 이득은 보편적으로 수취 가능한 이득 중 가장 높으며, 그 이득은 대부분 다른 모든 경우의 수익률을 규제한다. 따라서 우리는 영란은행이 수취하는 이자율과 현재의 상업이윤율을 비교하는 데 주로 관심을 돌림으로써 이 문제를 검토할 수 있을 것이다.

영란은행은 법률에 의해 비록 전쟁 기간일지라도 5퍼센트 이상의 이자율을 요구할 수 없으며, 평화 시기의 할인율도 마찬가지로 동일하다. 만약 입법부가 이런 제한 원칙을 꾸준히 채택하는 데 장애물을 설정하지 않는다면, 영란은행은 확실히 그리고 언제나 대출하는 가격을 통해서 지폐 증발을 충분히 제한할 수 있을지 모른다.

따라서 영란은행권이 스스로 제한되도록 허용하는 편이 더욱 **자연스러운** 경로를 취할 것이므로 그런 것을 허용하는 것이 안전하다는 주장은 전적으로 오류이다. 그 주장은 영란은행 지폐가 공급될 때 고려해야 하는 이자율에 관심을 돌려야 할 이유가 전혀 없거나, 혹은 영국의 다양한 환경 변화에 따라 그 이자율을 변경할 이유가 전혀 없다는 것을 의미한다.

어떤 시기에는 아마 연간 6퍼센트의 이자율, 다른 시기에는 5퍼센트, 더 낮게는 4퍼센트의 이자율도 영란은행에 대한 할인 요구를 적절히 제한하는 데 거의 충분할 정도의 이익을 차입자에게 제공할 수 있다. 경험은 어느 정도까지는 이런 주장의 정당성을 입증한다. 왜냐하면 영란은행은 평화 시기에 5퍼센트의 이자율을 요구함으로써 영란은행 지폐를 용이하게 제한할 수 있었기 때문이며, 반면에 전쟁 기간, 그리고 특히 전쟁이 진행되어서 종말에 이르는 시기, 또한 종전 후 얼마 동안, 그들의 지폐가 특별히 감소하지 않았음에도 영란은행 이사들은 내가 이해하기로는 매우 열성적으로 할인을 권유했기 때문이다. 따라서 영란은행의 안전을 고려하여 제시되는 한계를 영란은행 차입자들이 스스로에게 적용하려는 성향이 항상 있다고 가정하는 것은 비합리적이다. 두 당사자의 이해관계는 이런 관점에서 동일하지 않다. 고리대 규제법에 의해 설정된 인위적 상태의 결과로 인하여 차입자들은 대출금을 너무 저렴하게 획득한다. 그들은 너무 저렴하게 얻는 대출금을 과다하게 요구한다. 그럼에도 그런 상황하에서 그들의 절제와 자제에 의지하는 것은, 비록 그들이 상인으로서 그리고 영국 신민으로서 은행권의 적절한 제한을 일반적으로 찬성한다고 할지라도, 이런 관점에서 영란은행의 이해관계와는 모순되는 개인적 이해관계를 보유한 사람의 재량에 영란은행의 안전을 위임하는 것이다.

전쟁 기간에 영란은행에서 너무 많은 것을 차입하려는 유혹은 이미 주장한 것처럼 높은 상업이윤율로부터 발생한다. 그때 자본은 희소해지며, 그 결과 자본의 사용으로부터 획득되는 이득은 비례적으로 보면 상당히 크다.

독자들은 은행 대출 확대가 추가적 자본을 공급함으로써 자본 사용에 대한 이윤을 감소시킬 수 있으며, 5퍼센트의 이자율로 차입하려는 유혹을 그렇게 축소할 수 있다고 여길지도 모른다. 이 장에서 이미 언급한 것처럼 실질 재산을 의미하는 자본은 지폐의 증발에 의해 갑자기 크게 증가할 수 없다. 상업이윤율은 지폐의 증발에 의해 야기되는 실질 자본의 명목가치에 의존하는 것이 아니라 이런 실질 자본의 수량에 의존한다는 것은 이제 지적하기 용이한 사실이다.

은행 대출의 대규모 확장은 대출에 대한 일반적 수요 과열을 잠정적으로 억제할 수 있을 것이다. 그것은 지폐를 잠시 동안 풍부하게 할 것이며, 그것의 사용에 대해서 지불되는 가격을 결국 하락시킬 것이다.

그러나 이미 언급된 원리에 따르면, 증가된 지폐 수량이 일정 기간 정체되고 그리고 재화가격을 인상하는 데 완전한 효과를 발휘했을 때, 5퍼센트 이자율에서 차입하려는 유혹이 정확히 전처럼 동일하다는 것은 분명한 것처럼 보인다. 왜냐하면 현재의 지폐가 그 경우 현재 가격에서 판매되는 현재의 재화량에 동일한 비율(이 비율은 그전의 지폐와 그전의 가격에서 판매되는 그전의 재화량 간에 유지되는 비율과 같다.)을 유지할 것이기 때문이다. 따라서 구매력은 동일할 것이며, 차입 및 대출의 조건은 동일할 것으로 추정되고, 단지 유통수단의 규모만 변경될 것이며, 그것은 단지 동일한 재화를 더 많은 지폐량으로 거래되게끔 유도할 것이다. 그런 상황에서 동일한 상업이윤율이 유지된다고 가정하는 것은 단지 상인들이 그전보다 더 유리하지도, 더 불리하지도 않은 상황에 처해 있다는 것을 가정하는 것이며, 동일한 재화량을 거래함으로써 상인들이 얻을 수 있는 연간 이득률은 현재 가격에서 그전과 동일하다는 것을 가정하는 것이다. 만약 이런 주장이 정당하다면, 은행 대출의 가장 자유로운 확대조차도 영란은행에 대한 할인 요구를 최소한 항구적으로 감소시키려는 경향이 있다고 믿을 만한 이유는 전혀 존재하지 않는다. 자금 압박을 해소하는 것은 은행권의 기존 수량의 크기가 아니라, 은행권의 점진적 증가이다. 그러므로 지폐의 과다한 증가를 억제할 것 같다고 가정되는 차입자의 절제와 자제는 지폐의 항구적 증가에 의해서만, 즉 충분히 방지된다고 가정되는 바로 그런 해악에 의해서만 야기된다.

대출 수요의 확대에 비례해서 영란은행이 대출을 확대할 위험은 그전에 영국에 있던 자본이 외국으로 갑자기 이전하는 경우로 관심을 돌림으로써 더 특별하게 보여줄 수 있다. 영국인 거래처의 수중에 있는 영국 주식이나 재산의 외국인 소유자들이 3개월 사이에 엄청난 금액을 인출했다고 가정하자. 그리고 그 사건의 결과로 환율이 5퍼센트 정도까지 영국에 불리하게 움직였다고 상정하자. 더욱이 그 3개월의 마지막에 자금 인출이 중지되고 영국의 상업 상태가 개선됨으로써 환율이 적정 수준으로 복귀했다고 하자. 이 경우 자신의 계정으로 해외에 재화를 송출할 수 있고 문제의 3개월 동안 그 대금을 인출할 수 있는 어떤 영국인은, 영국에서 동일한 영국 화폐로 그 재화를 구매하고 또한 그것을 동일한 외국 화폐로 판매한다고 가정했을 때(이때 재화는 문제의 기간 이전에 구매되고 판매되었으며, 대금의 인출은 문제의 기간에 실행된다.), 5퍼센트의 추가 이윤을 벌 수 있을 것이다. 자본을 고용하는 다른 다양한 방식에 의해 유사한 추가 이윤이 동일한 3개월 동안 얻어질 수 있을 것이다. 예컨대 공채 형태의 외국인 재산의 대규모 판매(우리가 발생할 것이라고 생각하는 사건) 때문에 분명히 공채 가격은 갑자기 하락할 수 있다. 따라서 불황기에 공채를 매입하고 그 3개월의 만기에 매각하는 그 사람은 이런 종류의 투기에서 이득을 끌어낼 것 같다. 영국 내의 재화 수량은 분명히 환율이 야기하는 수입 중지와 수출 확대 때문에 역시 감소할 것이다. 따라서 남아 있는 물자의 사용에 대한 이윤은 일반적으로 증가할 것이다. 지금의 운반 비용이 사실상 공제된다고 할지라도, 지금의 수출은 동일한 5퍼센트의 이득을 제공할 것이다. 따라서 영란은행에 대한 할인 수요는 문제의 기간에 특히 강화될 것 같으며, 여기서 대단히 중요한 것은 그 수요가 형성되는 근거가 이 책의 앞부분에서 언급된 근거가 아니라는 점이다. 그것은 통상적인 지급을 성사시키는 데 필요한 유통수단의 부족이 아닐 것이다. 왜냐하면 그 지급은 매우 미미하게 증가할 것이기 때문이다. 영란은행에 대한 특별한 할인 수요의 원인은 문제의 3개월 동안 5퍼센트의 이자율로 차입함으로써 얻을 수 있는 잠정적 이득이거나, 혹은 회피 가능한 손실이다. 자금 압박이 외국의 무수한 자금 인출에 의해 야기된다는 것은 진실이며, 그 현상은 영란은행 지폐의 감소로부터 발생하는 것과 닮은 것일 수 있다. 외국 자산을 보유하고 있는 일부 상인들은 자신들을 지급지로 해서 발행된 어음에 대응하는 데 필요한 자금을 충분히 준비하고 있어서 아끼지 않고 그 자금을 쓸 수 있다. 5퍼센트 이상의 이자율을 채무자에게 요구하지 못하는 채권자들은 특히 절박한 시기에 자본 사용에서 얻는 특별한 이득을 스스로 취득할 목적으로 자신의 돈을 회수하려는 경향이 있다. 차입 자금으로 상행위를 하는 사람들에게 그렇게 실망이 야기되면, 종종 상당한 해악이 생기곤 한다. 따라서 영란은행권 수량의 통상적인 유지는 런던의 보편적인 규칙적 지급을 확보하는 수단을 제공하는 데 불충분할 수 있으며, 대폭적인 지폐 감축은 특히 불편을 가중시킬 수 있다. 지폐의 증가는 아마 신용의 적절한 유지에 필요할 수 있을 것이다. 그러나 만약 은행권의 대폭적인 증가가 발생한다고 가정한다면(그리고 어쩌면 외국인 계정으로 이체되는 총자본에 일치하는 은행권 증가가 즉각 요구될 것이다.), 그에 따른 환율은 이미 언급된 5퍼센트의 하락에 추가하여 틀림없이 대폭적으로 하락할 것이며, 그리고 새롭고 또한 그에 비례하는 위험이 영란은행에 가해질 것이다.

많은 영국 신민이 외국에 은닉할 목적으로 자기 재산을 외국으로 적극 이전하려는 사례 혹은 보편적으로 외국 무역을 열성적으로 확대하려는 사례를 상정함으로써, 여기서 설명할 대상의 핵심을 동일하게 예시할 수 있을 것이다. 왜냐하면 영국의 추가적 자본의 해외 이전은 이런 가정 중 어느 경우에도 발생한다고 가정해야 하기 때문이다.

앞의 주장은 상인들에게 제공하는 대출 총량을 매주 제한하려는 의사 결정(영란은행 이사들에 의해 얼마 전에 채택된 의사 결정)의 이유를 설명한다. 이런 목적을 위한 규제를 채택하는 것은 그러지 않을 경우 영란은행 지폐를 충분히 제한하지 못할 수 있기 때문에(이것을 지적하는 것이 이 장의 취지이다.) 필요한 것처럼 보인다.

문제의 규제는 지폐를 제한할 목적으로 영란은행의 대출을(어느 정도까지는 변동하기는 하지만) 특정한 금액 이내로 한정하는 것으로 생각된다. 대출 금액의 변동은 영란은행의 금이 변동하는 것에 따르는 비율처럼 그에 정확히 대응하는 지폐 금액의 변동을 발생시키지 못한다. 그러나 어떤 중대한 해악이 발생할 소지가 있기 전에 매주 규제가 이루어짐에 따라 이런 부수적인 불완전성을 교정할 기회는 제공된다. 정부 대출 규모의 변동은 다음

주에 상인들에게 제공될 금액을 매주 고려해야 할 다른 근거를 구성한다.

　발행되는 지폐 총량을 제한하는 것 그리고 이런 목적을 위해 차입할 욕구가 강할 때에는 언제나 어떤 유효한 제한 원리에 의존하는 것, 그렇지만 유통되는 총량을 결코 심각하게 감소시키지 않고 어떤 범위 내에서만 그 총량이 움직이도록 만드는 것, 영국의 일반적인 거래가 저절로 확대됨에 따라 지폐를 천천히 조심스럽게 증대시키는 것, 어떤 특별한 경제 불안 혹은 곤경이 나타난 경우 금화에 대한 대폭적인 국내 수요를 방지하는 최선의 수단으로서 약간 특별하면서도 잠정적인 지폐 증가를 허용하는 것, 금이 해외로 빠져나가고 환율이 장기적으로 불리하게 지속되는 경우 지폐 감소 쪽으로 기우는 것 등은 영란은행 이사들과 같은 상황에 처한 기관의 이사들의 진정한 정책인 것처럼 보인다. 은행권 발행 조치를 취하라는 상인들의 간청 혹은 정부의 요청을 받아들이는 것은 확실히 매우 잘못된 행동 원칙을 채택하는 것이다.

제11장

상품가격에 대한 신용화폐의 영향. 몽테스키외와 흄의 몇몇 구절에 대한 견해. 결론

이 주제는 지금까지 행해진 논의에 의해 상당한 정도까지 예견되었으므로, 이미 제시된 원리들을 독자에게 회상시키고 그 원리들이 현재의 문제와 관련되는 방식을 지적하는 것은 거의 필요하지 않을 것이다.

앞 장에서 주장한 바에 따르면, 영국의 어떤 지역에서 구매 및 판매되는 상품가격들이 매우 현저하게 상승하고 반면 다른 지역에서는 그런 상승이 전혀 없다는 것은 상상 불가능하다. 왜냐하면 재화가격이 비싼 지역에 있는 유통수단의 소지자들은 자신의 유통수단을 재화가격이 저렴한 지역의 유통수단으로 교환하고, 그 다음에 후자 지역의 상품들을 구매하며, 그리고 거래상의 이윤을 목적으로 그것들을 전자 지역으로 운반할 것이기 때문이다.

런던 지폐와 지방 지폐의 호환성은 언제나 이런 방식으로 한 지역에서 유통되는 지폐 수량이 다른 지방에서 유통되는 지폐 수량과 상당한 비례관계를 갖게 해주며, 또한 영국 내에서 상품가격들이 지역적으로만 크게

상승하는 것을 배제한다.

우리는 우리의 견해를 정당하게 확장할 수 있으며, 유럽, 더 나아가 세계가 하나의 커다란 왕국을 형성하는 것으로 생각할 수 있다. 그리고 재화들이 상인의 이해관계에 부합하게 한 국가에서 저절로 확산된 것과 거의 유사한 방식으로 그 왕국에서도 재화들이 마음대로 유통된다.

특별한 경우에 사실상 두 경우는 서로 닮지 않았다. 영란은행권과 비교할 때 지방은행 지폐는 영국의 어떤 지역에서 상당한 정도까지 과잉될 수 없다. 왜냐하면 지방은행들의 관습에 의해 지방은행 지폐는 어떤 할인 없이도 런던 지폐로 전환될 수 있기 때문이다. 그렇지만 영국의 지폐는 할인 혹은 할증이 허용되지 않는 한 대륙의 유통수단과는 교환 불가능하다. 환율 변동은 이런 변동하는 할인 혹은 할증의 표준 척도이다.

우리의 유통수단과 마찬가지로 대륙의 유통수단의 가치도 변동한다는 것은 진실이다. 그러나 양자는 보통 어떤 한계 내에서만 변동하며, 각각의 가치는 지금의 가치와 달라지는 경우에만 변동할 수 있다. 지금의 가치가 변동한다는 것은 세계의 본위(本位)를 구성하는 물품의 일반적 교환가치가 변한다는 것이다.

이런 주장을 통해서 우리의 주제는 두 가지 부제로 나누어진다. 첫째로, 우리의 신용화폐가 재화의 현재 가격(즉 영국 주화와 영국 지폐로 표현된 재화가격)을 지금으로 표현된 가격보다 더 높게 인상함으로써 영국의 재화 가격을 얼마만큼 올릴 수 있는가에 관한 문제. 둘째로, 상품들의 지금가격(즉 지금이라는 물품으로 교환되는 그것의 가치)이 영국의 신용화폐에 의해 얼마만큼 인상될 수 있는가에 관한 문제.

첫째 문제에 대해서는, 영국에서 상품의 현재 가격을 그것의 지금가격 이상으로 인상하는 데에서 과도하게 팽창된 신용화폐가 미칠 수 있는 최대의 영향력은 금의 시장가격과 주조가격 사이에 존재하는 차이에 의해 혹은 거의 동일하지만 일반적인 환율 변동에 의해 측정되어야 한다. 이런 차이나 변동은 어느 기간에도 대략 10퍼센트 혹은 12퍼센트를 넘어본 적이 없다. 그렇지만 이런 변동조차도 너무 과다한 지폐 증발에 기인한 것이 아니라, 오히려 영국의 특수한 환경에 기인하며, 특히 우리의 불리한 환율을 충분히 설명하는 지난 2년간의 흉작에 기인한다.

둘째 문제는 우리 상품들의 지금가격이 영국의 신용화폐의 영향을 통해서 얼마만큼 인상될 수 있는가다.

물품들의 지금가격이 일반적인 가격으로 고려될 수 있다는 것은 앞에서 언급했다. 왜냐하면 수입 및 수출 관세, 상인들의 통상적인 이윤, 운임, 보험료 및 다른 통상적인 비용을 포함하여 상품들의 운송비용을 허용하는 경우, 지금은 재화와 교환되는 가치 혹은 거의 그와 같은 가치를 각국에서 반드시 지니기 때문이다. 재배되거나 혹은 제조된 몇몇 지역으로부터 상품들을 운송하는 비용은 어떤 경우에는 많고 다른 경우에는 적지만, 그 비용은 동일한 시점에 세계의 상이한 지역에 있는 동일한 물품들의 지금가격 사이에 존재하는 차이를 나타내는 척도이다. 이런 차이에 대한 각각의 추가분은 지금 혹은 재화의 운송에 대한 추가 이윤을 의미하며, 그 추가분은 지금 혹은 재화가 적절한 상대가격을 회복할 정도의 수량만큼 이동되도록 즉각 유도할 것이다. 영국이 계속 수출한다고 가정하는 경우, 영국이 보통 수출하는 상품들의 지금가격의 상승 전부는 우리의 상품들이 팔리고 있는 외국의 모든 지역에서 동일한 종류의 모든 물품의 지금가격의 동일한 상승, 혹은 거의 동일한 상승을 의미한다.

영국은 제조업과 상업에서 그렇게 현저하게 선도적 위치에 있으므로, 특히 전쟁 시기에 외국이 영국 상품을 구입할 때 영국은 그 가격을 결정할 능력을 정당하게 보유한 것 같다.

그러나 여기서 영국이 했다고 가정되는 공급 독점은 아마 단지 잠정적일 것이며, 모든 관점에서 불완전하다. 영국은 대부분의 해외 판매에서 강력한 경쟁과 마주친다. 왜냐하면 다른 나라들은 재화 품질에서 영국의 경쟁자는 아니지만, 만약 영국의 가격이 상당히 상승한다면 상대적 저렴성으로 인하여 선호될 수 있는 대체재를 일반적으로 공급할 수 있기 때문이다. 우리 물품의 대폭적 비용 상승은 그 물품에 대한 외국의 수요를 틀림없이 감소시킬 것이다. 그것은 우리의 수출을 축소하고 우리의 수입을 증대시킬 것이다. 따라서 그 비용 상승은 무역수지를 우리에게 불리하게 전환시키고 또한 환율을 불리하게 만듦으로써 국내의 비용 상승이 현재 우리가 고려하고 있는 주제인 우리 물품들의 지금가격의 상승이 아니라, 이전에 언급한 핵심 사항인 우리 물품의 지폐가격 상승의 원인이 되도록 유도할 것이다. 만약 그 상승이 물품의 지폐가격의 상승이라면, 영란은행은 지폐의 증발을 제한하도록 강요당하며, 그리고 은행권 수량의 감축은 수출 대상이 되는 특별한 상품들의 가격뿐 아니라, 영국의 모든 상품의 가격을 제한할 것이다.

영국의 몇몇 물품의 지금가격이 최근 상당히 많이 올랐고, 그리고 모든 혹은 거의 모든 물품의 지금가격이 어느 정도 상승했다는 것은 의심할 수 없는 사실이다. 그러나 이런 상승이 지폐 증가에 기인했다는 것은 동일하게 받아들여지지 않는다. 왜냐하면 다른 원인들이 강력하게 작용했다는 것, 즉 전쟁 상태, 새로운 조세, 2년에 걸친 흉작 등이 빵 가격을 인상함으로써 노동가격과 모든 상품의 가격을 어느 정도 인상했다는 것은 명백하기 때문이다. 우리의 가격들은 또한 다른 나라들에서 가져온 원자재 가격의 상승에 의해 부분적으로 상승할 수도 있다.

비록 지폐 수량이 금전적인 거래의 확장에 비례하여 증가했거나, 혹은 지폐 사용의 절약으로 인하여 동일한 지폐 수량이 더 많은 지급에 충분했다고 할지라도(이 두 가정 중 어느 것이 채택되느냐는 거의 중요하지 않다.), 지폐의 증발이 높은 가격의 원인으로 생각되는가, 혹은 높은 가격이 원인으로 그리고 지폐의 증가가 결과로 생각되는가는 여전히 의문으로 남아 있다.

전에 언급한 바에 따르면, 지폐 증발이 지폐 가치를 지금 가치보다 더 낮게 만드는 수단이 아닐 때에는 후자가 사실이라고 하는 것은 일반적으로 더 타당한 것처럼 보인다. 이런 주장의 타당성을 입증하기 위하여 영국의 신용화폐가 폐지되고, 지급이 전적으로 금으로 구성된 유통수단에 의해 수행된다고 상정해보자. 그리고 해외에 보낸 우리의 상품들을 그전보다 높은 지금가격으로 판매할 수 있다고 가정해보자. 이 경우 국내 물품들의 지금가격 역시 상승할 것이다. 왜냐하면 해외의 높은 지금가격은 수출을 확대하고 수입을 축소하는 효과가 있을 것이며, 우리의 무역수지를 유리하게 하고 금이 영국으로 유입되는 효과가 있을 것이다. 이런 금 증가는 정확히 지폐 증가와 유사한 효과, 즉 영국의 가격들을 상승시키는 효과가 있을 것이다. 운송비용을 감안하는 경우 영국 재화의 지금가격이 외국의 동일한 물품의 지금가격과 동일하게 될 때까지 지금은 계속 유입될 것이다. 따라서 영국이 금을 유일한 유통수단으로 사용하는 경우, 국내 상품의 지금가격은 해외에 수출된 영국 상품의 높은 지금가격을 영국이 유지할 수 있느냐에 의존할 것이다.

만약 지폐가 영국의 유통수단을 구성하고 영국 상품의 높아진 지금가격이 유사한 방식으로 유지 가능하다고 가정한다면, 그 사례는 특별한 경우에는 다를 수 있지만 주된 관점에서는 유사할 것이다. 영국은 바로 금만 사용하는 것처럼 국내 상품가격의 상승과 더불어 국내 유통수단의 수량 증가를 경험할 것이므로, 그 사례는 유사할 것이다. 여기서 국내 유통수단의 수량 증가는 영국의 더욱 증가된 지급을 수행하는 데 필요한 증가를 의미한다. 부족한 추가적 유통수단을 수입하는 대신에 그것을 창조한다면, 그 사례는 달라질 것이다. 따라서 전자의 가정보다는 후자 가정의 경우에, 오히려 수출 가능한 물품의 생산이 더 적게 요구될 것이다. 그리고 환율은 두 사례의 상황에서의 이런 변화에 의해 어느 정도 영향을 받을 것이다.

영국 재화의 지급가격이 해외의 동종 상품의 지급가격에 배타적으로 의존한다고 생각할 수 있으며, 그 반대도 어느 정도는 사실이라고 생각할 수 있다. 즉 해외 물품의 지급가격이 영국 재화의 지급가격에 부분적으로 의존한다고 상정할 수도 있다. 나는 그 사례를 주장하고자 그렇게 의도했다. 나의 견해는 바로 이것이다. 영국 물품의 지급가격은 해외 물품의 지급가격에 순응하지만, 영국의 가격은 해외의 지급가격의 형성에 어느 정도 영향력을 가지며, 이런 영향은 해외시장에 대한 영국의 독점 정도에 비례할 것이다.

물품의 지급가격에 대한 신용화폐의 영향을 검토하는 추가적인 방식이 존재한다.

각 개별 국가에서 지폐 사용의 증가는 전 세계의 일반적 지급 수요를 감소시킴으로써 지급가격을 낮추는 데 틀림없이 기여할 것이다. 상품가격의 모든 상승과 관련하여 증가된 지급수단은 금보다는 오히려 지폐로 구성된 지급수단을 더 많이 사용해 공급된다. 영국 금화의 적지 않은 부분이 소액 지급을 성사시키는 데 사용되며, 그리고 이런 지급의 총액은 총지급액의 증가 비율과 동일한 비율로 증가하지 않는다.[1] 게다가 금의 사용을 절약하는 기술은 지속적으로 발전하고 있다. 상업의 바로 그 변천은 아마 그 기술을 발전시키는 경향이 있을 것이다. 1793년과 같은 자금 경색의 시기는 많은 사람들로 하여금 새로운 방편에 의지하도록 강요했고, 그 결과 영란은행권과 주화를 절약해서 사용하게 만들었다. 처음에는 필요성 때문에 채택된 그 방편은 경제적이기 때문에 그 후에도 존속했다. 더욱 최근에 경험한 사례를 제시하자. 영국의 불리한 환경에서 야기된 무역역조는 우리의 금화를 해외로 빠져나가게 만들었다. 금화를 대신하여 지폐가 필요했다. 화폐 퇴장에 의해 부담하게 되는 손실에 대한 경험, 금이 없는 동안 사적 및 공적 신용 유지의 유용성에 대한 경험 등은 지폐 통화에 대한 일반적 신뢰성을 강화했으며, 지폐 통화의 항구적 사용 증가를 촉진했다. 만약 최근 우리나라에서 겪은 것처럼 주화 대신 지폐로의 대규모 대체가 다른 나라에서도 발생한다고 가정할 수 있다면, 지금 수요의 감축은 그것의 일반적 가치에 영향을 줄 정도로 그리고 전 세계 물품들의 지금가격을 상승시킬 정도로 대단할 수 있다.

그러나 이런 해악에도 한계는 존재한다. 매년 귀금속이 광산에서 공급

1) 보통 유통되는 영란은행권은 5, 10, 15, 20, 25, 30, 40, 50 및 100파운드 그리고 그 이상의 은행권 등이다. 만약 모든 물품의 가격이 두 배가 되었다고 가정한다면, 그때 1기니의 지급은 2기니의 지급으로 될 것이고 두 배의 금 수량이 사용될 것이며, 2기니의 지급은 4기니의 지급이 될 것이고 또한 두 배의 금이 사용될 것이지만, 그러나 3기니의 지급은 6기니의 지급이 될 것이며 그리고 그 지급은 5파운드의 은행권을 사용하고, 나머지 잔여만 금화로 지급된다. 따라서 이런 특별한 지급에는 더 적은 금이 필요하다. 4기니의 지급은 8기니의 지급이 될 것이며 또한 더 적은 금이 필요할 것이다. 4기니 이상의 지급은, 유사하게 두 배가 되었을 때, 그중 일부는 전보다 더 많은 금을 그리고 그중 일부는 더 적은 금을 사용할 것이다. 이런 지급들을 전부 합했을 때, 그 지급은 비슷한 금 수량을 사용할 것이다. 이런 설명으로부터 분명해지는 것은, 대규모 지급에는 지폐를 사용하고 소액 지급에는 주화만 사용하는 나라에서는 유통수단의 수량 증가가 주로 지폐로 이루어진다는 것이다. 이런 상황은 가격이 상승하는 경우에 지금 수요의 증가를 상당히 저지하는 경향을 보일 수 있으며, 그 결과 전 세계 물품들의 지금가격 상승을 크게 조장할 수 있다.

되는데, 몇몇 광산은 그 소유자에게 높은 수익을, 다른 광산들은 더 낮은 수익을 제공하며, 아마 몇몇 광산은 전혀 수익을 제시하지 못할 것이다. 만약 지폐의 사용 증가가 귀금속의 가치를 어느 정도 낮춘다고 가정한다면, 지대를 전혀 낳지 못하는 광산들에서는 작업이 더는 이루어지지 않을 것이며, 결과적으로 금과 은의 공급은 약간 감소할 것이다. 만약 귀금속 가격이 점진적으로 감소한다면, 현재 가장 높은 지대를 낳는 광산들을 제외하면 모든 광산이 금 추출 비용을 부담할 수 없는 시기가 도래할 것이다. 이 시점에 그 하락은 필연적으로 멈출 것이다. 달리 말하면, 가장 부유한 광산에서 유도되는 총지대가 공제되는 경우(이 주제에 관한 스미스 박사의 주장이 정당하다면, 그 공제는 여기서 크기가 매우 작다.), 금과 은은 상품들과 교환 가능한 그 가격, 혹은 거의 그 가격을 계속 유지할 것이다.

몽테스키외 씨는 다음 방식으로 귀금속 가격을 규제하는 원리를 묘사했다. 그는 "전 세계의 금과 은의 크기와 상품화된 금과 은의 크기를 비교하며," 그리고 "금과 은의 전체 크기의 일정 비율과 모든 상품들을 비교하고", 그 다음에 "인류의 모든 재산은 한꺼번에 모두 거래되지 않고 귀금속 혹은 화폐도 동시에 모두 거래되지 않으므로, 사물의 총량과 귀금속의 총량 간의 비율, 또한 거래되는 사물의 총량과 거래에 쓰이는 귀금속의 총량 간의 비율 등 두 가지 비율로 가격은 고정된다"고 주장한다. 이 이론은 전적으로 기각되지는 않았지만, 매우 허술하면서 동시에 오류를 범하는 방식으로 제시되었다.[2]

몽테스키외 씨는 광산과 관련하여 자신이 침묵했을 때 발생할 수 있는 그 주제에 관한 오해도 암시하고 있지만, 너무 불완전해서 거의 인지하기

••

2) 그것은 정치경제학에 관한 제임스 스튜어트 경의 저작에서 장황하게 개조되었다.

어려운 방식으로 화폐와 재화의 상이한 유통속도와 관련된 효과(이 책이 설명하고자 하는 목적 중의 하나다.)도 넌지시 먼저 암시하고 있다. 어떤 나라의 유통수단의 가치는 유통수단의 수량만이 아니라, 그 수량과 결합된 각 유통수단의 유통속도의 크기에도 의존한다.

몽테스키외 씨는 또한 회계장부의 기재 수단과 다른 편리한 수단에 관한 거래 지급 관습을 고려 대상에서 제외했다. 이런 종류의 발명품들이 널리 사용되는 것에 비례해서 그리고 상업 지식의 발전에 따라 그런 발명품들이 더욱더 풍부해지는 것에 비례해서 지급 수요는 감소할 것이다.

또한 그는 단순히 돌발 사태에 대비하는 여러 나라의 중앙은행 금고에 있는 금·은의 준비금에 관심을 돌리지 않는다. 이런 준비금의 규모는 무역수지 변동의 결과로 혹은 개인들 간 신용의 잠정적인 중단의 결과로 발생하는 갑작스러운 인출 규모와 관련하여 중앙은행들이 품고 있는 견해에 의존할 것이다. 따라서 무역수지 변동과 상업적 신뢰 상태의 변동이 더 크거나 더 작거나에 비례하여, 유통에서 배제되는 금 기금은 더 많아지거나 더 적어질 수 있다. 전 세계 지금가격은 상당한 정도로 이런 기금의 규모에 의존한다.

그와 유사하게 몽테스키외 씨는 신용화폐의 사용에서 야기되는 귀금속 절약의 이런 광대하면서도 항구적인 영향력 증가를 검토하지 않았다. 이 주제에 관련하여 그가 제시한 잘못된 생각은 은행제도 도입의 효과를 숙고하지 않았다는 데에서 주로 기인한다.

흄 씨는 귀금속 사용을 절제하고 그 가격을 비례적으로 낮추며 노동과 상품의 가격을 인상하는 데에서 신용화폐의 영향을 강조했다. 그는 이런 이유와 약간 다른 이유로 인하여 은행 지폐를 통렬히 비난한다. 그렇지만 그렇게 비난하는 것과 관련하여 그는 신용화폐가 물품가격의 지역적 상승을 단순히 유발한다고 가정한 것 같다. 여기서 지역적 물가 상승은 지폐가 발행된 단일 독립국가 전체에 대해서만 스스로 확대된다는 의미가 있다. 은행권의 대가로 수취하는 모든 금을 보관하고 그에 따라 유통수단의 총량을 동일하게 유지하는 은행이 국가에는 가장 이득이 된다고 그는 생각한다.(그는 그 은행이 금의 거래에서 아무런 이윤도 얻지 못한다는 것을 인정한다.) 그는 이런 방식으로 노동가격의 상승이 억제될 것이라고 언급한다. 그는 암스테르담 은행이 이런 성격의 기관이기 때문에 그 은행을 지지한다.[3]

∴

3) 프랑스인들이 네덜란드를 점령했을 때, 암스테르담 은행이 정화(正貨) 예금을 암스테르담 시(市)와 네덜란드 구(舊)정부에 사적으로 대출해주고 있었다는 것은 이미 언급했다. 정화와 교환되는 재화가격이 네덜란드에서 약간만이라도 상승하자마자, 그렇게 대출된 정화는 자연스럽게 다른 나라로 유출되었다. 다음은 흄 씨가 원문에서 언급하고 있는 구절이다.

"일반적으로 풍부한 화폐로 인하여 모든 물건이 비싸진다는 것은 기존의 상업 활동에 불리하며, 그리고 가난한 국가들은 모든 외국 시장에서 부자 국가들보다 더 싸게 팔 수 있으므로, 그런 물가 상승은 모든 국가에서 화폐에 대한 제한을 부여하게 한다."

"이것은 은행과 신용화폐가 모든 국가에 그렇게 일반적으로 유익하다고 생각하게 하는 이득에 관해서 의구심을 갖게 한다."

"거래와 화폐의 증가에 의해 물자와 노동이 비싸진다는 것은 많은 관점에서 불편하지만, 그것은 회피 불가능하며, 우리 모두의 희망인 국부와 국가 번영의 결과이다. 그것은 이런 귀금속의 소유로부터 얻는 이득에 의해 그리고 외국과의 모든 전쟁과 협상에서 그 나라에게 제공하는 영향력에 의해 보상받는다. 그렇지만 국가에 어떤 무질서가 발생하는 경우, 가치가 전혀 없으며 외국인들이 지급수단으로 받아들이지 않는 가짜 화폐에 의해 그런 불편을 증가시킬 이유는 전혀 없는 것 같다. 모든 부유한 국가에는 상당한 안전성을 가지며 또한 안전하게 보관할 수 있으며 그리고 운반하기 편리한 지폐를 선호하는 부자들이 정말로 많다. 만약 정부가 은행을 설립하지 않는다면, 금세공업자들이 그전에 런던에서 그런 것처럼 그리고 현재 더블린에서 은행가들이 그러는 것처럼, 개인 은행가들이 이런 상황을 이용할 것이다. 따라서 공적 회사가 모든 부유한 왕국에서 언제나 존재하는 신용화폐의 이득을 향유하는 것이 좋겠다. 그러나 그런 신용화폐를 **인위적으로** 증가시키려는 것은 무역하는 국가에는 결코 이익이 될 수 없으며, 오히려 노동 및 상품과 화폐 간의 자연적인 비율 이상으로 화폐를 증가시키고 그에 따라 상인과 제조업자에게 돌아가는 가격들을 인상함으로써, 그 나라를 틀림없이 불리한 위치에 놓이게 할 것이다. 그리고 이런 견해에 따르면, 수취하는 모든 화폐를 보관하는 은행(이것은 암스테르담 은행의 사례이다.)과 그 귀금속의 일부만을 다시 유통함으로써 평상시처럼 유통 중인 주화를 결

그는 그 주제를 그렇게 설명하면서, 금으로 구성되든 지폐로 구성되든 혹은 이 둘로 구성되든 한 나라의 유통수단의 총량이 과잉될 때 그리고 그것

∴

코 증가시키지 않는 은행을 제외하면, 어떤 은행도 이득을 얻을 수 없을 것이다. 공적 은행은 이런 편법에 의해 개인 은행가와 화폐상들의 거래량을 상당히 삭감할 수 있다. 그리고 비록 국가가 공적 은행의 이사와 은행원들의 봉급을 부담한다고 할지라도(왜냐하면 앞의 가정에 따르면 공적 은행은 그런 거래로부터 아무런 이윤도 얻지 못할 것이기 때문이다.), 낮은 노동가격과 신용화폐의 폐기로부터 발생하는 국가적 이득은 충분한 보상이 될 것이다." 흄의 「화폐론」[(옮긴이) D. Hume, "Of Money", *Political Discourses*(1752), pp. 43~45].

개별 국가의 화폐 증가가 세계의 일반적인 물품가격 이상으로 물품가격들을 인상하자마자, 초과되는 만큼의 주화가 다른 나라로 운반되는 경향이 있기 때문에, 그런 화폐 증가가 노동가격 혹은 상품가격을 인상하는 데 매우 커다란 항구적 효과를 갖지 못한다는 것은 다음 구절에 나타난 흄 씨의 견해에서 볼 수 있다. 흄 씨는 사실상 화폐라는 명칭 하나만 사용하지만, 그의 주장은 내가 언급한 화폐와 지폐를 함께 다루는 사례에도 동일하게 적용 가능하다.

"영국에서 모든 화폐의 5분의 4가 하룻밤 사이에 증발했다고 가정하자. 그리고 헨리 왕(Harrys)과 에드워드 왕(Edwards)의 치세 때처럼 정화(正貨)와 관련하여 영국은 동일한 조건이 되었다. 그 결과는 무엇인가? 모든 노동과 상품의 가격은 비례적으로 하락하고, 모든 것은 그 시대처럼 저렴하게 판매될 것인가? 그때 어떤 나라가 외국시장에서 우리와 경쟁할 것인가? 혹은 우리에게 충분한 이윤을 제공하는 동일한 가격으로 제조업 제품들을 어떤 나라가 감히 교섭하거나 판매하려고 할 것인가? 우리가 상실한 화폐를 다시 회수하고 그리고 모든 이웃 나라의 수준에 이르는 데에 얼마만큼 짧은 시간이 소요될 것인가? 우리가 그 수준에 도달한 후에 우리는 어느 곳에서 낮은 노동가격과 상품가격의 이점을 즉각 상실하겠는가? 그리고 화폐의 추가 유입은 어느 곳에서 귀금속의 풍부 및 포만에 의해 멈추겠는가?"

"또다시 영국의 모든 화폐가 하룻밤 사이에 다섯 배로 증가했다고 가정하자. 그 반대의 효과가 반드시 나타날 것인가? 모든 노동가격과 상품가격은 그렇게 엄청난 높이로 상승하여서 어떤 이웃 나라도 우리로부터 물건을 살 수 없게 되겠는가? 반면에 그들의 상품들은 상대적으로 그렇게 저렴해져서, 제정된 모든 법에도 불구하고 우리 상품가격이 외국의 상품가격과 동일한 수준으로 하락할 때까지 그 상품들이 우리에게 몰려오고 또한 우리의 화폐가 빠져나갈 것인가? 그리고 그런 불리한 상태 하에서 우리에게 부여되던 부자의 커다란 우월성은 상실할 것인가?"

"이제 분명한 것은, 만약 이런 엄청난 불평등이 신비하게 발생한다면, 이런 불평등을 교정하는 동일한 원인들이 그런 불평등이 발생하는 것을 보통 자연스럽게 틀림없이 방지한다는 것이며, 그리고 그 원인들이 모든 이웃 나라들로 하여금 각국의 기술과 생산에 거의 비례하는 화폐를 언제나 틀림없이 보유하도록 한다는 것이다." 흄의 「무역수지론」[(옮긴이) D. Hume, "Of the Balance of Trade", *Political Discourses*(1752), pp. 82~83].

이 인접한 국가에 비해서 물품들의 지금가격을 그렇게 인상할 때, 환율의 작용을 통해서 금은 저절로 다른 나라로 운반되어야 하며, 신용화폐는 그 것이 통용되는 단일 지역의 가격만이 아니라, 이웃하는 지역과 세계의 가격을 인상한다는 것을 망각한 것처럼 보인다. 환율을 일반적으로 유지할 정도의 지폐 수량만 발행하는 국가는 금을 지폐로 대체할 수 있을 것이며, 그리고 지폐 발행으로 얼마만큼의 주화가 수출되든 그에 대한 보상으로 자재들을 추가로 획득할 수 있을 것이다. 따라서 그 나라는 지폐 발행에서 이런 자본을 증가시키는 전반적 이득을 이끌어낸다. 그리고 다른 나라들과 함께 그 지폐 발행이 유발하는 상품가격들의 일반적 상승이라는 불편에 동참한다.

일반 상품들의 가격만이 아니라 특히 생필품의 가격들을 상승시키는 신용화폐의 영향을 최근 호의적으로 받아들이려는 대중적 견해가 전혀 정당한 근거가 없다는 것은 쉽게 입증될 수 있다.

첫째로, 그 견해는 높은 가격들이 지배적이던 지난 2년 혹은 3년 이내에 영국의 유통수단이 엄청나게 증가했다고 가정하면서 제시되었다. 그렇지만 내가 밝힌 것처럼 영란은행권 총량은 런던의 유통수단의 대폭 증가를 의미할 정도로 최근에 증가하지 않았으며, 또한 지방의 유통수단 총량은 그것과 교환 가능한 런던의 유통수단의 총량에 어쩔 수 없이 저절로 적정 비율을 이루었다. 금에 대한 추가가 아니라 지방은행권과 특히 소액권을 금 대신 사용하는 것이 명백하게도 현재 의구심의 주요 원인이다. 왜냐하면 공통적인 불만은 지폐가 엄청 증가하고 금화가 거의 보이지 않게 되었기 때문이며, 그리고 한 물품이 단지 다른 물품의 대체재(이런 대체재는 상품들의 가격에 대해 상정하던 효과를 전혀 발생시키지 않는다.)라는 것은 이런 이중적 비판 탓에 조금도 인정되지 않기 때문이다.

지방은행권에 의해 가능해진 추가적 대출은 상업적 투기를 자극했으며, 일반적 물품가격들, 특히 곡물 가격의 최근 상승의 상당 부분은 그렇게 자극된 심리의 탓이라고 종종 언급된다.

이런 주제에 관한 대중적 정서에는 오류가 있으며, 그런 오류를 교정하는 것은 대단히 중요하다.

이미 밝힌 것처럼, 우리는 영란은행의 대출 규모가 아니라 영란은행의 지폐 규모에 의해 혹은 만약 대출 규모라고 한다면 영란은행권 수량을 그저 나타내는 대출 규모에 의해 상품가격에 대한 그것의 영향을 계측하여야 한다. 동일한 지적은 지방은행의 대출과 지폐에 관한 주제에도 적용될 수 있다. 이런 점을 더욱 완전하게 예시하기 위하여, 지방은행가가 영국의 유통수단 수량을 증가시키지 않으면서 자신의 대출을 확대하는 여러 경로를 검토해보자.

첫째로, 지방은행가는 자신에게 맡겨진 예금의 증가를 통해서 이런 것을 할 수 있을 것이다. 이 경우 그의 고객 중 일부는 지방은행가에게 모든 것을 위임한 것으로, 혹은 지방은행가에게 대부한 것으로 간주될 수 있으며, 그 금액은 지방은행가에 의해 다른 고객에게 대출된다. 이것은 은행가의 중개 없이 몇몇 개인이 다른 사람에게 대출하는 것과 유사하다. 이런 성격의 대출은 가격에 대해서 상정한 영향을 갖지 않은 것으로 인정될 것이다.

다음 방식으로, 지방은행가는 지방의 유통수단 수량을 증가시키지 않으면서 자신의 대출 또한 증가시킬 수 있다. 그는 자신의 지폐 발행을 증가시킬 수 있으며, 그 다음 그 지폐는 퇴장되거나 수출된 금 대신에 유통될 수 있다. 만약 금이 퇴장된다면, 즉 만약 한 사람에 의해 퇴장된 주화 수량이 다른 사람에 의해 발행된 새로운 지폐 수량과 동일하다면, 가격에 대해 상정한 영향은 분명히 존재하지 않을 것이다. 만약 금이 수출된다면, 우리는 그것을 해외로 송출된 다른 어떤 상품과 동일한 시각으로 고려해야 할 것이다. 이런 주장에 따르면 추가로 수출 가능한 물품이 지폐 때문에 존재하게 된다는 것은 진실이지만, 모든 풍작과 모든 국가적 생산 역시 마찬가지로 그렇게 할 것이다. 전자의 경우나 후자의 경우 모두 그와 마찬가지로, 수출 가능한 새로운 상품의 창조로부터 가격의 상승을 추론해서는 안 된다.

다음 사실들은 최근의 높은 곡물가격이 영란은행권 증가에 기인하지 않았다는 확실한 증거를 제공한다.

영란은행이 의회에 제출한 보고서에 따르면, 1795년 2월 25일에 영란은행권 총액은 13,539,160파운드로 나타난다. 1795년 2월 25일 이후 바로 3개월 동안, 런던 곡물시장에서 밀의 평균가격은 쿼터당 약 57실링이었다.

동일한 은행 보고서에 의하면, 1796년 2월 25일 영란은행권 총액은 11,030,116파운드로 나타난다. 1796년 2월 25일 이후 바로 3개월 동안 런던 곡물시장에서 밀의 가격은 쿼터당 약 94실링이었다.

따라서 유통 중인 은행권 총액이 더 많을 때에는 밀은 비교적 가격이 낮았으며, 은행권 총액이 더 적었을 때에는 밀은 비교적 가격이 높았다. 영란은행권 총액이 다른 어떤 시기와 마찬가지로 상당히 많은 것(1파운드와 2파운드짜리 약 200만 파운드를 참작하더라도)으로 알려진 시기에 밀은 쿼터당 57실링의 적절한 가격이었다.

신용화폐는 어떤 관점에서는 상품들의 가격을 감소시키려는 경향이 있는 것으로 생각될 수 있다. 그것은 앞 장에서 비싼 기계 대신에 교체된 값싼 기계에 비견된다. 그리고 제조업 혹은 상업의 어떤 도구들이 더 싸지는 것에 비례하여 그 도구에 의해 생산된 물품들은 분명히 더 낮은 가격에서 공급될 수 있다.

또한 신용화폐는 화폐의 무게를 측정하고 그것을 계산하고 또한 운반하는 데에 따르는 더 많은 비용과 수고를 절감함으로써, 그리고 상인의 더 많은 거래를 더 특별히 그렇게 활성화함으로써, 일반적인 가격 하락을 촉진한다. 흄 씨는 신용화폐가 대폭 증가할 때에는 그 증가가 인위적으로 발생한다고 추정하는 것 같다. 그러나 앞에서 밝힌 것처럼 부가 축적되고 신뢰성이 개선되며 상업이 진보하는 데 비례하여, 상인들은 자연스럽게 더욱더 지폐 사용에 의존한다. 상품의 소비자들은 다른 모든 관점과 유사한 방식으로 이런 관점에서 상인들이 자신의 절약 계획에 동참하도록 하는 데 관심을 가진 것 같다.

그러나 신용화폐의 탓이라고 해야 할 상품가격들에 대한 영향의 크기가 어떠하든, 확실한 사항은 지폐가 저절로 증가하는 기간에 우리의 무역이 번영했고, 우리의 농업이 발전했으며, 영국의 소득이 증대했다는 것이다.

지폐 통화의 상당한 증가에서 우려해야 할 주요한 해악은 흄 씨에 따르면 다음과 같다. 첫째, 영국의 노동가격과 상품가격의 엄청난 상승, 즉 해외시장에서 우리 제조업 제품의 판매 감소와 분명히 연결해야 하는 해악. 둘째, 전쟁 기간에 다른 나라로 송금할 때 충분한 지금의 결핍 때문에 우리에게 노출될 수 있는 불편. 셋째, 국가가 엄청난 무질서에 빠졌을 때 신용화폐의 태환 정지가 국내에 야기할 수 있는 혼란.

첫째 결과(영국의 노동가격과 상품가격의 엄청난 상승)가 흄 씨가 상정한 정도로 우리 지폐 통화의 팽창으로부터 비롯할 수 없었다는 것은 우리 지폐의 환경적 조건(금화를 해외로 유출하고 그에 따라 영국의 가격보다는 전 세계의 가격을 인상하는 조건)에서 입증되었다. 우리 상품들의 가격이 아무리 높다고 하더라도 우리 국산품의 해외 출구를 축소할 정도로 그렇게 높지 않았으며, 그에 따라 그 가격들이 다른 나라의 가격 이상으로 인상되지 않았다는 것은 영국에서 수출되는 제품 수량이 꾸준히 증가했다고 보고하는 우리 세관의 문서에 의해 입증된다.[4]

둘째 해악(전쟁 기간에 지금 부족 때문에 해외 송금 곤란으로 귀결하는 해악) 이 흄 씨가 생각한 만큼 염려할 이유가 거의 없는 해악이라는 것은 최근의 경험에서 유사하게 유추될 수 있다. 전쟁 초기에 유통 중인 우리의 금 재고는 아마 이전의 많은 기간에 비해 적었을 것이며, 우리가 아일랜드에 상당한 금액을 대출했고 또한 외국의 엄청난 곡물을 구입해야 한 전쟁 말기에 주화가 엄청나게 부족하여 영란은행의 금태환이 중지되기는 했지만, 우리는 많은 비용이 소요되고 상당히 연장된 전쟁 기간 내내 공채의 신용을 유지할 수 있었으며, 모든 금융거래를 원활히 수행할 수 있었다.

흄 씨는 스스로 다음을 언급했다. "화폐 부족은 **그 자체 내에서는** 결코 국가에 어떤 해도 끼칠 수 없다. 왜냐하면 그 나라의 국민과 상품들이 그 공동체의 실질적인 힘이기 때문이다."[5] 만약 어떤 나라가 유사한 종류의 외국 물품이 제공할 수 있는 것보다 더 낮은 지금가격에서 판매할 수 있는

∴

4) 1785년부터 1798년까지 영국 제품의 수출액은 다음과 같다.

1785년	11,082,000파운드	1792년	18,336,000파운드
1786년	11,830,000파운드	1793년	13,892,000파운드
1787년	12,053,000파운드	1794년	16,725,000파운드
1788년	12,724,000파운드	1795년	16,527,000파운드
1789년	13,779,000파운드	1796년	19,102,000파운드
1790년	14,921,000파운드	1797년	16,903,000파운드
1791년	16,810,000파운드	1798년	19,771,000파운드

5) (옮긴이) D. Hume, "Of Money", *Political Discourses*(1752), p. 58.

상품들, 즉 해외에서 수요 가능한 상품들로 충분히 충만해 있다면, 그는 화폐의 부족이 **외국과의 거래에서** 그 나라를 결코 해롭게 할 수 없다고 첨언한다. 저렴한 가격으로 제조하는 능력은 어떤 지금 재고보다도 훨씬 더 값어치 있다. 어떤 시점에 보유 중인 최대의 금 수량조차도 전쟁 기간에는 우리의 특별한 지출에서 단지 적은 비율만을 점유할 뿐이며, 그리고 만약 그 나라의 상업자본, 제조 기술 및 다른 자원들에서 추출할 수 있는 안보와 비교한다면, 그 최대의 금 수량은 극단적으로 빈약한 안보만 제공한다.

셋째 해악(국내에서 어떤 무질서가 발생하는 경우 신용화폐의 태환 정지가 야기할 수 있는 혼란)이 흄 씨와 다른 영국 학자들이 생각한 것보다 덜 염려스러운 주제라는 것은 앞의 연구의 거의 대부분이 확립하려고 시도한 핵심 사항이다.

유럽 대륙에서 분쟁과 혼란의 마지막 기간에, 귀금속 보유는 어떤 국가의 안보에 아마 거의 아무런 도움도 되지 못했을 것이다. 프랑스 군대가 접근했거나 혹은 반란이 기획되었을 때, 정부 은행이 보유한 금과 은은 침략을 초래하는 데 기여했을 것이다. 혹은 만약 금 기금이 그런 중요한 시기에 공공서비스에 지출되었다면, 그 금은 유통수단의 임무를 오랫동안 지속해서 수행하지 못했을 것이다. 한 번 지급이 이루어진 후에 그것은 사라졌을 것이다.

신의 은총에 의해 영국 본토는 유럽 대륙에서 겪은 격렬한 동란으로부터 보호받았다. 그렇지만 우리는 다수의 작은 해악에, 특히 상업적 신용의 중지에 노출되었다. 우리의 정치적 힘이 우리의 상업적 번영에 얼마나 의존하는지 그리고 우리의 상업적 번영이 우리들 간의 상업적 신뢰성의 적정한 유지에 얼마나 의존하는지를 잘 아는 적(敵)은, 우리의 무역과 제조업의 흐름을 그렇게 교란하려는 의도를 가진 채, 영국의 경제 불안을 조성하려는 목적에 아마 최선의 노력을 경주했을 것이다. 따라서 이런 종류의 침해에 대항해 우리의 능력상 최선의 수단에 의해 스스로를 보호하는 것은 우리가 할 일이었으며, 영란은행의 금태환 중지법안의 기한 연장은 의회가 필요하다고 생각하던 절차들 중 하나였다.

우리 스스로가 처한 상황에서, 신용화폐의 자유로운 사용에 익숙했던 과거의 그 환경에 의해 우리가 많은 이득을 얻었다는 것에 대해서는 어떤 의구심도 존재할 수 없다. 우리가 경험한 간헐적인 약간의 경제 불안과 위험에 상당히 취약한 상업 국가에서는 금이 가장 바람직한 종류의 유통수단은 결코 아니다. 금은 매우 상이한 유통속도로 유통되기 쉬우며, 본질적으로 가치 있으면서도 손쉽게 은닉 가능한 물품이기 때문에 갑자기 사라지기 쉽다. 만약 전쟁 기간에 금이 우리의 유일한 지급수단이라고 한다면, 우리의 금전적 거래를 수행하는 수단은 거의 전적으로 종종 사라졌을 것이다. 그리고 그 결과 우리 상인들의 사업에서 상당한 혼란, 제조 행위의 중대한 정지, 국가에 대한 매우 심각한 해악 등이 나타났을 것이다.

이런 이유로 신용화폐는 우리에게 대단히 중요했다. 그것에 대한 과거 우리의 친숙성은 그것을 더욱 광범위하게 사용하는 것을 준비하게 만들었다. 그리고 난국과 재난의 시기에 금 부족을 보충하는 신용화폐의 능력에 대한 우리의 경험은 주화의 일반적 사용 중지를 촉진하지는 않지만, 미래에 국가의 신뢰성을 적절하게 증진할 수 있는 환경이 된다.

부록 I
상·하원 비밀위원회에 제시된 영란은행에 관한 헨리 손턴의 증언
(1797년 3~4월)

1
영란은행의 미결제 수요를 조사하도록 지시받은
하원 비밀위원회에 제시한 증언[1]

1797년 3월 24일 금요일

하원 의원이자 런던 은행가 헨리 손턴 씨에 대한 소환 및 심문

질의: 당신 회사는 지방은행들과 거래하고 있습니까?

답변: 그렇습니다. 몇몇 은행과 거래하고 있습니다.

질의: 당신은 그 은행들이 소재하는 장소를 거명할 수 있습니까?

답변: 에든버러, 글래스고, 리버풀, 브리스틀, 엑서터, 스카버러(Scarbor-
ough), 리치필드(Litchfield), 스탬퍼드(Stamford), 티버턴(Tiverton), 토

••

---

1) 1797년의 분리된 원본과는 별도로, 영란은행의 현금태환 제한에 관련된 위원회에서 1797년 11월
17일의 증언 및 보고서와 함께 1797년 3월 3일, 3월 7일 및 4월 21일 날짜의 Reports from the
Committee of Secrecy on the Outstanding Demands on the Bank of England라는 세 편의
보고서가 하원의 지시에 의해 Reports from Committees of the House of Commons, vol. xi,
Miscellaneous Subjects에 1782년, 1799년, 1805년(pp. 119~131) 그리고 다시 1826년 재인쇄
되었다. 현재 이 책 내용은 1805년의 인쇄본 pp. 149~150, 161~165에서 발췌되었다.

트네스(Totness), 칼라일, 스톡턴(Stockton), 윈체스터 등이며 현재 생각이 안 나는 다른 지역이 일부 있습니다.

질의: 당신이 알고 있거나 믿고 있는 범위 내에서, 지난 2월 26일 이전 6개월 동안 유통 중인 이들 지방은행들의 은행권은 1793년의 상업적 금융위기 이전보다 더 많았습니까, 적었습니까?

답변: 런던으로 온 지방은행가들과 종종 나눈 대화에서 미루어본다면, 그 수량이 상당히 적었다고 판단됩니다. 그렇지만 이 문제와 관련하여 많은 사람들에게서 얻은 정확한 정보는 현재 가지고 있지 않습니다. 또한 나는 그 수량이 더 적었다고 생각하고 싶습니다. 왜냐하면 최근의 경제 불안의 경우 소지자의 요구에 따라 태환 가능한 은행권을 발행하는 지방은행가들의 금화 수요가 지난 1793년 경제 불안의 경우보다 훨씬 적기 때문입니다. 우리는 지방은행권 유통을 통해 나타나는 갑작스러운 금화 수요에 취약하기 때문에, 이런 견해는 1793년 이전에 우리와 거래한 일부 지방은행들과의 거래를 중단하는 상황에 의해 추가로 확인됩니다. 최근 이 은행들 중 일부는 사업을 접었습니다.

질의: 1793년 이전, 1793년 이후 그리고 최근 2월 26일 이후, 당신이 언급한 각각의 은행들에 의해 발행된 은행권 수량이나 비율에 관한 정보를 위원회에 알려줄 수 있는 수단이 있습니까, 혹은 그 수단을 곧 갖게 될 것 같습니까?

답변: 나는 몇 통의 서신을 어제 발송했으며, 이 서신들은 3~4일 내에 그 주제에 관한 정보를 나에게 가져다줄 것이라고 생각합니다.

질의: 지난 2월 26일 이전의 상당 기간에 유통 중인 유통수단 수량은 편리한 거래를 위해 필요한 것보다 더 많았다고 생각하십니까?

답변: 런던에서는 분명히 그 수량이 상당히 적었습니다.

질의: 2월 26일 이전의 일정 기간에 유통 중인 유통수단 수량이 상당히 감소되었다고 가정할 경우, 그런 상당한 감소가 공적 신용에 크게 해롭겠습니까?

답변: 만약 유통 중인 유통수단이 추가적으로 크게 감소한다면, 그 많은 파산은 분명히 그 결과입니다. 많은 상인들과 일부 은행가들의 자금 경색이 심각한 것으로 알고 있습니다. 그리고 기존의 자금경색을 해결하려는 목적에서, 새로운 유통수단으로 대체하는 것과 관련된 주제에 대해 그들 일부와 의견을 교환했습니다.

질의: 2월 26일 이전의 6개월 중 일부 기간에 정부가 영란은행 차입금 전부 혹은 그것의 대부분을 상환하기를 원한다고 가정할 경우, 정부는 민간으로부터의 차입 외의 다른 어떤 방식에 의해 이것을 할 수 있겠습니까?

답변: 민간 차입 혹은 이런 성격을 띤 어떤 것을 제외하면 정부가 이것을 할 수 없다는 것은 너무나도 자명하다고 생각합니다.

질의: 그런 차입금은 어떤 자금 원천으로부터 공급되어야 합니까? 그리고 차입금으로 형성된 상환 자금은 어떤 형태로 영란은행에 상환되어야 합니까?

답변: 통상적으로 정부에 대출을 제공하는 동일한 부류의 당사자들은 그런 추정된 대출을 유사한 방식으로 제공할 것이라고 생각합니다. 현재의 그 관습에 따르면 대출에 참여하기를 가장 간절히 바라는 가장 부유한 사람들은 대출 참여를 목적으로 협력합니다. 만약 그들이 대출 참여에 성공한다면, 그들은 그 지급액에 대해서 지급 첫날 은행가를 지급지로 하는 어음을 발행합니다. 최초 분할 납입금

의 지급 며칠 전에 은행가들은 통상적으로, 그들의 현금을 증가시키기 위하여, 영란은행에서 할인할 기회를 갖고 있는 자신의 친구들에게 할인 기간에 영란은행으로 어음을 송달하도록 요구합니다. 그리고 그런 추정된 대출의 지급에 대비할 수 있는 동일한 수단은 다른 경우에도 상례적인 것처럼 당연히 수용될 것입니다. 만약 영란은행이 그 추정된 대출의 첫 지급 이전의 날짜에 할인을 제공하기를 꺼린다면, 물론 지급을 이행하는 데 어려움이 뒤따를 것입니다. 일반인들의 자금 융통에는 너무 적은 것으로 이미 언급된 유통수단은 그 경우 엄청나게 적어질 것입니다. 대출금 상환은 통상 은행권으로 이행되지만, 최근 대출의 경우 발행 후 3개월이 경과해야 지급 가능한 재무성 증권이 대출금 상환에 수용되었습니다. 그리고 이런 재무성 증권은 대략 5.25퍼센트의 이자가 부담되지만, 2월 26일 이전의 며칠 동안 3~3.5퍼센트 할인되었으며, 이것은 화폐이자로는 연간 이자율로 대략 18퍼센트에 해당합니다. 정부는 높은 할인율 때문에 이런 재무성 증권의 발행을 중단한 것으로 알고 있습니다. 정부는 이런 재무성 증권으로 대출금 상환에 대비했지만, 만약 정부가 앞으로도 대출금에 대해 그와 동일하게 대비한다면 정부는 그 대출금에 대해서 당연히 18퍼센트의 이자를 지급해야만 합니다. 그리고 이런 높은 이자율은 당시에 존재한 유통수단의 극단적인 희소성에서 비롯한 것으로 볼 수 있습니다.

질의: 영란은행의 정부 대출 중 많은 비율이 지난 2월 26일 이전의 6개월 중 어느 일정 기간에 상환된다고 가정하는 경우, 영란은행이 상환받은 금액 전부에 해당하는 은행권을 재발행하지 않는 한, 그런 상환은 유통수단을 틀림없이 감소시키지 않겠습니까?

답변: 확실히 감소시킬 것입니다. 더욱이 엄청난 상업적 자금 경색을 방지하기 위해서는 상환받는 대출금의 첫 상환 이전에 약간의 지폐를 영란은행이 민간에게 추가로 공급하는 것이 필요하다고 생각합니다.

질의: 만약 그런 상업적 자금 경색이 발생한다면, 대출이나 대출 성격을 띤 어떤 조치에 의해서 유통에서 빠져나가지 않게 된, 영란은행권의 유통량은 일정하게 유지될 것 같습니까? 혹은 다른 한편 그런 상업적 자금 경색 때문에 영란은행권도 영란은행으로 되돌아와서 현금으로 교환되지 않겠습니까?

답변: 자금 경색이 점점 커지고 결과적으로 전국적인 경제 불안이 심각한 수준으로 고조된다면, 많은 사람들은 금화를 제외한 다른 어떤 것을 가지는 것에 대해서는 불안감을 느끼게 될 것입니다. 그리고 심각한 경제 불안에 사로잡혀 있고 처분 가능한 재산을 소유한 사람들은, 많은 경우, 상당한 손실이 발생한다고 해도 그런 은행권을 금화로 교환할 목적으로 그 재산을 매각할 것입니다. 그리고 유통 중인 영란은행권의 심각한 감소의 결과, 그런 방식으로 금화를 획득하려는 영란은행 인출 사태가 점증할 수 있습니다.

질의: 영란은행권이 보통 1000만 파운드라고 가정하는 경우, 만약 대출금 상환 이전에 어떤 새로운 유통수단이 공급되지 않거나 혹은 동일한 액수의 영란은행권이나 정화(正貨)가 즉각 증액되지 않은 상태에서 500만 파운드의 영란은행권이 지난 12개월 동안에 대출금의 상환으로 유통에서 빠져나갔다고 한다면, 영국의 상업적 자금 경색은 틀림없이 매우 심각하게 일반화되지 않겠습니까?

답변: 상인들은 자신의 유통수단을 대체하지 않고서는 그렇게 발생한 감소를 인내할 수 없다고 생각합니다. 그리고 전에 암시한 것처럼 이

런 종류의 계획이 이미 착수되었으며, 비록 이 목적을 위해서 실제로 연합하고 있지 않지만 일반 원칙에는 동의한 것으로 알고 있는 몇몇 은행가의 마음속에 이 같은 계획이 자리 잡고 있다는 것을 우연히 알게 되었습니다. 이처럼 영란은행권 유통이 추정된 범위까지 감소하고 다른 유통수단이 전혀 대체되지 않는다고 가정할 경우, 특히 만약 그 감소가 갑작스럽게 이루어지고 일반인들에게 명료하게 알려지지 않도록 실행된다면, 그처럼 심각하면서도 아마 거의 보편적인 파산이 틀림없이 그 결과일 것이라고 생각합니다. 가정된 경우에, 평균적으로 모든 은행가는 각자 자기 금고에 통상적인 은행권의 2분의 1정도만 가지게 될 것이며, 그 규모는 어떤 경우에는 확실히 경상적인 지급에 불충분한 것으로 드러날 것입니다. 가정된 경우에 어음이든 주식이든 혹은 다른 물품이든 영란은행권으로 전환 가능한 재산을 소유한 은행가들은, 지급 불능의 위험에서 스스로를 보호하기 위하여, 어떤 손실이 발생하든 그 재산의 대부분을 분명히 열성적으로 은행권으로 전환하려고 노력할 것입니다. 그리고 만약 일부 은행가들이 평상시의 지폐 유통량의 2분의 1 이상을 스스로 확보했다면, 다른 은행가들은 틀림없이 더 적은 지폐를 보유하게 될 것입니다. 어느 경우이든 그런 은행가들 중 일부는 파산할 것이 더 분명합니다. 그 같은 상황하에서 개별 은행가의 파산은 심지어 다른 은행가의 파산을 유발할 것입니다. 그 파산 때문에 다른 은행가들의 고객들 중 일부는 자신의 영란은행권을 영란은행에 예치한 상태로 두겠지만, 아마 안전을 위해서 그 영란은행권을 자신의 회사로 가져가려는 경향이 나타날 것입니다. 그러나 어느 경우이든 그 은행권이 자신의 회사에 보관되고 있는 것과 정확히 동일하게 그들은 영란은행에 대해서 금화를 인출할 권한을 가지고 있으며, 그에 따라 영란은행의 잔고가 유통 중인 지폐와 정말로 동일한 관점에서 고려되어야 한다고 언급하는 것은 중요합니다. 여기까지는 유통 중인 영란은행권 중에서 은행가들의 수중에 있으며 또한 내 생각에 대략 400만에서 500만 파운드에 이를 수 있는 부분에 대해서만 언급했습니다. 상정한 은행권 감소가 발생할 경우, 은행권을 소지한 각 개인의 수중에 있는 금액은 적기는 하겠지만 그들 대부분은 이전처럼 동일한 은행권 수량을 더 열성적으로 보유할 것이고 또한 더 보유할 수 있으므로, 은행가들은 그 수량에서 자기 몫 이상을 보유해야 할 것이라고 생각합니다.

질의: 앞의 질의에 대한 당신의 답변에서 상정된 사실적 상태의 결과라고 간주할 수 있는 자금 경색 상태에서 만약 침략의 공포가 발생했다면, 그런 추정된 사실적 상태가 존재하지 않고 그에 따른 결과에 해당하는 자금 경색이 존재하지 않았을 때 침략의 공포에 의해 야기되는 자금 인출 사태와 비교할 경우, 영란은행에 대한 심각한 혹은 더 심각한 현금 인출이 발생할 것이라고 생각합니까?

답변: 추정된 사실적 상태는 뒤따라 나타나는 상업적 파산의 결과로 인하여 영란은행에 대한 매우 심각한 인출 사태를 저절로 야기할 수 있으며, 더욱이 그 상태는 침략의 위협에서 비롯하는 결과 때문에 영란은행에 대한 인출 사태를 극단적으로 악화시킬 것이라고 생각합니다. 병존하는 이런 공포의 두 가지 원인은 아마 각각이 별도로 작용할 때 발생하는 효과보다도 두 배 이상 큰 효과를 가질 것입니다.

질의: 상정된 사실적 상태에서 결과적으로 나타나는 자금 경색은, 제안된 대출의 결과로 인하여 영란은행으로 환수된 수량과 일치하도록 민

간에서 유통되는 영란은행권 혹은 정화의 수량을 원상회복함으로써 회피될 수 있겠습니까? 혹은 그런 자금 경색을 회피하기 위하여, 약간의 새로운 유통수단은 환수된 영란은행권만큼 상정된 방식으로 미리 공급되어야 할 필요가 있지 않겠습니까?

답변: 만약 상정된 자금 경색이 발생한다면, 그 자금 경색은 자연스러운 상태가 회복되기 전까지 상당한 시간이 필요할 것이고 또한 가장 신뢰할 만한 지폐이면 무엇이든 잠정적인 대규모 지폐 발행이 필요할 것이라고 생각합니다.

1797년 4월 1일 토요일

하원 의원 헨리 손턴 씨에 대한 소환 및 추가 심문

질의: 당신이 착수했다고 언급한 답변에서, 1793년 금융위기 이전과 이후에 유통 중인 지방은행권 수량에 관한 정보를 얻었습니까?

답변: 그 주제에 관해서 상당히 많은 서신을 받았으며, 다음은 그 서신에 포함된 정보의 핵심입니다.

첫째로, 브리스틀에서 '소지자의 요구에 따라 태환 가능한 은행권'의 전체 유통량에 관해 수집된 설명만 진술하겠습니다. 거명된 몇몇 시기에 유통되던 수량은 브리스틀의 여섯 은행가가 스스로 제공했으며, 따라서 그 수량은 매우 정확하다고 믿고 있습니다.

1792년과 모든 지방은행가에 대한 인출 사태 이전에 유통되던 "현금 지폐" 혹은 현금이 요구될 수 있는 지폐의 수량을 다음의 비

율로 표현한다고 가정하면	10

1793년 여름과 1794년에 유통되던 수량(이들 여섯 개 은행의 평균을 취하면)은 대략   3.9

1796년 여름부터 1797년 1월까지 유통되던 수량은 대략   5.5

1797년 2월 말(영란은행이 현금태환을 정지한 시기) 이래로 유통되던 수량은 대략   3.8

내가 만들 수 있었던 개략적인 추정치에 따르면, 현금으로 태환 가능한 브리스틀 은행권의 유통량을 **가치**로 대략 표현하면

첫째 시기	360,000파운드
둘째 시기	140,000파운드
셋째 시기	220,000파운드
넷째 시기	130,000파운드

다음 정보는 유력한 뉴캐슬 은행이 제공한 것이고 1793년 이전의 거의 비슷한 시기에 유통되던 '소지자의 요구에 따라 태환 가능한 은행권'에 관한 매우 정확한 설명에 의존하고 있으며, 그 규모는 대략 160,000파운드에서 180,000파운드입니다.

1793년 이후 일정 기간, 뉴캐슬 은행들 중 하나가 영업을 중단했기 때문에 유력한 뉴캐슬 은행의 유통액은 증가해 대략   200,000파운드 영란은행의 지급 중지 이전에는 유통액이 축소되어서   110,000파운드 그 시점 이래로 유통액은   80,000파운드

데번(Devon) 카운티의 유력한 은행이 제공할 수 있는 최선의 정보에 따르면 그곳에서 발행된 은행가들의 '소지자의 요구에 따라 태환 가능한 은행권' 수량은 1792년에   120,000파운드
1793년의 금융위기는 그 수량을 거의 '0' 수준으로 감소시켰지만, 그것은 즉각 증가하여 대략   60,000파운드
그리고 영란은행의 금태환 중지까지는 대략 그 수준을 유지했으며, 이후 그 수량은 현재 수준으로 감소하여 대략   20,000파운드

다양한 지역들, 이를테면 애슈버턴(Ashburton), 칼라일, 엑서터, 힝클리(Hinckley), 리치필드, 스카버러, 슬리퍼드(Sleaford), 스탬퍼드, 스톡턴, 티버턴, 우드브리지(woodbridge) 등에 있는 다른 은행들에서도 거의 동일한 핵심 정보를 획득했습니다. 일부 은행들이 발행한 수량은 결코 큰 규모는 아니었지만, 이들 은행 각각은 통상적으로 '소지자의 요구에 따라 태환 가능한 은행권'을 발행합니다.

앞에서 거명된 네 시기에 이런 모든 은행이 발행한 '소지자의 요구에 따라 태환 가능한 은행권'의 평균 수량을 계산하려고 시도했습니다. 그리고 1793년 이전에 그들 모든 은행에 의해 발행된 수량을 다음과 같이 가정하면   90
1793년 이후 일정 기간의 수량은 대략   63
영란은행의 현금태환 중지 이전의 수량은 대략   78
그리고 그 시점 이후의 수량은 대략   40

수집된 정보에 의하면, '소지자의 요구에 따라 태환 가능한 은행권'은 맨체스터의 은행들에 의해서는 전혀 발행되지 않았지만, 일부

의 소액 영란은행권은 현재 그곳에서 유통되기 시작했고, 상당한 수량의 금화는 영란은행의 금태환 중지 이전에 맨체스터 은행들의 수중에 있었으며, 지급 중지 이래로 금화가 요구될 때에는 언제나 이금화들은 지불되어서 사라졌습니다. 0.25퍼센트에서 0.5퍼센트에이르는 금화에 대한 프리미엄이 칼라일 지역의 은행에 의해 통상적으로 부여되었으며, 그 프리미엄은 최근 1.5퍼센트로 상향 조정된것으로 알고 있습니다. 이런 프리미엄 인상은 아일랜드로 보내기 위하여 그곳에 있던 금화에 대한 선호 성향에 의해 설명됩니다. 칼라일 은행은 현금에 대한 모든 요구에 부응하고자 규칙적인 금화 공급을 꾸준히 유지했습니다.

　지폐 통화가 보편적으로 높은 신용도를 유지하고 금화 태환권이유통되고 있는 스코틀랜드에서, 내가 취득한 정보에 따르면, 최근유통에 쓰이거나 혹은 개인에 의해 퇴장된 추가적인 금화가 대략 6만파운드에 이른 것으로 추산될 수 있습니다. 이것은 은행들이 스스로 확보했고 여전히 자신들의 소유로 있는 추가적인 수량을 배제한것입니다. 은(銀)은 금화가 사라진 만큼이나 스코틀랜드의 유통에서사라졌습니다.

질의: 당신은 최근 지방 소식에서 위원회에 유익하다고 여겨지는 어떤 의견을 도출하였습니까?

답변: 방금 제시된 정보에서 분명히 어떤 추론이 도출될 것으로 보입니다. 내가 생각하는 핵심은 지방은행권이 회수되었을 때 금화의 자연스러운 대체재인 지방은행권 유통이 1793년 이래로 감소했으며, 특히현재 감소하고 있으며, 결과적으로 유통 중인 금화 수량(퇴장된 것은언급하지 않는다.)이, 추측하건대 과거 상당 기간에 적지 않은 크기였

고, 특히 현재도 적지 않은 크기일 수 있다는 것입니다. 이 시기에 발생한 엄청난 은행권 감축이 금화에 의해 완전히 보충되었다고 생각하지는 않습니다. 왜냐하면 제한이 이루어진 기간에 모든 종류의 유통수단이 런던 외의 지역에서 언제나 매우 심각하게 부족할 수 있으며, 상거래의 침체만이 아니라 태환 중지가 그 기간에 언제나 지속될 수 있기 때문입니다. 그렇지만 제 생각으로는 상당히 오랫동안 존재한 것으로 묘사되던 '소지자의 요구에 따라 태환 가능한 은행권' 축소는 그 증가나 감소를 추계하기 어려운 환어음이라는 지급수단에 의해 아마 부분적으로 보충되기도 했지만, 주로 현금에 의해 보충된 것 같습니다.

질의: 기존의 은행 원리에 따르면 자신의 안전에 대비하기 위해 은행가는 자신의 정화와 은행권 간에 어떤 고정비율을 유지해야 한다는 것을 당신은 이해하고 있습니까?

답변: 확실하지는 않지만, 모든 정황을 고려하면서 추가적인 정화 수량을 스스로 확보할 수 있는 시간 이내에, 은행가의 정화는 그것에 대한 수요라고 생각할 수 있는 것은 무엇이든 그것에 비례해야 한다고 나는 이해하고 있습니다.

질의: 당신의 최선의 판단과 경험에 따르면, 개인 은행가가 자기 사업을 경영할 때 추종하는 원리는 영란은행에도 적용 가능합니까?

답변: 많은 관점에서 그 논거는 유사하다고 생각합니다. 다른 관점에서는 그 논거가 상이하고, 심하게는 그 반대입니다. 런던 은행가는 은행권을 발행하지 않으므로, 개인 은행가와 영란은행을 비교하고자 한다면, 런던 은행가가 아니라 지방은행가를 거론하는 것이 필요할 것입니다.

질의: 둘의 위상 간의 주요한 차이는 무엇이고, 둘에게 각각 적용되는 원리는 무엇입니까?

답변: 은행권 발행과 관련하여 차이가 존재한다고 생각합니다. 즉 지방은행가는 '소지자의 요구에 따라 태환 가능한 은행권'은 아마 소량 발행할 것이며, 이자가 지급되면서 통지 이후에 태환 가능한 은행권은 대량으로 발행할 것입니다. 그리고 그는 유사하게 자기 은행에 매우 가까운 곳에 거주하는 고객들에 의해 갑자기 인출되기 쉬운 예금을 상당히 많이 예탁받습니다. 상업 세계에서 자금 경색과 위험이 예상되는 시기에는 신중한 여러 지방은행가들이 (묘사된 상황이 전개된다면) '소지자의 요구에 따라 태환 가능한 은행권'을 줄이거나 억제하려는 성향을 보입니다. 왜냐하면 이런 은행권들은 은행가와는 멀리 떨어진 이방인들의 수중에서 유통되고 또한 다른 은행가들의 은행권과 혼동되기 때문입니다. 그 결과 만약 이웃하는 어떤 은행이 어쩌다 태환을 중단하면, 전반적인 경제 불안 때문에 태환을 위해서 이런 은행권을 인출하려는 시골 사람들의 행동의 결과로 인하여 특히 그 은행가는 갑작스러운 금화 수요에 노출되기 쉽습니다. 그리고 필요한 만큼 금화를 충분히 소유하지 못한 경쟁 은행들이 금화 부족분을 보충하려는 의도로 이런 은행권을 점유하고 그에 따라 태환을 위해 그 은행권을 내놓을 가능성이 있으며, 그렇게 해서 그 은행가는 또한 손실과 위험에 노출되기 쉽습니다. 따라서 금융위기가 예상될 때, 다른 관점에서 자신을 보호할 목적으로 지방은행가는 태환 가능한 은행권의 유통에 의해 제공되는 이윤의 원천을 신중하게 포기할 수 있습니다. 왜냐하면 만약 엄청난 은행권 발행으로 현금이 부족하다면 그의 채권자 전체가 자신의 채권 지급을

요청하기 위해 달려올 것 같기 때문입니다. 이런 관점에서 영란은행은 전혀 지방은행가와 같은 처지에 놓이지 않습니다. 영란은행권은 그것이 보편적으로 유통되고 있는 런던과 그 이웃 지역에서 완전한 신용을 얻고 있습니다. 그리고 그것은 보편적으로 동의된 것이라고 저는 믿고 있으며, 영란은행에 대한 금화 수요가 발생하는 것은 영란은행권에 대한 어떤 불신 때문이 아닙니다. 지방의 유력한 은행이 경쟁 은행에 의한 금화 인출에 노출되어 있는 것과 동일한 방식으로, 영란은행도 지방은행가들에 의한 금화 인출에 확실히 노출되어 있습니다. 그렇지만 그 은행들이 모두 함께 은행권 발행을 줄이지 않는 한 영란은행은 이런 불편에서 벗어날 수 없습니다. 즉 보편적으로 영란은행은 금화가 필요한 영국의 모든 개인이 인출할 권한을 갖는 현금의 저장고로 간주되며, 소위 영란은행권을 받고서 매각할 수 있는 재산을 가진 사람은 그것을 아무 때나 매각할 수 있고 그에 따라 영란은행에서 인출된 금화를 점유할 수 있습니다. 더욱이 영란은행은 매일 할인하는 관행에 의해 그 은행에서 금화를 획득할 기회를 모든 개인에게 제공합니다. 그리고 지방은행을 지원하기 위해 그렇게 금화를 공급할 목적으로 어음을 할인하는 것은 지방은행가의 지지자들에 의해서 아주 적절한 것으로 인정받습니다. 반면 경쟁적인 두 지방은행의 경우, 할인에 의해 다른 은행에게 금화를 공급할 목적으로 한 은행에서 할인한다는 생각은 환영받지 못할 것 같습니다. 따라서 영란은행은 지방은행가가 할 수 있는 것과 유사한 방식으로 지폐 유통의 중단이나 제한에 의해서, 마지막으로 언급한 불편에서 스스로를 보호할 수 없으므로, 이런 관점에서 그 은행은 지방은행가가 그렇게 한 것처럼 지폐 유통을 중단하거나 제한할 유인을 전혀 갖지 않는다고 생각합니다. 더욱이 다른 관점에서 지방은행가와 영란은행 간에는 중요한 차이가 존재한다고 생각합니다. 즉 만약 지방은행가가 금융위기가 예상될 때 자신의 지폐 유통을 감소시키는 것이 적절하다고 생각하거나 혹은 심지어 자신의 전체 거래를 축소 혹은 포기하는 것이 적절하다고 생각한다면, 그는 자신에게 심각한 위해를 끼치지 않으면서도 그렇게 할 수 있습니다. 환언하면 그는 자신의 직업을 포기함으로써 혹은 심지어 자신의 거래의 일부를 축소시킴으로써 아마 일반적인 자금 경색을 악화시킬 수는 있겠지만, 그는 스스로 야기한 일반적인 자금 경색 중 자신의 특정한 몫에 대해서 그가 획득한 개인적인 편안함과 평온 혹은 안전의 형태로 스스로 더 보상받았다고 생각할 수 있습니다. 반면 영란은행은 대규모 거래에 간여하며, 그 결과 스스로가 첫 희생이라고 생각할 수 있는 신용에 일반적 충격을 주지 않고서는 그들의 일상적인 사업의 상당 부분을 단념할 수 없습니다. 금융위기와 자금 경색의 시기에 영란은행이 은행권을 현저하게 줄이는 경우, 유통수단의 부족분을 보충해줄 수 있는 다른 은행권은 전혀 존재하지 않으며, 그리고 금화에 의해 보충되는 경우 그 금화는 영란은행으로부터 방출되어야 합니다. 즉 영란은행은 언제나 그들이 할인한 엄청난 규모의 어음을 소유하며, 그리고 그 어음은 매일 증가하고 있습니다. 이런 어음의 인수자들이 그 어음의 지급에 필요한 금화를 스스로 확보하지 않으면서 영란은행의 통상적인 특혜에 의거하는 지급수단에 의존한다는 것은 너무나 잘 알려져 있습니다. 간단히 말하면, 세입(歲入)이 정부에 제공된 대출의 상환을 위한 것이든, 방금 언급된 정부 어음의 기일 엄수 지급을 위한 것이든 혹은 정부의 예상 가능한 다른 지출의 원천을 위한 것이든, 영란은행은 자신의 모든 수입과 관련하여 일반적인 신용을 유지하려고 합니다. 따라서 영란은행이 상업 세계의 안전과 정부 신용의 일반적 유지 및 국가의 일반적 번영을 위해서 일반적인 신용을 추구하지 않는다면, 그 은행은 스스로를 위한 안전을 어디에서도 발견할 수 없다고 생각합니다. 따라서 영란은행권의 현저한 감소가 일반적인 신용에 치명적인 경우, 그것은 또한 영란은행 자체에도 틀림없이 치명적일 것이며, 그리고 영란은행은 은행권 발행과 관련하여 개별 지방은행가와 동일한 기반 위에 서 있지 않습니다.

질의: 당신의 최선의 판단과 정보에 따르면, 지방에서 유통되는 영란은행권과 런던에서 유통되는 영란은행권 간의 비율은 어떠하다고 생각합니까?

답변: 런던에서 20~30마일 넘게 벗어난 지역에서는 영란은행권이 거의 유통되지 않는다고 생각합니다. 왜냐하면 런던으로부터 그 거리 이상 벗어난 지역에는 인근 지역에 유통수단을 공급하는 지방은행들, 즉 은행권을 발행하는 지방은행들이 존재하기 때문입니다. 나와 거래 관계가 있는 회사는 지방으로부터 거액의 송금을 수령하는 경향이 있으며, 그 금액 중에는 소량의 영란은행권만 발견될 뿐입니다.

질의: 영란은행이 상당히 많은 영란은행권을 소멸시켜버렸기 때문에 그 부족분을 보충하기 위하여 새로운 유통수단이 창조되어야 하는 경우, 영란은행이 현금과 은행권 간의 고정비율을 유지함으로써 자신의 안전을 확보한다는 원리에 따라 행동한다고 가정한다면, 그 은행은 그 비율이 유통되어야 하는 자신의 은행권만이 아니라 그렇게 창조되어야 하는 새로운 유통수단의 수량과도 적절한 관계를 갖도

록 강제되어야만 하겠습니까?

답변: 런던에서 새로운 유통수단이 창조된 경우, 그것은 영란은행권과도 정확히 유사하게 지급수단으로서 어느 곳에서도 통용될 것이며, 그때 금화와도 교환 가능한 영란은행권과도 쉽게 교환될 수 있다고 생각합니다. 따라서 금화가 지급된다고 가정한 교환을 통해서 도입된 새로운 유통수단에 일치하는 영란은행권의 수량을 영란은행이 유통시킨다고 가정하는 경우, 영란은행은 새로운 유통수단과 새로운 영란은행권의 상호 교환에 의해서 새로운 금화 수요에 또다시 노출될 것입니다. 그러나 이런 주장은 런던에서 도입 가능한 새로운 유통수단에 적용될 뿐 아니라, 영란은행권과 교환 가능한 지방의 현존하는 유통수단, 영란은행권으로 전환 가능한 어떤 종류의 지폐, 혹은 다른 물품에도 마찬가지로 적용됩니다. 이것으로부터 나는 이전에 제시된 주장, 즉 어떤 은행에 안전을 제공하는 데 필요한 금화는 은행권 수량에 비례하는 것이 아니라, 새로운 금화가 획득 가능한 시점 이전에 모든 상황하에서 영란은행에 인출을 요구할 것 같은 개연적인 금화 수요에 비례해야 한다는 주장이 명백히 옳다고 추론합니다.

질의: 종종 나타나고 있는 것처럼 정상적인 금액 이하로 영란은행권 유통이 현저히 감소하는 현상은 사실상 해군 공채, 재무성 증권 및 인도 공채의 할인 증가와 주식가격의 하락을 보편적으로 발생시킨다고 생각하고 있습니까?

답변: 상이한 시점에 발생할 수 있는 영란은행권 총수량 각각의 감소를 저는 알지 못합니다. 또한 특정 시점에 영란은행권 수량이 유지되기를 자연스럽게 요구하는 수량이 얼마이든, 그 수량 이하로 감소했을

때 이 질의에서 거론된 효과가 나타날 것이라고 생각하지 않으며, 또한 영란은행권의 어떤 특정 수량 감소에서도 그 효과가 나타난다고 생각하지 않습니다. 영란은행권의 공급 부족에서 비롯하는 다른 지폐의 가치 하락 때문에, 그리고 언젠가 있을 예기치 못한 지출을 사전에 대비하려는 그들의 성향뿐 아니라 또한 은행가에게 영란은행권을 예치하는 대신에 그것을 집에 보관하려는 많은 사람들의 성향에서 비롯할 수 있는 영란은행권의 덜 경제적인 사용 때문에, 특히 경제가 불안한 때에는 영란은행권이 대폭적으로 많이 필요할 수 있지만, 다른 시기에는 더 적은 수량이 필요할 수도 있습니다. 따라서 그런 불안한 시기에 만약 영란은행이 그 유통량을 증가시키기를 거부한다면 그 효과는 다른 시기에 그 수량을 감소시켰을 때의 효과와 똑같거나 훨씬 더 클 수 있다고 생각합니다. 영란은행에 대한 할인 신청이 증가할 때 지폐 유통을 감소시키거나 혹은 그 증가를 방지하려는 영란은행의 할인 거부는 해군 공채와 재무성 증권 및 인도 공채에 대한 대폭적인 할인 증가는 물론, 주식가격의 하락을 종종 명백하게 수반한다고 확신합니다. 그렇지만 영란은행의 그런 거절은 주식가격의 변동과 관련해서는 구별하기가 그렇게 쉽지 않다는 것도 인정합니다. 왜냐하면 다른 많은 원인이 결합하여 주식가격에 영향을 미치기 때문입니다.

질의: 거래 편의상 필요한 범위 내에서 영란은행이 할인을 감소시키거나 제한했을 때 정부 증권의 할인 증가와 주식가격의 하락이 발생한다고 사실상 주장하는 것입니까?

답변: 지난 가을 초반에 영란은행에 대한 엄청난 할인 수요가 있었고 단지 그 일부분만이 허용되었으며 또한 일부 종목의 정부 증권에 대한 엄

청난 할인 증가가 있었던 것으로 기억하고 있으며, 주식가격의 하락 또한 발생한 것으로 믿습니다. 내각의 칙령 몇 주일 전 3개월 만기이자율 5.25퍼센트의 재무성 증권이 정부 계정에서 100만 파운드 이상 매각되었으며, 소지자에게 귀속되는 이자는 대략 6.25퍼센트 정도인 것으로 더 특별히 잘 알고 있습니다. 또한 내각의 칙령 이전 이틀 동안 영란은행에 대한 할인 신청이 보통 때와 달리 현저했고, 그중 매우 적은 비율만이 승인되었으며, 그리고 재무성 증권에 대한 할인율이 내각의 칙령 이전 이틀 동안 무려 연간 3퍼센트와 3.5퍼센트로 상승하여 소지자에게 연간 17~19퍼센트의 수익을 얻게 만들었고, 주식가격은 동시에 하락했다고 완벽하게 기억하고 있습니다. 현금으로 판매된 주식가격과 몇 주일 정도 이후에 판매된 동일한 주식의 가격 간의 차이는 그 주식의 매각과 재구입에 의해 지불되는 수익률을 앞의 수익률과 거의 동일하게 만들었습니다. 그 칙령 이후 월요일에 영란은행은 그 전날의 사건에서 발생한 불안이 야기할 수 있었던 인출 사태로부터 은행가들을 구원하려는 의도에서 대규모 할인을 시행했습니다. 그러나 그런 인출 사태는 전혀 발생하지 않았다고 생각합니다. 재무성 증권의 가격은 그날도 전처럼 정상적으로 유지되었지만, 나는 거의 혹은 전혀 팔리지 않았다고 생각합니다. 영란은행 입장에서 할인이 다시 어느 정도 완화된 그 다음 날, 할인율은 2.5퍼센트로 하락했으며 주식은 눈에 띄게 상승했습니다. 주식 현물가격과 선물가격 간의 차이는 제 기억이 옳다면 8퍼센트 혹은 10퍼센트의 이자를 제공할 정도였습니다. 그 시점 이래로 영란은행의 할인 공급에 어느 정도 변동이 있었고 또한 이미 거명한 공채 가격에서도 거기에 대응하는 약간의 변동이 있었다고 생각합니다. 내각의 칙령 이전의 금요일과 토요일에 발생했다고 언급한 재무성 증권의 높은 할인율은 영란은행의 주요 할인 날짜이면서 그 전날인 목요일에 할인을 신청한 사람들의 실망의 결과였던 것 같습니다. 또한 화요일에 재무성 증권 할인율 하락은 월요일의 할인 확대의 결과였던 같습니다. 따라서 증권 가치의 감소와 그 증권에 대한 높은 이자율은 할인 신청의 원인이라기보다는 오히려 영란은행의 행위의 결과라고 간주될 수 있을 것 같습니다.

질의: 내각의 칙령에 관한 소식은 런던에서 공적 신용에 현저한 충격을 발생시켰습니까?

답변: 그전의 잠시 동안, 특히 그전 이틀 동안 자금 경색이 너무나 심각했으며, 그 결과 월요일에 특별 할인에 의해 제공된 구제금융은 경제에 대한 대다수의 심리에서 영란은행의 금태환 중지에 의해 야기된 경제 불안을 보상하고도 남을 정도였다고 생각합니다. 감지된 것은 금화 부족이 아니라 영란은행권 부족이었으며, 그리고 만약 런던의 소규모 지급을 이행하는 방식과 관련하여 영란은행권이 유통되었더라면, 아무런 걱정도 생기지 않았을 것 같습니다.

질의: 거래의 편의상 필요한 금액 이하로 영란은행권이 현저히 감소한 것은 영국 전체에 걸쳐서 제조업의 활동을 제한하고 또한 노동자들을 해고하려는 경향이 확실히 있습니까?

답변: 확실히 그렇다고 생각합니다.

질의: 당신이 알고 있는 범위 내에서 어떤 사실들이 그런 의견을 실제로 확신하게 만들었습니까?

답변: 한 상인이 이렇게 언급하는 것을 들은 기억이 납니다. 자신은 판매할 많은 재화를 가지고 있고 또한 해외에서 그 재화에 대한 풍부한

수요를 확보했지만, 그 재화를 제조하는 상당수의 노동자들은 지난 얼마 동안 해고되었으며, 그리고 자신은 통상적인 할인을 획득할 수 없었고 그에 따라 일상적인 신용을 제공할 수 없었으므로 내각의 칙령 바로 전에 그런 노동자 숫자가 크게 증가했다고 말입니다.

질의: 지난 1년 혹은 2년 동안 외국 제품을 수요하는 모든 사람이 가능한 한 빨리 그들에게 빚을 지도록 강력하게 유인할 정도로 이윤이 런던의 현금에서 창출되고 있는 것 같습니까?

답변: 정부 공채의 이자율이 너무 높다고 생각하며, 그리고 해외의 거래처로 하여금 평소보다 더 많은 송금을 하도록 재촉할 정도로 현금 부족이 매우 심각한 것으로 이해하고 있습니다.

질의: 할인과 관련하여 1795년 12월 31일 영란은행에 대한 결의안을 기억하십니까?

답변: 그렇습니다.

질의: 당시 사적인 할인이 어렵기 때문에 영란은행에 대한 특별한 할인 신청이 발생했습니까?

답변: 당시에 사적인 할인이 전적으로는 아니지만 거의 중단된 것으로 알고 있습니다. 여기서 사적인 할인은 모든 기간에 걸쳐서 고객들에게 일반적으로 할인해주는 은행가들의 할인을 의미하지 않습니다. 어음 취득에 의해 이자를 얻을 목적으로 그 어음을 담보로 현금을 대출하는 개인 할인업자, 개인 상인 혹은 부유한 사람들의 할인을 의미합니다.

질의: 그런 사적인 할인은 1795년 12월 이전에 상당한 금액에 이르렀습니까?

답변: 전쟁 이후 어떤 시기에 상당한 금액에 이른 것으로 알고 있습니다

만, 그 시기는 정확히 기억이 나지 않습니다.

질의: 정부 증권의 유통에 의해 상당한 이윤이 가능한 전쟁 기간에 사적인 할인은 보편적으로 감소하지 않았습니까?

답변: 확실히 감소했습니다.

질의: 따라서 그런 시기에 영란은행은 일반인들의 불편을 방지하기 위하여 사적인 할인의 부족분을 통상적으로 공급해야 하지 않겠습니까?

답변: 상거래의 현저한 감소가 전쟁 기간에 발생한다고 가정되지 않는 한, 영란은행은 할인을 증가시킬 필요가 있는 것처럼 보입니다.

질의: 1795년 12월 영란은행에 대한 결의안은 금융위기나 경제 불안에 대해서 어떤 효과가 있는 것 같습니까?

답변: 매우 특별한 경제 불안이 자극되었다고는 생각하지 않습니다. 즉 이 결의안 이전에 영란은행은 여러 방식으로 자신의 할인을 축소했습니다. 그리고 영란은행이 이런 새로운 규제에 의해 할인을 더욱더 제한하기 시작했다는 것은 주로 공식적인 통보 정도로 간주될 수 있다고 생각합니다.

질의: 영란은행의 할인과 관련하여 영란은행이 하는 행동의 불확실성과 변덕성으로부터 어떤 불편이 발생할 것 같습니까?

답변: 의심할 여지 없이 그 행동은 영란은행권의 필요성을 증대시킬 것입니다. 왜냐하면 할인을 요청한 그날에 할인되지 않음으로써 나타나는 실망감에 대한 공포를 느끼는 사람들은 자신의 기대되는 지급 기일 이전에 대비해야 할 것이며, 은행가들은 불확실성 상태에 놓인 것에 비례하여 더 많은 은행권을 스스로 확보하려는 경향이 있기 때문입니다. 위에서 언급된 결의안은 영란은행의 행위 체계에 어떤 변동을 의미하는 것이 아니라 그 반대라고 생각합니다. 그럼에도 그

결의안은 각 개별 상인에게 준비 수단과 관련하여 약간의 불확실성을 야기했습니다. 그리고 그 결의안은 오히려 상업 세계의 사람들에게 공식적인 통보로 대개 작용했다고 생각합니다. 런던이든 지방이든 점증하는 자금 경색의 위험이 존재했다는 의미입니다.

질의: 지난 1월에 정부가 영란은행에 300만 파운드를 상환했다고 가정하는 경우, 그것은 영란은행을 완전한 안전 상태로 만들었다고 생각합니까?

답변: 그 상환은 현금 수량에 분명히 아무런 차이도 발생시키지 않았다고 생각해야 하겠습니다. 이 질의에서 정부의 빚 300만 파운드가 상환되었다는 것에서 영란은행이 결과적으로 300만 파운드의 은행권을 감소시켰다고 가정해야 하는 이유를 모르겠습니다. 이런 상황 시기에 영란은행이 그런 감소를 실행할 기회를 가졌다면, 앞에서도 설명한 것처럼 영란은행은 기본적으로 모든 상업신용을 훼손할 것이며 그리고 금화에 대한 인출 사태를 증가시킬 수 있는 경제 불안과 자금 경색을 창조할 것으로 예상합니다. 그러나 만약 다른 한편 영란은행이 동일한 규모의 할인을 상업 세계에 공여한다면 그때 영란은행은 그런 상환 이전의 상황과 동일한 상황에 놓일 것이라고 생각합니다.

1797년 4월 6일 목요일

하원 의원 헨리 손턴 씨에 대한 소환 및 추가 심문

질의: 당신의 마지막 심문 이후에 지방에서 유통되는 은행권 혹은 현금 수량에 관한 추가 정보를 획득했습니까?

답변: 스코틀랜드의 정보를 갖고 있습니다. 그곳에서 현재 유통 중인 은행권이 지난 6개월 동안의 그것과 거의 비슷하며, 그리고 은행들 소유로 있는 금 수량 역시 거의 유사하게 추계된다고 확신하고 있습니다. 결과적으로 그곳 은행들이 런던에서 인출한 금액과 거의 비슷하면서 또한 그 은행들에서 최근에 인출된 약 6만 파운드의 금은, 불안감 때문에 현재 그곳에서 유통되지 않고 퇴장된 것으로 추측됩니다. 스코틀랜드에서 유통 중인 지폐는 120만 파운드에서 150만 파운드에 이르는 것으로 추산되며, 통상적으로 유통되고 있는 금화 수량은 5만 파운드를 넘지 않는 것으로 계산되고 있습니다. 은행권의 8분의 7은 20실링과 21실링짜리 은행권이라고 이야기되고 있고, 수요가 아주 많은 5실링짜리 은행권은 최근에 발행되었으며, 그 은행권의 합법적인 유통기한이 연장되기를 희망한다는 이야기도 있습니다.

질의: 그전의 심문에서 당신은 영란은행과 지방은행가의 위상에는 차이가 있다고 진술했습니다. 당신에게 떠오르는 다른 어떤 차이가 존재합니까? 또한 '요구에 따라 태환 가능한 은행권'을 발행하지 않는 런던 혹은 다른 곳의 은행가와 영란은행의 위상에는 어떤 차이점이 존재합니까?

답변: 지방은행가와 영란은행 간에는 영란은행의 존재 자체가 야기하는 매우 명백하면서도 중요한 차이점이 한 가지 있습니다. 경제 불안의 시기에 종종 나타나는 것처럼 지방은행가가 이웃에서 금화를 전혀 공급받지 못하는 금화 부족에 당면했을 때, 그는 영란은행에서 그 자원을 확실히 확보합니다. 즉 그는 자신과 거래를 하는 런던의 은행 사무실에 편지를 써서, 되돌아오는 우편 마차에 자신이 원하는

만큼의 금화를 그 은행이 자신에게 보내도록 요청하기만 하면 됩니다. 따라서 지방은행가는 자신의 런던 거래처와 신용거래를 하거나, 혹은 자신의 수중에 있는 자산을 제공하거나, 혹은 주식, 재무성 증권이나 할인 가능한 어음과 같이 은행권으로 즉시 전환 가능한 종류의 재산을 제공하기만 하면 되며, 그때 그 은행가는 업무상 필요한 만큼의 금화를 스스로 확보한 것처럼 생각할 수 있습니다. 여기서 영란은행은 평상시처럼 현금을 지급한다고 가정하고 있습니다. 영란은행이 현금태환을 하지 못하는 경우에도, 여기서 지방은행은 금태환 중지에 의해 불신을 거의 혹은 전혀 받지 않으며, 그리고 현재 상황에서 드러나고 있는 것처럼 아주 특별한 자금 경색에 전혀 빠지지도 않을 것입니다. 반면에 영란은행의 금화가 거의 고갈되었을 때, 영란은행은 지방은행들처럼 의지할 수 있는 현금 저장고를 전혀 갖고 있지 않습니다. 상당량의 금화를 획득하기 위하여 영란은행이 활용할 수 있는 어떤 지역도, 어떤 수단도 전혀 존재하지 않으며, 그리고 금화를 다시 자신에게 끌어들이는 아마 최선의 유일한 기회는 일반 신용을 강화하는 것이라고 생각합니다. 그런 일반 신용의 강화는 확실히 무역수지 호조에 기여할 수 있고, 그에 따라 상업에 도움을 줌으로써 장기적으로는 영란은행의 금고에 금을 축적하는 데 기여할 수 있습니다. 또한 그것은 경제 불안의 시기에 그 경제 불안을 축소하려고 노력함으로써 더욱 직접적으로 그리고 즉각적으로 영란은행의 금고로 금이 귀환되는 것을 촉진할 수 있습니다. 영란은행권의 감소보다는 현저한 증가에 의해 상당한 정도까지 그렇게 할 수 있다고 생각합니다. 즉 이것은 영란은행이 지방은행과 모든 개인 은행과는 다른, 매우 중요한 핵심 사항이라고 생각합니다.

2

1797년 2월 26일 내각의 칙령을 발생시킨 원인들을 조사하도록 지시받은 상원 비밀위원회에 제시한 증언[2]

1797년 3월 30일 목요일

위원장: 상원 의장

하원 의원이자 런던 은행가 헨리 손턴 씨 출석, 소환 및 심문

질의: 공적인 소득과 지출 전체가 현저하게 증가하고 있다고 생각합니까?

답변: 의심할 여지가 없습니다.

질의: 민간 지출의 규모에도 유사한 증가가 발생하고 있습니까?

답변: 과거 몇 년을 고려한다면 확실히 그렇습니다.

∵

2) 1797년 4월 28일 인쇄하도록 지시된 이 위원회의 보고서는 세 가지 형태로 존재한다.
   (a) 상원 의사록, XVI, pp. 186~262.
   (b) 동일 연도의 별도의 문서, 272페이지 분량.
   (c) 하원의 지시에 의한 1810년 2월 6일 재인쇄본, 151페이지 분량.
   현재의 재인쇄는 약간의 수정과 더불어 (a)로부터 만들어졌다.

질의: 최근 몇 년 동안 물품 및 노동의 가격이 상승했습니까?

답변: 확실히 그렇습니다.

질의: 영국의 제조업과 상업에서 대폭적인 성장이 있었습니까?

답변: 확실히 그렇습니다.

질의: 앞의 질의 및 답변에서 언급된 상황은 유통수단에 대한 추가 수요를 야기하겠습니까?

답변: 그 질의에 답변하기 전에, 유통수단의 의미를 분명히 표현하는 것이 적절할 수 있습니다. 그것은 첫째로 모든 종류의 금화, 둘째로 영란은행에 의해 발행되든 지방은행가에 의해 발행되든 언제나 현금으로 교환 가능하면서 소지자의 요구에 따라 태환 가능한 은행권, 셋째로 환어음을 의미합니다. 나는 환어음을 유통수단으로 명명할 때, 언급된 다른 두 물품과 그렇게 동일하다고 생각하지는 않습니다. 왜냐하면 환어음은 표면적으로는 구매자와 판매자 간의 부채를 확인하고 인수자에게 지급기일 엄수를 서약하는 목적에 봉사하며, 그리고 종종 그런 견해를 가진 채 주로 창조되고 또한 드물지만 때때로 유통수단으로 사용되기 때문입니다. 나는 상거래 지급에서 어음의 사용은 상업 규모에 대해 상당히 규칙적인 비율을 정말로 가진다고 생각하지만, 특정 시점에 존재하게 되는 환어음의 숫자는 기존 거래 규모에 어떤 필연적 비율을 전혀 갖지 않는다고 생각합니다. 이를테면 리버풀과 맨체스터에서 모든 지급은 금화나 환어음으로 이행됩니다. 이런 어음(어음은 그것을 소지하는 것에 의해 저절로 이윤을 만들어내므로, 지급기일이 가까워짐에 비례하여 그 값어치가 더 커집니다.)의 소지자들은 소지자의 요구에 따라 태환 가능한 은행권을 소유한 사람들보다 더 많은 양의 어음을 소지합니다. 반면에 은행

권 소지에 따르는 이윤은 그것을 발행한 은행에 최종적으로 돌아가며, 그것을 소지하는 사람에게는 돌아가지 않습니다.

나는 현재 나에게 제기된 문제에 다음과 같이 답변할 것입니다. 영국의 거래량 증가는 분명히 어음 혹은 소지자의 요구에 따라 태환 가능한 은행권의 사용을 필연적으로 증가시키며, 또한 영국의 지출 규모의 증가는 부분적으로 환어음의 사용을 증가시키기도 하지만 주로 소지자의 요구에 따라 태환 가능한 은행권의 사용을 증가시키며, 그리고 유사하게 소지자의 요구에 따라 태환 가능한 은행권이 불신받고 있는 시기에는 특히 아마 상당한 정도까지 금화의 사용을 증가시킨다고 생각합니다. 일반적으로 금화는 소규모 금액의 지급 수단으로 간주되며, 1실링과 21실링(1기니의 금화)의 관계처럼 은행권에 대해 상당히 유사한 관계를 갖는 것으로 간주될 수 있습니다. 그리고 금화 수량의 증가는 다른 유통수단의 증가와 반드시 보조를 맞출 필요는 없다고 생각합니다.

질의: 앞의 답변에서 언급된 필요한 추가적 유통수단은 확대된 지출 규모 및 활용 중인 자본의 점증하는 사용과 보조를 맞추기 위하여, 유통 중인 은행권의 비율 증가를 통해 혹은 다른 어떤 수단을 통해 얼마만큼 런던에 공급되었습니까?

답변: 영란은행권을 제외하면 런던에서는 어떤 은행권도 현재 통용되지 않고 있으며, 또한 지방에서 종종 그러는 것처럼 환어음이 지급에 이용되는 것도 일반적이지 않습니다. 현재와 이전에 발행될 수 있었던 영란은행권 수량에 대해서는 믿을 만한 정보를 가지고 있지 않습니다. 그렇지만 그 수량이 최근 감소한 것으로 보통 이해하고 있으며, 그리고 즉각 은행권으로 전환 가능한 재무성 증권, 인도 공

채 및 다른 증권들의 가격에서 명백하게 드러나고 있는 것처럼 8퍼센트에서 10퍼센트, 심지어 18퍼센트에 이르고 있는 화폐에 대한 높은 이자율은 은행권의 희소성으로부터 대부분 발생했다고 생각합니다. 여기서 은행권의 희소성, 즉 은행권 구입에 대해 지불하는 가격(그렇게 표현할 수 있다면)은 그 은행권의 숫자가 적어지고 더 많은 수요에 직면하는 것에 비례해서 자연적으로 상승합니다. 일부 사람들, 특히 은행가들은 추정된 은행권 희소성의 결과로 인하여 런던에 추가적인 유통수단을 공급하려는 계획을 가지고 있습니다. 만약 은행가들이 받아들이기로 동의한다면 그 유통수단은 런던에서 일반적으로 유통될 수 있지만, 은행가들이 서로의 은행권을 보증하지 않는 한 이런 종류의 계획이 그 해답인지에 대해서는 몇 가지 의구심이 제기되었습니다. 어느 경우이든 문제는 그것이 은행업 면허의 침해 혹은 일탈일 수 있는가입니다. 이런 정황은 유통 중인 은행권이 일반인의 필요에 적절한 비율을 유지하지 못하고 있다는 증거로 간주됩니다.

질의: 앞의 답변에서 추정된 은행권 유통량 감소 대신에 그 은행권 수량이 커다란 증가 혹은 감소 없이 현 상태를 그대로 유지한다면, 불가피한 판매에서 비롯하는 불편과 그에 따른 다른 증권들의 가치 하락이 그 정도는 덜할지라도 역시 그때 나타나지 않겠습니까?

답변: 그럴 것이라고 생각합니다. 그리고 런던에서 거래량 증가는 영란은행권의 발행 증가를 불러올 것이라고 생각합니다. 상당한 규모의 거래에 사용 불가능한 금화를 제외한다면, 영란은행권이 런던의 유일한 유통수단이기 때문입니다.

질의: 런던에서 유통 중인 영란은행권 수량의 대폭 증가는 어떤 효과를 발

생시키겠습니까?

답변: 영란은행권의 수량 증가는 런던의 거래량 증가에 의존할 뿐 아니라 다른 원인들로부터 나타날 수 있는 그것에 대한 수요에도 의존할 것이라고 생각합니다.

이를테면 은행권이 그 신용을 유지하는 동안 일반 신용이 손상되었다면, 결과적으로 다른 시기에는 환어음의 보유만으로도 만족하였을 많은 사람들이 약간의 손실에도 은행권을 소지하려는 경향을 보일 것입니다. 왜냐하면 환어음의 은행권으로의 전환 가능성이 더 의심스러워지는 만큼 신중한 사람들은 자신의 예상 지급을 위해서 가능하다면 아마 지급 시점보다 훨씬 더 이전 시점에 은행권을 준비하기 때문입니다. 따라서 어떤 시점에 발행하는 것이 적절하다고 생각되는 은행권 수량은 일반인들의 심리 상태, 즉 은행권을 보유하려는 사람들의 성향에 상당히 의존하는 것 같습니다. 사실상 유통 중에 있는 것보다 훨씬 더 많은 수량이 발행된다면, 그런 초과 발권의 효과는 영란은행으로부터 금화를 인출하는 것이라고 생각합니다.

질의: 위에서 묘사된 필요 및 수요 증가에 적절히 비례하는 은행권 수량의 증가는 영란은행에 대한 현금 인출의 증가와 그에 따른 불편을 유발할 것이라는 견해에 대해서 어떻게 생각합니까?

답변: 은행권 수요 증가에 비례하는 은행권 수량의 증가는 금화 수요를 촉진하기보다는 오히려 그런 수요를 방지하려는 경향이 있을 것이라고 생각합니다. 그리고 만약 발행된 은행권 수량이 상업 세계가 요구하는 것보다 현저하게 모자란다면, 결과적으로 영란은행에 대한 금화 인출 사태가 발생할 것이라고 생각합니다. 왜냐하면 거래

가 상당히 위축되고 파산이 기대될 때 일반적인 불신이 손쉽게 야기되기 때문이며, 그리고 그렇게 예기된 파산의 원인이 유통 중인 영란은행권 감축이라고 명료하게 알려지지 않는 만큼 적어도 영국의 일부 사람들은 자신의 안전을 위하여 은행권뿐만 아니라 금화까지도 소유하기를 원할 것이기 때문입니다. 상업적 자금 경색에 대한 우려 때문에 런던에서 유통수단의 희소성은 부유하고 존경받는 일부 지방은행가들로 하여금 은행권 발행을 삼가도록 추가로 유도할 것이라고 생각합니다. 또한 그들이 지방은행권 발행을 주저한다면, 이는 영란은행에서 전적으로 인출된 금화 사용의 현저한 증가를 자연스럽게 유발합니다.

질의: 영란은행과 개별 은행가의 신용과 안정에 계속 적절하게 주의하면서, 가능한 한 많은 은행권을 발행하는 것은 영란은행은 물론 모든 개인 은행가에게 이익을 제공합니까?

답변: 그것은 자명하다고 생각합니다.

질의: 앞의 질문과 답변에서 묘사된 수요 증가에 보조를 맞추면서 추가적인 유통수단이 지방은행들에 의해 얼마만큼 공급되었는지를 계속해서 언급해주시겠습니까?

답변: 지방에서 사용 중인 환어음(환어음은 앞에서 언급한 것처럼 많은 경우 소지자의 요구에 따라 태환 가능한 은행권의 목적에 화답하면서 또한 어느 정도까지는 금화의 사용을 절약한다.)의 수량에 관한 특별한 정보를 가지고 있지 않습니다. 그러나 일반적으로 말하면 은행권과 환어음의 사용은 각각의 특별한 지역의 자주 변동하지 않는 상거래 관습에 상당히 많이 의존하므로, 환어음이 아닌 은행권만이 유통수단으로 통용되는 지역에서는 은행권 및 금화만이 유통수단의 지위를 차지

하는 것으로 알고 있습니다. 1793년 이래로 많은 지역에서 지방은 행가의 은행권은 증가하기보다는 오히려 축소되었으며, 특히 이 시기에 많이 감소했다고 확신합니다. 따라서 유통수단은 상당한 범위까지 금화에 의해 공급되었다고 추론됩니다.

질의: 지방은행권의 감소가 시작된 시기를 1793년으로 언급하는 이유를 제시해보겠습니까?

답변: 그때는 지방에서 특히 지방은행가들의 파산이 매우 심각하게 발생한 시기였습니다. 지방 지폐의 유통 실태를 파악할 목적으로, 잘 알고 지내거나 거래 관계가 있고 상이한 지역에 있는 지방은행가 15~16명에게 며칠 전에 서신을 발송했으며, 특히 1793년 대규모 파산 이전의 시기와 이후의 시기 및 현재 시점에 소지자의 요구에 따라 태환 가능한 은행권의 시점별 수량을 알려주기를 희망했습니다.

질의: 그 결과를 알려주시겠습니까?

[이 질의에 대한 답변은 4월 1일 하원 위원회에서 주어진 첫째 답변 중 "첫째로, 브리스틀에서."로 시작하는 구절부터 그 답변의 마지막까지(앞의 pp. 326~329)를 그대로 반복하면서, 단지 다음 구절을 말미에 첨부한다.]

스코틀랜드의 지폐 유통량은 영란은행의 현금태환 중지 이전과 거의 동일한 상태를 지속합니다.

질의: 지방은행들이 일반적으로 높은 신용 상태에 있을 때, 지방은행권의 유통을 증대시키기 위하여 지방에서 영란은행권의 유통을 위축시키는 것은 지방은행가들의 관행이 아니었습니까?

답변: 오히려 관행이라고 생각합니다. 런던에서 멀리 떨어진 지역에서는 영란은행권이 평상시에는 거의 유통되지 않았다고 확신합니다. 만약 그 은행권들이 유통되었다면, 나와 거래 관계를 맺은 그 은행들

이 하고 있는 것처럼 지방으로부터 다양한 종류의 지폐로 구성된 거액의 송금을 수령하는 은행은 그 지폐 중에서 영란은행권을 종종 수취할 것이며 또한 아마 종종 영란은행권을 지방으로 발송하기를 원할 것이지만, 그러나 내 생각으로는 사실상 영란은행의 금태환 중지 이후에 4만 파운드와 5만 파운드 사이의 영란은행권(그 일부는 5파운드짜리이고 나머지는 주로 20실링과 2파운드짜리였다.)이 지방으로 보내진 것을 제외한다면, 영란은행권은 상당한 정도까지 지방으로 송출되지 않았기 때문입니다.

질의: 최근 일반적 신용과 관련한 첫 경제 불안은 일부의 지방은행으로부터 발생하지 않았습니까?

답변: 뉴캐슬 은행들의 지불 중지 때문에 영란은행의 금태환 중지 대략 3주 전에 심각한 경제 불안이 나타났습니다. 그렇지만 상업 세계에서 심각한 자금 경색은 그 시점 이전에 널리 퍼져 있었습니다.

질의: 이런 경제 불안이 처음 지방에서 유포되고 있을 때, 지방은행가들은 런던의 거래은행에 현금이나 은행권의 송금을 요청했습니까?

답변: 뉴캐슬 은행들의 지급 중지의 결과로 매우 심각한 현금 수요와 여전히 더 적은 은행권 수요는 나의 거래 은행에는 나타나지 않았습니다. 우리 은행에 대한 금화 요청은 뉴캐슬 은행들의 이웃 지역의 단지 한두 은행으로부터 있었으며, 또한 부분적으로 우리가 그 수요가 있을 것이라고 예견한 스코틀랜드로부터도 있었습니다. 뉴캐슬 은행들의 지급 중지 이후에 금화에 대한 수요는 단지 소규모이고 점진적이었습니다. 나의 거래 은행과 관련해서는 뉴캐슬 은행들의 지급 중지의 효과는 내각 칙령의 발표 며칠 이후가 될 때까지는 잉글랜드 서부 지역 일부에서 감지되지 않은 것처럼 보입니다.

질의: 침략³⁾에 대한 최근의 불안감은 지방은행들의 금화 수요를 크게 증대시켰습니까?

답변: 뉴캐슬에서는 항상 그렇다고 생각하고 있으며, 다른 지역에서도 다소간 그럴 가능성이 있다고 추정하고 있습니다.

질의: 1793년 일부 지방은행들의 신용 하락, 그에 따라 나타난 태환 가능한 지방은행권의 감소, 최근 침략의 공포 효과, 그리고 당신이 언급한 다른 상황들은 모두 전에 지방에서 채택되던 비율을 넘어서서 엄청난 수량의 금화가 런던에서 지방으로 이동하는 현상을 야기했다고 생각합니까?

답변: 특정 시점에 금화가 런던에서 지방으로 이동하는 것에 관한 정보에 정통하지 못하지만, 그러나 사실상 엄청난 수량의 금화가 현재 여러 지방에 흩어져 있다고 확신하고 있습니다. 사업하는 과정에서 지방은행가 4~5명에게서 그들의 금화가 충분하거나 혹은 과잉 상태에 있다는 정보를 획득했지만, 최근 금화 부족에 대한 불만은 전혀 듣지 못했습니다. 현재 유통 중인 소지자의 요구에 따라 태환 가능한 지방은행권이 앞의 언급에 따르면 이 시점에 특히 소규모인 것으로 드러나고 있고 또한 여러 곳으로부터 금화가 풍족하다고 들어서 알고 있으므로, 현재 지방의 금화 수량은 전반적으로 상당량에 이른다고 추론하는 것은 정당하다고 생각합니다.

질의: 지난 2월 뉴캐슬의 경제 불안보다 훨씬 이전에 발생했다고 언급한 상업 세계의 자금 경색이 영란은행에 대한 현금 수요 증가를 정말로 야기했다고 생각합니까?

••

3) (옮긴이) 프랑스의 침략 위협.

답변: 전에 부분적으로 언급한 방식으로 그럴 수 있다고 생각합니다. 유력한 지방은행가들은 런던의 자금 경색을 알고 있고, 미래의 악영향을 예견하고 있으며, 그리고 (내가 알고 있는 바에 따르면 일부 지역에서) 그들의 지폐 유통을 축소하고 있습니다. 역시 상업 세계의 자금 경색에 의해 악화된 일반인들의 전반적인 우려감은 금화를 퇴장시키려는 경향을 일부 사람들에게서 발생시킬 수 있습니다. 만약 극히 일부의 소심한 사람들만이라도 금화를 원래의 목적인 유통수단으로 단순히 사용하는 것 대신에 자기 재산의 거의 대부분을 금화에 투자하기로 결정한다면 그 효과는 분명히 엄청날 것입니다.

질의: 지난 3년 동안 영국에서 상업 활동의 대폭 증가는 상업 세계에서 자본의 비례적 증가가 필요하지 않았겠습니까? 그리고 자본의 그런 부족은 상인들의 자금 경색의 원인 중 하나가 아닐까요?

답변: 저는 그럴 수 있다고 생각합니다.

질의: 전쟁 기간의 어떤 특정 상업 활동은 평화 시기의 동일한 상업 활동에 비하여 운임, 보험료, 상행위 수수료 등의 증가된 비용으로 인하여 그 수행에 더 많은 자본을 요구하지 않을까요?

답변: 의심할 여지 없이 그렇습니다.

질의: 만약 영란은행의 정부 대출 중 상당 비율이 지난 2년 동안에 상환되었다면(400만~500만 파운드 범위까지라고 가정), 그런 정도의 영란은행권 감축이 엄청난 공적 자금 경색을 유발하지 않고서도 가능하다고 생각하십니까? 그리고 그 이유를 제시할 수 있습니까?

답변: 지금까지 존재하는 금액, 즉 나의 생각으로는 900만~1000만 파운드에 이르는 금액보다는 훨씬 더 적은 500만 파운드의 범위까지 영란은행권을 감축하는 것은 동일한 금액 또는 아마도 훨씬 더 큰 금

액에 이르는 다른 지폐로의 대체를 유발하거나, 혹은 그런 대체가 발생하지 않는다면 그 같은 감축은 런던에서만 특별하지 않은 일반적인 파산을 분명히 유발할 것이라고 생각합니다. 상정된 경우 현재 유통 중인 영란은행권의 2분의 1은 현재 전체에 의해 충족하던 그 목적을 충족해야 합니다. 런던 은행가들은 대략적으로 추계하면 400만~500만 파운드의 은행권을 소유한 것으로, 그리고 오히려 어쩌면 더 많은 은행권을 소유한 것으로 추정할 수 있으며, 그리고 그 금액은 그들의 현재 지급을 위해서 보유할 필요가 없다고 한다면 그들이 적절하다고 믿는 금액이라고 생각합니다. 그들이 그 금액을 어느 정도까지 줄일 수 있든, 그들은 평상시에 연간 8~9퍼센트 그 금액을 감축하면서 절약하며, 때로는 연간 18퍼센트까지 절감하며, 그 결과 그들은 분명히 필요 이상을 보유하려 하지 않습니다. 만약 상정한 은행권 감축이 발생한다면, 은행가 전체는 그들의 통상적인 은행권 수량의 2분의 1만을 공급받는다고 상정할 수 있습니다. 그러나 그 경우 이들 중 일부는 2분의 1 이상을 보유할 수 있을 것이고, 다른 일부는 2분의 1 이하를 보유할 수 있습니다. 결과적으로 그 재원이 최악인 은행가들에게 자금 부족이 나타날 것이며, 그리고 그런 상태에서 한 은행가의 파산은 즉각적으로 다른 은행가의 파산을 수반할 것입니다.

개인들 수중에 있는 은행권에 대해서는 아직까지 아무런 언급도 하지 않았습니다. 그러나 은행가들은 그들 소유 금액의 감축으로 적어도 사적인 개인만큼 고통받을 것이라고 생각합니다. 왜냐하면 은행권에 대한 필요성과 경제 불안은 그런 경우 은행가들의 심리처럼 여러 개인의 심리에서도 그렇게 크거나 거의 그렇게 클 것이므로 그리고 사적인 개인들은 시장에서 판매 가능한 재산을 어떤 손실을 보면서도 판매함으로써 소액의 은행권을 더 용이하게 소유할 수 있으므로, 사적인 개인들은 유통 중인 은행권의 통상적 수준의 2분의 1 이상을 보유할 것으로 생각되기 때문입니다. 질문에서 상정된 것처럼 영란은행에 빚을 상환해야 하는 정부의 정황은 내가 이해하는 바에 따르면 내가 묘사한 경우 중 어느 것이든 분명히 아무런 차이도 발생시키지 않을 것입니다. 정부가 영란은행에 갚아야 할 빚은 일반인들에게서의 차입에 의해 상환될 것이며, 은행제도 혹은 상업 세계로부터 즉각 조달될 것입니다. 정부 채무는 특정한 날짜에 거액의 분할 상환금 지급을 야기하므로, 심각한 금융위기와 자금 경색의 시기에 정부 채무에 관한 바로 그 협상은 그 날짜 이전에 나타나는 특별한 우려감의 원인이 된다고 생각합니다. 그리고 은행가들은 각 고객이 보유하는 정부 채무의 비율을 알지 못하므로, 바로 그 협상은 사전에 명시적으로 알려지지 않은 분할 상환금에 대한 은행가들의 예상되는 몫이 무엇이든 그 지급을 위해 일부 은행가로 하여금 은행권을 매우 열성적으로 확보하도록 만드는 원인이 된다고 생각합니다. 따라서 두려움 때문에 혹은 계산상의 불가피한 오류 때문에 일부 은행가들은 자신의 예상되는 지급을 위해서 필요한 것으로 입증된 것보다 더 많은 은행권을 준비하도록 유도될 수 있으며, 반면에 다른 은행가들은 덜 준비할 수 있고 결과적으로 지급에 실패할 특별한 위험에 빠질 수 있습니다. 그들을 지급지로 발행될 환어음과 관련하여 은행가들이 느끼는 이런 불확실성 때문에 정부 채무의 각 분할상환 이전 시점에 은행권 발행 증가의 필요성은 항상 존재합니다. 또한 만약 영란은행에 상환할 목적으로 정부가 공채를 발행하고 영란은행이 결과적으로 동일한 금액을 상인들에게 대출해준다면, 그것은 단순히 한 사람에게서 다른 사람에게로 채무가 이전한 것과 유사하며, 그것에 의해 영란은행의 부담은 경감되지는 않습니다. 반면에 만약 영란은행이 동일한 금액을 상인들에게 대출하지 않고 지폐 유통을 감축할 기회로 생각한다면, 그때 내 생각으로는 그런 감축에서 나타날 법한 악영향은 이미 언급한 것이 될 것입니다.

(휴회)

1797년 3월 31일 금요일

위원장: 상원 의장

하원 의원이자 런던 은행가 헨리 손턴 씨 출석, 소환 및 심문

질의: 일반적인 금융위기와 파산 우려의 시기에 요구에 따라 태환 가능한 은행권의 수량을 줄이거나 억제하는 것은 신중한 유력 은행가들의 관행이라고 언급했지만, 그러나 영란은행이 동일한 시기에 동일한 원리에 따라서 유통 중인 은행권을 줄이지 말아야 하는 이유는 무엇입니까?

답변: 지방은행가와 영란은행의 경우는 여러 관점에서 극단적으로 상이하다고 보며, 그리고 그들이 처한 상황에서 내가 암시하는, 그 차이에 대한 설명은 그 질의에 대한 최선의 답변을 제공할 것입니다.

첫째로, 소지자의 요구에 따라 태환 가능한 은행권을 발행하는 지방은행가는 또한 많은 경우에 매우 중요한 다른 몇몇 사업 부문을

가질 것입니다. 그는 아마 이웃 고객들로부터 대규모 예금을 보유하며, 그 금액은 일부의 경우 어쩌면 그가 소유한 은행권 금액의 몇 배에 이를 것입니다. 그리고 그는 어떤 시점에 이런 예금 전체에 대해 즉각 지급을 요청받을 수 있습니다. 그렇지만 경제 불안의 어떤 특별한 원인이 그의 고객들에게 제시되지 않는 한, 그를 신뢰하고 있고 개인적으로 그를 잘 알고 있는 고객들은 경계심을 갖지 않을 것 같습니다. 이에 반하여 그의 은행권은 이방인들의 손을 거치면서 유통되며, 소액 은행권들은 종종 하층계급 사람들 수중에 들어갑니다. 더욱이 소지자의 심리 측면에서 이 은행권은 신용이 낮은 다른 은행가들의 은행권과 종종 혼동됩니다. 그 결과 이웃하는 어떤 은행이 파산하면 지방에서 가장 유력한 은행가조차도 자신의 은행권을 소지한 사람들의 인출 사태로 고통받을 것입니다. 따라서 가장 취약한 그 부분에서 자신의 신용이 상처받는 것을 방지하기 위하여, 우려되는 위험의 시기에 신중한 지방은행가는 다른 관점에서 신용을 더 잘 확보할 목적으로 소지자의 요구에 따라 태환 가능한 자신의 은행권을 감축하거나 억제하기 쉽습니다. 이것은 지방은행가가 영란은행과 상이한 한 가지 사실입니다. 영란은행권은 런던과 그 인근에서 확실한 신용을 확보하고 있으며, 그곳에서는 그 은행권만이 주로 유통되고 다른 은행들의 지폐와 혼동되지도 않습니다. 영란은행에 대해 엄청난 금화를 요구하는 것은 확실히 영란은행권에 대한 불신 때문이 아니라 방금 언급된 지방은행가들의 마음속에 작용하는 이유 때문이며, 따라서 위험한 시기에 영란은행권을 억제할 필요는 전혀 없습니다. 둘째로, 위험한 시기에 지방은행가는 자신의 은행권을 회수할 것입니다. 왜냐하면 부분적으로 은행권은 다음의 방식으로 지방은행가를 갑작스러운 금화 수요에 노출시키기 때문입니다. 경쟁 은행들은 금화가 부족한 시기에 현금을 확보하기 위하여, 도처에서 유통되고 있어서 획득하기 용이한 그 은행가의 은행권만 소지해야 하며, 그에 따라 그 은행가는 스스로 충분하게 준비하지 못하는 다른 은행들에게 금화를 공급해야 하는 비용과 위험에 노출됩니다. 만약 그가 자신의 은행권을 회수한다면, 경쟁 은행들은 그의 고객들의 예금에 대해 태환되는 금화에 의해서 그 은행가에게서 그렇게 쉽게 그 금화를 얻을 수 없습니다. 왜냐하면 그의 고객들은 그런 시도를 하는 그 경쟁 은행들을 돕지 않을 것이기 때문입니다. 이런 관점에서 영란은행의 경우는 사뭇 다릅니다. 나는 여기서 영란은행이 결코 전적으로 지폐 유통을 억제하지 않을 것이라고 사실상 가정했습니다. 그리고 만약 그렇게 억제하지 않는다면 화폐(즉 영란은행권)를 받고 팔 수 있는 재산을 소유한 사람은 확실히 스스로 금화를 소유할 수 있을 것이며, 그에 따라 어떻든 은행권을 발행하는 한 영란은행은 지폐 유통에 의해 가장 잘 노출되는 지방은행처럼 현금 고갈 위험에 쉽게 노출됩니다. 더욱이 영란은행은 얼마의 예금을 가지고 있든 그 예금에 대해 현금 인출에 손쉽게 노출될 위험에 처할 수 있으며, 그리고 하루에 이를테면 10만 파운드씩 할인을 계속한다고 가정하는 경우 영란은행은 할인하는 모든 금액에 대해서 그 금액과 일치하는 금화 수요에 매일 노출될 수 있습니다. 그리고 영란은행이 이런 금화 수요를 방지할 수 없는 경우 그런 금화가 필요한 지방은행들과 직접적 거래 관계가 있는 사람들은 영란은행에 이런 금화를 요구할 수 있습니다. 왜냐하면 영란은행의 거래 범위로부터, 영란은행이 설정한 일반 규칙의 영향으로부터, 영란은행과 고객들 사이에 존재한다고 상정 가능한 사소한 사적 밀착 관계로부터, 그리고 무엇보다도 영란은행이 영국의 모든 개인이 인출할 수 있는 권한을 가졌다고 상정하는 주요한 현금 저장고라는 사고로부터, 영란은행은 그 은행의 위상의 필연성으로 인하여 금화가 필요한 모든 사람에게 금화를 공급할 의무를 갖기 때문입니다. 영란은행권의 어떤 감축도 영란은행에게서 이런 고난을 제거할 수 없으므로, 영란은행은 이와 같이 특별히 지방은행가가 그러는 것처럼 지폐 유통을 감축할 유인이 전혀 없습니다.

마지막으로, 지방은행가가 소지자의 요구에 따라 태환 가능한 자신의 은행권을 감축하거나 억제할 때 다른 어떤 종류의 지폐 혹은 금화가 자연스럽게 그 자리를 대신하며, 그리고 어떤 일반적인 자금 경색도 개별 은행가의 그런 행동으로부터 발생하지 않습니다. 그 은행가는 사업을 대폭 감축해서 일반적인 상업적 금융위기를 발생시키는 데에 기여할 수는 있지만, 자신의 특별한 은행권 감축에서 개별적으로 유도되는 안락과 여유 및 이윤의 이점이 그 자신의 특별한 행동에서 비롯하는 손실보다는 더 크게 마련입니다. 이런 관점에서 영란은행의 경우는 전적으로 다릅니다. 영란은행이 은행권을 심각하게 줄이거나 억제할 때, 전에 언급한 것처럼 그 은행권의 지위를 대신할 수 있는 다른 은행권이 전혀 존재하지 않습니다. 그 은행권의 지위는 사실상 금화가 부분적으로 대신할 수 있지만, 금화는 영란은행 자체에 의해 공급되어야만 합니다. 영란은행권의 억제에 의해 런던에서 심각할 정도로 유발되는 자금 경색은 영국 전체의 자금 경색을 가져옵니다. 즉 그 감축은 전에 설명한 것처럼 상당수 지방 지폐의 억제를 유발하고 또한 그에 따르는 영란은행에 대한 금화 수요를 유발하는 수단입니다. 간단히 언급한다면, 영란은행권의 심각한 억제는 다른 지폐가 이를 대신하지 않는 한, 나의 견해로는, 재무성 증권, 인도 공채 및 다른 정부 증권[이 증권들은 지급을 수행하는 데 필요한 충분한 수량의 영란은행권을 확보하기 위하여 그 보유자들이 판매할 것이며, 그리고 그 증권들은 다른 사람들에 의해 보유되고 있는 은행권을 스스로 소유하려고 노력하는(물론 헛되겠지만) 다양한 은행가들이 동일한 시점에 판매할 것이다.]의 가격을 틀림없이 인하할 것입니다. 따라서 그것은 정부에 대한 불신을 야기하고, 결과적으로는 이런 증권 가격 인하의 원인을 이해하지 못하는 일반인들의 심리에 불신을 틀림없이 유발할 것입니다. 동일한 시점에 개인들과 국가 자체가 부유하고 번영하고 있을지라도, 그런 증권가격 인하는 상업적인 자금 부족과 그에 따른 파산의 출현을 틀림없이 유발할 것입니다. 그리고 뒤따라서 틀림없이 발생하는 일반적인 경제 불안과 금융위기에서 금화 수요는 당연히 아마 엄청난 수준으로 증대될 것입니다. 즉 이런 방식으로 영국 경제에 대한 강한 영향력을 통해서 영란은행권 감축은 틀림없이 영국에 불리하게 작용하고 또한 영란은행 자체를 심각하게 옴짝달싹 못하게 할 것입니다.

금융위기가 영란은행을 위협하는 것에 비례해서 그리고 금화가 인출되는 것에 비례해서 영란은행권 유통을 감소시킨다는 원칙은 그것의 첫 유래로 본다면 아마 사려 깊은 원칙일 수 있다고 생각합니다. 왜냐하면 그것은 동일한 이유로 인하여 현재 지방은행가들의 사려 깊은 원칙이기 때문입니다. 그렇지만 일반적인 이익에 반하는 어떤 수단에 의해서 영란은행 자신의 개별적인 이익을 추구하는 것은 영란은행 입장에서는 더 이상 사려 깊은 행동은 아니라고 생각합니다. 그 이유는 영란은행이 런던의 전체 유통수단을 공급할 수 있는 독점권을 획득했고, 그 은행의 우월한 신용에 의해 다른 모든 지폐를 배제했으며, 오랜 관습이 영란은행을 구속하는 한 일반인을 위한 매일의 할인과 같은 수많은 일반 규칙에 스스로를 구속시켰기 때문입니다. 또한 영란은행은 그렇게 중요하게 되었고 그에 따라 그 은행의 개별적인 행동은 국가 전체 신용에 영향을 미치고 있기 때문입니다.

질의: 당신이 언급한 바에 따르면 지방은행가들에게 가혹한 특수한 금융위기에도 불구하고, 그들은 통상적으로 지대와 다른 거액의 송금 지불 때문에 자신에게 요구될 것 같은 은행권 수요에 자신의 은행권 수량을 잘 대응시키고 있습니까?

답변: 평상시에는 그들이 그렇게 한다고 생각합니다.

질의: 당신의 답변 중 하나에서 1000만 파운드의 은행권이 유통되고 있다고 가정합니다. 5년 혹은 10년 전의 동일한 수량과 비교할 때 그 수량이 그 작용 면에서 어느 정도까지 동일한지를 설명할 수 있겠습니까? 또한 그 수량이 앞의 질의와 답변에서 묘사된 영국의 증가된 수요에 어느 정도까지 부응한다고 생각하는지도 설명할 수 있겠습니까?

답변: 지방의 지출 증가 그리고 전쟁으로 야기된 정부 계정의 엄청난 거래 증가는 (전쟁에서 비롯하는 다른 지폐의 불신을 제외하면) 영란은행권 부족을 더욱 악화시켰다고 생각합니다. 엄격히 말해서 유통되지 않은 여러 은행권들이 정부 거래에 사용된 것으로 알고 있습니다. 그리고 정부 대출 기간에 일반인들은 보통 때보다도 더 많은 은행권이 필요한 것처럼 보인다고 전에 언급한 적이 있습니다. 그러나 은행권

부족 악화의 주요 원인은 다른 지폐에 대한 불신에서 비롯된 것으로 보이며, 특히 현재 시점에 많은 지역에서 금화의 대체재 역할을 하는 은행권의 현저한 증가가 지방의 지급을 위해 필요하다고 생각합니다. 왜냐하면 지방은행권 발행을 허용하는 최근 법령이 지방은행에 부과하는 과도한 벌과금으로 인하여 지방은행가들이 기꺼이 20실링짜리 은행권 발행자가 되려 하지 않기 때문이며, 더욱이 은행권이 그들에게 되돌아오는 경우 금화를 획득할 수 있는 일반 저장고가 현재 전혀 존재하지 않는 만큼 그들은 5파운드짜리 은행권 발행을 주저하기 때문입니다. 이런 다양한 이유로 인하여 5년 혹은 10년 전의 수량을 초과하여 영란은행권이 발행되어야 하는 긴급한 근거가 존재한다고 생각합니다.

그렇지만 그 증가가 얼마여야만 하는지를 추계할 수는 없습니다. 다만 그것이 상당한 규모여야 한다고 생각합니다.

질의: 유통 중인 은행권 수량을 감소시킬 목적으로 혹은 다른 어떤 동기 때문에 영란은행이 할인 규모를 할인 수요보다 훨씬 못 미치게 축소한다고 가정하는 경우, 런던은 물론 지방은행과 상업 및 제조업 도시에서 그 효과는 무엇입니까?

답변: 만약 영란은행의 할인율을 5퍼센트로 한정하는 고리대 규제법에서 생기는 부자연스럽게 낮은 화폐이자율이 문제를 복잡하게 만들지 않는다면 그 문제에 답변하는 데 큰 어려움이 존재하지 않습니다. 또한 현재 시점에 증권가격이 현재 수준을 거의 계속 유지한다고 가정하는 경우, 영란은행이 대처할 수 있는 범위를 넘어서서 5퍼센트의 이자율로 영란은행에서 차입하려는 성향이 더 많이 존재하지 않을까 두렵습니다. 그러나 일반적으로 말하면 영란은행의 할인에 대

한 과도한 제한은 영란은행권 유통량의 과도한 제한을 발생시킴으로써, 이미 내가 거의 완전하게 묘사한 재앙을 그 후에 초래할 것이라고 생각합니다. 지방은 이런 관점에서 런던과 공통의 이해관계를 가진다고 봅니다. 할인이나 대출의 제한이 아니라, 은행권이나 유통수단의 제한이 내가 언급한 재앙을 발생시킨다고 생각하며, 영란은행이 정부에 더 많이, 개인들에게 더 적게 대출하든, 혹은 정부에 더 적게, 개인들에게 더 많이 대출하든, 유통되는 영란은행권의 수량과 그에 따른 민간에 대한 효과는 완전히 동일할 것입니다. 사실상 나는 개인들처럼 영란은행의 화폐를 대출받는 하나의 대규모 할인 고객의 관점에서 정부를 관찰하고 있지만, 그러나 차이점을 살펴보면 영란은행은 12개월이 지나서 그리고 아마도 더 긴 기간에 걸쳐서 상환되어야 하는 자금을 정부에 대출해주고, 반면에 상인들에게 대출된 자금은 현재 영란은행의 통상적인 규칙에 따르면 2개월 이내에 상환됩니다. 여기서 영란은행이 정부에 지급한 은행권은 상당한 정도까지 정부의 수중에 잔류하지 않으며, 그리고 만약 잔류하지 않는다면 분명히 그 은행권들은 정부에 의해 지급된 대금을 수령한 사람들과 거래 관계가 있는 은행가들의 수중으로 흘러 들어갈 것입니다. 이를테면 특정한 은행이 그 은행에 1만 파운드의 빚을 지고 있는 군수 대리점과 거래 관계가 있는 은행가라고 상정하는 경우, 그 대리점이 할인에 의해 영란은행에서 조달한 1만 파운드를 지불함으로써 그 은행에 대한 그 빚의 부담을 제거하든, 혹은 그 대리점이 다른 형태일지라도 영란은행에서 동일한 성질의 정부 대출에 의해 얻는 1만 파운드의 잔금을 정부로부터 획득하든, 그것은 분명히 그렇게 중요하지 않습니다. 영란은행의 지폐(나는 유통수단으로 필요한 것을 언급합니다.)가 정부의 중개를 통해서 영란은행으로부터 은행가와 일반인들에게 도달하든, 혹은 그것이 개별 할인가들의 중개를 통해서 도달하든, 일반적인 은행가, 상업 세계 및 대부분 일반인들에게 제공되는 구제금융은 나의 견해로는 상당히 유사합니다. 그렇지만 이 주제에 관한 피상적 견해로 보면, 상인들은 자신에 대한 대폭적 할인 확대가 당연히 그들 자신을 현저하게 구제하게 된다고 매우 자연스럽게 상정할 수 있습니다. 그렇지만 만약 이런 할인을 증가시키기 위해서는 (할인에 의해 이런 상인들에게 자금을 변통해주는 습관을 가지고 있고 또한 그 상인에게 비례적으로 자금 융통을 축소해야 하는) 동일한 은행가들이 그 할인의 크기에 해당하는 영란은행권 수량을 영란은행으로 우선 불입해야 한다는 것이 적절히 고려된다면, 이런 오해가 멈출 것이라고 확신하고 있습니다. 정부 부채의 일부를 영란은행에 상환하고 또한 그 크기에 해당하는 금액을 할인이라는 수단에 의해 상인들에게 나누어주는 문제의 적절성에 관한 주제에 대해서 어떤 견해를 여기서 주장하고자 하는 것이 아니라, 그런 조치가 상인들에게 특별하면서도 직접적인 구제를 제공하지 못할 것이라는 점을 특별히 말하고자 합니다. 그렇지만 그것이 일반적인 신뢰를 향상시킴으로써 아마 그들에게 간접적으로 이득을 발생시킬 수도 있을 것입니다. 할인의 증가조차도 그것이 정부에 의해 영란은행에 지급된 금액보다 더 크지 않다면, 그 할인 증가가 어떤 이유 때문에 사실상 일반인들에 대한 자금 융통을 증가시키지 않는지를 충분히 설명하는 것이 필요하다고 생각했습니다. 다른 한편 만약 영란은행이 여전히 더 큰 규모로 정부에 대출을 제공한다면 약간의 할인 감소는 상인들에게 해가 되지 않을 것입니다. 왜냐하면 그 대출의 크기에 해당하는 은행권이 영란은행에 의해 상인들에게 대출되는 것 대신에 은행가들의 수중으로 유입되고 그리고 은행가들에 의해 상인들에게 대출되기 때문입니다.

질의: 위원회는 앞의 답변에서 당신이 제시한 의견이 상인들 전체가 품고 있는 일반적인 정서라고 이해해도 되겠습니까?

답변: 영란은행에 상환할 예정인 대출이 있는 경우 영란은행이 할인을 증가시킬 것 같다는 소식을 접한 많은 상인들은, 영란은행이 대출 시점에 은행권의 상당한 금액 혹은 아마 훨씬 더 많은 금액을 억제하려는 것에는 관심을 기울이지 않은 채, 그 정보에 상당히 스스로 만족스러워한다고 나는 생각합니다. 대다수 상인은 그 주제 전체를 전혀 고려하는 것 같지 않습니다. 이 주제에 관해서 나와 상세히 대화를 나눈 상인들 개개인은 나의 견해에 상당히 근접했습니다.

질의: 내각의 칙령 이후에 영란은행이 할인을 엄청나게 증가시켰다고 일반적으로 생각되지 않습니까?

답변: 내각의 칙령 이후 월요일 아침 일찍 영란은행은 은행가들과 그 밖의 사람들에게 특별한 대규모 할인을 제공했습니다. 만일 일요일 사건에서 비롯된 혼란 때문에 일부 은행가들에 의해 예상되는 영란은행권 수요에 대비할 목적으로 특별한 할인이 제공되지 않았다면, 그 은행들이 월요일 아침에 문을 열고 정상적인 지급을 개시할 것인가에 대해서 회의적이었다는 주장이 런던의 일부 은행가들에 의해서 영란은행에 제시되었습니다. 영란은행 역시 그 주에 연속적으로 며칠 동안 동일한 규모는 아닐지라도 금융완화정책을 지속했다고 나는 믿고 있습니다만, 그것이 전부는 아니라고 생각하고 있으며 그리고 내각의 칙령이 공표되기 전에 오히려 영란은행은 특히 할인을 축

소했다고 생각합니다.

　또한 지난 주 혹은 10일 동안 영란은행이 할인을 확대했다고 생각합니다.

질의: 만약 영란은행이 앞의 질의에서 언급된 기간에 할인을 증가시키지 않았다면 심각한 파산이 상업 세계에서 뒤따랐을 것이라고 일반적으로 생각하고 있습니까?

답변: 그런 판단은 내각의 칙령 이후 며칠 동안에 비해서 오히려 그 칙령 이전의 며칠 동안 더 지배적이었다고 생각하지만, 어떻든 그 판단은 정말로 지배적이었다고 믿고 싶습니다.

질의: 만약 런던 은행가들이 영란은행권의 추정된 희소성 때문에 런던에 어떤 추가적 유통수단을 제공했다면, 그런 조치가 민간 신용에 어떤 효과가 있었다고 보십니까?

답변: 그 조치의 좋은 효과 혹은 나쁜 효과는 그 계획의 성공 여부에 크게 의존할 것이라고 생각합니다. 은행권의 지위를 대신하여 새로운 유통수단으로 대체하려는 시도는 만약 성공적이지 못하면 불신을 추가로 낳을 것 같습니다. 다른 한편 만약 그 시도가 성공적이고 상당한 정도까지 진행된다면, 너무 적은 영란은행권 수량에서 비롯하는 해악이 무엇이든 그 해악은 물론 해소될 것입니다. 그리고 만약 지급이 런던에서 용이하게 이행되고 또한 그 시도에 대한 공포가 수그러든다면, 새로운 지폐의 창조로부터 만들어진 환경은, 일반적으로 인정되는 영란은행권 부족 때문에 나타나는, 일반 신용에 대한 어떤 중대한 편견을 발생시키지 않을 것입니다. 내가 암시한 그 계획은 과거처럼 대중심리를 크게 동요시키지 않으면서 그리고 의회 법령의 통과 과정 동안에 야기되는 긴장감을 발생시키지 않으면서 그 효

과를 발휘할 것이라고 추정하고 있습니다.

질의: 만약 불경기 때문에 발생하는 일반적으로 인정된 영란은행권 감축으로부터 구상된 계획이 앞의 질의에서 묘사된 것처럼 시도되고 또한 성공적이지 못한 것으로 드러난다면, 그 계획의 실패는 영란은행의 미래 이자율에 영향을 미칠 것으로 보입니까?

답변: 그 실패가 특별히 이자율에 어떤 영향을 미치는지에 대해서는 알지 못합니다.

질의: 그 실패가 영란은행의 신용을 증대시키는 효과를 갖겠습니까?

답변: 영란은행의 신용은 영란은행과 거래 관계를 가진 모든 사람들 혹은 영란은행권을 소지한 모든 사람들의 마음속에서 이미 높은 상태에 있어서 더 이상은 증가가 불가능하다고 생각합니다. 영란은행은 활용되고 있는 것보다 더 많은 신용을 갖고 있으며, 그리고 어떤 방식 혹은 다른 방식으로 그 신용이 사용될 것으로 기대되는 것에 비례해서 그 신용은 중요해진다고 생각합니다.

질의: 불경기는 유통 중인 은행권 수량을 감소시키는 것을 불가피하게 만들고 있습니까?

답변: 내가 이미 제시한 이유로 인하여 불경기에는 오히려 은행권 수량의 증가가 필요할 것 같습니다.

질의: 은행가들뿐 아니라 상인들도 할인 업무에 종종 종사하지 않습니까? 그리고 영란은행이 할인을 제한했으므로 그 사업도 상당히 축소되지 않겠습니까?

답변: 어떤 시기에는 대규모 할인 사업을 운영하는 소수의 상인들이 존재했지만, 잠시 동안 그들은 거의 전적으로 할인 사업을 중단한 것으로 알고 있습니다.

질의: 국채와 다른 정부 증권의 낮은 가격은 5퍼센트 이상의 높은 이자를 제공함으로써 상업적인 할인에 장애 요인으로 작용하지 않겠습니까?

답변: 그것은 그 방식에서 매우 효과적으로 확실히 작용했습니다.

질의: 1795년 12월 결의안에 의해 할인을 제한하겠다는 영란은행의 의사 결정 이전에 상업적인 자금 경색이 나타나지 않았습니까?

답변: 자금 경색이 나타났다고 알고 있으며, 그리고 그런 자금 경색으로부터 발생하는 영란은행에 대한 대규모 할인 수요는 영란은행에 대한 결의안을 야기했다고 믿습니다.

질의: 무엇이 1795년 12월 31일의 결의안을 야기했는지 설명해보십시오.

답변: 과거에 영란은행은 충분히 안전하다고 생각되는 어음을 가져오는 많은 사람들에게 할인을 제공하는 데 익숙해져 있었으며, 물론 그 시점에 은행권은 은행권 수요에 저절로 맞추어졌다고 생각합니다. 그러나 과거에 존재한 은행권과 그 수요 간의 동일한 비율을 계속 유지하기를 희망하지 않는 영란은행 이사들은 할인을 스스로 제한할 목적으로 그리고 그에 따라 어떤 개인 할인업자의 신용에 손실을 주지 않으면서 그들의 지폐를 제한할 목적으로 적용되는 규칙을 확립하였습니다. 그 시점 이전에도 그 이사들은 그들의 은행권 제한을 촉진하는 경향을 보이는 다른 규칙들을 확립했습니다.

(휴회)

부록 II

킹 경의 『영란은행 규제의 영향에 관한 견해』에 대한 헨리 손턴의 원고 주석

(1804년 4월)

아래의 원고 주석은 런던대학 골드스미스(Goldsmiths) 도서관에 소장되어 있는 킹 경(Lord king)의『영란은행 규제의 영향에 관한 견해』[화폐 주조에 관한 약간의 비평을 포함하는 증보 제2판(런던, 1804), viii+178쪽]로부터 재인쇄되었다. 킹 경의 저서 앞표지 상단부에 "제임스 A. 매커너키(James A. Maconochie) 1805"라 적혀 있고, 하단부에는 "이 사본에 있는 원고 주석은 헨리 손턴 의회 의원이 써넣었음"이라고 적혀 있다. 그리고 앞표지 뒷면에 "그 자신의 원고 주석을 포함하는 이 사본은 헨리 손턴에 의해 스콧 몬크리프(Scott Moncrieff) 씨에게 보내졌으며 그에 의해 나에게 전달되었다. J. A. M."이라고 추가로 적힌 문장이 이 말을 보충하고 있다. 헨리 손턴이 스콧 몬크리프 씨와 친분이 있었다는 것은 손턴의 일기에서 드러나며, 그 저서의 가장자리 주석은 손턴의 필적 성향과 적어도 부분적으로 닮았으므로, 그것이 헨리 손턴의 주석이라는 것에 대해서 의문을 제기할 이유가 전혀 없는 것처럼 보인다.

주석들 일부는 저서의 가장자리에 일부는 별지에 써넣었다. 후자는 상이한 필체로 되었을 수 있지만, 어쩌면 색 바랜 종이쪽지의 세련되지 못한 주석에서 다시 옮겨 썼을 수 있다. 특정한 구절에 대한 시인 혹은 의구심을 표현하는 몇 단어로 대부분 구성되어 있는 무수히 많은 매우 짤막한 가장자리 주석들은 재인쇄되지 않았다.

여기에 나오는 페이지는 킹 경의 『견해』 제2판을 기준으로 하고 있으며, 그 페이지는 1803년의 제1판과는 상이하다.

F. A. 하이에크

5페이지 14행	지폐가 필요한 어떤 지역에 지폐를 배타적으로 공급하는 잘 규제된 영란은행이 그 지폐의 적절한 제한에 의해 "지폐가 대변하는 그 주화의 자리"를 충분히 적절하게 "공급"한다는 것에 대해서는 전혀 의문이 있을 수 없다.
6페이지 9행	가정된 핵심처럼 보이는 것, 즉 영란은행권 역시 **필연적으로** 평가절하되어야 한다는 것은 다양한 원인들로 인하여 그들 지폐의 가치 하락으로 고통받고 있는 "**많은** 유럽 정부들"과 미국의 환경으로부터 당연히 나타나는 것은 아니다.
7페이지 6행	그것은 이런 특별한 할인에 의해서는 표현되지 않는다. 할인은 이를테면 지급 지연에 대한 불충분한 등가(等價)인 재무성 증권의 이자율 등 다양한 원인들로부터 생긴다. 재무성 증권은 **유통되는** 지폐는 아니며, 그리고 그것의 가치 변동은 경상이자율의 변동에 주로 의존한다.

8페이지 24행	그것은 아마 정부에 대한 **발권** 확대에 의해 악화되지는 않는다. 이 용어는 사실상 부정확하다. 그것은 "정부에 대한 **대출**"을 의미하는가 혹은 그 대출의 결과로 나타나는 **지폐의 발행**을 의미하는가? 만약 지폐의 발행을 의미한다면, 그때 문제는 지폐가 **전반적으로** 과잉인가다. 그리고 해악의 원인으로 표현되어야 하는 것은 정부에 대한 발권, 상인에 대한 발권 등에서 발생하는 지폐의 **일반적인** 과잉이다. 나는 지급 중지 이전의 일정 기간에 지폐 발행이 전반적으로 너무 많았는지에 대해서 의문을 제기한다. 850만 파운드로 축소되었을 때 그 발행이 너무 적었다는 것에 대해서는 전혀 의심하지 않는다.
9페이지 8행	이런 감축은 신뢰의 회복을 방해하는 경향을 보인 것으로 추측된다. 그렇지만 그것이 느리게 그리고 점진적으로 환율을 개선하는 경향을 보였다는 것을 인정한다. 그 감축은 즉각적이면서도 광범위한 금화 수요를 발생시켰으며, 그리고 몇 달의 간격을 두고서 금의 영국 유입을 촉진하는 경향을 보였다.
10페이지 16행	영란은행에 대한 인출 사태는 적절히 언급한다면 영란은행에 대한 신뢰 결핍에서 유래한 것이 아니었으며, 그에 따라 어떤 조직에 의해서도 방지되지 못하게 되어 있었다. 그 사태는 **지방**은행권에 대한 불신에서 그리고 지방은행권의 회수에 기인한 금 수요에서 발생했으며, 그리고 그 금 수요는 영란은행이 처한 특별한 환경 때문에 영란은행으로 하여 금 상당한 정도까지 금 공급을 늘리도록 요구한다. 그 사태는 또한 외적의 침입 위협의 순간에 영란은행권보다는 금을 더 선호하는 현상에서 발생했으며, 그리고 그 금 선호는 어떤 조직에 의해 치유 가능한 영란은행에 대한 불신에서 발생한 것이 아니라, 적이 영국에 상륙하거나 점유했을 경우 금이 가장 휴대하기 편리한 종류의 재화이고 또한 가장 보편적인 유통수단이라는 생각에서 발생했다.
11페이지 9행	만약 은행권이 과잉이라면 새로 주조된 화폐는 그때 발행되자마자 수출되기 때문에 새로운 화폐 주조는 거의 헛된 일이 될 것이며, 그리고 만약 은행권이 과잉이 아닌 상태로 유지된다면 지폐 제한은 금의 유입을 보장하고 절약된 가격에서 금을 매입하는 것을 보장할 것이다. 그렇지만 침입의 위협으로 동요되고 있을 때 지폐 제한은 여전히 금 유입을 충분히 신속하게 발생시키는 데 충분한 것으로 그리고 전체 일반인의 수요를 보충하는 데 상당한 크기가 되는 것으로 생각될 수 없다. 영란은행에 대한 금의 실제 수요는 지급 중지 이전의 몇 주 동안 1주일

에 50만 파운드(아마도 여전히 그보다 약간 더 많은) 정도였을 것으로 추측되며, 그 수요는 점증하는 비율로 증가하고 있었다. 유사한 수요가 우리가 참전하고 있는 전쟁 기간에 반복적으로 재발할 것으로 기대될 수 있었으며, 그 결과 만약 영란은행이 다시 문을 연다면 그런 수요 재발에 대한 바로 그 예상은 지방은행과 영란은행 모두의 불규칙적인 지폐 발행을 발생시킬 것이고, 또한 상업 활동을 극단적으로 힘들게 할 수 있는 상인들 사이에서 불안 심리를 야기할 것이다.

12페이지 14행	그 조치가 입증하는 것처럼, 그 조치가 나쁜 결과로부터 그렇게 자유롭다는 것이 완전히 이해되지 않기 때문은 아마 아닐 것이다.
13페이지 10행	5파운드 이하의 은행권이 다른 은행권에 추가해서 발행될 때 영란은행은 이윤을 증가시키는 데 거의 성공할 수 있다.
23행	은행권의 신용을 유지시킨 것은 한 조직의 어떤 특별한 영향보다는 오히려 영란은행권의 제한과 영란은행의 알려진 지급 능력이었다.
16페이지 10행	1600만 파운드의 은행권이 너무 많지 않다는 것을 우리의 일반적 상업 규모로부터 추론하는 것은 정확하지 않다. 1600만 파운드의 은행권 수량에서 환율이 우리에게 유리하다면, 1600만 파운드는 너무 많은 것은 아니다. 만약 1000만 파운드의 은행권 수량에서 환율이 우리에게 항구적으로 매우 불리하다면, 우리는 1000만 파운드가 너무 많다고 천명할 수 있을 것이다.
17페이지 18행	완전히 적정.
20행	환율 상태.
20페이지 1~4행	내가 적정하다고 생각하는 이 구절에 있는 주장을 9페이지에 언급된 것에 적용해보라. 만약 경제 불안의 시기에 더 많은 지폐가 요구된다면, 850만 파운드로의 영란은행권 축소는 1797년에 "필요하지" 않았을 것이다.
23페이지 8행	이런 신용은, 만약 영란은행이 금으로 지급한다면 그 신용이 제한되었을 방식, 즉 그런 유사한 방식으로, 유사한 정도까지 현재 상당히 제한되었다.
27페이지 1행	그러나 (예컨대 적군의 실제 상륙과 같은) 대단히 불안한 시기에는 지폐 증가가 필요할 수 있다.

19행	오히려 환율로 말한다.
28페이지 11행	만약 지폐 수량이 동일하게 제한되고 또한 두 경우에 발권은행의 신용이 완전히 동일하다면, 정화로 태환될 수 없는 지폐의 유통은 정화로 태환 가능한 지폐의 유통만큼의 가치를 유지할 것이다.
28페이지 17행	또한 그들의 지폐가 정화로 태환 가능할 때 그들은 아마 정확히 옳지 않을 수도 있다. 환율은 그들이 두 경우에 동일하게 채택해야 하는 판단 기준이 될 것이다.
29페이지 10행	과잉을 구성하는 것은 (부분적으로는 정부 그리고 부분적으로는 상인에 대한) 대출 총액이며, 그리고 정부보다는 상인에게 더 많이 대출하려는 상당한 유인이 존재한다. 영란은행의 **이윤**에 대한 그 은행 이사들의 이해관계는 극히 사소한 고려 사항이다. 지폐 제한이 환율을 개선한다는 것, 그리고 만일 환율이 오랫동안 불리한 상태를 유지한다면 상인들의 일반적 정서에 반할지라도 이런 감축을 시도하는 것이 필요하다는 것 등을 이사들이 충분히 인식하지 못한 탓에 과잉 발행의 주요한 위험이 나타난다.
30페이지 18행	이것은 A. 스미스(Adam Smith) 박사의 중대한 오류이다. 금화가 상당 기간 그것에 포함된 금의 함량보다 더 적은 가치를 가질 때에는 언제나 금의 함량을 줄이거나 품질을 떨어뜨려야 한다는 것을 의미하는 것처럼 보인다. 그리고 스미스 박사는 여기에 인용된 것과 관련된 어떤 구절에서 이것이 자신의 말이 뜻하는 바라는 것을 보여준다. 그러나 지금(地金) 상태의 금에 비해서 금화 상태의 금의 이런 가치 하락은 전체 유통수단 수량이 과다하여 그에 따라 평가절하되는 환경에서 발생할 수 있으며, 그리고 보통 그런 환경에서 정말로 발생한다. 왜냐하면 금화에 포함된 금(만약 평가절하가 그렇게 크지 않다면)은 그런 경우에 오랜 기간 평가절하된 지폐가격에서 유통될 것이기 때문이다. 만약 실제로 평가절하가 크다면, 그 금화는 해외로 빠져나갈 것이며 그리고 은행들은 금태환을 정지해야 한다. 그렇지만 A. 스미스 박사와 킹 경의 추론(즉 금과 은의 시장가격은 평가절하된 통화의 시금석이다.)은 적절하다.
31페이지 18행	정화 통화는 아주 작은 정도로 가치가 하락할 수 있다. 수출이 자유롭다고 가정하는 경우 이런 정도는 수출 비용을 초과하지 않을 것이다.

32페이지 22행	피트(Pitt) 씨에게 보내는 편지에서 보이드(Boyd) 씨는 지폐의 **불태환성**이 지폐의 평가절하의 원인이었다고 주장했으며, 그 지폐 평가절하가 그렇게 크기 때문에 빵 가격이 높은 것에 대한 "다른 어떤 원인보다 더 나은" 설명 요인이라고 생각했다. 그는 자신이 하던 대로 지폐 과잉이 환율 변동을 통해서 야기하는 가격 상승의 정도를 측정하지 않았으며, 그리고 지폐의 이런 불태환성이 지폐의 평가절하를 반드시 발생시키는 것이 아니라, 그런 불태환성이 지폐를 과잉 발행하도록 촉진할 때에만 그런 평가절하를 발생시킨다는 것을 고려한 것 같지 않다. **제한되고** 또한 완전한 신용을 갖춘 불환지폐는 그것이 마치 태환 가능한 것처럼 그 가격을 적절하게 유지할 수 있다.
33페이지 각주 11행	"금이 해외로 유출되고 또한 일반적인 환율이 지속적으로 오랫동안 불리하게 유지되는 경우" 영란은행이 "지폐 수량"을 제한해야 한다는 것은 T. 씨가 제안한 실천적인 원칙들 중 하나이다.[H. T. 씨의 저서 295페이지를 보라.(이 책, p. 297)]
33페이지 16행	이런 사실은 내가 전에 주장한 중요한 원칙, 즉 불환지폐도 제한된다면 태환지폐와 유사한 방식으로 정확하게 그 가격을 유지할 수 있다는 중요한 원칙의 진실을 입증한다. 그렇지만 이런 핵심은 이 소책자의 여러 곳에서 부정되는 것 같다.
35페이지 4행	금(은은 아니다.)은 영국의 지폐가 시험되는 시금석이다. 왜냐하면 금화는 영국의 주요 주화이자 그 가치 본위가 유지되면서 실제 유통되는 유일한 주화이기 때문이다. 소책자에서 상당히 많은 추론은 은 가격이 시금석이라는 가정 위에서 진행되고 있다.
37페이지 11행	킹 경은 해외로 유출되거나 퇴장되었으며 그에 따라 어떤 영향력도 갖지 않는 금 대신에 유통 중인 1파운드와 2파운드짜리 영란은행권의 추가분을 고려하지 않았다. 또한 그는 지금가격에 의해서가 아니라 은 가격에 의해 평가절하를 계속 추정하고 있다. 내가 믿기로는 지금가격은 주조가격을 10~11퍼센트 이상 결코 넘어선 적이 없다. 그러나 이 시점 근처에 약간 과다한 영란은행권 발행이 아마 있었을 것이라는 점에서는 킹 경의 견해에 동의한다.
38페이지 1행	이런 대응 관계(이 소책자의 말미에 있는 표를 보라.)는 그렇게 분명하게 존재하지 않았다고 생각한다. 이를테면 은행권이 가장 많던 시기, 즉 17,254,100파운드이던 1802년 7월에 영국의 1파운드는 함부르크의 34실

링의 가치를 가졌으며, 반면에 은행권이 15,120,000파운드이던 1800년 2월에 영국의 1파운드는 함부르크의 30실링 6펜스의 가치만을 가졌다. 너무 많은 지폐 발행의 영향은, 그것의 원인으로부터 시간적으로 너무 먼 시기에 나타나고 그리고 방해하는 환경에 의해 모호하게 되므로, 아주 뚜렷한 대응 관계는 기대되지 않는다. 그렇지만 약간의 일반적 대응 관계는 부록의 표에 나타난다. 유감스러운 것은 킹 경이 영란은 행권 수량올 언급하면서 1파운드와 2파운드짜리 은행권 수량을 구분 하지 않았다는 것이다. 규제가 있기 전에는 이런 종류의 은행권은 존 재하지 않았다. 그 후에 얼마 안 되어서 그 수량은 200만 파운드에 이 르렀으며, 최종적인 명세서에는 400만 파운드에 달했다. 영란은행권 이 현재 지방은행들에 의해 금을 대신하는 기금으로 보유되고 있다는 것이 추가로 고려되어야 하겠다. 다른 한편 런던에서는 은행권 사용이 계속 절감되고 있다는 느낌이 든다.

39페이지 각 주 18~22행	이 구절은 환율과 유통 중인 영란은행권 수량 사이의 식별 가능한 대 응 관계에 대해서 위에서 언급된 것과는 약간 모순되지 않는가?
41페이지 6~9행	이것은 정확히 사실인가?
42페이지 6행	은과 지금의 상대가격은 최근 몇 년간 변한 것으로 알고 있다.
42페이지 22행	이것이 거의 가장 높은 가격이라고 본다.
46페이지 16행	이것이 그 경우인가? 어떤 차이가 있다고 생각하는가?
51페이지 5행	그 주장이 아마도 너무 강력하게 제시되었겠지만 그 주장에는 약간의 진실이 존재한다고 믿는다.
54페이지 21행 ("무역수지" 이후에)	대륙과의 거래

55페이지 15~마지막 행	(여기서 수출하기 위해 수입된 것으로 간주되는) 은(銀)은 상품으로 분류되지 말아야 하며 그리고 수출하려고 그렇게 수입되었을 때 무역수지 호조를 나타내는 것으로 표현되지 말아야 한다. 킹 경은 자신이 비난한 무역수지와 관련하여 부분적으로 잘못된 용어를 채택한 것처럼 보인다. 내가 알기로는 기존 가격이 얼마이든 그 가격에 인도로 수출하기 위하여 은이 인도 회사를 위해 해외에서 종종 구매된다. 그런 경우 사실상 그것은 상업상의 한 품목이며, 그리고 인도 배 위에 싣기 위하여 영국으로 은을 이송하는 것은 그때 다른 어떤 물품의 이송이 무역수지 호조가 아닌 것처럼 무역수지 호조의 징후가 아니다. 이런 주장은 아마도 이 저서가 매듭지으려는 논의에 대한 답변을 제공할 수 있을 것이다.
58페이지 21행	영국과 외국 사이에 존재하는 빚이 변동할 수 있거나 혹은 영국에 있는 귀금속 수량이 변동할 수 있는 경우를 제외하면, 그것은 축소되어서 일치하게 될 것이다. 이들 중 어느 것도 아마 크게 변동하지 않을 것이며, 그리고 분명히 이들 중 어느 것도 항구적으로, 무한히 증가하지 않을 것이다.
61페이지 23행	이것은 영란은행권 증가를 묘사하는 매우 불공평한 방식이다. 1600만 파운드는 오히려 나의 생각으로는 회수된 금 대신에 유통되면서 유통수단의 증가를 구성하지 않는 1파운드와 2파운드짜리 은행권 400만 파운드를 포함한다.
62페이지 13행	이 주제는 설명을 확실히 요구한다. 그러나 의심할 여지가 전혀 없는 것은 아일랜드 은행권의 많은 부분은 소멸된 금의 단순한 대체재라는 점이다.
67페이지 23행	나는 그것들이 아무런 영향이 없다고 생각한다.
69페이지 25행	영란은행의 이윤 증가는 잘못된 행동의 증거는 아니다. 1파운드와 2파운드짜리 은행권 발행은 반드시 이윤을 증가시켰을 것이며, 그리고 이런 발행의 적절성에 대해서도 아무런 의심이 있을 수 없다.
70페이지 9행	아일랜드 은행과 관련하여 고려되어야 하는 것은 더블린에서 지폐(동일한 장소에서 유통되는 다른 은행권 포함)를 독점적으로 공급하지 않고 있는 그 은행은 지방의 지폐 수량을 제한할 수 있는 영란은행과 유사한 권한을 갖고 있지 않다는 것이며, 그리고 아일랜드의 현재 상황에서 아

	일랜드 은행의 지폐를 제한하는 것은 아일랜드 은행이 포기해야 하는 이윤을 다른 개인 은행들(완전히 경쟁적인 회사들이다)에게 넘기는 것을 제외하면 아마 거의 다른 효과를 갖지 않을 것이라는 점이다.
73페이지 13행	런던을 지급지로 하는 어음을 고정환율로 지불할 의무, 혹은 더블린의 모든 은행이 그 어음에 대해 태환하는 것에 대한 자발적 동의는 동일한 목적에 적합할 것이며 그리고 아마 반대자가 더 적은 해결책이 될 것이다.
77페이지 12행	제안된 계획은 아일랜드에서 영란은행권의 **유통**을 크게 확대하지는 않겠지만, 그 계획은 아일랜드 은행들의 수중에 일정량의 영란은행권을 보유할 필요성을 창조할 것이다.
79페이지 15행	아일랜드 은행의 **독자적인** 지폐 제한이 제안된 효과를 가질 것인지는 검토할 가치가 있다. 아일랜드 은행의 지폐 소멸에 의해 야기된 빈자리는 국가 은행의 완전한 경쟁자처럼 보이는 더블린의 개인 은행들의 비례적인 발권 증가에 의해 채워지지 않겠는가? 이것은 어려운 문제이다. 더욱 확실한 해결책은 더블린의 **모든** 은행들로 하여금 그들의 지폐와 교환 가능한 런던을 지급지로 하는 어음을 고정된 날짜에 제공하도록 강제하거나 혹은 어떤 방식으로든 그렇게 하도록 유인하는 것이다. (에든버러 은행들이 하는 것처럼) 더블린의 모든 은행이 런던을 지급지로 하는 어음을 제공할 것인지 혹은 더블린의 개인 은행들이 아일랜드 은행의 은행권을 단지 지속적으로 제공하며 그리고 아일랜드 은행만 독자적으로 런던을 지급지로 하는 어음을 제공할 것인지를 사실상 질문해보자.
86페이지 7행	아일랜드에 거주하는 지주와 주식 보유자는 비생산적인 노동자들이다. 달리 말하면 다른 사람의 노동의 생산물을 집에서 소비하는 소비자다. 만약 이런 비생산적인 노동자들이 영국에 거주하고 자신의 소득을 그곳에서 소비한다면, 아일랜드 노동자들의 노동의 생산물 중 더 많은 비율이 수출되며, 이런 생산물의 수출은 아일랜드를 지급지로 발행되는 어음들과 균형을 이루게 된다.
99페이지 각주 1행	약간[즉 파산] 있었다. 지방은행권 소지자들 사이에 불안감이 두 경우에 존재했으며, 그리고 **최우량** 지폐의 자유로운 발행은 언제나 확실하게 불안감을 진정시키는 최선의 수단이다. 불안감이 존재하던 1797년에 영란은행권이 증가하지 않은 것만이 아니라, 그 은행권 수량이 매우 특별한 정도로, 즉 몇 주 동안 일주일에 대략 50만 파운드 비율로 감소했다.

100페이지 5행	은행권이 런던을 지급지로 하는 어음 혹은 영란은행권과 교환 가능하게 되는 환경 때문에 그것이 제한되었다. 그 결과 영국에서 지방은행권의 가치는 영란은행권의 가치가 무엇이든 그것과 반드시 부합했으며, 그리고 만약 영란은행권의 가치가 유지된다면 (그 가치가 그 수량의 제한에 의해 그리고 런던에서 누리는 배타적 유통에 의해 그렇게 될 수 있는 것처럼) 지방은행권의 가치도 마찬가지로 유지되어야 한다. 만약 A(런던의 지폐)가 B(유통 중인 금화)에 일치하고 그리고 만약 C(지방의 지폐)가 A에 일치한다면, 그때 C도 마찬가지로 B에 일치하여야 한다.
108페이지 6행	그 수량은 두 경우에 정확히 동일한 비율로 아마 증가하지 않았겠지만, 동일한 정도로 **과잉**이었음에 틀림없다. 영란은행 규제 이전에는 보유하지 않던 영란은행권의 상당량을 현재는 지방은행들이 지방은행권을 영란은행권으로 교환하려는 사람들에게 지불할 기금으로 보유하고 있는 것(아마도 100만 파운드)으로 알고 있다. 영란은행권은 금의 지위를 대신하고 있다.
126페이지 2행	전쟁이 끝난 이후 적절한 시기에 영란은행 규제법안이 사실상 종료되도록 만들어야 한다는 것을 제외하면, 그 법안이 종료되는 시기를 현재 결정하는 것은 나에게는 적절한 것처럼 보이지 않는다. 전쟁(여러 번 침략의 공포를 불러일으키는 전쟁)이 지속되는 동안 영란은행은 퇴장 목적의 금이 무한대로 요구될 수 있는 위험(킹 경은 자신의 소책자에서 다루기를 거의 전적으로 생략해버린 위험)에서 보호되어야 한다고 생각한다. 그렇지만 영란은행은 불리한 환율의 장기적인 지속으로부터 생기는 금 수요에서는 보호되어서는 안 된다.

킹 경은 자신의 저서 여러 곳에서 영란은행이 지폐 제한에 의해 불리한 환율을 교정할 수 있다는 것을 인정하고 있다. 만약 그때 영란은행권 제한이 환율을 수정하는 데 실패하지 않는다면, 의회는 이런 제한을 확보하기에 충분할 만한 조치에 오로지 의존해야만 한다. 침략의 공포가 실제로 나타났다고 가정하는 경우, 영란은행으로 하여금 즉각 문을 열도록 강요하는 조치에 훨씬 못 미치는 조치들도 사람들이 원하는 은행권 제한을 틀림없이 발생시킬 것이다. 이 시점(1804년 4월)에 영란은행이 환율이 우리에게 유리하도록 영란은행권을 거의 충분하게 제한했는지는 사실상 의문스러울 수 있다. 만약 현재 진행 중인 아일랜드 통화 관련 하원 위원회가 자신이 은행권 감소를 통해서 환율을 틀림없이 개선할 수 있다는 것을 인정했음을 하원에 제출된 보고서

에서 분명한 언어로 언급한다면, 아일랜드 은행만이 아니라 영란은행에도 반드시 적용되는 것처럼 그런 출처에서 유래하고 또한 스스로 적용되는 이런 조언은 바람직한 모든 효과를 가질 것이라고 생각한다. 영란은행 이사들이 어떻든 오류를 저질렀다면 그들은 아주 적은 오류만 저질렀으며, 그리고 그들의 오류는 킹 경이 그렇게 잘 제시한 훌륭하면서도 중요한 원칙, 즉 지폐 초과가 장기적으로 지속되는 불리한 환율의 중대하면서도 근본적인 원인이라는 원칙을 충분히 인식하지 못한 상황에서 비롯했다.

134페이지 14행	이 구절은 **은**의 시장가격과 주조가격 간의 비교에 의해 영란은행권의 평가절하를 추정하는 것이 부당하다는 것을 보여주고 있지 않는가?

부록 Ⅲ
지금보고서에 관한
헨리 손턴의 연설 두 편
(1811년 5월)

서문

    다음의 두 연설문 중 첫째 연설은 지금위원회의 보고서에 관한 하원의 토론 시작 이후에 곧 이루어졌다. 당시에 심의 중이던 문제는 그 위원회의 의장인 호너(Horner) 씨가 발의한 결의안들 중 첫째 결의안이다. 간략히 말하면, 그의 결의안들의 일반적 목적은, 첫째로 영국의 가치 본위를 선언하는 것, 둘째로 은행권의 평가절하를 확언하는 것, 셋째로 은행권의 가치를 개선하고 또한 현금태환에 대한 대가를 준비하는 수단으로서 은행권의 한도를 제시하는 것, 그리고 마지막으로 영란은행은 2년 이내에 영업을 재개해야 한다고 권고하는 것 등으로 언급될 수 있다. 첫째 연설이 추구하는 방향은 주로 셋째 핵심, 즉 영란은행권을 제한하는 실천적 조치다.

    둘째 연설은 5일 동안의 토론이 진행된 후에 이루어졌다. 당시에 호너 씨의 결의안들은 부결되었으며, 밴시티트(Vansittart) 씨가 발의한 반대 결의안들은 심의 중이었다.

    지금위원회의 보고서에 대한 길게 연장된 토론이 일반인들에게 불완전한 방식으로 제시되었다는 것, 그리고 영국 신용화폐제도의 기본 원칙들에 관한 건전한 여론의 확산이 중요하다는 것 등이 현재 연설문을 발간하게 된 동기이다.

제시된 사실과 논증의 순서는 다소 변경될 수 있지만, 그것들이 기억될 수 있는 한 그 연설은 제시된 사실과 논증의 본질을 포함하고 있다. 그리고 오해될 것처럼 보이는 몇몇 구절은 더욱 명료하게 만들었다.

이 연설을 행한 그 사람이 하원에서 이 주제에 관한 자신의 견해를 피력할 기회를 가지게 된 것은 그의 유권자들의 지지 때문이었으므로, 이 연설문의 골자는 무수히 많은 유권자에게 더욱 특별하게 제시되었다. 그는 오래전부터 그 주제에 주의 깊게 관심을 가졌으며, 그 주제에 관해서 공평하면서도 건전하고 냉정한 판단이 형성되기를 노심초사하였다.

1

1811년 5월 7일

이 토론을 개시한 박학(博學)하신 의원(호너 씨)께서 그 주제를 아무리 유능하고 완전하게 다룬다고 할지라도, 부연이 필요한 몇 가지 중요한 핵심들이 존재한다는 점을 헨리 손턴 씨는 잘 알고 있었다. 그는 자신의 선배 의원[로즈(Rose) 경]께서 주로 강조한 지금위원회 보고서의 정확성과 관련하여 사소한 수많은 문제의 검토보다는 그런 핵심들을 다루기를 선호한 것 같았다. 다른 위원들이 제안한 몇몇 계획의 장단점 각각을 당장 토론할 시점이 도래했으며, 그리고 존경하는 의원에 대한 답변이 그때 아마도 더욱 편리하게 나올 수 있을 것이다. 그는 현재 훌륭하면서도 광범위한 원칙들에 한정하는 것이 적절하다는 자신의 견해에 하원이 동의해주기를 희망했다. 그는 현재 제안된 첫 결의안들 중 일부에 그리고 이 순간 논쟁의 주요 핵심에 틀림없이 전념하고 있었다. 그 주요 핵심은 영란은행이 어떤 특정 시점에 문을 열어야 할 것인가 혹은 2차적인 고려 사항이 되는 법에 대해서 이런 관점에서 어떤 변화가 이루어져야 하는가가 아니라, 만약 영업 개시가 권고된다면 그런 영업 개시를 촉진한다는 관점에서, 혹은 만약 현금태환 규제의 지속이 권고할 만하다고 생각된다면 그런 규제가 장기간 지속되는 동안 우리의 가치 본위의 적절한 유지를 확보한다는 관점에서, 영란은행이 지금가격과 환율 상태를 고려하면서 영란은행권 발행을 규제하는 것이 유리한가 혹은 불리한가였다. 영란은행과 지금위원회는 이런 주요하면서도 근본적인 핵심에 대해서 의견을 달리했다. 위원회는 지폐 수량이 지금가격과 환율에 영향을 미친다고 단언했다. 심문받은 영란은행 이사들 모두는 그렇지 않다고 단정했다. 반대 견해를 내세우는 존경하는 의원(로즈 경)도 유사하게 그렇지 않다고 주장했다. 그 의원의 말은 "무엇이든 아니다"였다. 이것은 대단히 현실적인 문제이다. 만약 영란은행이 환율을 개선하고 지금가격을 낮출 수 있는 힘을 수중에 갖고 있으면서도 그 힘을 사용하지 않는다면, 그리고 만약 영란은행이 영국의 가치 본위를 회복하거나 회복하는 데 기여할 수 있는 수단을 가지고 있으면서도 그것을 자신이 소유하고 있다는 것을 전혀 믿지 않는다면, 그때 하원이 그 주제에 관한 영란은행의 일부 제안을 삽입함으로써 영란은행으로 하여금 현재 해악의 적절한 치유책에 의지하도록 관리하는 것은, 하원이 지금위원회의 견해에 동의한다고 가정하는 경우, 영란은행의 현금태환 의무를 면제해버린 하원에 잘 어울리는 일이다.

현재 손턴은 지폐 수량이 지금가격과 환율에 영향을 준다는 것을 계속 입증하려고 노력할 것이다. 이런 논증에는 두 단계가 존재했다. 첫째로, 그는 지폐 수량이 지폐의 가격, 혹은 달리 말하면 그것과 교환할 수 있는 상품의 상대적인 가치에 영향을 준다는 것을 보여야 했다. 모든 물품의 수량이 그 물품의 가치에 영향을 준다는 명제의 첫 언급에 대해서 의구심을 제기할 수 있겠는가? 이것은 귀금속에 대해서도 의심할 여지 없이 진실이다. 왜냐하면 신세계 광산으로부터의 공급 증가가 여러 해 동안 유럽이 경험한 화폐가치의 일반적 하락을 유발했다는 것이 인정되고 있기 때문이다. 그렇다면 금의 대체재인 지폐는 왜 이런 보편적 법칙으로부터 벗어나야 하는가? 지폐 증가가 지폐의 가치를 감소시키려는 경향이 있는가 혹은 상품들의 가치를 상승시키려는 경향이 있는가라는 단순한 문제가 제시되었을 때, 그는 그 명제에 대한 찬성을 거부할 정도로 특이한 사람을 여태까지 결코 발견하지 못했다. 아일랜드 환율과 관련하여 위원회에서 심문받을 때 더블린 은행의 이사들 중 한 사람은 비록 지폐 통화의 확대가 환율에 어떻든 아무런 영향을 미치지 않는다고 확고하게 믿고 있었지만, 그 확대가 상품들의 가격에는 틀림없이 영향을 미친다는 것에 동의할 준비가 이미 되어 있었으며, 그리고 영란은행 이사들 중 한 사람도 유사한 고백을 한 것으로 기억하고 있다.

이 핵심은 하원에서 단지 며칠 전에 인정되었다. 왜냐하면 자금난을 겪고 있는 제조업자들에게 재무성 증권을 공여하는 문제를 토론한 결과, 어느 정도까지는 유통수단으로 활용되었고 또한 그런 유통수단을 얻을 수 있게 한 재무성 증권의 공급이 그렇지 않았더라면 인하했을 그들 상품의 가격을 그들로 하여금 더 높은 수준으로 유지할 수 있게 했다는 것이 일반적으로 확언되었고 또한 그렇게 이해되었기 때문이다. 그 자신도 1796년에 영란은행의 할인 제한이 발생시켰던 가격에 대한 영향을 경험했음을 잘 기억했을 것이다. 당시 통상적이면서 예상되던 자금 전체를 영란은행으로부터 융통하는 데 실패한 서인도제도 상인이 결과적으로 자신의 설탕 일부를 어느 정도 하락된 가격에서 계속 팔려는 의도를 천명하던 것을 그는 들은 기억이 있었다. 그리고 그는 30분 정도 후에 역시 동일하게 화폐 부족을 경험하고 있는 제빵업자가 설탕을 살 의향이 거의 없음을 표명했다는 것도 들었다. 이 두 사람이 설탕 시장에서 만났을 때 그 상품의 가격 인하가 그 결과일 것이라는 것은 명백하지 않은가? 화폐가 일반적으로 희귀했을 때, 이런 종류의 영향이 모든 상품 전반에 걸쳐서 저절로 확산될 것이다. 즉 간단히 말하면 일반적인 가격들이 그런 방식으로 규제를 받았다. 그리고 마음속에 일부의 훌륭하면서도 확고한 원칙을 확립하고서 현재와 같은 조사에 착수하는 것은 절대적으로 필요했다. 왜냐하면 그렇지 않으면 모순적이면서 복잡하였을 수많은 핵심이 그때 분명해지고 단순해지기 때문이다. 발생 가능한 다양한 상황 전부에서 동일한 수량의 지폐가 동일한 수량의 재화 가치에 정확히 동일한 정도로 영향을 미친다는 뜻은 아니다. 그것과는 거리가 멀다. 그렇지만 그는 지폐 증가가 언제나 지폐 가치의 감소를 발생시키려는 **경향이 있으며**, 지폐 감소는 그것의 가치를 증가시키려는 **경향이 있다**고 주장했다. 그 원칙은 언제나 작용한다. 즉 그 경향은 동일한 효과를 늘 발생시키지는 않지만 한결같다.

아일랜드 은행의 이사들 중 한 사람이 우연히 진술한 것처럼, 가격의 대폭락은 상당한 통화 감소의 결과로 인하여 일찍이 더블린에서 경험되었다.

헨리 손턴 씨는 엄청난 자금 압박과 심지어 공황이 유통수단의 갑작스럽고 매우 급격한 감소로부터 발생할 수 있었다는 것을 인정했다. 즉 그 문제와 관련하여 상원과 하원의 비밀위원회에서 증언하도록 소환되었을 때, 그는 1797년의 과도하면서도 급격한 영란은행권 감소에 대해서 불만을 터트렸다. 그는 어떤 지역에서 자금 압박의 심각성을 방지하는 데 다른 어떤 사람 못지않게 열성적이었으며, 지금위원회에서 이런 성향을 이미 보여주었던 만큼 하원에서도 그런 성향을 표출하려고 노심초사했다. 그렇지만 그는 원칙들을 조사하지는 않았다. 즉 그는 사건들의 추세를 보여주는 데 목표를 두었으며, 그리고 그런 경향은 일부의 강력하면서도 놀랄 만한 경우에 드러나는 매우 뚜렷한 효과들에 의해 종종 가장 명확히 표현된다.

그때 지폐의 모든 증가가 지폐 가치를 하락시키려는 경향이 있다거나, 달리 말하면 지폐와 교환되는 상품들의 가치를 증가시키려는 경향이 있다고 가정하는 경우, 즉 그가 방금 전에 주장했으며 또한 모든 사람이 인정하고 있어서 증명을 거의 요구하지 않을 정도로 평범한 핵심을 가정하는 경우, 자신의 논증의 둘째 부분과 결론 부분을 확립하기 위하여, 그는 어떤 수학 명제처럼 부정 불가능하고, 어떤 평범한 산술문제처럼 명백한 어떤 것이면서 그 자신의 존재만큼이나 확신하고 있는 어떤 것을 단순히 입증해야만 했다.

이것은, 지폐 증가가 발생하고 그 증가가 그 지폐와 교환되는 상품들의 일반적인 가격을 상승시킨다고 가정하는 경우, 그 증가가 또한 환율에 영향을 주고 지금가격을 상승시킨다는 것이다. 우선 환율은 무엇을 의미하는가? 그것은 영국의 유통수단이 다른 나라의 유통수단과 교환되는 비율을 의미한다. 그때 다른 나라의 유통수단(이를테면 금화 혹은 은화)이 전과 동일한 상태를 유지한다고 가정하고, 즉 상품과 교환하는 데에 전과 동일한 가격을 유지한다고 가정하고, 반면에 상품과 교환하는 데서 우리 통화의 가치가 변경된다고 가정한다면, 결과적으로 우리 통화는 그런 외국 주화의 새로운 수량과 교환되어야 한다. 또한 마찬가지로 그 통화는 지금(地金)의 새로운 수량과도 교환되어야 한다. 왜냐하면 외국의 주화는 지금으로 만들어졌고, 단지 제한된 범위 내에서만 지금으로부터 괴리되며, 그리고 지금과 거의 동일한 것으로 간주되기 때문이다. 지금은 사실상 상품이다. 즉 그것은 다른 상품들과 유사한 방식으로 아메리카 대륙에서 들어오며 (그리고 상품가격의 상승과 하락을 규제하는 법칙에 순종하며) 그리고 결과적으로 유통수단의 증가가 상품들의 가격을 인상한다는 것이 인정될 때, 지금은 그 상품에 포함된 것으로 간주되어야 한다. 한 상품이 일반 통화의 증가에 의해 영향을 받고 다른 상품은 그렇지 않다(이를테면 제조업 제품은 영향을 받고, 지구 표면의 생산물과 광산의 생산물은 그렇지 않다.)고 주장될 수는 없다. 명백하게도 모든 것은 통화 증가에 의해 발생하는 가격 상승과, 통화 감소에 의해 야기되는 가격 하락에 궁극적으로 참여해야 한다는 것이다.

다음으로 헨리 손턴 씨는 현재의 높은 지금가격과 환율이 우리 경제의 불리한 환경과 세계 경제의 특별한 상황에서 비롯했다고 주장하는 학설에 대해서 논평을 가했다. 그 해악은 소위 불리한 무역수지에 기인했으며, 그리고 무역수지가 별개의 독립적 원인이라고 간주되는 한, 그 해악에 대해서는 지폐 수량을 가지고는 할 것이 아무것도 없는 것으로 생각되었다. 그는 현재 우리의 상거래와 지출 상황이 환율과 지금가격에 미치는 영향을 거리낌 없이 기꺼이 인정했다. 그러나 그는 이런 것들이 별개로 그리고 독립적으로 작용한다는 것을 인정하지는 않았다.

그는 별개의 세 가지 사례를 제시함으로써 소위 무역수지의 영향에 관한 어렵고 중요한 주제를 가장 잘 설명했음에 틀림없으며, 그리고 이들 사례 각각에서 그는 현재와 정확히 닮은 정치적·경제적 난관과 투쟁해야 한다고 주장할 것이다.

첫째로, 모든 것이 자신의 길을 가도록 방임하는 것이 영국의 단순한 정책이라고 한다면, 우리는 우리의 금화를 녹이고 수출하는 것을 금지하거나 혹은 이자율을 제한하거나 혹은 현금태환으로부터 영란은행을 보호할 어떤 법도 전혀 가지고 있지 않다고 가정할 것이다. 따라서 소위 자연 상태로 관심을 돌림으로써, 우리는 현재 우리가 순종해야 하는 해악의 자연적인 한계가 무엇인지 그리고 스스로를 규제하는 교정(矯正)의 종류가 무엇인지를 발견할 수 있어야 할 것이다. 그는 우리 자신을 이런 자연 상태에 내맡기는 것이 현명한지를 검토하지는 않았다. 당시 그는 원칙들만 연구하고 있었다. 그 원칙은 우리가 이해할 수 없을 것 같은 우리 자신의 인위적 제도의 난관 속에서 우리를 인도해줄 약간의 빛을 우리가 얻게끔 해주는 것들이었다.

그의 둘째 사례는 영란은행의 현금태환이 유예되기 전 우리나라의 실제 경우일 것이며, 그리고 그의 셋째 사례는 현재 우리의 경우일 것이다.

첫째로, 그때 그는 우리가 현금으로 태환하고, 고리대 규제법도 없으며, 금화를 녹이고 수출하는 것을 금지하는 법도 없다고 가정할 것이다. 왕은 금화의 양과 순도를 보증하기 위하여 현재 유통수단인 금 조각에 자신의 관인을 찍을 뿐이다. 그 주제를 단순화할 목적으로, 헨리 손턴은 또한 동일한 유통수단이 인근 지방에서 사용된다고 가정할 것이다. 만약 그렇게 특징지은 상황에서 우리가 현재 불만을 품고 있는 동일한 해악이 발생한다면 그 결과는 무엇이겠는가? 확실히 금화의 상당량, 아마도 다른 물품보다는 이것의 더 많은 수량이 우리에게서 멀어질 것이다. 그렇지만 전부가 우리를 떠나지는 않을 것이다. 이자율은 높게 상승할 것이며, 그리고 금 수량이 감소함에 따라 금 사용에 대한 이런 추가적 이윤은 증가하고, 그 이윤 증가는 그 금을 이곳에 붙드는 데 기여할 것이다. 아마도 일부 외국인들은 이런 높은 이자를 위해서 귀금속 형태의 재산을 양도하거나 혹은 그 금을 우리가 사용하도록 계속 허용할 것이다. 우리 주화의 그런 부분이 양도될 것이고, 그에 따라 남아 있는 주화 수량은 우리의 남아 있는 상품과의 교환에서 동일한 가치를 유지하도록 유도될 것이며, 외국의 동일한 주화도 외국의 상품에 대해서 그런 동일한 가치를 유지할 것이다. 달리 말하면, 금과 상품들은 수출에 부합하는 상대적인 비율로 수출될 것이다. 그리고 우리의 금 수량의 모든 감소는 해외의 금 증가를 유발할 것이므로, 영국과 외국에서 재화에 대한 금의 상대 가치는 곧 하나의 일반적 수준을 발견할 것이며, 그에 따라 우리의 가치 본위를 유지할 것이다. 사실상 이것은 영국의 상이한 지역에서 통상적으로 존재하는 동일한 경우가 유럽에서도 발생한다고 단순히 가정하는 것이다. 그는 예시할 목적으로 사례를 단순히 제시하고 있다고 반복해서 주장했다. 그리고 그가 역설하려고 의도한 중대한 핵심은, 그가 자연 상태라고 명명한 것에 따르면, **우리의 현재 경제 상황에서 영국의 유통수단 감소가 있었을** 것이라는 점이다. 여기서 유통수단 감소는, 모든 운송 비용을 허용하는 경우 유사한 상품들이 세계시장에서 금과의 교환으로 유지되는 가격 수준으로 우리의 가격을 끌어내리려는 경향을 보였을 것이다.

그는 이제 둘째 사례를 제시할 것이다. 그는 우리의 법이 금화를 녹이고 수출하는 것을 금지하고, 또한 이자율을 5퍼센트로 제한하며, 그리고 영란은행은 현금을 태환해주고 있다고 가정할 것이다. 달리 말하면, 그는 1797년 이전의 우리 상황을 가정하는 동시에 현재 우리가 경험하는 정확히 동일한 정치적·경제적 곤경이 발생했다고 가정할 것이다.

우리 통화 수량에 대한 이런 곤경의 효과는 비록 그 정도가 정확히 동일하지는 않겠지만 앞의 사례에서 경험한다고 가정되는 효과와 비슷할 것이다. 수출할 의도가 있는 현금에 대한 유사한 수요가 발생할 것이다. 그리고 법은 현금의 양도에 약간의 장애를 부과하지만, 아직도 우리의 금 일부는 아마 해외로 빠져나갈 것이며, 앞의 경우처럼 그 금은 우리의 빚을 청산하는 데 기여하는 송금 수단으로서 그리고 우리 자신의 유통수단을 감소시킬 뿐 아니라 외국의 유통수단을 증가시키는 수단으로서 이용될 것이다. 금의 고갈을 경험하고 있는 상황에서 영란은행은 어느 정도까지는 금화 발행을 축소할 것이다. 영란은행은 매우 불리한 환율 상태에 있던 지난 2~3년 동안 그런 것처럼 금화를 증가시키지 않았을 뿐 아니라, 금화를 감소시켰을 것이다. 영란은행은 우리의 새로운 환경의 결과로 인하여 상인 혹은 정부, 혹은 양자 모두에 대한 자금 융통을 고통스럽게 줄일 필요성을 스스로 느꼈을 것이며, 그리고 그 제한을 성취하는 데에 따르는 어려움은 영란은행이 여전히 계속 5퍼센트에서만 대출해야 하는 상황에서 발생할 것이다. 영란은행은 지폐만 제한함으로써 자신의 현금태환을 유지할 수 있었다. 지폐 감소는 의심할 여지 없이 해악일 것이지만, 그것은 그렇지 않았을 경우에 부담해야 할 다른 해악, 즉 현금태환을 중지하고 또한 왕과 법이 규정한 가치 본위를 준수하지 않는 해악에 의해 중화될 수 있는 해악일 것이다.

그는 그 경우에 대한 이런 견해가 별로 만족스럽지도 않고 또한 자기 주위에 있는 일부 친구들에게도 환영받을 수 없다는 것을 인지하고 있었지만, 그러나 그 견해는 진실이었으며, 그리고 우리는 오로지 우리 상태의 본질에 관한 올바른 지식에 의해서만 어떤 정당한 결론에 도달한다고 기대할 수 있다. 따라서 정확히 첫째 사례와 마찬가지로 둘째 사례에서도, 유통수단의 총수량이 감소했을 것이며, 그 감소는 우리 통화와 상품의 상대적 가치를 우리의 지방에 있는 통화와 상품의 상대적 가치와 동일하거나 거의 동일하도록 만들었을 것이다. 아마도 심각한 자금 압박이 확실히 발생했을 것이다. ("옳소! 옳소!" 하는 외침) 그는 자신의 원칙들이 인정받았는지 알기를 희망했다. 1797년 이전처럼 우리가 현재 현금으로 태환하고 있다면, 영란은행이 그렇게 금화의 발행을 제한하고 그 제한에 의해 지금

가격을 낮추고 또한 환율을 교정할 것 같은가? 그는 이 문제에 대해 명확한 찬성 혹은 반대 견해를 가진 것에 대해 기뻐했을 것이다. 어느 정도의 자금 압박이 나타났는지는 당시 고려되는 주요 핵심은 아니었다. 이 순간 그는 사람들이 그 핵심에 대해서 무엇을 말했는지에 대해서는 신경을 쓰지 않았다. 그는 원칙을 탐구하고 있었다. 그들은 그의 기본적인 견해, 즉 소위 불리한 무역수지로부터 결과하는 매우 불리한 환율이 발생할 때 영국의 통화 제한이 그 해악을 제약하는 데에 기여한다는 견해를 받아들였는가? 혹은 받아들이지 않았는가? 첫째로, 그는 이것이 소위 자연 상태에서 저절로 적용되는 교정이라는 것을 보여주었다. 또한 둘째로, 이런 교정이 우리의 현금태환이 유예되기 전의 부분적으로 인위적인 제도에서도 저절로 적용된다는 것을 보여주었다.

이제 그는 현재 상태인 셋째 사례로 나아갔다. 영란은행은 현금태환 의무에서 해방되었으므로, 만약 현금이 고갈되더라도, 우리의 동일한 경제 상태하에서 감행하려는 정책에 비해 더욱 관대한 정책을 자연스럽게 사용할 수 있다. 아마도 이런 이유로 인하여 영란은행은 비난받을 것이 없었을 것이다. 사실상 영란은행은 영란은행권 감소가 환율을 개선할 것이라고 믿는 것 같지 않았다. 왜냐하면 영란은행은 그 주제를 매우 심도 있게 혹은 철학적으로 검토하지 않았기 때문이다. 환율이 우리에게 상당히 불리하게 바뀌고 있었지만, 영란은행권 증가가 기존의 가격들을 상승시키지 않고 단지 현재 상태를 유지하는 것처럼 보였으므로, 영란은행은 그전에 오랫동안 해온 것처럼 영란은행권을 점진적으로 조금씩 계속 증가시켰다. 그리고 불리한 환율의 해악이 스스로 교정되기를 희망했다. 우리가 처한 새로운 정치 상황하에서 약간의 새로운 견해가 꽤 허용될 수 있었을 것이다. 그렇지만 주요 원리들을 오해하지 않는 것, 그리고 2~3년 동안 모든 나라에 불리하게 움직였고 또한 그에 대응하여 높은 금 가격을 수반하면서 25퍼센트와 30퍼센트로 절정에 이른 환율이 (있는 그대로의 자연 상태 그리고 1797년 이전에 우리 자신의 실제 경험이 그런 경우에 의존하도록 가르친) 통화 제한에 의해 어떤 시기에도 어떻든 저지된다고 생각하는 것은 중요했다. 그는 1797년 이전에 만약 우리 금화가 해외로 보내졌다면 그것은 불법적으로 보내졌다고 생각했다. ("옳소! 옳소!" 하는 외침) 그 거래의 불법성이 그 거래에 종사하는 개인들을 아무리 비난받게 만든다고 해도, 그 불법성은 그 주제의 이 부분에 대한 검토를 각하할 이유는 전혀 아니었다. 우리 금화의 이런 불법적 용해와 수출에 의해 지금까지 영란은행으로부터 금 유출이 발생했으며, 금 유출은 영란은행 이사들의 심리와 관행에 작용함으로써 높은 금 가격과 불리한 환율이라는 해악을 저지했다.

은행권 수량이 많으면 환율이 종종 더 유리했고 수량이 적으면 환율이 종종 덜 유리했으므로, 다양한 시기에 유통 중인 은행권 수량과 환율 간에 조화가 결핍되었다는 견해는 그의 존경하는 친구(밴시터트 씨)에 의해 발의된 결의안에서 지지받았다. 이것은 선택 가능한 어떤 사례들에서 나타나는 경우였을 수 있다. 왜냐하면 엄청나게 많은 다양한 상황은 환율과 은행권 수량 두 가지 모두에 거의 변동을 일으키지 않았을 것이기 때문이다. 그렇지만 주목할 만한 것은 세 가지 사례가 발생했다는 것이고, 현재 살아 있는 사람들의 기억 속에 있는 세 가지 사례에서만 할인의 제한이라는 실험이 실시되었다는 것이며, 이런 각각의 사례에서 그 효과가 그가 단정하고 있는 원칙들에 부합했다는 것이다. 그는 세 개의 별개의 시기(첫째로 1782년과 1783년, 둘째로 1795년 말과 1796년 초, 셋째로 1797년 2월)에만 오로지 영란은행이 현금의 심각한 유출을 경험했고, 이들 사례의 각각의 경우에 영란은행이 스스로 고백하고 있는 것처럼 현금 유출에 의해 그들의 할인 공급을 억제하도록 유인되었으며, 각각의 기간 이후 얼마 되지 않아서 환율과 지금가격이 명백하게 개선되었다고 언급했다. 1797년 동안의 환율 개선이 1797년 2월 한 달 동안의 지폐 제한보다는 오히려 1795년과 1796년의 지폐 제한에서 기인할 수 있지 않겠는가라는 문제가 아마 발생할 수도 있다. 뒷부분의 두 기간의 지폐 제한의 효과는 결합된 것으로 간주되므로, 앞의 가정에 따르면 사례들은 세 가지가 아니라 두 가지로 언급될 수도 있다.

1782년과 1783년에 처음으로 두 실험이 실시되었고 성공적이었다는 것은 1797년 비밀위원회에서 그 개선이 이런 원인에 기인한다고 언급한 고(故) 보즌켓(Bosanquet) 씨의 증언에 의해 입증되었다. 1796년과 1797년의 환율 개선은 하원에 당시 제출된 보고서에서 찾을 수 있을 것이며, 또한 비밀위원회에서 피트 씨의 증언에서 언급된 것도 발견될 것이다. 또한 그의 증언에 따르면, 기존의 현금 유출에 근거하여 추정해볼 때, 영란은행이 정부의 대규모 대출금 상환을 과거에 얼마나 열성적으로 재촉했는지를 알 수 있을 것이다. 그리고 그 상환된 대출금 중 단지 일부만이 그 후에 융통어음 방식으로 상인들에게 공급되었다. 새롭고 매우 엄격한 종류의 결의안은 상인들에 대한 할인 총량을 제한할 목적으로 1795년 12월 31일에 이사들에 의해 통과되었으며, 금태환 중지 이전에 그들의 통화완화정책이 금 유출에 의해 얼마나 많이 제약받았는지를 분명히 보여줄 것이다.

1797년 2월의 지폐 제한은 갑작스러우면서도 대폭적이었으며, 불리한 환율에 의해서가 아니라 전적으로 다른 원인(침공의 공포에 의해 발생한 경제 불안)에 의해 야기된 금 유출로부터 발생했다. 그는 그 시기 지폐의 갑작스러운 제한이 경제 불안을 완화하려는 경향을 보인 것이 아니라 오히려 그 불안을 증폭하려는 경향을 보였다고 항상 그렇게 생각했으며 아직도 그런 견해를 가지고 있다. 그렇지만 금이 영란은행에서 빠져나가는 것이 인지되었을 때, 그런 제한은 지폐 발행을 축소하려는 영란은행의 일반적인 관습을 명백히 하는 데 기여했다. 1797년 이래로 영란은행은 현금태환 의무에서 면제되어서 금 유출에 노출되지 않았으므로, 할인 제한이라는 실험이 시도되지 않았으며, 그리고 그 실험은 1783년과 1795년 사이에도 시도되지 않은 것처럼 보인다. 그 시기는 환율이 덜 변동하던 평화 시기였고, 더욱이 시장에서 경상이자율이 전쟁 때보다 더 낮아서 아마도 영란은행에 의해 부과되는 이자율만큼 낮았으므로 은행권의 초과 발행을 유도할 만큼 영란은행으로부터 차입할 의향은 훨씬 적은 시기였다. 1797년 비밀위원회의 증언에서 영란은행은 평화 시기에 할인 수요가 그렇게 적었으므로 5퍼센트보다 낮은 이자율로 대출해야 하는지를 검토했다.

이자율은 그가 하원의 주의를 끌려고 희망한 주제였다. 그 주제는 그에게 매우 훌륭한 분기점으로 보인 것 같았다. 만약 영란은행에 의해 채택된 원칙이 상업적인 우량어음을 제공하는 사람들의 수요 범위까지 혹은 거의 그런 범위까지 대출해준다는 (영란은행이 공언하는) 원칙이었다면, 초과 발행의 위험은 할인이자율이 낮은 데 비례하여 증대되었다. 그리고 5퍼센트보다 더 높은 이자율이 오히려 현실적으로 상인들에 의해 지급되는 경상이자율로 간주될 수 있을 때, 그가 인지한 것처럼, 현재의 전쟁 기간에 영란은행의 과다 발행의 한 가지 원인은 5퍼센트에서 대출해주는 환경 때문이었다. 전쟁 기간에 개인 은행가들은 최우량 어음에 대한 고객들의 할인 수요가 점증하자 5퍼센트 할인율에서 어떤 수단에 의해서든 자신들의 공급 가능한 할인 공급을 초과하려는 경향을 보였다는 것을 일반적으로 발견했다. 만약 그들이 모든 희망을 충족한다면, 점증하는 할인 신청에는 어떤 한계도 존재하지 않을 것이다. 따라서 그들은 일부 신청자들을 선호했으며, 그리고 자금을 수취한 사람들은 스스로가 특혜를 받은 것으로 인지했다. 고리대 규제법은 은행가들에 의한 5퍼센트 이상의 이자 부과를 금지했지만, 개인 은행가에게서 자연스럽게 그리고 자발적으로 차입한 은행가는 종종 상당한 규모에 이르는 현금의 이점을 잘 활용했다. 반면에 영란은행에서 할인하는 경우 그는 극히 적은 액수의 현금만 보유하면서, 그에 따라 정확히 5퍼센트의 이자율로 그곳에서 차입했다. 다시 한번 언급하자면, 만약 그가 소위 화폐시장에서 차입한다면, 그는 모든 어음에 대해서 자금 중개자에게 약간의 웃돈을 제공했으며, 그 결과 이자율 방식으로는 연간 5.5~6퍼센트의 이자를 지급했다.

전쟁이 개시된 이래로 화폐가치의 계속적 하락이 있었다고 주장하는 것은 중요하다. 여기서 화폐란 현금 혹은 지폐로 구성되든 공통적으로 그렇게 불리는 것을 의미한다. 화폐가치의 감소는 일부 사람들에 의하면 60~70퍼센트로 추계되었으며, 그리고 확실히 적어도 40~50퍼센트는 되었다. 이것은 평균적으로 연간 2~3퍼센트이다. 이를테면 한 사람이 영란은행에서 1800년에 1000파운드를 차입하고, 그리고 그 기간 전체에 걸쳐서 연속적인 대출을 통해서 그 금액을 보유하다가 1810년에 상환한다면, 그는 처음에 대출받았을 때 그 대출금의 가치보다는 20~30퍼센트 가치가 적어진 금액을 상환한다. 그는 이 화폐의 사용에 대해서 연간 50파운드를 지불하겠지만, 그러나 만약 화폐가치의 하락에 의해 얻는 연간 20~30파운드가 이런 이자에서 공제된다면, 그는 실제 드러난 것처럼 5퍼센트로 차입한 것이 아니라 2~3퍼센트로 차입했다는 것을 발견하게 될 것이다. 1800년에 자신의 화폐를 토지에 투자하거나 혹은 연속적으로 사업에 투자하고 그 다음에 1810년에 최종적으로 자신의 토지 혹은 상품을 판매함으로써, 그는 그 생산물이 자신이 차입한 1000파운드를 초과하여 200~300파운드에 이르는 것을 발견할 것이다. 그리고 200~300파운드가 그가 지급한 500파운드에서 공제되므로 결과적으로 그에 의해 지급되는 순수한 합계는 단지 200~300파운드가 될 것이다. 화폐가치가 하락하는 동안 사람들이 이런 유리한 이자율에서 차입했다는 것을 일반적으로 인식하지 못한다는 것은 진실이다. 그렇지만 그들은 차입자가 되는 것이 유리하다는 것을 감지한다. 차입하려는 유혹은 그가 알기로는 다음 방식으로 사람들의 심리에 작용한다. 그들은 1년에 한 번 회계장부를 결산하며, 그리고 자신의 차입 화폐로 투자한 상품들의 가치를 추계하면서 그 가치가 계속적으로 증가하고 있음을 발견하며, 그 결과 상거래에서 자연적이면서도 일상적인 이윤을 넘어서는 명백한 이윤이 존재하게 된다. 이런 명백한 이윤은 자기 자신의 자본으로 거래하는 사람들에게는 명목적인 이윤이지만, 그러나 차입한 화폐로 거래하는 사람들에게는 명목적인 이윤이 아니다. 따라서 차입자는 매년 화폐의 사용에 대해서 자신이 지급하는 5퍼센트 이자를 약간 초과하는 통상적인 상업이윤을 자신의 사업으로부터 유도할 뿐 아니라, 언급된 추가적 이윤을 유사하게 유도한다. 이런 추가적 이윤은 차입자본에 의존해서 사업자가 되는 상황으로부터 정확하게 유도되는 추가적 이득이며, 그리고 차입하려는 추가적 유혹이기도 하다. 따라서 통화가치가 빠른 속도로 하락하는 나라에서 고리대 규제법이 없다고 가정할 경우, 경상이자율은 그가 믿고 있는 것처럼 종종 비례적으로 상승하게 된다. 따라서 이를테면 피터즈버그(Petersburgh)에서는 현재 경상이자가 20~25퍼센트이며, 이런 이자는 부분적으로 통화의 기대되는 가치 하락에 대한 보상으로 인식된다.

그의 주장들은 다양한 사실들에 대해 그가 관심을 집중함으로써 제시되었다. 그리고 그는 자신의 학설의 진실을 확립하는 데 기여할 일부 특별한 사례에 관한 진술을 이제 하원에 제시할 것이다. 즉 지폐 수량의 증가는 지폐 가치를 감소시키려는 경향이 있으며, 그 수량의 감소는 그 가치를 개선하려는 경향이 있다는 것(그 수량이 너무 많게 되었을 때 현금 유출이 발생하며, 이런 유출은 지폐의 제한에 의해 억제된다는 것), 어떤 상황이 일반 시장에서 그 시점의 실제 경상이자율보다 더 낮은 이자율이 수용되도록 만들었을 때, 그런 지폐 초과와 그에 따른 현금 유출이 가장 잘 나타날 것 같다는 것 등이다.

파리은행의 사례는 현저하게 적절하며, 그리고 그것은 영국 의회와 영국 사람들에게 충분히 교훈적이다. 전쟁이 다시 개시되었을 때 그 은행은 1805년에 태환을 중단했다. 그것은 프랑스의 여느 기관이 그럴 수 있는 것처럼 프랑스 정부로부터 독립적인 은행이었다. 파리은행은 양질의 자본을 소유했고, 프랑스 대도시 주변에서 유통되는 은행권을 가지고 있었다. 또한 파리은행은 단지 할인 방식으로만, 그리고 헨리 손턴이 이해하고 있는 한 짧은 만기의 평판 좋은 어음을 담보로 은행권을 방출했다. 따라서 그 은행은 그 지폐 유통의 범위에서는 다소 열등했지만 영란은행을 너무나 닮았다. 1805년에 약간의 대출이 필요하던 프랑스 정부는 파리은행의 대출 규칙에 부합하지 않은 소위 정부의 예상 수입을 담보로 문제의 자금을 일부 프랑스 상인과 자본가에게서 차입했으며, 그 상인과 자본가들은 당시 여러 묘안을 짜내 정부의 필요를 충족하기에 충분할 만큼 많은 증권들을 파리은행에서 계속적으로 할인했으며, 결과적으로 파리은행은 정부의 진짜 대출자가 되었다. 그렇게 파리은행에서 차입하는 목적은 이자의 방식으로 절약을 시도하는 것이었다. 왜냐하면 만약 이런 예상 수입이 시장에서 판매된다면 그 가격은 매우 불리하기 때문이다. 이런 거래의 결과는 파리은행의 지폐 증가, 뒤따라 나타나는 현금 유출, 그리고 파리은행이 자신의 안전을 목표로 많은 비용과 수고를 들이면서 계속적으로 환수해야 하는 시골의 은(銀)을 실어 나르는 승합마차들의 발견 등이었다. 대도시의 유통수단은 이제 명백하게 과잉이었다. 다른 곳보다는 대도시에서 차입을 위한 편의가 더 많이 제공되었으며, 지방은 대도시에서 확대되는 어음 매입의 기회에 동참하기를 희망했다. 그렇지만 파리은행의 지폐는 지방에서는 유통되지 않았을 것이다. 따라서 그것을 주화로 교환하는 것이 먼저 필요했거니와 당시 주화는 파리로부터 빠져나왔으므로, 풍부한 유통수단은 프랑스 전역에 골고루 배분되었을 것이다. 잉글랜드에서는 영란은행권과 교환되고 또한 그것에 비례하는 지방은행권이 존재했다. 그렇지만 영국의 지폐는 영국 외의 지역에서는 유통되지 않았을 것이다. 따라서 프랑스의 현(縣)들과 파리 간의 관계는 유럽과 영국 간의 관계와 동일했다. 만약 지폐의 자유로운 발권에 의해 런던에서 그리고 영국 전반에 걸쳐서 차입할 기회가 많이 제공된다면, 그 지폐를 금으로 교환하려는 경향이 발생할 것이다. 왜냐하면 금은 당시에 해외로 운송될 수 있으며, 그리고 그것은 우리의 영토로 유입되던 많은 유통수단을 대륙 전체에 걸쳐서 확산하는 경향이 있을 것이기 때문이다. 우리의 고통스러운 해악이 결과적으로 야기할 것 같은 불리한 환율과 높은 금 가격이 존재하는 한, 그 사례들은 상이하다고 아마 생각할 수도 있을 것이다. 그러나 파리에서 은에 대한 프리미엄, 파리와 프랑스의 현 간의 불리한 환율 역시 발생할 것이다. 그리고 이것은 현으로부터 은을 되가져오는 비용과 수고에 비례한다. 따라서 두 사례 사이에는 유사성이 존재한다. 파리은행은 마침내 태환을 정지했고, 정부는 자문을 받았으며, 파리은행은 지폐를 줄이도록 방향이 설정되었으며, 그리고 3개월 동안 파리은행은 이런 원칙을 추구하면서 커다란 어려움 없이 영업을 재개했다. 그 지폐에 대한 할인, 달리 말하면 주화에 대한 프리미엄은 1퍼센트부터 10~12퍼센트까지 변동했지만, 지폐가 감소한 후에는 그 할인은 중지되었다. 또한 외국과 프랑스 간의 환율은 프랑스에 10퍼센트 정도 불리하게 변동했다.

뒤이어서 뒤퐁 드 느무르(M. Dupont de Nemours)가 간사인 특별위원회는 파리은행의 이런 태환 정지의 원인과 영향을 조사하라는 특별한 임무를 부여받았다. 그리고 이 간사가 발간한 프랑스 보고서에서 헨리 손턴은 그 간사가 언급한 사실들을 수집했다. 그 보고서는 유사한 해악의 재발을 방지하는 수단을 제시하는 방향으로 작성되었으며, 세 가지 조언을 제시했다. 첫째로, 정부의 대출 신청이 최대 요구액에 이를 수 있고 또한 그것이 은행업의 본질적인 성격에 부합하지 않은 지폐 발행을 유도할 수 있다는 근거에서, 정부는 파리은행으로부터 어떤 대출도 결코 신청해서는 안 된다는 것이다. 이런 관점에서 우리의 환경이 프랑스의 환경과 얼마나 다른가를 주장하는 것은 불필요하다. 영란은행 이사들은 정부에 대해 자신들이 완전히 독립적임을 1796년에 충분히 보여주었다. 왜냐하면 그들은 당시 피트(Pitt) 씨에게 기존 대출의 연장조차도 단호하게 거절했기 때문이다. 그 위원회의 둘째 제안은 파리은행이 2개월 내에 만기가 도래하는 증권에 대해서만 대출해야 한다는 것이며, 다른 것과 마찬가지로 사실상 이것은 중요한 세 번째 권고안(파리은행은 항상 "은행권을 현금으로 교환하려는 성향이 평소보다 더 크다고 인식하자마자 그 할인을 줄여야 한다."[1])을 강제하려는 목적을 갖고 있다. 그 보고서는 "이런 현금 수요는 무엇을 의미하는가? 그것은 시간별 수요 환경에 비해서 현장에 더 많은 은행권이 존재한다

••

1) "Reserrer l'éscompte, aussitôt que l'on s'apperçoit qu'il se presente à la Caísse plus de billets à réaliser en argent que de coutume."

는 것을 의미한다. 그리고 당신은 이런 해악에 어떻게 대비하겠는가? 새로운 발행보다 더 많은 수량을 회수하여 그 수량을 감소시킴으로써"[2]를 추가한다. 그때 추가로 만약 그 은행 이사들이 과도한 초과를 나타내는 첫 신호에만 주의하고 그 해악을 우선 완화하려고 한다면, 그들은 거의 항상 통제력을 보유할 것이며, 그에 따라 (그렇게 이야기되는) 그 기수는 안장에서 내동댕이쳐지지 않을 것이다.

지금위원회가 강조한 많은 원칙들은 이 보고서에 의해 현저하게 확증될 것이다. 그 보고서에 따르면 프랑스에서 지폐의 과다 발행은 그 순간에 자연이자율보다 더 낮은 이자율에서 어떤 증권들을 현금으로 전환하려는 시도에서 나타난 것처럼 보인다. 그 보고서는 이런 관점에서 저질러진 오류를 상당히 많이 강조했다. 시장에서 이자율이 어떠하든, 그 어음들은 비록 손실을 보는 불명예스러운 가격에서라도 판매되어야만 한다.

다시 한번 그 보고서는 프랑스의 은행권 제한이 순간적인 효과 혹은 정확히 대응하는 효과를 발생시키지는 않았지만, 3개월 후에는 여전히 그 제한이 결국 기대되던 결과로 나타났다고 언급했다. 이 모든 것은 지금위원회의 학설과 정확히 일치했다. 그 학설은 영란은행권의 작은 변동 모두가 환율이나 금 가격에 즉각적 영향 혹은 정확히 비례적 영향을 수반한다고 결코 말하지 않았다. 그 학설은 지폐 제한이 확실히 환율을 개선하려는 경향을 보인다고만 단언할 뿐이며, 그리고 영란은행은 그 방식을 피부로 느껴야 한다고 권고했다. 지폐 수량이 9000만 리브르에서 5400만 리브르

••

2) "Qu'est-à-dire que ces demandes d'argent? Qu'il y a sur la place plus de billets que les affairs du moment n'en exigent. Et comment y pourvoir? En diminuant leur quantité par un retrait plus fort que l'émission nouvelle."

로 감소할 때까지 프랑스 지폐의 10퍼센트 할인은 완전히 제거되지 않았다. 이런 감소는 영국의 대도시에서 필요하다고 알려진 것보다 확실히 더 큰 규모의 감축이었다.

그 보고서는 지금위원회의 다른 원칙(진정한 시금석은 은행권을 현금으로 태환하려는 대중의 성향이기 때문에, 지폐의 부족 혹은 과잉을 증명하는 것은 단순히 숫자로 드러나는 지폐의 양이 아니라는 것)을 확증했다. 그 보고서는 어떤 한 시점에 1억 리브르의 은행권이 파리에서 유통되고 있으며, 현금에 대한 특별한 수요가 발생하지 않았으므로 너무 많은 은행권이 존재하는 것은 아니라고 주장했다. 그러나 자금 경색의 시기에 9000만 리브르는 분명히 과잉이었으며, 그 보고서가 발간되던 시점에 4400만 리브르가 전체 수량이었다고 언급했다. 통화의 감소 혹은 증가를 요구하는 상황은 때에 따라서 발생하는 것으로 묘사되었다.

스웨덴 은행은 검토할 가치가 있는 다른 사례를 제시한다. 정확히 말해서 그것은 정부와는 독립적인 국가 은행이므로 정부 은행은 아니다. 그 은행은 적절한 이자율에서 대출에 의해 은행권을 발행했으며, 그리고 헨리 손턴이 획득한 정보에 따르면 검토할 만한 이유를 갖는 은행권 수량은 상당히 증가했다. 이 은행이 잠시 동안 현금태환을 중지하자, 그 지폐는 약 70퍼센트 할인될 정도로 그 가치가 하락했다. 스웨덴은 한 가지 점에서는 우리와 약간 유사한 상황에 처해 있었다. 즉 스웨덴은 그 나라에 풍부하게 존재하는 많은 물품들의 수출에 엄청난 장애를 경험했다. 그리고 아마도 그런 상품들의 명목가격을 유지하려는 열망은 정부, 국가, 국민들로 하여금 기존 제도에 순응하도록 하는 데에 기여했을 것이다. 그의 소식통에 따르면 스웨덴의 국민들은 자국 지폐의 가치 하락을 완전히 믿지는 않은 것 같다. 왜냐하면 그들의 많은 상품들, 특히 철강은 그들 통화의 가치 하락에 비례하여 상승하지 않았기 때문이다. 사실상 일반적으로 국민들은 유통수단의 가치 하락에 대해서 처음에는 보통 둔감하다. 그들은 환율 변동에 익숙해져 있으며, 그리고 자연스럽게 지폐의 매우 심각한 가치 하락조차도 처음에는 그들이 예상하는 데에 익숙해져 있는 동일한 상업적 원인들의 탓으로 돌리곤 했다. 그는 20~30년 전에 러시아 회계 사무소에 고용되었던 자신을 잘 기억하고 있으며, 그곳에서 러시아 환율에 관한 대화를 종종 들었다. 러시아 환율은 당시에 일반적으로 그리고 전반적으로 하락하곤 했지만, 그러나 정치적 혹은 상업적 사건과 더불어 그 환율이 때때로 상승했고 분명히 약간씩 변동했으므로, 그가 기억하는 한, 하락의 일반적 추세는 결코 러시아 지폐의 수량 증가 탓으로만 여겨지지는 않았지만, 그 수량이 그 추세에 주도적이면서도 영구적인 영향이 있다는 것은 이제 명백해졌다. 원래 루블은 48페니 스털링의 가치를 가졌으며, 그가 러시아 회계 사무소에 있을 적에는 루블은 35~40페니로 통용되었다. 현재 그것은 단지 12~14페니의 가치가 있다. 소위 무역수지나 정치적 사건이 오로지 30년 동안에 루블의 가치를 48페니에서 12페니로 감소시킬 수 있다는 것이 가능한가? 러시아의 사망한 여왕뿐 아니라 그 뒤를 이은 황제들도 때때로 지폐 수량을 엄청나게 증가시켰으며, 그에 따라 환율이 정말로 하락했다는 것은 완전히 잘 알려지지는 않았다. 환율을 주의 깊게 목격한 많은 사람들은 그 주제에 대해서 가장 잘 현혹되었다. 따라서 만약 하락하는 조류(潮流)를 어떤 사람이 목격했다면, 그는 소수의 우연적인 물결이 앞의 물결보다 더 높게 상승하는 것을 보고서 기만당할 수 있으며, 그리고 조류가 하락할 때 조류가 상승한다고 추론할 수도 있다.

사람들이 이런 관점에서 일반적으로 오류를 범한다고 가정하는 것은 합리적이다. 우리 자신이 서 있는 지점은 고정되어 있고 우리 주위의 사물들이 움직인다고 생각할 수 있다. 보트에 있는 사람은 해안이 그로부터 멀어지는 것처럼 보일 것이며, 지구가 태양 주위를 도는 것이 아니라 태양이 지구 주위를 돈다는 것이 초기 철학자들의 학설이었다. 유사한 편견의 결과로 인하여, 우리는 우리 모두의 수중에 있으면서 우리 스스로 확인 가능한 통화가 고정되어 있으며, 지금가격이 움직인다고 생각한다. 그러나 정말로 움직이는 것은 각국의 통화이며, 더 고정된 것은 세계의 상업에 봉사하는 더 많은 물품인 지금이다.

주목할 만한 것은 1720년경에 미국 은행들이 지폐를 과다하게 발행했을 때 미국 상인들은 그에 따른 환율 하락을 무역수지 탓으로 돌렸다는 것이며, 그리고 그 상황은 워싱턴 장군에 관한 최근 역사에서 마셜(Marshall) 씨가 지적하였다.

러시아 은행을 제외하고 그가 언급한 모든 은행(프랑스 은행, 스웨덴 은행, 미국 은행들)은 다소간 정부에 독립적인 기관들이었다. 그 은행 모두는 적정한 혹은 낮은 이자율에서 대출을 통해 지폐를 공급했고, 모두가 지폐를 초과 발행했다. 지금위원회의 반대자들은 지폐 가치를 하락시킨 그 모든 은행과 영란은행 간의 차이를 다음과 같이 구분하면서 그들 주장의 대부분을 제시했다. 그들이 언급한 바에 따르면, 영란은행은 가치 있는 것에 대한 대가로 발행하는 것 외에는 아무것도 발행하지 않는다. 즉 영란은행은 발행하는 모든 은행권에 대해서 실질 재산을 대변하는 어음을 수취하며, 그에 따라 지폐를 초과 발행할 수 없다. 이제 헨리 손턴이 언급한 프랑스 은행, 미국의 은행들, 그리고 그가 역시 신뢰하는 스웨덴 은행은 오로지 대부 방식으로만 지폐를 발행했으며, 그 은행들도 자신이 방출한 모든 은행권에 대해서 가치 있는 것을 대가로 수령했다. 이런 관점에서는 영란은행을 닮았다. 오스트리아와 러시아의 은행들은 정말로 정부 지출의 변제를 위해서 단순히 지폐를 발행했다. 즉 그 은행들은 엄격히 말해서 정부 은행이었으며, 그 경우 지폐 초과는 엄청나게 컸던 것 같다. 그렇지만 발행된 지폐에 대한 대가로 동등한 가치가 수취되었을 때에도, 지폐 초과가 발생할 수 있다는 점을 이해하는 것은 대단히 중요하다. 그리고 그 초과분은 그가 이미 언급한 것처럼 이자율이 낮은 것에 비례해서 커질 것 같다.

프랑스에서 로(Law) 씨의 은행도 대출 방식으로만 지폐를 발행했다. 이 은행은 토론을 개시한 박학한 의원에게 주목받았으며, 그 곁에서 발언한 [그가] 존경하는 의원은 로 씨의 은행과 영란은행 간의 비교에 대해 불만을 터트렸다. 만약 두 기관의 일반적 성격 혹은 그 기관을 지배하는 사람들의 상대적 특성이 고려되는 유일한 주제라고 한다면, 로 씨의 이름과 영란은행 현 이사들의 이름은 의심할 여지 없이 동시에 거론되지 말아야 한다. 그렇지만 로 씨의 주요한 오류가 무엇인지를 지적하는 것은 적절하다. 그것은 스코틀랜드에서 로 씨에 의해 발간되었고, 스코틀랜드 의회에 제출된, 평범한 내용을 포함하는 "화폐와 신용에 관한 소논문"에서 매우 분명하게 저절로 드러났으며, 그 내용은 그가 프랑스에서 아주 훌륭하게 권고한 것과 명백하게 다르지 않았다. 로 씨는 담보를 가장 중요한 것으로 간주했고, 수량은 아무것도 아닌 것으로 생각했다. 그는 대출 신청이 적절하다고 생각하는 다수의 차입자들에게 지폐가 공급되어야 하고(그의 저서에서 이자율이 어떠해야 하는지는 상세화하지 않았다.) 또한 지폐 가치의 3분의 2로 추계되는 토지 담보를 제공해야 한다고 제안했다. 이 지폐는 귀금속으로 전환될 수는 없지만, 로 씨가 가정하는 것처럼 그 가치가 하락할 수는 없다. 그가 말하는 것처럼 그것은 실질 재산을 대변할 것이며, 그리고 귀금속보다는 더 많은 가치를 지닐 것이다. 왜냐하면 토지는 금과 은처럼 가치 하락에 노출되지 않기 때문이다. 지폐 수요에는 한계가 존재하지 않을 수 있고, 증가하는 지폐 수량은 상품가격 상승에 기여할 것이며, 그리고 상품가격의 상승은 지폐의 추가적인 증가를 필요로 하고 또한 그런 증가를 정당화하는 것처럼 보인다는 것 등을 그는 망각했다. 프랑스에서 가격은 그전에 비해서 네 배 상승했으며, 사람들은 외관상의 엄청난 번영을 잠시 동안 경험했지만, 그러나 궁극적으로 환율의 하락과 화폐의 수출은 그 제도의 오류를 탐지하는 데 기여했으며, 그리고 주화의 가치 본위의 연속적인 변경은 정부가 의존하던 회복 수단 중 하나였다. 로 씨의 은행은 프랑스의 미시시피 계획보다는 앞서며, 어느 정도까지는 영란은행의 사례를 본떠서 만들어졌지만, 얼마 안 돼서 그 은행권은 법화(法貨)가 되었고, 3퍼센트의 낮은 이자율에서 대출되었다. 그 계획이 진행되는 과정에서 그 은행은 미시시피 회사와 혼동되었으며, 그 은행권이 그 회사의 주식과 교환 가능하게 되었고, 그 결과 이런 전 과정에 걸친 특수한 투기 때문에 원인과 결과를 추적하는 것은 쉽지 않았다.

수리남(Surinam)과 데메라라(Demerara)의 현재 통화 상태는 지폐 증가가 환율에 영향을 주는 경향이 있다는 다른 증거를 제공했다. 이 지역 중 하나에서 유통수단은 지폐로 구성되어 있으며, 다른 지역에서는 주화로 구성되어 있다. 그리고 이 식민지가 우리 소유가 되기 전에, 수리남의 지폐는 조심스럽게 제한되어 데메라라의 주화보다도 가치가 더 낮았다. 그의 소식통에 따르면 수리남 정부의 조폐 시설을 통해서 지폐가 지나치게 발행되었으며, 그 지폐는 현재 그전 가치의 3분의 1 정도의 가치이고, 또한 이웃 정착지 주화의 현재 가치의 3분의 1 수준의 가치이다. 오스트리아에서 지폐는 명백히 초과 상태이며, 그리고 환율에 의해 표시되는 그 가치에 대응하는 하락이 나타났다. 그 사례는 리스본의 경우와도 어느 정도 유사하다. 함부르크, 암스테르담, 파리를 제외하면, 사실상 유럽 대부분의 지역에서 가치 본위의 원칙은 상실된 것처럼 보였고, 금태환 중지는 어느 지역에서나 발생했으며, 그리고 지폐는 초과 발행되었고 그 가치는 하락했다. 따라서 영국은 대륙의 그렇게 많은 나라들의 전철을 밟지 않도록 유념했다. 그렇다고 영국의 헌정 질서에서 약간의 불확실한 차이 때문에 영란은행이 원칙에 따라 행동할 수 있었고 또한 아직까지도 대륙 국가들의 운명을 공유하지 않을 수 있었다고 주장하는 것은 영국에서 가장 오만한 주장일 것이다.

그가 이미 보여준 것처럼, 금태환 중지 이전에 영란은행 이사들은 현금 유출을 경험했을 때 지폐를 줄이곤 했다. 금이 유통되고 있을 때 사실상 통화량은 매우 불리한 환율의 경우에 저절로 감소했다. 왜냐하면 그것의 일부가 다른 나라로 운송되어버리기 때문이다. 그런 자연스러운 교정은 이제 존재하지 않으며, 그에 따라 일반적이면서 항구적인 환율이 지폐 초과의 지표로 간주되어야 하고, 또한 영란은행 이사들도 지폐 제한이 어떻든 환율에 아무런 영향도 주지 않는다는 원칙에 따라 계속 행동해서는 안 된다. 이것은 그들과 지금위원회 간의 핵심 쟁점이다. 그가 인지하고 있는 바에 따르면, 만약 그 이사들이 이런 중요한 주제에 대해서 의회가 주목해줄 것만 단순히 요구한다면, 그 위원회는 존경하는 의원이 자신들을 비난하던 모든 오류들(그렇지만 그가 결코 받아들일 준비가 되어 있지 않은 오류들)에 대해서 유죄라고 할지라도 핵심적인 도움을 제공할 것이다. 의회는 위원회와 영란은행 간의 이런 차이점에 대해서 이제 결정을 해야 한다. 그는 제도의 변화 없이는 환율이 개선되거나 더 나아가 저절로 회복하는 것이 전적으로 불가능하다고 단언하지는 않겠지만, 그러나 그의 두려움은 너무나 크다. 가장 소망스러운 상황은 1800년과 1801년의 대폭락 이후에 그리고 영란은행의 개선 노력이 명백하게 전혀 없음에도 우리의 환율이 회복되었다는 사실이었다. 그렇지만 그때와 현재 간에는 세 가지 차이점이 존재한다. 첫째로, 환율은 지폐가 희소하던 1800년과 1801년에도 액면 이하로 8~10퍼센트 넘게 하락하지 않았다. 환율은 현재 25~30퍼센트, 많게는 30퍼센트 넘게 하락했으며, 그리고 거의 3년 동안 꾸준히 하락했다. 둘째로, 1800년과 1801년에 상당히 많은 금이 유통되고 있었으며, 그것의 은밀한 전환은 송금을 성립시킴으로써 환율을 개선하는 데 그리고 아마도 영국에 남아 있는 통화의 총금액을 감소시키는 데에도 기여했다. 화폐가치를 규제하는 것은 특별한 지폐 총액이 아니라 일반적인 통화 총액이라는 것을 기억해야 하겠다. 셋째로, 1801년과 1802년 환율이 하락한 후에 우리는 잠시 동안 평화의 혜택을 누렸다. 만약 존경하는 재무 장관, 스펜서 퍼시벌(Spencer Perceval)이 하원에 대해서 평화가 도래하고 있다는 것을 보증한다면, 그는 현재의 공포를 일소하는 데에 크게 기여할 것이다.

반대 견해를 가진 존경하는 의원(로즈 씨)은 무역수지가 최근 우리나라에 특히 불리하게 되었다고 말했다. 지금위원회의 지명이 있기 얼마 전에 존경하는 그 의원은 오직 자신이 당시에 접근할 수 있었던 문서에서 무역수지가 당시까지 얼마나 특별히 유리하게 나타났는지를 언급했다. 그는 그 진술에서는 옳았다. 왜냐하면 1809년 세관의 연간 보고서가 하원에 제출된 이후에 나온 그것에 대한 검토 결과에 따르면 그 연도의 무역수지가 공식적인 금액에 따라 계산할 때 약 1600만 파운드(이전 연도 어느 때와 비교해도 몇 백만 파운드 더 유리한 수치) 유리한 것으로 나타났기 때문이다. 실질가치에 따라 계산된 무역수지는 거의 상당한 수준인 것으로 입증되었으며, 그리고 동일하게 실질가치로 계산하면 이전 연도의 어느 무역수지도 초과했다. 그는 그 위원회가 이 주제의 일부분을 언급할 때 부정확했음을 인정했다. 그러나 그것은 누구라도 정확성에 도달하려고 애쓰는 주제이며, 정작 그는 그들이 과도한 상세화를 시도하는 것에 대해 걱정했다. 이런 종류의 상세한 토론으로 반대자들을 끌어들이려는 그들의 과도한 희망은 이 과정에서 무너졌으며, 그리고 그의 존경하는 친구가 낸 결의안이 그 토론을 별로 지지하지 않는 것을 알고서 그는 기뻐했다. 그는, 수출과 수입의 추계를 제도화함으로써, 그 다음으로 이 수치와 정부를 지급지로 발행된 어음의 규모 그리고 이 두 명세서에 부가되어야 할 다른 모든 항목을 결합함으로써, 영국에서 빠져나가는 귀금속의 규모 혹은 소위 무역수지의 규모를 추계하는 것이 불가능하다고 확신했다. 그런 시도를 너무 진척시키던 사람들이 저지른 오류는 이 주제에 대한 교훈이었다. 존경하는 의원은 해외 운임으로 지급된 금액이 그 위원회에 의해 유리한 무역수지에서 공제되는 것으로 잘못 언급되었다고 주장했으며, 이런 주장은 어느 정도까지 옳았다. 그렇지만 결과적으로 여기서 그 위원회는 언급된 것보다는 무역수지를 약간 덜 유리하게 표현했다. 1810년의 대규모 곡물 수입은 우리의 수입을 엄청나게 증가시켰으므로, 그들의 보고서 이후의 특정 연도는 그 위원회가 관심을 가진 연도에 비해서 확실히 훨씬 더 불리했다. 이런 상황이나 혹은 상당한 불안을 야기한 적들의 강력한 포고문 그 어느 것도 그 위원회가 보고서를 작성하던 시기에는 알려지지 않았다.

그는 결론을 맺기 전에 통화의 가치 본위에 관한 중요한 주제로 관심을 돌려야 했다. 만약 우리가 지폐 가치 하락의 고통을 계속 겪고 있다면, 우리가 그 통화로부터 최종적으로 이탈하려는 중대한 위험이 존재한다. 만약 그의 존경하는 친구의 첫 결의안이 그 후에 상책인 것처럼 보인다면, 그 결의안은 그에게는 그 지폐로부터 어느 정도 이탈할 수 있는 권리로 해석할 수 있는 것처럼 보였다. 왜냐하면 그 결의안은 가치 본위를 변경할 수 있는 왕의 권리를 주장하며, 그리고 그것을 행사할 유혹이 일어나고 있는 시기에 그 권리에 대한 바로 그런 언급은 자연스럽게 일반인들 사이에서 우려를 야기할 수 있기 때문이다. 사실상 우리 금화의 가치 하락(혹은 동일한 의미이지만 그것의 액면 금액의 변경)을 선호하는 논리는 현재 상황이 계속되는 한 매일 더 강력해질 것이다. 지폐가 오랜 기간에 걸쳐서 가치가 하락했을 때 그 가치 본위를 변경하는 것은 단지 우리에게 이미 익숙한 그 가치의 통화를 확립하고 영구화하는 것일 뿐이며, 또한 추가적인 가치 하락을 배제하는 수단으로 전환될 수도 있을 것이다. 일정한 시간이 경과하면 그 정의(正義)의 논리는 가치 하락 쪽으로 이동한다. 만약 우리가 단지 2~3년 동안 가치가 하락한 지폐에 익숙해지면, 정의는 이전의 가치 본위로 돌아가자는 쪽에 서지만, 그러나 만약 지폐 가치가 하락한 이래로 8년, 10년, 많게는 15년 혹은 20년이 경과한다면, 그때 유통수단의 과거 가치를 회복하는 것은 부당하다고 생각될 수 있다. 왜냐하면 기존의 가치 하락이 지속될 것이라는 기대하에서 거래 계약이 성립되고 대출이 공급될 것이기 때문이다. 따라서 만약 가치 본위 고수를 진지하게 선언한다면, 우리는 저항 불가능한 유혹에 빠지지 않을 것이다. 가치 본위를 고수하는 문제는 하원의 현재 의사 결정에 의해 일단락될 수 있다. 그렇지 않았다면 영국 땅에서 발생했을 전쟁을 현재 포르투갈에서의 전쟁에 의해 방지하고 있으므로, 우리는 정말로 영국을 방어하고 있다. 우리는 오늘날 의회의 토론에 의해 주화의 본위 유지를 위한 투쟁을 방지할 수 있다. 우리는 아마 현재 그 전투를 벌이고 있으며, 동시에 그 전투를 아주 즐기고 있을 것이다. 환율이 단지 6~8퍼센트 우리에게 불리했을 때 지폐 제한이 추진되었다면, 그 해악은 주목을 받을 만큼 충분히 크지 않았을 것이다. 만일 환율이 50~60퍼센트 우리에게 불리하게 될 때까지 기다린다면, 그런 대책을 관리할 수 있는 시간은 지나버렸으며, 그리고 그 불행은 너무 가공스러워서 다룰 수 없게 될 것이다. 제한하는 쪽을 선택하는 편이 적어도 신중한 것이 아닐까? 그는 그런 금융위기가 몇몇 사람이 주장할 수 있는 은행권의 적절한 감소로부터 발생할 것이라는 생각을 전혀 하지 않는다. 많은 것이 이 문제에 대한 건전한 여론의 일반적 확산에 의존하기 때문에 전체 주제가 적절히 이해되도록 만들어보자. 경쟁하는 정당들이 서로 약간씩 양보했다고 하자. 영란은행은 갑작스럽거나 과격한 것을 아무것도 하지 않기로 약속했고, 광범위한 파산에 신중하게 대처하며 그리고 이미 체결된 금전적인 계약의 이행에 필요한 합리적 수단들을 상업 세계에 제공하기로 결정했다는 것이 알려졌다고 하자.(우리의 토론에서 당파심이나 당파적 분노가 전혀 없다는 것이 영국 전체에 알려졌다고 하자.) 그 경우 그는 재앙 같은 결과에 대해서는 두려워하지 않는다. 다른 한편 만약 그 문제가 높은 수준에서 수행되고 또한 영란은행이 지금위원회에 승리를 거둔다면, 그리고 만약 영란은행이 상인들과 정부에 제공되는 잠정적인 자금 완화를 위해서 용감하게 지폐를 증발하고 또한 우리가 더욱 먼 미래의 결과를 보지 않기로 결심한다면, 버크(Burke) 씨가 다른 경우에 주장한 것처럼, 훌륭한 생각은 통상적인 경로를 통해서가 아니라 결함과 약점을 통해서 궁극적으로 아마 우리에게 언뜻 떠오를 수 있을 것이며, 그리고 우리는 그때 너무 늦어서 우리의 통화가치를 회복하려는 노력을 적시에 실행하지 못했다고 한탄할 수 있을 것이다. 그는 의원들이 이 주제에 관한 현재의 법을 충분히 검토하지 않을까 걱정한다. 그 의사 결정이 매일 기대되던 문제는 보류되었으며, 그리고 그 문제는 두 가지 가격의 성립으로 귀결할 수 있을 것이다. 더욱이 사건들에 따라서 우리의 처지가 결정된다. 많은 사람들은 우려되는 특별한 해악이 현재 제도의 유지로부터는 전혀 나타나지 않는다고 생각하는 것 같았으며, 그리고 우리의 방침을 변경하지 않는 것이 더 안전하므로 그들은 지폐 제한에 별로 의존하려 하지 않았다. 그렇지만 지폐의 소폭적인 가치 하락이 거의 혹은 전혀 해악을 발생시키지 않고 또한 심지어 잠시 동안 유익하게 작용할 수 있다고 할지라도, 그리고 지폐의 대폭적인 가치 하락이 당장에 어떤 중대한 불행을 야기할 수 없다고 할지라도, 그들은 여전히 가치 하락의 장기 지속과 증폭이 가장 중대한 위험들을 유도할 수 있다고 생각해야 한다. 지폐 과잉의 결과에 불신이 저절로 추가될 수 있다. 가치가 낮아진 통화의 수용을 강제하기 위해서는 새로운 법들이 필요할 수 있으며, 그리고 그 법들이 유효하기 위해서는 가치 하락이 저절로 확대함에 따라 그 법의 가혹성이 증대되어야 한다. 이것은 다른 나라들의 일반적인 일 처리 순서이다. 동시에, 해악을 악화시키려고 노력하고 또한 유통수단의 초과로부터 발생하는 잠정적인 불신 그리고 지폐와는 아무런 관련이 없는 주식 전체에 대한 불신을 기꺼이 수용하려는 모자란 사람들은 아마 존재하지 않을 것이다. 그런 상태의 발생 가능성을 예견하는 것은 확실히 의회의 일이 되었으며, 그리고 마치 우리가 우리 자신의 안전을 위해서 어떻든 대비할 수 있는 힘이 없었거나 혹은 우리 조건의 개선에 어떻든 기여할 수 있는 힘이 전혀 없었던 것처럼, 사건들의 불확실한 경로를 마냥 기다리지 않는 것도 의회의 일이 되었다.

이런 근거에서 그는 그 박학한 의원의 결의안들 중 첫째 것을 현재 지지했는데, 그 의원은 가치 본위에 관한 학설을 지지했으며, 그리고 그 가치 본위로의 복귀를 재촉하고 확실히 보장하는 수단으로 영란은행권의 신중한 제한을 추천했다.

2

1811년 5월 11일

    헨리 손턴 씨는 이전에 하원에서 연설할 때, 그 보고서의 세부 내용을 주로 강조하던 존경하는 의원(로즈 씨) 말고는 자신에 반대하는 모든 의원들에게 그 내용을 사전에 말했다. 그리고 현재 그들의 논리가 의거한 근거들을 특별히 잘 알게 되었으므로, 5월 14일 그는 자신이 다시 한번 그들에게 주목받기를 간절히 희망했다.

    그의 존경하는 친구(밴시터트 씨)의 연설은 지금위원회 의장의 결의안[3]을 대체하는 자신의 결의안들을 이제 제안하면서 헨리가 비상(飛上)하기를 특히 재촉했다. 그 연설의 결론에서 그의 존경하는 친구는 헨리가 환율의

⋮

---

3) (옮긴이) 호너의 결의안을 의미하며, 호너 결의안과 밴시터트 결의안 및 현재 헨리의 연설과 관련된 배경은 pp. 69~71을 참조.

개선을 발생시키는 수단으로 간주한 다양한 상황들을 열거했다. 첫째, 대륙의 평화. 둘째, 미국에 대한 더 나은 이해와 그에 따른 미국과의 자유무역. 셋째, 유럽과의 상업적 교류의 확대. 그 모든 것, 특히 첫째는 헨리가 우리에게 기대하도록 별로 권고하지도 않은 것이다. 그렇지만 벤시터트가 환율을 개선하는 수단들을 이렇게 나열하면서 지폐 제한을 전적으로 생략했다는 것은 주목할 만하다. 존경하는 재무 장관뿐 아니라 그의 존경하는 친구도 자신의 연설의 한 부분에서 지폐 제한이 이런 효과를 발생시키는 경향이 있다는 것을 인정했지만, 그 연설의 결론 부분에서 유추하는 경우 그 원칙이 실질적으로 무시되었다는 것은 분명한 사실이다. 사실상 벤시터트의 결의안들은 동일한 맥락을 가진다. 즉 그 결의안들은 이런 핵심에 대해서 침묵했으며, 지폐 수량이 지폐 가치에 영향을 미친다는 학설을 감히 부정하지는 않았지만, 그 학설에 의문을 제기하는 것처럼 보였다. 왜냐하면 그 결의안들은 그 원칙을 불신하려는 명백한 의도를 갖고서 다양한 사실들을 열거했으며, 그리고 그 발의안들은 발의자보다 덜 계몽된 사람들로 하여금 지금위원회의 학설들이 이런 관점에서 몽상적이며 오류투성이라고 주장하도록 유도하려는 복안을 갖고 있었기 때문이다.

그는 자신의 존경하는 친구가 지금위원회의 보고서에 대한 반대를 이끌던 사람이라는 것에 대해 기쁘게 생각했다. 왜냐하면 그는 그 반대자들과의 토론이 우호적이었고 당파심으로부터 자유로웠다고 확신했기 때문이며, 그리고 하원은 그 주제의 반대자 쪽에서 채택한 상당한 잠재력을 확실히 청취했기 때문이다. 그렇지만 그는 만약 의회가 그 주제를 현재 주목하지 않는다면 상당한 반대에 부닥칠 것이라고 생각할 수밖에 없었던, 그런 원칙을 제한하는 조례의 지속 조건을 두 번이나 연장한 집행부에 자신의 존경하는 친구가 포함되어 있었음을 언급하지 않을 수 없었다.

그가 가장 조심스럽게 접근하려 한 시드머스(Sidmouth) 경의 집행부에서, 두 번(평화 시기에 한 번 그리고 전쟁 개시 이후에 한 번)이나 영란은행의 현금 지급을 제한하는 조례가 불리한 환율이라는 공공연한 근거에 의존해서 갱신되었다. 이것은 첫 번째 조례가 제정된 원칙은 아니었으며, 그리고 그는 의회가 단순히 그것을 구실로 그런 조치를 실행하는 데에 찬성하지는 않을까 하는 상당한 의구심을 제기했다. 그가 이미 충분히 보여주었다고 생각하는 것처럼, 은행권 초과는 바로 불리한 환율과 높은 지금가격에 의해 탐지되고 제한된다. 은행권 초과를 제한하는 법안이 승인된 근거는 훨씬 더 타당했다. 즉 즉각 침공할 것이라는 생각으로부터 발생한 불안감은 영란은행에 대한 엄청난 인출 사태를 유발했으며, 그리고 영란은행의 금고를 갑작스럽고도 불가피하게 고갈시킬 정도로 위협적이었다. 그 경우 국가는 정치적인 이유로 간섭한다. 환율이 불리하기 때문에 지급 중지를 연장하는 것은 새롭고 위험한 경로를 채택하는 것이다. 일찍이 그는 이런 동기만으로는 조례의 갱신 이유로 불충분하다고 다시 비판했지만, 그 주제는 특히 하원의 주목을 언제나 끌지 못했다. 따라서 하원과 영란은행이 일반 원칙을 잘 준수하는 것, 하원을 잠정적인 조치를 토론하는 곳으로 간주하지 않는 것 등은, 특히 하원이 지급 중지를 계속하기로 결의했으므로, 이제 하원의 품위에 잘 어울린다.

지금까지 영란은행에 대한 최대의 보안 조치는 정부로부터의 독립이었다. 즉 정부는 영란은행권의 발행에 아무런 관심도 없었고 또한 아무런 역할도 하지 않았으므로, 그 은행권은 적절히 규제되었다. 그리고 만약 전쟁 목적을 위한 영란은행권의 대규모 발행과 국가의 편의 도모가 태환 중지 기간에 의회에서 승인한 원칙이라면, 국가와 영란은행은 그 지폐가 처음에 초과 발행되고 그 다음에 가치가 하락하는 대륙의 정부 은행과 약간 유사한 방식으로 이해관계의 일치를 보지 않겠는가?

1797년 영란은행에 대한 첫 규제법안 이래 경과한 전 기간에 걸친 간략한 검토는 적절할 수 있을 것이다. 그가 앞에서 보여준 것처럼, 아마 그 시기 이전에 있었던 지폐 제한의 결과로 인하여 그리고 아마 그 후 잠시 동안 영란은행의 자연스럽고 신중한 정책 실행의 결과로 인하여, 1797년과 1798년의 환율은 특히 유리했으며, 그리고 상당한 양의 금이 영국으로 흘러들어왔다. 곡물이 부족하던 1800년과 1801년(환율을 불리하게 만든 다른 어떤 사건보다도 아마 더 그럴듯한 경제 사건)에 그 금의 흐름은 우리에게 전적으로 상당히 불리하게 변했다. 즉 당시 영란은행이 영업을 하는 동안 환율은 지금까지 도달했던 최저점 이하로 하락했다. 만약 영란은행이 현금 태환을 해야 하는 상황이었다면 확실히 제한했을 은행권 발행을 영란은행은 그 시점에 제한하지 않았다. 그러나 환율은 1802년에 저절로 회복했지만, 그것은 금을 영국으로 다시 돌아오게 만들 정도로 크게 개선되지는 않았다. 몇 년 더 지난 후에 환율은 우리에게 상당히 불리하게 변했으며, 그리고 그 환율은 태환 중지 이전에 알려진 것보다 더 불리하게 거의 3년 동안 현재 지속되고 있다. 따라서 1797년 태환 중지법안 이래로 우리가 이득을 본 유일한 금 유입은 분명히 그 시점 이전의 지폐 제한의 결과였다. 금 태환 중지 기간에 초과 발행의 경향이 자연스럽게 존재했을 것이지만, 그런 초과 발행과 1801년과 1802년의 특별한 자금 압박의 최초 결과는 (태환 중지 이전 시기의 절약이 우리에게 풍부하게 제공하던) 엄청난 양의 금 수출에 의해 명백하게 경감되었을 것이며, 그리고 1802년의 환율 회복은 그렇게 촉진되었다. 1808년과 1809년에 심각한 두 번째 자금 압박이 발생했을 때 우리는 환율 회복에 우리 주화의 상당 부분을 빼앗기게 된다는 것을 알게 되었으며, 그리고 이것은 아마 그 자금 압박이 그렇게 심각하다고 입증된 이유일 것이다. 두 번째 자금 압박은 우리에게 약간 남아 있던 금까지 즉각 빼앗아갔으며, 그에 따라 우리는 아주 엄청난 환율 하락을 더 이상 방지할 수 없는 시점에 이제 도달했다. 영국을 지급지로 하는 어음이 외국인에 의해 구매되고, 특정 가치를 갖는 현금으로 전환될 수 있으며, 또한 불법이기는 하지만 해외로 운송될 수 있다는 것을 외국인이 알고 있는 한, 어음 가격의 하락에는 하한이 존재하며, 그리고 약간의 금화가 실제로 유통되고 있다면, 이런 하한은 영란은행의 태환 중지 기간에도 존재할 것이다. 왜냐하면 그 경우 만약 환율이 그 한계점 이하로 하락한다면 일부 사람들은 은밀하게 우리의 금화를 수집할 것이며, 그에 따라 해외로 반출할 것이기 때문이다. 그렇지만 이제 그 사람들은 금화를 수집하기 전에 몇 마일을 걸어야 하며, 우리에게 남아 있는 매우 적은 수량의 주화를 수집하고 구매하는 데 상당한 비용을 치러야 한다. 따라서 어음 가격 하락의 하한은 이제 더 이상 과거의 하한이 아니다. 즉 우리는 어떤 한계를 갖지 않게 되며, 그에 따라 이제 우리는 새로운 위험에 도달한다. 그 결과 곤란한 상황이 발생하는 경우 환율이 하락할 수 있는 범위가 어디까지인지를 언급하는 것도 아마 어렵게 될 것이다. 그것은 영란은행 규제법안이 장기적으로 지속한 것의 결과였으며, 그 법안이 존재하던 14년 동안 우리의 행동을 규제한 제도의 결과였다. 하원은 현재 그 법안의 폐지 반대를 의결했으며, 그 법안이 이미 그것에 할당된 기간까지(즉 평화조약 비준 이후 6개월까지) 계속 효력을 발휘하기를 의도하는 것처럼 보였다. 그는 영란은행이 현재 좀 더 이른 시기에 영업을 재개할 필요가 있는가라는 문제에 관해서는 별로 관심이 없었다. 만약 영란은행이 그 기간에 영업 재개를 촉진하는 방식으로 행동하려는 성향만 보였더라도, 그는 그 핵심적인 결정을 유보하는 데 기꺼이 동의했을 것이다. 그렇지만 불행하게도 영란은행 이사들은,

그런 유보가 결정된다면, (만약 유보 법안이 통과되지 않는다면 영란은행 이사들의 행동을 규제하며 또한 그들이 현금을 태환해야 한다면 이제는 따를 수밖에 없는) 그런 원칙을 추구할 필요가 없는 것으로 생각할 것 같았다. 그들 중 한 사람에게 "영란은행이 현금을 태환하고 그리고 상당한 금 유출이 발생한다(그리고 영란은행이 현금을 태환해야 한다면 현재 상당한 금 유출이 발생한다는 것에는 의심이 있을 수 없다.)고 가정할 경우 당신은 은행권 감축을 권고하겠는가?"라는 질문이 제시되었다. 그 대답은 "나의 의견으로는 그것이 환율을 개선하지는 않겠지만 나는 어쩔 수 없이 그것을 추천해야 한다. 우리가 그런 부득이한 상황까지 몰리지는 않겠지만, 나는 그것이 규제법안의 이점들 중 하나라고 생각한다"였다. 만약 의회가 그의 존경하는 친구가 낸 결의안을 지지했다면, 의회는 이런 의견을 가진 영란은행을 견실하게 만들었을 것이다. 사실상 의회는 이미 그 결의안에 대해 찬성을 암시하면서, 박학한 의원의 첫 결의안 모두를 부결시켰으며, 그리고 지폐 제한에 반대하는 투표라고 생각되는 바로 그 투표의 결과 때문에 그는 영란은행의 2년 내 영업 재개에 대한 2차 투표(지폐 제한의 명백한 가혹성이 완화되고 영란은행의 영업 개시가 상당히 촉진되는 추가적 조치들을 명시함으로써 지폐 제한을 한정할 기회를 갖게 되어 기뻐한 투표)에 할 수 없이 참여했다. 지금위원회에서 그는 금태환 제한이 2년 이내에 종식되어야 한다고 제안한 지금 보고서에 제시된 조건들을 완화하기를 희망했다. 그는 과거에 겪은 모든 경험을 고려하면서 평화조약의 비준 이후 6개월이라는 기간처럼 그렇게 모호한 기간에 대해 분명히 반대 견해를 피력했다. 그는 우리가 출발한 원칙(과정의 문제로서가 아니라 환율이 불리하다는 단순한 근거에 의거해서, 만약 필요하다면, 단지 짧은 기간만 그것의 갱신을 영란은행에 허용하는 원칙)으로의 복귀에 찬성했다. 그는 마치 영란은행의 영업 개시가 지금위원회의 유일한 제안인 것처럼 대중의 관심을 영란은행의 영업 재개에 쏠리게 함으로써 자신의 견해에 반대하는 의원들이 상당히 유리한 입장에 놓이게 되었다는 것을 인지했다. 이것이 그 보고서의 유일한 목적은 아니다. 모든 기본 원칙들에 동의한 사람들 사이에서 그 보고서의 목적과 관련하여 다른 많은 견해들이 존재했다. 지금위원회는 그가 강조하던 다른 핵심(환율 개선 목적을 위한 은행권 발행 제한의 적절성)에 대해서는 훨씬 더 단결했다. 현재 의회는 이런 중요한 원칙과 관련하여 그 위원회에 반대하면서 영란은행의 편을 들고 있으며, 그리고 존경하는 재무 장관은 같은 편을 자처하면서도 스스로에게 지독한 책임을 부여하는 것처럼 보인다.

현재의 토론 과정에서 지폐 수량이 환율에 아무런 영향도 주지 않는다는 견해를 영란은행 이사들이 포용하도록 유도하는 관건은 그들이 수용하고 있는 소위 무역수지에 관한 학설인 것처럼 보인다. 그들의 견해에 따르면 환율은 불리한 무역수지의 불가피한 결과이다. 따라서 그는 이 주제를 약간 더 완전히 검토할 것을 요구했다.

단어의 부정확한 사용은 토론 중인 일반 주제의 많은 부분을 혼동하게 하며, 그리고 무역수지라는 용어가 특히 이런 혼란에 기여했다. 그는 이런 표현에 내포된 오류를 밝히려고 노력할 것이며, 이것을 위해 통화를 처음 어떻게 얻는지를 아는 것이 편리할 수 있다.

귀금속을 획득하기를 열망하는 우리 조상들은 잘 알려진 것처럼 이런 물품을 주요 목표로 하면서 새로운 대륙들을 탐험했고, 무역 거래를 이로운 것으로 혹은 달리 말하면 무역이 금과 은을 가져오거나 가져가는 것에 비례하여 이로운 것으로 간주하는 데 익숙했으며, 이런 귀금속들로 구성된 우리의 수출과 수입의 그 부분을 **무역수지**라고 자연스럽게 명명하게 되었다. 그렇지만 정말로 이것은 무역수지가 아니다. 지금과 그 밖의 물품의 상대적 시장 상황에 따라 더 적거나 혹은 더 많은 수량이 저절로 송출되며 또한 일반 계정의 한쪽에 단지 한 항목만을 구성하는 다른 어떤 물품과 정확히 유사하게, 지금도 공급과 수요에 따라 가치가 하락하거나 상승하는 상업용 물품이다. 곡물 혹은 다른 어떤 상품이 금이나 은처럼 무역수지를 지불한다고 적절히 이야기될 수 있지만, 그러나 곡물이 무역수지를 변제한다고 단언하는 것은 분명히 정확하지 않은 것처럼 보인다. 왜냐하면 그것은 곡물을 제외한 모든 물품의 금액이 고정된다는 것을 의미하며, 그리고 이런 물품들이 상호 간의 관계를 스스로 조정한 만큼 특정 수량의 곡물이 그때 그 차액을 지불하기 위하여 추가된다는 것을 의미하기 때문이다. 동일한 이유로 인하여 금 혹은 은이 그 차액을 지불한다고 단언하는 것도 정확한 것이 아니다. 그는 유명한 옛 학자들 다수가 이런 종류의 표현을 사용했다는 것을 알고 있으며, 그리고 그런 존경할 만한 권위자에게서 차용한 어법이 너무 많이 비난받아서도 안 된다는 것 역시 잘 알고 있다. 그렇지만 그들은 지폐가 거의 존재하지 않던 시절에 저술했으며, 그리고 그렇게 많은 신용화폐 도입의 결과를 생각해보지도 못했다. 따라서 만약 그들이 현재 그 표현들의 용도를 미리 알았다면 스스로 아마 그 표현을 방어하거나 평가했겠지만, 그들은 그 표현을 당시에는 방어하지도 혹은 평가해보지도 않았다.

영란은행 총재[매닝(Manning) 씨]는 연설에서 그가 방금 비판한 용어를 포함하는 로크(Locke) 씨의 구절을 인용했으며, 그리고 이 표현으로부터 그 저자의 원칙이라고 추론한 것에 입각해서 자신의 원칙을 확립했다. 로크 씨의 말은 이렇다. "우리의 귀금속 유출입은 전적으로 무역수지에 의존한다."[4] 이것은 존경하는 의원과 다른 영란은행 이사들의 학설, 즉 영란은행이 전혀 통제력을 갖고 있지 않은 금의 유입과 유출 양자를 규제하는 것이 무역수지, 오로지 무역수지인 한, 영란은행이 취할 수 있는 어떤 조치에 의해서도 우리의 금 유출을 방지할 수 없다는 학설을 확실히 묵인하는 연설의 방식이다. 그렇지만 한눈에 알 수 있는 것처럼 로크 씨가 영란은행 총재의 입장을 지지하는 권위자라고 완전히 주장할 수는 없다. 왜냐하면 인용이 이루어진 그 문장 바로 앞에 있는 그 저서의 해당 부분에서 로크 씨는 우리의 화폐를 용해함으로써 이윤이 획득될 수 있는 "두 가지 경우"를 언급하기 때문이다. "첫째로, 동일한 액면가의 현재 주화가 일부는 더 무겁고 다른 일부는 더 가벼운 상이한 무게로 동일하지 않을 때. 다른 경우로서, 손해 보는 무역 혹은 외국 상품들에 대한 과도한 소비."[5] 그리고 그 다음에 계속해서 그는 "우리의 귀금속의 유출입은 전적으로 무역수지에 의존한다"고 언급한다.

따라서 로크는 주화의 상실을 두 가지 원인 중 어느 하나의 탓으로 돌리고 있다. 그의 존경하는 친구[허스키슨(Huskisson) 씨가 인용한 아이작 뉴턴(Isaac Newton) 경과 그 밖의 사람들의 견해에 대해 이런 관점에서 동의하면서, 그는 두 종류의 유통수단이 상이한 가치를 갖는 경우 오랫동안 계속해서 서로 교환 가능하게 될 수는 없다고 단정했다. 왜냐하면 더욱 무겁고 가치 있는 유통수단은 합법적으로 혹은 불법적으로 용해될 것이며,

⁝

4) (옮긴이) John Locke, "Further Considerations concerning raising the Value of Money. Wherein Mr. Lowndes's Arguments for it, in his late Report concerning an Essay for the Amendment of the Silver Coin, are particularly examined," *The Works of John Locke*, vol. IV(Baldwin and Co., 1824), p. 161.
5) (옮긴이) 같은 책, p. 159. 손턴의 인용문은 "First, when the current prices of the same denomination are unequal and of different weights, some heavier, some lighter; ……"이지만, 로크의 원전에는 "First, when the current pieces of the same denomination are unequal and of different weights, some heavier, some lighter; ……"로 되어 있어서 로크의 원전에 따라 번역하였다.

그리고 가벼운 유통수단만 남을 것이기 때문이다. 의원들은 로크 씨를 포함하여 아이작 뉴턴 경과 다른 권위자들이 이 분야에서 기본적 공리로 제시한 것의 진실성을 인정하는가? 만약 그렇다고 한다면 그들은 만약 은화가 금화보다 가치가 더 크다면 은화가 사라질 것이고, 금화가 은화보다 가치가 더 크면 금화가 사라질 것이며, 그리고 가벼운 주화가 동일하게 통용되도록 허용된다면 무거운 주화가 사라질 것이라는 점을 수용해야 할 뿐 아니라, 또한 열등한 가치의 지폐가 동시에 유통되고 있다면 금화가 사라질 것이라는 점도 인정해야 한다. 은화는 현재 한정된 수량 이상에 대해서는 법화가 아니며, 따라서 금화와 지폐가 거액의 지급에 활용되는 유일한 두 종류의 통화이며, 그리고 금화가 그전에 은화에 대해서 갖던 관계와 무거운 금화가 가벼운 금화에 대해서 갖던 관계를 이제는 금화가 지폐에 대해서 가지고 있다. 따라서 우리 금화의 현재의 소멸은 로크 씨가 언급한 두 원인 중에서 첫째의 탓으로 돌려질 수 있다. 즉 두 번째 원인인 불리한 무역수지의 탓이라기보다는 영국에 있는 두 종류 통화 간의 가치의 차이의 탓으로 돌릴 수 있다.

그렇지만 로크 씨가 "우리의 귀금속 유출입은 전적으로 무역수지에 의존한다"라고 말하고 또한 현재 유행하는 위험한 학설을 묵인하는 데에 기여할 때, 여전히 로크 씨의 언어는 확실히 부정확하다. 이 학설에 따르면, 상상 가능한 최고의 금 가격과 더불어서 우리 금화의 소멸은 사실상 지폐 과다 혹은 지폐 가치 하락의 징후는 아니며, 단순히 불리한 무역수지의 증거일 뿐이며, 그리고 이에 대한 유일한 해결책은 일반적으로 국가 산업과 경제를 진흥하는 것이다. 그 주제에 관련하여 이런 견해에 따른다면, 사실상 일부 사람들은 지폐의 추가적 발행조차도 해결책으로 작용한다고 생각할 수 있다. 왜냐하면 지폐 발권의 증가는 제조업을 자극하는 경향을 보이며,

제조 상품의 수량 증가는 우리의 수출을 확대하는 수단을 제공하고, 그리고 더욱 확대된 수출은 무역수지를 개선한다고 언급될 수 있으며, 그에 따라 지폐 발행의 증가는 환율을 불리하게 하기보다는 환율을 교정하는 수단이라고 주장될 수 있기 때문이다. 이것은 반대 견해의 의원[캐슬레이(Castlereagh) 경]의 연설의 한 부분에 등장하는 논리의 흐름과 정확히 일치한다. 그것은 헨리 손턴 스스로가 한 번 저지른 오류이지만, 그는 그 주제를 더 면밀히 검토한 후에 정정을 승인했다. 이런 방식의 추리에는 오류가 확실히 존재한다. 그것은 너무 많은 것을 입증했다. 그것이 의미하는 바는 지폐를 무한히 증대시키는 것은 지금과 모든 상품에 대한 교환만이 아니라 다른 나라의 유통수단과의 교환에서 그 지폐의 가치를 무한히 개선하는 방법이라는 것이다. 그가 궁극적으로 시도하려는 솔직한 고백에 따르면, 우리는 환율 개선을 목적으로 우리 지폐를 제한하기에 앞서서 제조업을 심각하게 손상시키는 가혹한 자금 압박을 피해야 한다.

잘못된 동일한 학설에 따르면, 아이작 뉴턴 경과 그 밖의 사람들이 언급한 그런 사례들 각각에서 금화 수출은 무역수지에서 기인할 수 있지만, 그것의 원인은 아니었다. 우리가 아이작 뉴턴 경을 신뢰하는 경우, 윌리엄 왕(King William)[6] 치세하에서 금화와 은화의 상대가치 변화를 통해서 금화가 은화보다는 더 값어치가 있게 됨으로써 우리 금화가 해외로 유출되었을 때, 그 금화는 무역수지를 지불하기 위해 해외로 빠져나갔다고 할 수 있다. 왜냐하면 문제의 학설에 따르면 무역수지, 오로지 무역수지만이

••

6) (옮긴이) 1689년 명예혁명으로 제임스 2세가 퇴위하고, 메리와 윌리엄 3세가 영국의 공동 왕으로 즉위했으며, 윌리엄 왕은 1702년까지 통치했다. 당시 정부 재정 부족을 해결하기 위하여 영란은행이 메리 여왕이 사망한 1694년에 설립되었다.

귀금속을 다른 나라로 이동시키도록 유발하기 때문이다. 이후 몇 년에 걸쳐서 두 통화 간의 유사한 차이가 발생했을 때, 다시 무역수지를 지급하기 위하여 더 가치 있는 주화가 영국을 이탈했다. 그는 다른 사례를 제시했다. 영국 남부 해안에 살고 있는 어부가 1000파운드의 금화를 수집하여 동일한 가치의 프랑스산 브랜디와 그 금화를 어떤 프랑스 어부와 해협에서 교환한다고 가정하자. 그러면 유행 중인 학설에 따르면 그 금은 무역수지를 지급하기 위해 해외로 빠져나갔을 것이다. 그것은 남아 있는 과거의 부채를 변제하기 위하여 사용되었을 것이다. 이 사상에 따르면 금을 빠져나가도록 강제한 것은 언제나 브랜디이며, 금은 전혀 브랜디를 밀어내도록 강요하지 않았다. 프랑스 어부가 브랜디를 영국 어부의 보트에 넣음으로써, 영국 어부는 그 금을 프랑스 어부의 보트에 넣도록 강요당했다. 브랜디가 언제나 먼저이고, 금은 언제나 그 후에 뒤따른다. 금이 수지를 지불하는 데 언제나 도움을 준다는 것은 금의 특별한 성질 중 하나이다.

우리 지폐가 주화에 포함된 금보다 20퍼센트 정도 덜 값어치가 있게 됨에 따라, 사실상 그 주화는 지폐와 더 이상 상호 교환되면서 통용될 수 없고 해외로 빠져나간다. 왜냐하면 그런 양도에서 약 20퍼센트의 이윤이 존재하기 때문이다. 이런 이윤 때문에 그 주화를 유통에서 퇴출할 수 있으며, 또한 그 이윤 때문에 높은 가격에서 제조 용도로 구매되지 않는 일부 금화의 수출에 대해서 20퍼센트의 실제 장려금이 제공되는 것처럼 그것의 수출을 효과적으로 촉진할 수 있다. 그리고 마찬가지로 그것의 수입에 대해 20퍼센트의 세금이 부과되는 것처럼 통화 목적(다량의 금이 보통 수입되는 유일한 목적)으로 그것을 수입하는 것을 방지한다. 우리는 금화의 상실을 한탄하지만, 우리는 은행권을 제한하지 않음으로써 그렇게 본질적으로 그것의 수입에 대해서 조세를 부과하고 있고, 그것의 수출에 대해서는 장려금을 지급하고 있다. 그리고 그 다음에 금화가 없어진 것을 무역수지의 탓으로 돌림으로써, 우리는 금화를 소환할 수 있는 능력이 전혀 없다고 생각한다.

그는 정부의 해외 지출을 변제하기 위한 대규모 어음 발행으로 인하여 그리고 불리한 무역수지와 흉작에 근거하여 어떤 것이 양보되어야 한다고 인정했다. 우리의 제조품과 수출 가능한 다른 상품들은 그 경우 전체 송금액을 유리하게 공급할 정도의 수요가 해외에서 존재하지 않을 수 있다. 귀금속은 다른 품목들에 비해서 더욱 보편적 수요 상태에 있으며, 이런 귀금속 일정량의 양도는 외국시장에서 그렇지 않을 경우에 필요했을 우리 상품들의 판매가격의 하락을 방지할 수 있다. 그러나 우리의 금은 이제 가 버렸으며, 그에 따라 우리가 언급하는 그런 불이익은 우리가 전혀 보호받지 못할 것 같은 불이익이다. 우리 주화는 1801년에 거의 대부분 우리 곁을 떠났다. 우리 무역과 해외 지출의 상태는 결정적으로 개선될 것 같지는 않았다. 환율은 정화(正貨)의 양도에 의해 지금까지는 교정될 수 없었다. 따라서 우리 지폐의 신중한 제한은 면밀한 모든 검토의 결과 우리가 의존해야 하는 원칙이다.

그의 존경하는 친구(밴시터트 씨)의 첫 결의안들 중 몇몇은 과거 일정 기간에 환율 변동과 은행권 수량 사이에는 아무런 대응 관계가 없다는 것을 보이려고 의도했다. 그는 자신의 앞 연설에서 그 응답으로서 세 개의 별개 연도(1783년, 1795년과 1796년, 1797년)에 영란은행이 금 유출을 경험했고, 결과적으로 은행권 발행을 제한했으며, 그에 따르는 환율 개선을 경험했다는 것을 지적했다. 그의 존경하는 친구는 지금위원회가 지폐 제한의 효과를 잠정적인 것으로 판단했다고 잘못 생각했다. 즉 지금위원회의 의장을 통해 제시하려고 한 수정안에 의해 폭로된 오류. 지폐 감소 및 증가의 영향은 확실하지만 느릴 수 있으며, 그리고 아마도 그것은 작용하는 정도와 시간에 따라서 다양할 것이다. 즉 그것은 처음에 한 종류의 상품에, 그 다음에는 다른 종류의 상품에 영향을 미칠 것이며, 그리고 아마도 현금으로 판매되는 물품들에 대해서는 더 일찍 작용하고, 영국의 토지에는 천천히 영향을 줄 것이며, 영국의 노동에는 여전히 더욱더 천천히 영향을 미칠 것이다. 지폐의 과잉 발행이 노동가격에 일반적 변화를 유발하고 노동가격을 통해서 상품 가격에 일반적 영향을 미칠 때, 환율 개선은 더욱 힘들어지고 희망조차도 없게 된다. 그리고 이런 사고 방식을 통해서 우리는 임금이 심각한 영향을 받게 될 때까지 영란은행권의 감축을 연기하지 않도록 해야 한다. 한 국가의 주화 가치가 변동하는 경우, 가격에 미치는 영향은 유사하게 확실하지만 마찬가지로 유사하게 느리면서 불규칙적이다. 흄(Hume) 씨는 루이 14세 치세하에서 프랑스 주화의 연속적 가치 하락을 언급하면서 연속적 가치 하락이 가격의 비례적 상승을 한 번에 발생시키지 않았다고 언급했다. 그는 "비록 높은 상품가격이 금과 은 증가의 필연적 결과이기는 하지만," (역시 그것이 확실히 지폐 증가의 필연적 결과인 것처럼) "아직도 그 상승은 그런 증가를 뒤이어서 즉각 나타나지 않으며, 그리고 화폐가 전체 국가에 전반적으로 유통되기 전까지는 약간의 시간이 필요하다. 처음에는 아무런 변화도 인식되지 않는다. 전체 가격이 그 나라에 있는 새로운 정화 수량에 정확히 비례하는 비율에 최종적으로 도달할 때까지 점진적으로 가격이 상승하는데, 처음에는 어느 한 상품, 다음에는 다른 상품의 가격이 상승한다"라고 언급하면서, 추가로 "나의 견해에 따르면 단지 화폐 취득과 가격 상승 사이에서만 금 및 은의 증가가 산업에 유리하게 된다"[7]라고 말했다. 상업에 도움을 줄 목적으로 증가된 지폐 유통량을 유지하는 데 열성적인 의원들은 흄 씨의 이런 매우 건전한 주장을 마음속에 잘 새겨두어야 할 것이다. 그들은 계속적 지폐 증가에 의해서만 자신의 목적이 완전히 성취될 수 있다는 것을 기억해야 한다. 또한 그들은 이런 증가에 비례해서 환율이 불리해질 것이며, 그 나라의 가치 본위가 포기되어야 한다는 것도 생각해보아야 한다. 흄 씨는 자신의 일반적 견해를 입증하기 위해 약간의 사실들을 계속해서 상세히 설명한다. 그는 "그리고 지폐 증가가"(가격을 상승시키는) "이런 후자의 효과를 가지기 전에 정화가 상당한 정도로 증가할 수 있다는 것은 다른 사례들 중에서도 화폐에 대한 프랑스 왕의 빈번한 영향으로부터 드러난다. 그 경우 수량 증가는 적어도 상당한 기간에 비례적 가격 상승을 항상 유발하지는 않았다. 지난 루이 14세 치세하에서 화폐는 7분의 3만큼 증가했지만, 가격은 단지 7분의 1만큼만 상승했다"[8]라고 언급한다.

그의 존경하는 친구(밴시터트 씨)는 자신이 상술한 기간에 지폐 수량과 환율 간의 정확한 대응 관계가 전혀 존재하지 않는 한, 사실들에 관한 증거는 지금위원회의 학설(즉 지폐의 감소는 환율을 개선하려는 경향이 있다는 학설)에 반한다고 생각했다. 그의 존경하는 친구가 루이 14세 시대에 추론을 했다면, 그는 사실들에 관한 증거들이 흄 씨의 대응하는 학설(즉 한 국가의 주화 품질 퇴락과 그에 따른 수량 증가가 가격을 상승시키려는 경향을 보인다는 학설)에 반한다는 것을 보일 수 있었을 것이다. 그는 어떤 인식 가능한 결과가 전혀 뒤따라 나타나지 않는다는 것을 보여주기 위하여 주화의 가치 하락 이후 거의 바로 다음에 오는 며칠만 오로지 선택했을 것임에 틀

••

7) (옮긴이) D. Hume, "Of money", *Political Discourses*, 2nd ed., [Edinburgh: R. Fleming, 1752], p. 47.
8) (옮긴이) 같은 책, p. 49.

림없다. 궁극적인 전체 효과가 명백히 7분의 3이어야 하고 또한 확실히 7분의 3이었을 때, 당시 7분의 1에 이르는 효과를 발생시키는 데에도 1년이 소요되었다. 1805년 프랑스 은행의 사례는 그의 존경하는 친구에 의해 유사한 방식으로 그 자신의 핵심을 입증하는 방향으로 바뀔 수 있었을 것이다. 그 은행 지폐의 제한은 당장 효과를 나타내지 않았다. 그것은 그것의 정도에 규칙적으로 비례해서 작용하지는 않았다. 이 두 사례는 그럼에도 지금위원회의 학설을 확립하는 데 전반적으로 기여했다. 그 사례들은 일반적 효과와 그 효과의 불규칙성 둘 모두를 보여주었다. 이와 유사한 경우에 비교하려는 일수(日數)를 선택한 어느 한 사람이 거의 어떤 것이든 입증할 것처럼 보이는 사실들을 언급하는 것보다 더 쉬운 것은 사실상 존재하지 않는다. 한 사례에서 그의 존경하는 친구는 단 하루의 은행권 수량으로부터 논증을 시작하면서, 은행권이 영란은행 이사[레이크스(Raikes) 씨]가 공급하도록 허용된 것보다 300만 파운드 더 많았다(그가 그렇게 확신함으로써 결과적으로 그의 결의안을 변경시킨 오류)고 진술했다. 단 하루의 수량에 의해서가 아니라 오직 평균적 수량에 의해서만, 그리고 지폐 제한 이후의 기간들을 조사함으로써, 건전한 추론이 유도될 수 있다.

결의안들에는 다른 종류의 부당성이 존재했다. 그 결의안들은 현금태환 정지 이전에 오랫동안 존재하던 환율과 지금가격의 변동을 진술했으며, 그리고 그 다음에 이런 변동들이 그 시기 이후의 변동을 **그 정도에 있어서** 약간 유사한 것처럼 언급했다. 그렇지만 하원은 두 시기의 상이한 변동 범위를 인지하고 있었을까? 그는 지금가격의 변동을 상술했을 것이다. 화폐가치 하락의 더 확실한 시금석은 환율보다는 지금가격의 변동이다. 많은 상황들은 환율의 진정한 가치 본위에 대한 우리의 연구를 복잡하게 만들었다. 첫째로, 외국의 경우 정확한 가치 본위를 아는 것이 필요하다.

둘째로, 현행 외국 주화의 마모 정도를 알 필요가 있다. 왜냐하면 외국의 주조소에서 갓 나온 외국 주화가 아니라 현재 실제로 유통 중인 주화를 우리 자신의 주화와 비교해야 하기 때문이다. 이와 유사하게 우리는 외국의 경우 화폐 주조의 이익이 있는지 그리고 그 이익이 무엇인지를 알아야 하며, 또한 사실상 외국 통화의 수출에는 어떤 장애가 있는지도 알아야 한다. 그러나 계속 변화하는 이런 요인들의 많은 부정확성 외에도, 가장 많이 발생하는 오류의 원인, 즉 특히 함부르크만이 아니라 사실상 암스테르담의 가치 본위도 은이며, 반면에 영국의 가치 본위는 최근 얼마 동안 금이라는 상황이 존재한다. 전 세계적으로 금과 은 가격 간에는 크게 변동하는 불비례가 존재해왔으며, 그가 믿고 있는 것처럼 이런 변동은, 지금위원회의 반대자들이 의존하던 1797년 이전 기간에, 함부르크에 대한 우리 환율의 빈번한 대폭 하락의 상당 부분을 명백히 설명하는 데 도움을 줄 것이다. 영국 사람들은 자신들의 가치 본위가 고수되고 있는지를 알기 위하여 환율의 모든 복합성을 검토하려고 하지 않았다. 환율은 우리 통화의 가치 하락에 대한 확증을 단순히 제공한다. 즉 일반적으로 높은 지금가격 자체가 명료하게 그 확증을 확립한다. 그러면 1797년 이전에 지금가격은 얼마였으며, 그리고 현재는 얼마인가? 남해 사건 시기를 제외하고 1797년 이전에 그리고 우리 주화 가치가 하락한 기간에, 지금가격은 결코 온스당 4파운드 1실링 6페니보다 더 높게 상승하지 않았으며, 그리고 그 가치에 도달한 적도 거의 없었다. 즉 그 가격은 3파운드 17실링 10페니부터 4파운드 1실링 6페니까지의 변동 폭보다 더 크게 변동하지는 않았다. 그 가격은 현재 4파운드 14실링이다. 지금가격은 특정한 시기에 적정한 주조가격을 3실링 8페니 혹은 2~3퍼센트 이상 초과하지 않았다. 다른 시기에는 그것이 주조가격을 16실링 2페니 혹은 15~20퍼센트만큼 상회했다. 그러면

1797년 이전에는 지금가격이 표준으로부터 기껏해야 2~3퍼센트 범위 정도만 가끔 이탈했으므로, 표준으로부터 15~20퍼센트의 이탈을 이제 중시할 필요가 없다고 추론하거나 주장하는 것은 정당한가? 지금위원회는 주화의 가치 본위로부터의 편의(偏倚)가 아무리 작을지라도 결코 묵인되지는 말아야 한다고 말하려고 하지는 않았다. 이런 관점에서 그들은 종종 대표적 이론가들이라고 할 수는 없었다. 그들은 사실상 지금이 가치 본위라고 단언했으며, 그리고 그 주제가 검토되면 될수록 우리는 이런 가치 본위를 그만큼 더 갖고 있거나 혹은 그만큼 더 전혀 갖고 있지 않은 것처럼 보인다. 그렇지만 그들은 그 표준으로부터의 적절한 이탈은 받아들였다. 인간은 결코 완전하지 않다. 바로 그 주조소는 1파운드의 금을 44.5의 동일한 부분 혹은 금화 기니로 전환한다고 공언했지만 이런 대상물을 수학적인 정확성을 가지고 완성하지는 못했으며, 그리고 이런 편의에 대해서는 공차(公差)라는 기술적 이름이 붙었다. 하물며 표준 이하의 이런 종류의 아주 미세한 이탈도 가치 하락이라고 불릴 수 있었다. 금화의 마모를 통해서 추가적 가치 하락이 발생했으며, 의회는 중량이 약 1퍼센트보다 더 감소했을 때 금화가 법화가 되는 것을 중지함으로써 추가적인 가치 하락에 제한을 가하려고 노력했다. 이런 한계의 엄격성은 의회 내에 존재하는 원칙을 보여주었다. 그것은 어느 정도까지의 가치 하락을 감안했음을 보여주었으며, 그 정도를 넘어서는 가치 하락에 대해서는 주의 깊게 대처해야 할 해악으로 간주했다는 것을 입증했다. 주화의 용해와 수출을 금지하는 우리의 법은 금의 시장가격과 주조가격 간의 차이를 추가로 크게 하도록 유도했거나, 혹은 달리 말하면 추가적 가치 하락을 유도했다. 1797년 태환 중지 이전에 이런 모든 원인에 의해 발생하는 효과 때문에, 그가 언급한 두 시기를 제외할 경우, 영국의 실제 통화가치는 지금가격으로부터 그가 언급한 2~3퍼센트 범위 이상 결코 이탈하지 않았다. 따라서 그 시점까지 사람들은 그들 통화가치가 그렇게 꽤 잘 유지된다고 확신했다. 현금으로 태환해야 하는 영란은행의 책임은 그가 언급한 정도 이하로 지금 가치가 하락할 수 없는 지폐를 그들에게 보장했다. 현재 시점에 이런 지폐 가치는 지금 가치보다도 무려 15~20퍼센트 하락했으며, 그리고 그들은 추가적이면서 무한하기까지 한 가치 하락에 대해서도 아무런 안전도 보장받지 못한다. 금 자체는 가치가 상승했다고 이야기되지만, 그러나 비록 그 가치가 상승했다고 해도 금이 가치 본위이므로, 우리는 그것을 고수할 의무가 있다. 즉 우리는 그 가치의 일반적 하락에서도 그것을 고수했으며, 그 가치의 일반적 상승에서도 그것을 감수해야 한다. 금 가치가 상승했다는 주장이 현재 지폐 가치의 하락을 정당화하는 것처럼, 정확히 그 주장은 금화의 품질 저하를 정당화할 것이다. 전반적으로 그는 1797년 이전에 지금의 시장가격과 주조가격 사이의 약간의 차이를 현재의 현저한 차이와 혼동하는 것은 극히 부당하다고 생각했다. 그 차이는 사실상 단지 정도의 차이라고 말할 수도 있지만, 그 정도는 이 경우에 전부이다. 그리고 그의 존경하는 친구의 결의안이 두 시기에 지금의 시장가격과 주조가격 간 차이의 크기를 신중하게 상술하려고 하지 않았다는 것은 주목할 만하다.

그가 언급해야 하는 다른 주제만 하나 남았다. 그의 존경하는 친구의 결의안은 영란은행권이 초과 상태가 아니었다고 주장했다. 왜냐하면 현재와 1797년의 그 수치상 크기는 두 시기의 상대적 거래량과 지출에 의해 공평하게 정당화되는 규모보다 더 크지 않았기 때문이다.

5파운드와 그 이상의 은행권은 1797년 이전의 3년 평균으로 대략 1070만 파운드였으며, 그리고 지난 3년간 평균으로는 대략 1420만 파운드였다. 만약 두 시기의 상대적 수량이라는 단순한 근거에 입각해서 은행권 수량이 초과 상태라고 선언하도록 요구받았다면, 그는 그렇게 하기를 주저했을 것이라고 당당하게 말할 것이다. 그는 환율과 지금가격이 어떤 상태인지를 물어보았을 것이며, 주로 이런 질문에 대한 답변을 통해서 그의 판단이 형성되었을 것이다. 그렇지만 그는 다른 한편으로는 은행권의 적절한 제한이 소위 은행권의 아주 적은 증가로부터도 추정 가능하다는 것을 전혀 인정하지 않았다. 이 주제와 관련하여 상당한 오해가 존재하며, 이 오해는 그 자신과 같이 대도시의 화폐 거래에 익숙한 사람들이 가장 잘 제거할 수 있다. 은행권 사용에서 엄청난 절약이 실행된다. 이런 주제에 정통하지 않은 의원들은, 우리의 거래와 수입 및 공공 지출이 확대될 때, 이런 증가된 지출에 필요한 은행권이 거의 비례적으로 증가해야 한다고 자연스럽게 생각한다. 그렇지만 이것은 그 경우가 전혀 아니다. 신용화폐의 초기에는 영란은행과 같은 회사의 유통수단이 규칙적으로 그리고 단조롭게 증가할 수 있다. 그럼에도 그 유통이 감소하기 시작하는 시기가 도래할 것이지만, 정확히 어느 시기에 그리고 어떤 정도로 이런 변화가 발생할 것인지는 쉽게 확인되지 않는다. 영란은행이 조직되었을 때 그리고 이후 일정 기간에, 당시에 금 세공인이던 개인 은행가들이 긴급사태에 대비해 보유하던 기금은 주로 금으로 구성되었지만, 그러나 그것은 매우 서서히 영란은행권으로 교체되었다. 따라서 의회에 제출된 보고서는 영란은행 설립 초기에 영란은행권이 얼마나 하찮은 수량이었는지 그리고 일정 기간 이후에 그것이 얼마나 빠르게 증가했는지를 보여줄 것이다. 그렇지만 그것은 신뢰도가 증가하는 것에 비례해서 규칙적으로 증가하지는 않았다. 은행가는 보유하는 은행권 액수에 비례하는 이자 상실을 감내했다. 따라서 그는 그 은행권을 그런 불이익이 전혀 발생하지 않는 지폐로 대체하려고 할 것이다. 재무성 증권이 이런 종류의 준비를 할 수 있게 해주었다. 재무성 증권은 은행가에게 이자를 발생시키며, 그리고 여전히 매우 짧고 확실한 과정에 의해 은행권으로 전환될 수 있다. 따라서 은행권은 그 제도의 완성은 결코 아니다. 즉 은행권은 그 제도의 '최후 및 최선의 공급'이 아니다. 최후 및 최선의 공급은 존경하는 재무 장관의 은행으로부터 공급되며, 재무 장관은 이런 종류의 증권 발행이 최근 어느 범위까지 실행되었는지를 잘 알고 있다. 역시 환어음 그리고 유사한 성격의 다른 물품들이 은행권 사용을 절약하는 데 크게 기여했으며, 다양한 장치들이 동일한 목적을 위해서 이용되고 있다. 많은 제조 기업에서 발명이 끊임없이 실행되고 또한 그에 따른 노동 절약이 이루어지고 있는 것처럼, 마찬가지로 은행제도에서도 필요한 은행권 수량을 창출하기 위해 개인들의 재능이 발휘되고 있다. 한 은행에서 다른 은행으로 자금을 이체함으로써 그리고 다른 지역의 화폐 과잉을 제거함으로써, 한 지역의 일별 및 시간별 부족분을 공급하는 화폐 중개업자의 숫자가 점증하는 것에 관한 증거가 지금위원회에 제시되었다. 만약 대도시의 60~70개의 은행가들이 6~7개의 은행가로 축소되었다고 가정할 수 있다면, 매우 감소한 은행권 수량은 분명히, 동일한 사업들을 위해서 충분할 것이다. 은행제도의 개선은, 말하자면 그가 언급하고 있는 목적을 위해서, 상호 간에 직접 교류를 전혀 하고 있지 않은 은행가들을 한 은행으로 통합하려는 경향을 보였다.

마찬가지로 그가 생각하고 있는 것처럼 은행가를 이용하는 관습의 확대를 통해서, 그리고 대도시 안과 그 주변에서 은행가를 지급지로 하는 어음을 유통시키는 관습의 확장을 통해서, 개인 가구가 보유하는 은행권 수량은 꾸준히 감소하고 있다. 마찬가지로 지방에서 영란은행권(그는 여전히 5파운드와 그 이상의 고액 은행권을 언급한다.)의 유통은 지방은행들이 엄청나게 증가한 결과, 아마도 감소했을 것이다. 지방은행들이 보유하는 영란은행권의 총수량은 증가했을 수 있지만, 그 영란은행권들은 그가 계산에서 배제한 1파운드와 2파운드짜리 은행권으로 대부분 구성되었다.

헨리 손턴 씨는 결론적으로 자신이 이런 광범위한 주제의 중요한 여러 부분을 거의 다루지 못하고 남겨두었다는 것을 잘 인지하고 있다고 주장했다. 그렇지만 현재의 결의안에 의해 그렇게 많은 모호성을 제시하는 가치 본위의 본질에 관한 핵심은 반대 의견을 가진 존경하는 의원[캐닝(Canning) 씨]과 사실상 그의 절친한 존경하는 의원(허스키슨 씨)에 의해 매우 유능하고 만족스럽게 다루어졌으며, 그 결과 그는 그것을 길게 논의할 마음이 거의 없었다. 그렇지만 그는 의회의 찬성 여부에 관계없이 가치 본위를 변경할 수 있는 국왕의 권한이 주장될 수 있는 현재 제안된 결의안들 중 첫째를 다시 한번 언급하지 않고서는 안심할 수 없었다. 일반적으로 말하면 한 국가의 주화 규제가 국왕에게 위임되었다는 것은 진실일 수 있지만, 그러나 그가 자주 사용하는 언어는 그의 존경하는 친구의 언어가 아니라 오히려 찰스 1세 치세하의 평의회 의원인 토머스 로(Thomas Rowe) 경의 언어(사실상 그 첫 마디에서는 그가 비난하던 결의안을 약간 닮았지만, 그 결론에서는 상당히 다른 언어)일 것이다. 토머스 로 경은 "주화의 규제는 영연방의 옹호자인 국왕의 일로 남게 되었다. **국왕은 자신의 명예를 건 채무자이며 그리고 그 일에 관하여는 신민에 대한 정의(正義)의 피보증인이다**"라고 진술했다.

스미스 박사는 "모든 각 나라에서 신민(臣民)들의 신뢰를 저버리는 군주와 주권국의 탐욕과 부정의가 그 주화에 포함된 귀금속의 실질적 수량을 점진적으로 감소시킨다"라고 주장했다.[9] 이것은 현재와 같은 어려운 시기에 모든 국가가 저지르기 쉬운 해악이다. 스미스는 다음과 같이 주장한다. 로마 사람들은 로마 후기 및 어려운 시기에 자신들의 주화 가치를 24분의

1로 축소했다. 잉글랜드는 파운드 가치를 단지 3분의 1로 축소했다. 스코틀랜드는 다행스럽게도 주화 가치를 36분의 1로 축소했으며, 또한 그런 이득[왜냐하면 반대 견해를 주장한 존경하는 준남작 존 싱클레어(John Sinclair) 경의 그런 원칙들은 아마도 그로 하여금 그 이득을 검토하도록 유도했을 것이다.]을 취했다. 프랑스는 66분의 1로 축소했다. 그는 가치 본위의 가치 하락이 비교적 적었다는 것이 잉글랜드에 대단히 영예로운 것으로 항상 생각했다. 그렇지만 현재 우리는 결국 이런 유혹에 빠질 위험에 스스로를 기꺼이 노출하려는 것처럼 보이며, 반면에 함부르크, 암스테르담, 프랑스에 있는 우리의 강력한 적들은 이런 유혹을 초월했다. 그들의 몇몇 가치 본위는 유지되었다. 우리가 이런 관점에서 현재 상황에 굴복하지 않는 것이 그가 옹호하는 주요 대상이다. 어떤 국가는 이런 하향화 과정에서 취해지는 첫 단계를 거의 인지하지 못했고, 그에 따라 그 나라는 그런 주제에 관한 해박한 지식을 소유한 사람들의 지배 하에 있게 되었으며, 그리고 그들은 다가오고 있는 위험을 지적하기 위하여 다른 나라들의 역사에 관심을 갖게 되었다.

부분적으로 아마 집행부 위원들의 복수 직위로 인하여 그리고 당시 그 문제에 대해 너무 성급하게 자신의 견해를 나타냄으로 인하여 우선 그 문제에 대해 과도한 일시적 견해를 취했기 때문에, 그리고 부분적으로는 마찬가지로 그들의 금융적이면서도 정치적인 이해관계로 인해 지폐 증발에 따른 현재의 이득을 향유하려는 희망 때문에, 그는 그들이 현재 시점에 가장 안전한 안내자가 아니라는 점을 우려했다. 그는 자기로서는 지금위원회의 개인으로서 그리고 의회의 구성원으로서 의무를 완수하려고 노력했

••

9) (옮긴이) A. Smith, 앞의 책, p. 43.

으며, 그리고 연설에서 당면한 금융위기를 길게 논의하지 않았지만, 그것
을 충분히 고려하지 않고서는 판단을 내리지도 않았다.

헨리 손턴의 생애와 학문

1. 생애

헨리 손턴(Henry Thornton, 1760~1815)은 은행가이면서 박애주의자이고, 의회 의원이며, 『신용화폐론(*An Enquiry into the Nature and Effects of the Paper Credit of Great Britain*)』의 저자이기도 하다. 손턴의 가족은 18세기 초에 헐(Hull)에서 클래펌(Clapham)으로 이사했으며, 헨리는 바로 그곳에서 태어났다. 그의 부친과 조부는 러시아 무역에 종사하는 상인이었으며, 영란은행의 이사이기도 했다. 부친 존 손턴(John Thornton)은 복음주의 운동의 제1세대로 알려져 있으며, 많은 돈을 자선사업에 기부하기도 했다.

헨리는 5세 때에 완즈워스(Wandsworth)에 있는 데이비스 씨의 학교에서 8년간 교육을 충실히 받았으며, 그 후에 포인트플리산트(Point Pleasant)에 있는 로버츠(Roberts) 씨의 학교에 보내졌는데, 여기서 13세부터 19세까지

머무는 동안 별로 배운 것이 없었다고 불만을 토로했다.

1778년부터 1780년까지 백부의 회사에서 지냈으며, 그 후 바로 부친의 회계 사무소에서 일했다. 그렇지만 헨리는 부친과의 합작 사업에서 이득이 발생하지 않을 것이라고 생각해 1784년에 '다운 손턴 앤드 프리(Down, Thornton and Free)'[원래는 '다운 앤드 프리(Down and Free)']라는 은행 사무실에 합류하게 되었고, 일생 동안 이 사업을 영위했다. 그보다 2년 전인 1782년에는 서더크(Southwark)에서 의회 의원에 당선되었는데, 이것이 아마 다운 손턴 앤드 프리에 천거받은 배경이라고 스스로 생각했다. 그는 의회에서 특정 정파에 속하지 않고 무소속으로 활동했으며, 특히 사촌인 윌리엄 윌버포스(William Wilberforce)와 노예 폐지 운동에서 적극적으로 공조를 유지했으며, 친구인 윌리엄 피트(William Pitt)에 대해서는 언제나 절대적 지지를 보낸 것은 아니다. 그는 사망할 때까지 의원직을 유지했다.

헨리는 결혼 전까지 소득의 7분의 6을 자선기금으로 내놓는 것을 규칙으로 삼았으며, 결혼 후에도 소득의 3분의 1은 계속 기부했다. 자신의 좋지 못한 건강을 유지하는 비용과 자식들을 부양하고 가족의 건강을 유지하는 데 필요한 비용을 제외하면, 거의 소득 대부분을 자선기금에 기부했다. 본인 스스로도 자선이 거의 사치에 가까운 수준이라고 평가했다. 그의 자선기금은 복음주의 운동의 본산인 클래펌 교파의 재정자금으로 상당 부분 쓰이면서, 특히 각종 기독교 서적의 발간과 보급에 사용되었을 것이며, 또한 노예 폐지 운동과 같은 각종 캠페인의 재정을 담당했을 것이다.

헨리는 1796년에 헐 지방의 러시아 무역에 종사하는 무역 상인의 딸 메리앤 사이크스(Marianne Sykes)와 결혼했고, 자녀를 아홉 두었으며, 자녀들은 허약한 부모보다는 더 오래 살았다고 한다. 장남은 은행업에 종사했으며, 상당한 부를 쌓은 것으로 알려지고 있다.

헨리는 결혼 뒤 의회에서 의회 개혁, 채무자 구제, 교도소 개혁, 가톨릭 교도 해방, 누진적 소득세 등에 관심을 가졌으며, 1804년 아일랜드 통화 관련 위원회, 1807년 공공 지출 관련 위원회, 1810년 지금위원회, 1813년 곡물 관련 위원회 등에서 적극적인 활동을 펼쳤다. 특히 그는 높은 지금가 격의 원인을 탐구하고, 통화량과 환율의 상태를 조사하도록 위임받은 지금위원회에서 1797년 금태환 중지 이후 금본위로 복귀할 것을 주장했으나, 그가 사망한 후인 1821년에야 사실상 금본위로 복귀했다. 1797년부터 그가 사망할 때까지 영국은 은행제도에서 엄청난 변혁의 시기를 맞았으며, 헨리는 이 시기에 은행 실무 전문가로서 그리고 화폐이론가로서 중대한 기여를 했지만, 불행하게도 그가 한 기여는 데이비드 리카도(David Ricardo)의 명성에 묻혀버렸다.

2. 화폐이론

『신용화폐론』이 발간된 1802년 전후는 영국의 은행제도가 급격히 변화하던 시기였다. 지방은행 숫자가 급격히 증가하고, 런던 은행가 쪽에서 지폐 발행이 사실상 폐지되었고, 반면에 수표 사용이 급격히 신장되었으며, 그리고 런던결제소가 설립되었다. 이 시기에 영란은행은 런던 은행가와 지방은행들이 최후로 의지할 수 있는 보루의 역할을 수행했다. 물론 중앙은행으로서 법적인 지위를 획득한 것은 1844년 필 조례(Peel's Bank Charter Act) 이후이기는 하지만, 이미 관례상 영란은행은 중앙은행의 역할을 담당했다.

18세기 말의 새로운 현상은 거의 10년에 걸쳐서 1763년, 1772년, 1783년, 1793년에 놀랍게도 규칙적으로 경제공황이 발생했다는 것이다. 중앙은행의 역할을 담당하게 된 영란은행은 특히 1783년의 공황 때에 처음으로 신용 축소를 통해서 금 유출에 의도적으로 그리고 성공적으로 대처했다. 반면에 10년 후 약간 상이한 상황, 즉 프랑스와의 전쟁 발발은 1793년 2월의 금융공황을 발생시켰고, 그에 따라 런던에 있는 은행의 파산과 더불어 잉글랜드 전반에 걸친 수많은 지방은행의 파산이 잇따랐다. 이때 영란은행은 전반적인 경제 불안과 그에 따른 지방은행권에 대한 불신으로 유발된 금화와 영란은행권에 대한 광범위한 수요로 현금 고갈을 겪게 되었고, 은행권 발행을 축소함으로써 전대미문의 공황을 더욱 격화시켰다. 하원위원회가 상인들의 현금 조달 수단으로 500만 파운드의 재무성 증권 발행을 정부에 권고했고, 이런 조치가 실제로 실행되기도 전에 공황은 진정되었다.

　이후 1802년 3월 아미앵 조약 체결 후 1년간 그리고 1814년 5월 파리평화조약 이후 9개월을 제외하면 1793년부터 1815년까지 프랑스와의 전쟁이 지속되었으며, 이에 따른 재정지출 증대, 곡물 작황 부진 등으로 정부의 자금 대출 요구와 금화의 해외 유출 등은 영란은행권의 상당한 팽창을 유발했다. 1795년 말에는 외환의 급격한 감소로 영란은행이 불가피하게도 신용 할당을 선언했으며, 이런 신용 할당은 1796년 봄에 새로운 신용 경색을 유발했다. 이 시기의 지속적인 화폐 부족, 높은 물가 및 불리한 환율의 지속 등은 상당히 부조화스러운 현상이었다. 특히 1797년 2월 프랑스 프리깃 함이 단독으로 웨일스의 피시가드(fishguard)에 1200명을 실제로 상륙시켰을 때, 영란은행에 대한 인출 사태가 시작되었으며, 1797년 2월 26일 영란은행은 최종적으로 금태환 중지를 선언했다. 이때 금태환 중지의 원인은 내부 고갈이었다.

"영란은행의 미결제 수요 총액과 그것을 결제하는 데 필요한 자금의 총액을 조사하고 결정할" 15인 위원으로 구성된 하원 비밀위원회가 구성되었고, 또한 특별위원회가 상원에서도 구성되었다. 3월과 4월에 두 위원회는 하원위원회가 19명의 증인을 소환하고 상원위원회가 16명의 증인을 소환하는 등 광범위한 증거를 수집했다. 두 위원회는 대개 동일한 사람들을 소환했는데, 그들은 주로 영란은행의 대표자들, 상인, 지방은행협회의 간사, 그리고 런던 은행가들 중 유일한 대표자로 간주되는 헨리 손턴 등이다. 그가 선택된 이유에는 그가 하원의 의원이었다는 것, 그의 은행이 지방은행들과 특별히 광범위하게 연계되었다는 것도 있지만, 주된 이유는 그가 이미 신용문제에 관해 심도 있었다는 것이었다.

1797년 의회 증언에서 손턴은 1797년의 금융공황의 원인에 관한 논의 과정에서 현대적 의미로서 화폐수요에 관한 내용, 이자율과 화폐수요, 민간은행과 중앙은행의 위상 차이 등에 관한 내용들을 제시하고 있다. 1797년 공황 이후 환율은 원상회복했고, 2년 넘게 상당한 호조 상태를 유지했으며, 영란은행은 상당히 고갈된 금 준비를 다시 보충할 수도 있었다. 그렇지만 잠정적 방책인 금태환 중지는 반복적으로 갱신되어 전체적으로 24년 동안 효력을 발휘했다.

1799년 중반부터 (외국화 표시) 환율이 다시 하락하고 물가가 상승하기 시작했으며, 더욱이 1800년 초에 이르러서 전쟁 비용 지출 증가와 세수 부족은 영란은행으로 하여금 대규모 정부 대출을 재개하게 했다. 대부분의 관심이 지금가격 상승에 쏠렸고 1800년 가을에는 금에 10퍼센트의 프리미엄이 붙었으며, 이런 현상은 많은 소책자에서 영란은행에 대한 비난을 유발했다. 월터 보이드(Walter Boyd)의 소책자가 유달리 주목을 받았는데,

그는 1797년의 조치에 관한 논쟁에서 주목할 만한 역할을 담당했으며, 영란은행권 과다 발행이 일반 물가 상승의 원인이라고 주장했다. 그러나 손턴은 모든 어려움을 단순히 과다 발행으로 몰고 가는 보이드와 그 밖의 사람들의 견해가 잘못됐다고 생각했다. 그의 『신용화폐론』은 부분적으로는 보이드에 대한 응답으로 의도된 것 같다.

그의 화폐이론은 크게 '화폐의 정의', '화폐의 유통속도', '이자율의 역할', '환율이론' 및 기타로 나누어볼 수 있으며, 현대적 의미가 있는 내용들을 많이 포함하고 있다.

1) 화폐의 정의

화폐를 어떻게 정의하는가는 대단히 중요하다. 손턴은 금화와 금화와 태환되는 은행권은 물론이며, 신용화폐까지 화폐에 포함시키고 있다. 이때 신용화폐(paper credit)는 우선 태환되지 않는 은행권도 포함한다. 영국이 1797년에 금태환 중지를 실행했을 때 영란은행권은 사실상 순수한 신용화폐였다. 다음으로 물건의 판매로 인하여 발행되는 약속어음과 환어음도 신용화폐에 넣고 있다. 소위 진성어음은 은행권과 동등한 정도는 아니지만, 상업적 신뢰가 두터울 때에는 은행권과 동등하게 교환 수단으로 사용된다. 또한 그것은 은행권과는 달리 보유함에 따라 이자소득이 발생하는 특성이 있기 때문에 상인들은 이자가 붙지 않는 은행권과는 빨리 '결별'하려고 하지만 진성어음은 오히려 보유하려고 한다는 것이다. 특히 상인들의 대규모 거래에서는 은행권보다는 어음이 더 많이 사용된다고 주장한다.

물건의 판매와는 관계없이 통용되는 융통어음에 대해서도 사실상 진성어음과 동등하게 다루고 있다. 왜냐하면 진성어음과 융통어음은 이론상으로는 분명히 구분되지만, 실제로 상인들 간에 교환되는 어음에서는 명백한 구분 없이 거래되기 때문이다. 핵심은 상업적 신뢰 상태가 확고하다면 어음은 분명히 유통수단으로 분류되어야 한다는 것이다. 그뿐 아니라 재무성 증권이나 인도 공채 혹은 주식도 어음의 대체재로 인정하고 있다. 물론 어음 수준의 대체성은 인정하지 않지만 말이다.

화폐의 정의와 관련해 손턴은 대단히 포괄적 정의를 내리고 있으며, 현대적 의미에서 총통화 개념을 넘어서서 유동성 개념에 근접하는 정의라고 할 수 있겠다.

2) 금본위제도의 문제점

금본위제도와 관련해 금화의 유통 혹은 태환권의 유통이 바람직한가에 대해서 손턴은 평화 시기와 호경기에는 전혀 문제가 발생하지 않는다고 했다. 즉 적정한 금화가 공급되고 시중에 유통되어야 경제가 원활하게 돌아갈 수 있다고 생각했다. 그렇지만 불경기와 전쟁과 같은 특별한 시기에는 불안감에 사로잡힌 대중이 금화를 퇴장시키는 경향이 있기 때문에, 금화 공급을 늘려서 경제를 원활하게 움직이도록 만들기가 어렵다고 보았다. 즉 추가로 공급된 금화는 퇴장되며, 그에 따라 화폐 부족 현상이 심화될 수 있다고 보았다.

반면에 신용화폐는 불경기에 퇴장되는 경향이 적기 때문에 경제에 필요한 만큼의 화폐 공급이 가능하고 또한 활발히 유통된다고 보았다. 이것은 1797년 금태환 중지에서 얻은 경험에서 우러나온 견해이다. 일반적으로 평화 시기와 호경기에는 신뢰 상태가 양호하기 때문에 금화나 신용화폐 모두 경제에 필요한 만큼 공급되면 그에 알맞게 유통될 것이지만, 특별한 시기에는 금화 혹은 금은 퇴장되는 경향이 있는 데 반해 신용화폐는 그렇지 않기 때문에 적절한 수량만 유지한다면 대단히 훌륭한 화폐제도라고 본 것이다.

인간은 경제가 발전함에 따라 갖가지 발명품에 의해서 각종 거래 비용을 절감한다고 보면서 화폐제도도 바로 이런 영란은행권의 발행을 통해서 금의 사용을 절약할 수 있을 뿐 아니라 보관, 운반, 계산 등의 각종 비용을 절감한다고 생각한다. 이 대목에서 손턴은 후일 오스트리아학파의 카를 멩거(Carl Menger)의 화폐제도진화론을 예견하고 있다. 더불어 은행권의 신용도가 항상 유지되도록 화폐 수량을 적절히 유지한다면, 금태환 중지 이후의 경험에 비추어볼 경우 태환권이 없는 화폐제도(즉 불환지폐제도)도 가능한 제도로 간주한 것 같다. 그렇지만 가치 본위 폐지에 따른 과다 발행의 위험을 경고한다.

3) 화폐수량설과 지금주의 및 반지금주의

화폐량이 물가에 영향을 주는가 혹은 물가가 화폐량에 영향을 주는가에 대해서는 다소간 중립적인 견해에 기울고 있으나 궁극적으로는 화폐수량설을 지지하고 있다. 지금논쟁(Bullion Controversy)은 1797년 금태환 중지부터 1821년 금본위 복귀까지 진행된 논쟁이며, 거기서 손턴이 어떤 견해를 피력했는지를 살펴보자.

손턴은 유통수단이 빠른 속도로 증가하는 경우에는 일반적으로 물가가 상승하는 경향이 있는 만큼 화폐수량설을 지지하는 경향을 보인다. 즉 화폐량 증가가 원인이고, 물가 상승이 결과라고 인식하고 있지만, "지폐 수량과 상품가격 간의 정확한 대응이 항상 존재한다고 결코 기대될 수는 없다"라고 단서를 붙인다. 또한 유통수단과 상품가격 간에는 다양한 환경적 요인들에 의해서 비례적 관계가 성립하지 않는다고 주장한다.

반면에 물가가 하락하는 경향을 보이는 경우, 손턴의 표현대로 "지폐 증발이 지폐 가치를 지금 가치보다 더 낮게 만들지 않을 때에는" 물가가 그 원인이고, 화폐량이 그 결과라고 주장한다. 이 경우는 물가가 하락하는 때에 주로 나타나며 물품가격이 하락함에 따라 필요한 어음의 발행액이 감소하면서 화폐량이 적어지고 그에 따라 불필요한 화폐량은 은행으로 환수된다는 견해를 피력하고 있다. 전자는 리카도를 대표로 하는 지금론자의 견해이며, 후자는 피트를 대표로 하는 반지금론자의 견해이다.

그러나 손턴은 1797년 이후 불환지폐인 영란은행권의 과다 발행으로 특히 곡물 가격이 폭등했다는 지금론자들과는 다른 견해를 취하고 있다. 금태환 폐지로 인하여 금화가 퇴장되면서 소액은행권이 금화를 대체했으므로, 영란은행권 발행량에서 소액은행권 증가분을 공제한다면 영란은행권은 평소 수준에서 크게 벗어나지 않았다는 점을 들어, 곡물 가격이 폭등한 것은 영란은행권의 과다 발행이 아니라 2년여에 걸친 흉작에서 비롯한다고 주장한다. 이런 주장은 사실상 반지금론자들의 주장과 궤를 같이한다. 그렇지만 손턴은 곡물을 제외할 경우 유통수단의 수량은 장기적으로 물가를 거의 비례적으로 인상한다는 견해를 견지한다.

4) 화폐수요와 유통속도

손턴은 화폐수요라는 용어는 사용하고 있지 않지만 화폐수요에 대응하는 개념은 사용하고 있다. 경제 전체의 지불에 필요한 화폐, 현대적 의미로 거래적 동기에 의한 화폐수요는 거래 규모에도 의존하지만 유통수단의 유통속도에도 의존한다고 보았다. 이자가 지급되지 않는 은행권은 그 소지자들이 서둘러서 결별하려고 하므로 유통속도가 높으며, 그에 따라 일정한 지급을 위해서는 상대적으로 적은 은행권으로도 충분하다고 보았다. 반면에 대규모 거래에 많이 활용되는 어음은 소지자에게 이자를 지급하므로 유통속도가 상당히 낮으며, 그에 따라 일정한 지급을 위해서는 많은 어음이 소요된다고 보았다. 결과적으로 거래를 위한 화폐수요(현대적 의미)는 거래 규모와 화폐의 유통속도에 의존한다고 본 것이다.

손턴은 케인스 식의 유동성선호이론은 제시하지 않았지만 예비적 동기를 위한 화폐수요의 개념도 제시하고 있다. 상업적 신용 상태가 대단히 높을 때에는 비상사태를 대비한 금화나 은행권의 퇴장이 대단히 적고 그에 따라 유통수단의 유통속도도 높아진다. 반면 불경기나 전쟁 혹은 외적의 침입 위협 같은 특수한 상황에서는 일반적으로 상업적 신용이 낮아지면서 비상사태를 대비하기 위한 금화나 은행권의 퇴장이 많아지고, 그에 따라 유통속도가 낮아진다고 주장한다. 특히 비상사태를 대비하기 위해 대중이 금이나 금화 같은 귀금속을 퇴장시키려는 동기를 갖게 된다고 지적하면서, 금화가 통용되는 화폐제도에서 이런 예비적 동기(비상사태 대비)에 의한 화폐수요가 중대한 폐해를 낳는다고 주장한다. 그렇지만 은행권 혹은 불태환지폐가 통용되는 화폐제도에서는 이런 비상사태를 대비한 화폐 퇴장이 적기 때문에 통화정책이 제 기능을 발휘한다고 본다.

또한 손턴은 유통수단의 유통속도와 관련하여 심리 현상, 즉 사람들의 신용에 대한 생각을 대단히 중시하고 있다. 불경기나 전쟁 때 대중들은 심리적 공황 상태로 빠져들게 되고 그에 따른 불안 심리로 인하여 비상사태를 대비하기 위한 금화 및 은행권의 퇴장이 발생한다. 그 결과 금화 및 은행권의 퇴장은 거래에 필요한 화폐의 부족을 유발하고 그에 따라 경제활동의 위축을 가져온다. 특히 불안 심리가 만연하면 적절한 유통수단의 증가로는 경제에서 필요한 유통수단을 충분히 제공할 수 없다고 보았다. 그는 불경기나 전쟁 때 유통수단을 꾸준히 증가시키는 정책이 불안 심리의 완화와 신용 상태의 제고를 위해서 꼭 필요하다고 주장한다.

5) 유통수단의 증가와 감축의 비대칭성

손턴은 유통수단의 증가가 한편으로는 생산의 진작으로 흡수될 수 있고 다른 한편으로는 물가 상승으로 귀결될 수 있다고 생각했다. 전자에 대해서는 부정하지는 않지만 생산에 미치는 효과가 그리 크지 않다고 보고 있다. 따라서 유통수단의 증가는 대부분 물가에 반영되고 화폐가치의 하락과 더불어 수출의 위축과 수입의 증가를 수반하며, 그 결과 (외국화 표시) 환율의 하락을 유발하고, 더욱이 금 유출이 발생한다고 주장했다. 그 후에 환율의 하락은 다시 수출 경쟁력의 향상으로 무역수지를 개선한다고 보았다. 어떻든 유통수단의 급격한 증가는 물가를 상승시키고 그에 따른 경제 불안을 야기하므로 별로 좋은 정책은 아니지만, 유통수단의 점진적인 증가는 부분적으로 약간의 생산 증가라는 좋은 효과를 동반한다고 생각했다. 희생을 별로 요구하지 않으면서 동시에 약간의 좋은 효과를 가져오는 이런 은행권 증가는 우리가 정말로 감시해야 할 중대한 해악을 동반한다고 생각했다. 이런 생각은 사실 인플레이션이 마약의 복용과 대단히 유사하다는 프리드리히 하이에크(Friedrich Hayek)의 주장, 즉 서행성 인플레이션에서 얻는 약간의 좋은 효과를 유지하려면 점진적으로 인플레이션을 가속화해야 하거나 혹은 만약 그렇게 가속화된 인플레이션을 진정시키려면 엄청난 실업률의 상승을 감수해야 한다는 딜레마를 언급하는 주장과 일맥상통하는 견해라고 볼 수 있다.

　다른 한편 유통수단의 감축, 특히 과도한 감축은 민간인들의 불안 심리를 조성함으로써 비상사태에 대비하는 금화 및 영란은행권의 퇴장을 야기하며, 이런 화폐 퇴장은 시중의 유통수단의 부족을 유발하고 상인들의 파산과 제조업의 침체를 그리고 실업의 확산을 확실히 유발한다고 주장했다. 물론 좋은 측면에서 환율의 상승과 무역수지 개선 등이 나타날 수는 있다.

　손턴은 민간인들의 심리에 지대한 영향을 줄 정도로 유통수단을 과도하게 감축하는 것은 실물경제에 악영향을 미친다고 결론짓고는 유통수단의 점진적 증대를 적극 권고하고 있다. 불경기와 전쟁 같은 특수한 상황에서는 영란은행이 과거에 유통수단을 줄이는 정책을 실행함으로써 금융위기를 악화시켰기 때문에, 이런 오류에서 벗어나기 위해서는 다소간 유통수단을 증가시키는 정책이 가장 바람직하다고 조언한다.

6) 유통수단의 감소와 임금의 경직성 및 실업

　손턴은 유통수단의 감소가 발생할 때 생산이 위축되는 현상을 설명하기 위해 임금의 하방 경직성을 든다. 유통수단의 감소에 비례하여 물가가 하락할 때 임금률도 동일한 비율로 하락해야 하지만, 일반적으로 임금률은 그렇게 하락하지 않는다는 것이다. 즉 임금률이 가변적이지 않다고 주장하고 있으며, 그에 따라 유통수단 감축이 자금 경색을 유발하고 생산의 감축 그리고 노동자의 해고로 이어질 수 있는 위험성을 경고한다.

7) 유통수단의 증가와 임금의 경직성 및 강제저축

손턴은 유통수단의 증가가 생산 증가를 가져올 수 있는 가능성을 강제 저축에 의해서 설명하고 있다. 유통수단의 증가는 낙관적인 분위기를 조성하고 그에 따라 실직 노동자가 다시 고용되게 하지만, 이때 임금이 비례적으로 상승하지 않으면서 노동자들은 상대적으로 실질소득이 감소한다. 유통수단의 증가가 계속되면서 실업자의 고용 증가는 한계에 이르고, 그에 따라 이미 고용된 사람들이 다른 직종으로 일자리를 옮기는 현상을 발생시키며, 더 이상의 생산 증가는 기대할 수 없게 된다. 환언하면 유통수단의 증가에 비례해서 생산의 증가는 불가능하게 된다.

유통수단의 증가가 지속되는 동안 그에 비례하여 물품가격이 상승한다고 가정하면, 노동자들의 임금이 동일한 비율로 상승하지 않는 한 노동자들은 동일한 노동을 하지만 소비는 줄어들 것이며, 소위 노동자들의 저축이 강제되고, 그 외에 비생산적인 다른 사회구성원들에게도 소비의 억제, 즉 저축이 강요될 것이다. 이런 소비의 감축은 일종의 소득의 몰수를 의미하며, 이런 강제저축을 통해서 유통수단의 증가가 생산의 증가에 약간 기여하지만, 그 기여에도 한계가 존재하며, 그에 따라 유통수단의 증가는 궁극적으로 거의 물가만 상승시킨다는 결론에 이르게 된다.

8) 이자율의 정의와 빅셀의 경기변동론

이자율의 정의와 관련해서는 존 메이너드 케인스(John Maynard Keynes)의 "유동성 포기에 대한 대가"에 근접하는 견해를 피력하고 있다. 손턴은 비상사태에 대비하여 금화 혹은 영란은행권의 수요가 증가할 수 있다고 주장하면서 이때 이자를 발생시키는 재무성 증권 등으로부터 얻을 수 있는 이자를 포기하는 것이 훨씬 유리하다고 표현한다. 즉 "유동성 포기에 대한 대가"가 너무 크기 때문에 비상사태 때에는 금화 혹은 영란은행권을 미리 확보하려 한다고 주장한다.

또한 그는 이자율과 그에 대응하는 상업이윤율을 비교하면서 북구학파의 크누트 빅셀(Knut Wicksell)의 경기변동이론을 예견한다. 비용을 구성하는 대출이자율이 고리대 규제법에 의해 제한되는 경우, 차입자본으로부터 벌어들일 수 있는 상업이윤율이 그보다 높다면 사람들은 차입 수요를 늘릴 것이며, 그에 따라 영란은행이 어음 할인을 증대한다면 유통수단의 증가가 발생한다. 이자율과 상업이윤율 간의 차이(빅셀의 언어로는 차입이자율 혹은 시장이자율과 자연이자율)가 존속하는 한 이런 어음 할인 수요는 지속되고, 그에 따라 유통수단의 지속적인 증가가 가능해지면 경기 확장이 지속될 수 있다고 언급한다.

9) 화폐가치 하락과 경상(명목)이자율의 상승

그는 1811년 5월의 연설문에서 전쟁 기간에는 화폐가치가 하락하는 만큼 차입자의 실제 부담이 축소된다고 주장했다. 즉 연간 2~3퍼센트 화폐가치가 하락한다면, 차입자가 5퍼센트 이자율로 차입하는 경우 상환하는 시기에는 물가 상승에 의해 이자 부담이 2~3퍼센트 감소한다고 보았다. 이런 상황에서 차입자들은 더 많이 차입하려고 할 것이며, 그에 따라 고리대 규제법이 존재하지 않는다면 이자율은 화폐가치의 하락에 대응하는 비율로 더 상승할 것이라고 주장한다.

통화가치가 빠른 속도로 하락하는 나라에서 경상이자율은 그가 믿고 있는 것처럼 종종 비례적으로 상승하게 된다. 따라서 이를테면 피터즈버그에서는 당시에 경상이자가 20~25퍼센트이며, 부분적으로 이런 이자는 통화의 기대되는 가치 하락에 대한 보상으로 인식된다고 하였다.

10) 유통수단의 수량과 무역수지

손턴은 금의 유출입, 즉 무역수지를 어떻게 설명할 것인가? 지금의 주조가격을 상회하는 지금의 시장가격은 주화의 가치가 상대적으로 낮고 지금가격이 상대적으로 높다는 것을 의미하며, 달리 말하면 주화와 호환되는 은행권의 가치가 상대적으로 낮고 반면에 재화가격이 상대적으로 높다는 것을 의미한다고 보았다.

그는 이런 현상이 무역수지와 관련하여 상대적으로 비싼 재화는 국내에 남게 되고, 상대적으로 싼 주화는 외국으로 유출되는 결과를 낳는다고 주장한다. 즉 재화의 수출에 비해 재화의 수입이 더 많아지고, 그에 따라 무역수지가 불리하게 작용하며, 만약 무역수지가 적자라면 금의 수출이 이루어진다는 것이다. 금의 유출입, 즉 무역수지를 상대가격의 움직임에 의해서 설명하고 있다. 이런 상황에서 환율은 영국에 불리하게 작용할 것이며, 즉 (외국화 표시) 환율은 하락할 것이며, 이것은 다시 무역수지를 개선하는 경향을 띤다고 주장한다.

만약 흉년이나 전시와 같은 특수한 시기를 배제할 경우, 상대가격의 움직임은 유통수단의 수량에 의해 결정되므로, 지속적인 금 유출을 방지하기 위해서는 영란은행권의 감축이 필요하다고 본다. 영란은행권의 감축은 은행권의 가치 상승 그리고 주화의 가치 상승을 유발하며, 그에 따라 재화의 가치가 하락한다고 보았다. 재화 가치의 하락은 수출을 늘리고, 금의 유입과 환율의 개선을 가져온다. 물론 영란은행권의 대폭 감소는 앞에서 언급한 은행권의 부족과 자금 압박 및 그에 따른 경기침체를 유발할 수 있다는 점도 유념해야 할 것이다. 따라서 영란은행은 은행권 감축이 필요한 경우에는 은행권 증가를 멈추거나 혹은 감축하더라도 극히 적은 감축만을 실행하는 것이 옳으며, 시간이 경과함에 따라 무역수지를 불균형하게 만든 바로 그 수단이 작동함으로써 무역수지의 균형을 성취할 수 있다고 보았다.

11) 환율이론

손턴은 환율이 환어음 가격에 의해서 규제된다고 주장한다. 즉 영국을 지급지로 하는 환어음을 팔려는 외국인들(외국의 수출업자)에 비해서 그 어음을 살려는 외국인들(할인업자 혹은 외국의 수입업자)이 많다면, 어음의 가격은 상승하며, 그에 따라 환율도 상승하고, 반면에 팔려는 외국인들이 상대적으로 많다면 어음의 가격은 하락하고 환율도 하락한다. 즉 영국의 수입이 수출을 초과하면 어음 가격이 하락하며, 환율이 하락한다.

따라서 환율의 결정은 결국 수출과 수입의 차인 무역수지에 의존하게 된다고 볼 수 있다. 그런데 지폐 증발이 너무 많으면 수출되는 재화의 가격이 상승하므로, 해외시장에서 수출 경쟁력이 낮아질 것이며, 그에 따라 수출이 감소하고, 반면에 수입되는 상품의 상대가격은 낮아지므로 수입은 증가한다. 궁극적으로 유통수단의 증가는 무역수지 역조의 원인이며, 또한 불리한 환율의 원인인 것이다. 달리 말하면, 다른 나라의 유통수단과 비교할 때 영국의 유통수단이 낮게 평가되는 원인인 것이다. 그렇지만 불리한 환율이 역으로 수출을 촉진하고, 수입을 억제함으로써 무역수지를 개선할 수도 있다고 주장한다.

12) 통화량 변동과 그 효과 간의 시차

손턴은 지폐량(혹은 금화)의 변동이 물가에 영향을 미친다고 주장하면서도 그 효과가 즉각 나타나는 것이 아니라 상당한 시차를 두고서 나타나기 때문에, 매우 짧은 기간을 고려하면 지폐 수량의 변동과 재화가격의 변동 사이에는 아무런 관련이 없는 것처럼 보이고, 이런 사실에 입각해서 자신의 견해가 반박될 수도 있다고 보았다. 특히 흄의 견해를 인용하면서 헨리 밴시타트(Henry Vansittat) 경이 이런 사실을 아주 잘 활용했다고 주장한다.

13) 금본위와 신용화폐에 대한 최종 결론

손턴은 영국이 경험한 간헐적인 약간의 경제 불안과 위험에 비추어볼 때, 상당히 취약한 상업 국가에서 금은 가장 바람직한 종류의 유통수단은 결코 아니라고 보았다. 금은 매우 상이한 유통속도로 유통되기 쉬우며, 본질적으로 가치 있으면서도 손쉽게 은닉 가능한 물품이기 때문에 갑자기 사라지기 쉽다는 주장이다. 만약 전쟁 기간에 금이 유일한 지급수단이라고 한다면, 영국의 금전적 거래를 수행하는 수단은 거의 전적으로 종종 사라졌을 것이다. 그리고 그 결과 영국 상인들의 사업에서 상당한 혼란, 제조 행위의 중대한 정지, 국가에 매우 심각한 해악 등이 나타났을 것이다.

신용화폐는 이런 이유로 영국에 대단히 중요했다. 과거부터 영국은 신용화폐에 친숙했기 때문에 그것을 더욱 광범위하게 사용하게 되었다. 그리고 난국과 재난의 시기에 금 부족을 보충할 수 있는 신용화폐의 능력에 대한 영국의 경험은 주화의 일반적인 사용 중지를 촉진하지는 않지만, 미래에 국가의 신뢰성을 적절하게 증진할 수 있게 해주는 환경을 제공한다.

손턴은 불환지폐도 통제가 된다면 태환지폐와 유사한 방식으로 정확하게 그 가격을 유지할 수 있으며, 과잉 발행될 가능성 때문에 평가절하되는 것이지, 적절히 규제가 된다면 태환지폐와 동일하게 그 가치를 유지할 수 있다고 보았다.

14) 영란은행의 바람직한 통화정책

영란은행의 바람직한 통화정책은 손턴의 견해를 인용하면 다음과 같다.

"발행되는 지폐 총량을 제한하는 것 그리고 이런 목적을 위해 차입할 욕구가 강할 때에는 언제나 어떤 유효한 통제 원리에 의존하는 것, 그렇지만 유통되는 총량을 결코 심각하게 감소시키지 않고 어떤 범위 내에서만 그 총량이 움직이도록 하는 것, 영국의 일반적인 거래가 저절로 확대됨에 따라 지폐를 천천히 조심스럽게 증대시키는 것, 어떤 특별한 경제 불안 혹은 곤경이 나타난 경우 금화에 대한 대폭적인 국내 수요를 방지하는 최선의 수단으로서 약간 특별하면서도 잠정적인 지폐 증가를 허용하는 것, 금이 해외로 빠져나가고 환율이 장기간 불리하게 지속되는 경우 지폐 감소 쪽으로 기우는 것 등은 영란은행 이사들과 같은 상황에 처한 기관의 이사들이 취할 바람직한 정책인 것처럼 보인다."

| 찾아보기 |

용어

ㄱ

인명

ㄱ

갈리아니(Galiani) 45
그랜트, 로버트(Robert Grant) 25
그랜트, 찰스(Charles Grant) 22~24, 35, 39, 41
기즈번, 토머스(Thomas Gisborne) 22, 24

ㄴ

나이팅게일, 플로렌스(Florence Nightingale) 24
너츠퍼드 부인(Lady Knutsford) 27
노스 경(Lord North) 20
뉴턴 경, 아이작(Sir Isaac Newton) 425~427
뉴턴, 존(John Newton) 13~14
느무르, 뒤퐁 드(Dupont de Nemours) 404

ㄷ

다이시(A. V. Dicey) 24
대버넌트 경(Sir W. Davenant) 280

ㄹ

로 경, 토머스(Sir Thomas Rowe) 438
로, 존(John Law) 275, 288, 409~410
로이드, 헨리(Henry Lloyd) 46
로크, 존(John Locke) 46, 84, 282~285, 424~426
리카도, 데이비드(David Ricardo) 38, 45, 50, 59~60, 71, 443, 449

ㅁ

맬서스, 토머스 로버트(Thomas Robert Malthus) 38
모건(A. de Morgan) 27
모어, 해나(Hannah More) 22, 26, 40

몽테스키외(Montesquieu) 46, 84, 306~307
밀, 존 스튜어트(John Stewart Mill) 59, 71
밀러, 조지(George Miller) 70

ㅂ

바우들러, 존(John Bowdler) 23
바우들러, 토머스(Thomas Bowdler) 24
바이너, 제이컵(Jacob Viner) 45, 71, 78
버니, 파니(Fanny Burney) 20
베링 경, 프랜시스(Sir Francis Baring) 47, 56, 126
벤, 존(John Venn) 14, 23~24
벤, 헨리(Henry Venn) 14, 23
벤담, 제러미(Jeremy Bentham) 38, 62, 72
보가츠키(C. H. von Bogatzky) 14
보이드, 월터(Walter Boyd) 54~56, 110, 248~249, 376, 445~446
브로엄, 헨리(Henry Brougham) 41~42
블랙(W. G. Black) 16
빅셀, 크누트(Knut Wicksell) 61, 453~454

ㅅ

사이크스, 메리앤(Marianne Sykes) → 손턴, 메리앤(Marianne Thornton)
샤프, 그랜빌(Granville Sharp) 23, 25, 77
손턴, 고드프리(Godfrey Thornton) 13, 17
손턴, 로버트(Robert Thornton) 13, 16, 19
손턴, 메리앤(Marianne Thornton) 34, 39
손턴, 새뮤얼(Samuel Thornton) 15~16, 45, 76
손턴, 존(John Thornton, 손턴 가문의 공통 조상) 13
손턴, 존(John Thornton, 헨리 손턴의 부친) 13~14, 22
손턴, 퍼시 멜빌(P. M. Thornton) 13
손턴, 헨리(Henry Thornton) 여러 곳에 있음
스레일, 헨리(Henry Thrale) 20

지은이

:: 헨리 손턴 Henry Thornton, 1760~1815

1784년부터 1815년까지 '다운 손턴 앤드 프리'를 공동경영한 상업은행가다. 1782년부터 1815년까지 영국 서더크의회 의원을 지내며, 휘그당이나 토리당에 소속되기를 거부하고 정치적 무소속을 유지하였다. 특히 지금(地金)위원회(1810)에서 지금론자이면서도 반지금론자의 주장을 수용하는 중도 노선을 걸었고, 아일랜드 통화 관련 위원회(1804), 공공지출 관련 위원회(1807), 곡물 관련 위원회(1813) 등에서도 적극적 활동을 펼쳤다. 또한 손턴은 복음주의 클래펌 교파(Clapham Sect)의 창시자이자 지도자로서 1802년 기관지《크리스천 업저버》를 창간하였으며, 절친한 친구이자 육촌인 윌리엄 윌버포스(William Wilberforce)와 함께 노예무역을 폐지하는 데 앞장섰다. 또한 의회 개혁, 채무자 구제, 교도소 개혁, 가톨릭교도 해방, 누진적 소득세 등에 관심을 쏟은 개혁주의자였으며, 자신의 소득 대부분을 일생 동안 기부하는 것을 생활화하고 엄격한 금욕적 인생관을 지닌 박애주의자였다. 주요 저서로는 『신용화폐론』(1802) 외에도 『헨리 손턴 씨가 행한 두 연설의 요지』(1811) 등이 있다.

엮은이

:: 프리드리히 하이에크 Friedrich A. von Hayek, 1899~1992

1921년과 1923년에 빈대학에서 법학과 경제학 두 분야에서 박사학위를 취득한 후 영국, 미국, 오스트리아, 독일의 대학에서 강의했다. 사회주의와 정부의 시장개입을 비판함으로써 경제적 자유주의를 지지하고 시장경제를 옹호한 오스트리아학파의 대표적인 경제철학자이자, 프리드먼(M. Friedman)과 더불어 대표적인 신자유주의 사상가다. 『노예의 길』(1944)을 발표하면서 널리 알려지기 시작했고, 1974년에는 뮈르달(G. Myrdal)과 공동으로 노벨경제학상을 수상했다. 주요 저서로는 『개인주의와 경제질서』(1948), 『과학의 반혁명』(1952), 『자유헌정론』(1960), 『법, 입법 그리고 자유 1~3』(1973~78), 『치명적 자만』(1988) 등이 있으며, 시카고대학 출판부에서 20여 권에 이르는 전집이 발간되었다.

옮긴이

∷ 박상수(朴祥洙)

제주대학교 경영학과를 졸업하고, 서울대학교 경제학과에서 경제학 석사·박사 학위를 취득했
다. 한국은행 조사1부 행원과 국제경제연구원(현 KIET) 종합분석실 연구원을 거쳐, 충남대학교
경제학과 조교수로 재직했고, 현재 제주대학교 경제학과 교수로 재직 중이다. 제주대학교 경상대
학장을 역임했고, 웨스턴워싱턴대학에 교환교수로 다녀왔으며, 현재 제주대학교 국제금융연구
센터 소장이다. 주요 저서로는 『개인주의와 경제질서』(역서), 『경제학방법론』(역서), 『경제철학』
등이 있고, 주요 논문으로는 「하이에크의 정치철학에 대한 비판적 검토」, 「자유, 재산권 및 로크
의 단서」 등이 있다.

한국연구재단총서 학술명저번역 **565**

신용화폐론

1판 1쇄 찍음 | 2014년 05월 16일
1판 1쇄 펴냄 | 2014년 05월 30일

지은이 | 헨리 손턴
엮은이 | 프리드리히 하이에크
옮긴이 | 박상수
펴낸이 | 김정호
펴낸곳 | 아카넷

출판등록 2000년 1월 24일(제2-3009호)
100-802 서울시 중구 남대문로 5가 526 대우재단빌딩 16층
전화 | 6366-0511(편집) · 6366-0514(주문)
팩시밀리 | 6366-0515
책임편집 | 박수용
www.acanet.co.kr

Printed in Seoul, Korea.

ISBN 978-89-5733-360-0 94320
ISBN 978-89-5733-214-6 (세트)

이 도서의 국립중앙도서관 출판시도서목록(CIP)은
서지정보유통지원시스템 홈페이지(http://seoji.nl.go.kr)와
국가자료공동목록시스템(http://www.nl.go.kr/kolisnet)에서 이용하실 수 있습니다.
(CIP제어번호: CIP2014015262)